CASETTI · GIBT ES EIN LEBEN VOR DEM TOD ?

ORBIS BIBLICUS ET ORIENTALIS

Im Auftrag des Biblischen Institutes der Universität
Freiburg Schweiz
und des Seminars für Biblische Zeitgeschichte
der Universität Münster
herausgegeben von
Othmar Keel,
unter Mitarbeit von Bernard Trémel und Erich Zenger

Zum Autor:

Pierre Casetti (1952) studierte Philosophie, Theologie und altorientalische Sprachen in Freiburg/CH und Bern. Er ist seit 1977 Forschungsassistent am Biblischen Institut der Universität Freiburg.

ORBIS BIBLICUS ET ORIENTALIS 44

PIERRE CASETTI

GIBT ES EIN LEBEN VOR DEM TOD?

Eine Auslegung von Psalm 49

UNIVERSITÄTSVERLAG FREIBURG SCHWEIZ
VANDENHOECK & RUPRECHT GÖTTINGEN
1982

CIP-Kurztitelaufnahme der Deutschen Bibliothek

Casetti, Pierre:
Gibt es ein Leben vor dem Tod?: eine Auslegung vom Psalm 49 / Pierre Casetti. –
Freiburg (Schweiz): Universitätsverlag;
Göttingen: Vandenhoeck und Ruprecht, 1982.

(Orbis biblicus et orientalis; 44)
ISBN 3-7278-0254-5 (Universitätsverlag)
ISBN 3-525-53662-3 (Vandenhoeck und Ruprecht)

Veröffentlicht mit der Unterstützung des Hochschulrates
der Universität Freiburg Schweiz

Paulusdruckerei Freiburg Schweiz

MEINEM VATER
UND DEM ANDENKEN
AN MEINE MUTTER

Indem man verzweifelt, wählt man sich selbst, nicht in seiner Unmittelbarkeit, nicht als dies zufällige Individuum, sondern man wählt sich selbst in seiner ewigen Gültigkeit.

Sören Kierkegaard
(Entweder/Oder II 224)

INHALTSVERZEICHNIS

VORWORT

Die vorliegende Arbeit wurde im Wintersemester 1980/1981 von der Theologischen Fakultät der Universität Fribourg/CH als Doktoratsdissertation angenommen. Sie trägt denn auch viele charakteristische Merkmale ihrer literarischen Gattung:

- Man findet hier jene obligate "Objektivität", die sich nur mehr um den Preis der Verbannung des (schreibenden und folglich auch lesenden) Subjektes und seiner Probleme erkaufen lässt, seit die Wissenschaft von jedem, der sich auf sie einlässt, dasselbe verlangt wie einst die finstere Herodias: einen blossen Kopf, sauber präsentiert auf einer Schüssel.
- Man findet hier jene breit ausufernden Materialschlachten, in denen sich Autoren, bataillonsweise aufeinander gehetzt, mit Zitaten gegenseitig liquidieren und so ein ödes Schlachtfeld hinterlassen, auf dem anschliessend Verf. wie der Wind in Ez 37 einfahren kann, um vor dem ratlosen Leser aus den umherliegenden Reliquien jenes Gerippe zusammenzuflicken, das er für lebensfähig hält.
- Man findet hier jene mikrochirurgischen Sezierübungen, die oft eher der methodologischen Lust am Hantieren mit scharfen Skalpellen als der Hoffauf ein Gelingen der Operation entspringen.
- Man findet hier infolgedessen auch jene epische Breite, die man sich heute nur noch im Ziergarten der Geisteswissenschaften leisten kann und die sich für Aussenstehende wohl ziemlich seltsam ausnimmt - auf jeden Fall ernte ich in meinem Bekanntenkreis stets nur ein betretenes bis bestürztes Schütteln

des Kopfes, wenn ich zugebe, dass ich zu den 21 Sätzen von Psalm 49 ganze 300 Seiten zustande gebracht habe.

Allerdings habe ich es nicht unterlassen können, auch einige gattungsfremde Elemente in diese Arbeit einzuschmuggeln - auf die Gefahr hin, die eine oder andere der Regeln zu verletzen, die momentan für wissenschaftlich-exegetische Glasperlenspiele allgemeine Anerkennung geniessen:

- So habe ich mir etwa erlaubt, auch Exegeten, die -z.T. lange- vor dem 19. Jhd. gelebt haben, zu Wort kommen zu lassen, und dies nicht etwa im Rahmen einer Auslegungsgeschichte (auf die ich verzichte, weil mir die Auslegung von Psalm 49 als eine völlig ungeschichtliche weil zyklische Odysse erscheint). Damit verstosse ich natürlich gegen eine exegetische Spielregel, die auf der gängigen Ueberzeugung gründet, die Exegese sei erst seit LUTHER existent und seit ROSENMUELLER seriös.
- Ebenso habe ich geglaubt, bisweilen doch auf etwas eingehen zu müssen, was heute gewöhnlich weit ausserhalb der Reichweite der historisch-kritischen Analyse eines Textes liegt: sein Gehalt, d.h. die Gesamtheit der allgemeinmenschlichen, "philosophischen" Probleme und Lösungen, die in ihm zur Sprache kommen (vgl. W.KAISER, Das literarische Kunstwerk. Eien Einführung in die Literaturwissenschaft, Bern [13]1968, 230). Wenn ich dabei Autoren ins philologische Heiligtum einschleuse, die man sonst nicht einmal in dessen äusserem Vorhof antrifft, so möchte ich durch dieses Sakrileg den -hoffentlich recht aufgebrachten- Leser an eines erinnern: Unter dem Pflaster des philologischen Kommentars liegt der Strand des Gedichts.
- Schliesslich wird auch auffallen, dass ich nicht überall den noblen und diskreten "Dagegen-ist-doch-wohl-mit-X-und-Y-zu-fragen"-Stil anwandte, der im altehrwürdigen fachexegetischen Boudoir Mode geworden ist, und dass deswegen die Polemik bisweilen schärfer ausgefallen ist, als man es von einem gesitteten Neuling daselbst erwarten dürfte. "Doch war es mehr darauf abgesehen, den Leser bei guter Geduld zu halten, als die Autoren zu necken" - so entschuldigte sich einst REUSS in seiner satirischen Monographie "Der acht und sechzigste Psalm. Ein Denkmal exegetischer Noth und Kunst zu Ehren unserer ganzen Zunft errichtet" (Jena 1851), und er betonte dabei zurecht: "Es sind unter diesen, und zwar zum Theil unter denen, die nach meinem Urtheil am öftersten und weitesten neben das Ziel geschossen haben, viele Männer, vor denen sich jeder vor allen Dingen in Ehrfurcht neigen muss, und wenn wir weiter sehn als unsre Vorgänger so ists nur zu oft das Verdienst dieser letztern

mehr als unser eignes.... Ich stelle hier eine Erklärung von diesem Psalm auf, die noch nie jemand versucht hat, und bin der erste, die Ehre davon, sofern die irgend gebilligt würde, zum grössern Theile denen zu geben die ich verlassen oder bestritten haben."(8)

Für ganz eilige Leser habe ich versucht, die Auslegung des Psalmes in der Titelei zusammenzufassen. Der Titel gibt an, auf welche Frage das ganze Gedicht in meinen Augen eine Antwort sein will. Dabei verstehe ich die Frage nicht sozialkritisch, wie Wolf BIERMANN, dem ich sie gestohlen habe, sondern anthropologisch: ist Sein-zu-Tode überhaupt Sein und nicht vielmehr Nichts? Unter welchen Bedingungen es tatsächlich nicht Nichts sein könnte, sagt das Motto, das die Denkbewegung des Psalmes ziemlich genau nachzeichnet.

Leser, die es etwas weniger eilig haben, sowie Rezensenten, überfliegen mit Vorteil die Uebersetzung, die Schlusszusammenfassung (8.0.) sowie die Abschnitte 1.4.31-3, 3.3.51-2,4.3.24-5, S.167f, 5.1.44, 5.3.2., 6.0., 6.1.5., 6.1.6., 6.3.3., 7.1., 7.2.6.. Das dürften gleichzeitig auch die Teile des Buches sein, die einen normalen Menschen am wenigsten langweilen.

Ausgesprochene Zeloten schliesslich beginnen auf S.15 und lesen durch bis S. 315.

Ich möchte zum Schluss all jenen von Herzen danken, die mir beim Erstellen dieser Arbeit ihre Hilfe gewährt haben. Von ihnen seien im Besonderen genannt:

- Prof. O.KEEL, der es als "Doktorvater" verstand, meine Freude am AT, die er einst mit dem ihm eigenen Geschick geweckt hatte, so zu kanalisieren, dass sie weder ausuferte noch versumpfte.
- Prof. D.BARTHELEMY, der mich -gewissermassen als "Doktoronkel"- in allen Fragen der Textkritik und Judaistik beriet und mir als Arbeitgeber in der Organisation meiner Arbeit stets soviel Freiheit liess, dass ich nie über mich selbst zu stolpern kam.
- P.G.SCHELBERT, der meine zahlreichen Aramäisch-Lücken mit seiner grossen Kompetenz wettmachte und Prof. D.VAN DAMME, der ein Gleiches für das Syrische tat.
- PD A.SCHENKER, der mich durch seine bohrenden Fragen auch dort noch weiterführte, wo ich mich schon am Ziele wähnte.
- Herr F.NUVOLONE, der mich auf dem patristischen Meere mehr als einmal vor dem Ertrinken rettete.

- Meine Kollegen M.KUECHLER, U.WINTER, U.STAUB, U.EIGENMANN, O.NOTI, W.BACHMANN und C.JUNGO, die mit mir diskutierten, disputierten und nach Bedarf auch lamentierten.
- Alle Mitglieder des Biblischen Institutes der Universität Fribourg, dessen vierzehntägliche Versammlungen, "souper biblique" genannt, nicht ohne Folgen für die Bestimmung der Gattung von Psalm 49 bleiben sollten.
- Frau Priska WUNDERLIN, die das komplizierte Manuskript mit stoischem Gleichmut ins Reine schrieb.
- Die Paulusdruckerei Fribourg, in deren Atelier ich die Offset-Vorlagen umbrechen durfte und deren Mitarbeiter -Herr J.ACHERMANN, Sr. Thérèse CUDRE und Frau Marie-Luce RISSE- mich dabei vor grösseren Katastrophen zu bewahren wussten.
- Das Personal der Universitätsbibliotheken von Fribourg und Bern, das meine oft skurrilen Bücherwünsche stets prompt zu erfüllen suchte.
- Der Hochschulrat der Universität Fribourg, der mir einen namhaften Druckkostenbeitrag gewährte.

Gewidmet ist diese Arbeit meinem Vater, der in mir schon sehr früh jene skeptische Lebenshaltung gefördert hat, die ich -zumal in der Theologie- für eine Tugend halte. Ich widme sie auch dem Andenken an meine Mutter, deren früher Tod mir das erschlossen hat, was jeder Sterbliche zum Leben braucht: "diese irre Zuversicht: es könnte ja sein, dass nichts vergangen ist" (Max FRISCH, Triptychon).

Liebefeld, im Herbst 1981 PC

EINLEITUNG

1. BEMERKUNGEN ZU TEXT, SPRACHE, GLIEDERUNG UND EINHEITLICHKEIT VON PSALM 49

1.1. ZUM TEXT DES PSALMES

1.1.1. Die Dunkelheit von Psalm 49

Es gehört nachgerade zur Gattung einer jeden Auslegung von Psalm 49, dass man mit einem Seufzer über die Dunkelheit dieses Gedichtes einsetzt. Zu vielen Malen und auf mancherlei Weise haben die Exegeten über diesen Psalm geklagt: er bringe nicht nur die nach v.5 zu erwartende Lösung eines Rätsels nicht (STENZEL 152), sondern gebe dazu noch einige andere auf (BAETHGEN 137), sei überhaupt "ein nach Form und Inhalt gleich merkwürdiges Gedicht" (SCHMIDT 94), "einer der schwerverständlichsten [Psalmen] im Psalterium" (THALHOFER 298, ähnlich REUSS 138, HERKENNE 182, BEAUCAMP 212) - ja für einige gehört המזמר הסתום והחתום הזה (LUZZATTO 212) "unstreitig zu den schwierigsten Abschnitten nicht nur des Psalmbuches, sondern der Bibel überhaupt" (TORCZYNER 48), und ist einer der alttestamentlichen Texte, die trotz der jahrhundertealten Bemühungen der Exegeten "omnino caligine premantur" (ZSCHIESCHKE 5).

Nur gerade EWALD (251) - wen kann das verwundern - findet, "der versbau (sei), wie es sich für ein so feines lehrlied ziemt, gefällig und leicht".

Sind sich also ziemlich alle einig über die Dunkelheit von Ps 49, so gehen die Ansichten bereits wieder auseinander, wenn es darum geht, diese Dunkelheit zu erklären.

1.1.2. Textverderbnis oder ursprüngliche Dunkelheit ?

1. Am naheliegendsten scheint es zunächst, die Dunkelheit des Textes als Textverderbnis zu deuten: "Psalm 49 ist einer der schwierigsten wegen seiner vielen Textschäden." (HERKENNE 182, ähnlich GRAETZ 337, REUSS 138, BUDDE 112). Damit setzt man voraus, der Psalm habe in einem "unversehrten Zustande, ehe die vielfache Textverderbnis eintrat" (VOLZ 251[1]) über eine durchsichtige und klare Sprache verfügt. Das meint offenbar auch WUTZ (124), wenn er ausruft: "Der herrliche Koraḥ-Psalm - alle koraḥitischen Psalmen sind Perlen ihrer Art - ist leider entsetzlich verstümmelt..."

Doch in solcher Ausschliesslichkeit ist diese Deutung kaum aufrecht zu erhalten, da ihre Voraussetzung - die ursprüngliche Existenz eines durchwegs klaren und (für uns heute!) verständlichen Textes - nicht zu begründen ist, am allerwenigsten durch den überlieferten Psalmtext[2].

2. Deshalb finden sich in den Kommentaren oft vorsichtigere Formulierungen, wie die, die Dunkelheit sei "zum Theil... sicher auf Rechnung des stark corrumpierten Textes zu setzen" (BAETHGEN 137, ähnlich STENZEL 152), das Textverständnis werde "leider auch durch die starke Zerstörung des Textes erschwert" (SCHMIDT 94, Hervorhebungen von mir).

Damit ist immer auch, wenigstens implizit, zugegeben, der Psalm sei an sich schon immer "in der Ausdrucksweise knapp und schwer verständlich" (SCHULTZ 112) gewesen. Diese letzte und prinzipielle Dunkelheit und Härte in seiner Sprache können und dürfen dann durch keinerlei Eingriffe in den überlieferten Textbestand aufgehoben werden und jede "textkritische" Behandlung des Psalmes wäre hier "contrary of its nature" (EERDMANS 260, ähnlich PLOEG 139).

Freilich: begründen lässt sich diese prinzipielle Dunkelheit ebensowenig wie das ursprüngliche Vorliegen eines klaren Textes. So scheint die

1. Explizit spricht hier VOLZ nur vom Strophenbau, doch wie seine ganze Arbeit zeigt, meint er einiges mehr, vgl. unten Anm. 339.

2. So versucht denn z.B. REUSS (138) auch eigens, "die Leser zu überzeugen, dass der Text sehr verderbt sein muss", indem er ihnen eine lange Liste von mehr oder weniger verlockenden Konjekturen vorführt. Doch weil diese wohl nicht einmal ihn selbst zu überzeugen vermögen, fährt er beschwörend fort: "...ein Schriftsteller der verstanden sein will, der nirgends eine mit Bildern überladene und affektierte Sprache spricht, und der im Grunde doch nur eine landläufige Wahrheit vorträgt, musste doch so reden, dass man ihn verstehen konnte." Damit verlangt zwar REUSS vom Psalmisten, der wahrscheinlich kaum wusste, was "man" im 19. Jhd. überladen, affektiert, banal oder unverständlich finden würde, etwas viel. Wenigstens hat er aber (als einziger!) gemerkt, dass der Schluss von einem heute für uns schwer verständlichen Text auf einen verderbten Text nicht so "evident" (OESTERLEY 264) ist, dass er ohne jede Begründung gezogen werden dürfte.

Wahl zwischen akzidenteller und prinzipieller Dunkelheit letztlich eine Frage des Geschmackes zu sein.

1.1.3. Textkritik und "Textherstellung"

1. Immerhin empfiehlt es sich schon aus rein praktischen Gründen, das zweite (die prinzipielle Dunkelheit) anzunehmen. Denn (und das wurde immer wieder betont) die alten Uebersetzungen machen "die meisten Verlesungen... bereits mit" (WUTZ 124), sind selbst unverständlich (vgl. LESETRE 233, THALHOFER 298, KNABENBAUER 191) und geben "grösstenteils Sinnloses" (MOLL 251) - ja den Text haben sie sogar "notablement obscurci ou interprété de manière inéxacte" (CALES 274), "ita ut aenigmatica haec et figurata oratio sacra ... per istos interpretes multo etiam nunc sit intricatior" (MICHAELIS 321)[3].

Von den alten Uebersetzungen wird man also nicht viel mehr als "einige kleine dankenswerte ältere Lesungen" (WUTZ 124) erwarten können (vgl. zu v.8f, 12 [21]), die, so dankenswert sie sind, das Verständnis des Textes nicht wesentlich weiterbringen.

2. Dass die Annahme einer prinzipiellen Dunkelheit des Textes auch zumindest vorsichtiger ist, zeigt ferner ein Blick auf die verheerenden Folgen, die die Suche nach einem "klaren" Urtext in der Auslegungsgeschichte von Ps 49 gehabt hat: "Each word was clear enough, but the construction of the sentences and their mutual connection seemed inappropriate. Consequently a survey of recent explanations is a long list of emendations." (EERDMANS 260) In der Tat hat unter den neueren Auslegern von Ps 49 kaum einer der Konjektur zu widerstehen vermocht[4].

Dabei hat das meist vollständige Fehlen einer soliden Grundlage (die ja überhaupt in der atl. Textkritik schon schmal genug ist) besonders zu Beginn dieses Jahrhunderts die "Textkritiker" erst recht zu den kühnsten Eingriffen in den masoretischen Text ermutigt. Im allgemeinen diente angeblich der "strophische und metrische Bau als kleines Hilfsmittel für

---

3. Angesichts dieser Einmütigkeit im Sinnlosen, die - von gelegentlichen offensichtlichen Erleichterungen abgesehen - die Textüberlieferung charakterisiert, fragt man sich, wie PERDUE (533) behaupten kann, die Textkritik von Ps 49 sei "a difficult problem due to the large number of textual variants in the major textual traditions".

4. Sogar HENFLER (88) z.B., der zunächst, mutig wie kein zweiter, verkündet: "Schwer ist das Lied allerdings...Aber sehr verderbt, durch Abschreiber entstellt, ist der Text gewiss nicht. Wir können einer jeden Konjektur entrathen." - sogar er konjiziert dann an den entscheidenden Stellen (v.6.15) ganz schamlos.

die Textherstellung" (VOLZ 251). Faktisch massgebend und leitend für diese (wahrlich zu Recht so genannte) "Textherstellung" waren dann aber letztlich doch nicht die "kleinen Hilfsmittel", sondern ganz bestimmte inhaltliche Vorstellungen darüber, was in einem Psalm nicht stehen darf und was darin gesagt sein sollte[5].

1.1.4. Texttreue und "Textaufblähung"

Heute werden im allgemeinen die "kleinen Hilfsmittel" vorsichtiger eingesetzt als zu Beginn des Jahrhunderts und die "Textherstellung" erscheint als eine Versuchung, der man prinzipiell - was nicht unbedingt heisst: stur (vgl. STAMM, Psalmenforschung 17f) - zu widerstehen habe. Und doch, die Gefahr der Vergewaltigung des dunklen Textes bleibt, nur dass sie jetzt von der entgegengesetzten Seite her droht. Denn wer einen dunklen Text als solchen respektiert, hat ihn dadurch noch nicht verstanden (wiewohl er den ersten Schritt dazu getan hat). Will er ihn verstehen, so wird er mit EERDMANS (260) zugeben müssen, dass "owing to the concise manner of expressing..., no intelligible translation can be given without inserting some words of paraphrase". Damit bedient er sich aber jener gefährlichen Methode, dank der Texte so aufgebläht werden können, dass sie schliesslich fast jede beliebige fremde Idee ausdrücken, und über die schon TORCZYNER spottet, wenn er "den Kommentaren" vorwirft, den textlichen "Schwierigkeiten gerecht zu werden, indem sie die fehlenden Zusammenhänge konstruieren und die Widersprüche durch Umdeutungen abschwächen" (49)[6].

So erscheint die Auslegung des 49. Psalms als ein ständiges Lavieren zwischen der Skylla der "Textherstellung" und der Charybdis der "Textaufblähung", was sich gerade angesichts der dem Psalm eigentümlichen Sprache als sehr heikel erweist.

---

5. Das klarste Beispiel dafür ist die Arbeit von VOLZ, vgl. unten Anm. 339. Andere besonders krasse Beispiele sind - neben CHEYNE - TORCZYNER, der, um den Text "herzustellen" zunächst die Verse ordnet (7+12+10+14/11+8+9+13/15+...20b+16/17+18+19+20a+21) und sodann innerhalb der Verse die Buchstaben, und PRAETORIUS, dessen (recht sprunghaft befolgter) "Leitstern... die Metrik gewesen" (331) sein soll.

6. Seine eigene wörtliche Uebersetzung, "die sich streng an den Text hält und darauf verzichtet, durch Einschub von Konjunktionen und andere exegetische Mittelchen irgend etwas in den Text hineinzudeuten, was nicht darin steht", sollte freilich nur gerade zeigen, "wie unklar und verworren dieses Weisheitslied ist" (48) und wie berechtigt deshalb seine eigene "Lösung des Rätsels von Ps 49" (49) sei.

1.2. ZUR SPRACHE DES PSALMES

1.2.1. Die sprachliche Härte von Ps 49

Die Härte der Sprache von Ps 49 scheint mir in der Tat eine recht eigentümliche zu sein.

Sie ergibt sich zwar auch aus dem Vorliegen von hapax legomena (deren es nur eines gibt: הגות v.4), und sehr seltenen Wörtern (חלד v.2), von ungewohnten Formen sonst üblicher Wörter (אדמות v.12; שתו v.15) oder von Einzelausdrücken (עקבי v.6; נפשם v.9; קרבם v.12), Sätzen (וירדו בם ישרים לבקר v.15) und Vorstellungen (אטה אזני v.5), die einen sonst klaren Kontext nach unserem Verständnis "stören".

Doch viel verwirrender ist die ganz seltsame Syntax innerhalb der Sätze (אח...איש und לא פדה יפדה v.8a; קראו ב...על v.12c; נמשל כ v.13/21; ולא יבין v.21; die Pronomina und Personen des Verbes in v.19-20a) und vor allem zwischen den einzelnen Sätzen (v.4a-b/6a-b/6b-7a/7-8/8-9/9-10/11a/13b und 21b/14a-b/19a-b/19-20a).

Diese Syntax taucht den ganzen Psalm in ein verschwommenes Halbdunkel, in dem man zwar wenig sieht, aber doch allerhand ahnen kann. Deshalb erlagen hier so viele der Versuchung, zu konjizieren oder zu deuteln, deshalb auch konnten sich dabei so viele mit etwa derselben Bemerkung, die geradezu als das hermeneutische Prinzip in der Auslegungsgeschichte von Ps 49 erscheint, rechtfertigen: "Glücklicherweise reichen die Dunkelheiten, welche an so vielen Stellen die Gedanken des Dichters verschleiern und die logische Verbindung seiner Phrasen nicht leicht erkennen lassen, nicht aus, um das Verständnis des Ganzen unsicher zu machen. Wir wollen versuchen, uns von diesem Rechenschaft zu geben, auf Grund der Uebersetzung, die wir vorgezogen haben." (REUSS 138)

Diese Ueberlegung ist ganz offensichtlich falsch: wie sollte das Ganze verständlich sein, wenn just die Syntax dunkel bleibt? Wir wollen deshalb versuchen, uns zunächst über die Bedeutung dieser Dunkelheit Rechenschaft zu geben.

1.2.2. Der Stil von Ps 49

Nimmt man nun also an, dass diese ungewohnte, harte Sprache nicht primär das zufällige und unwillkommene Produkt einer turbulenten Textgeschichte ist, so muss man sie als den Werkstil des Psalmes bezeichnen[7].

1. Diesen Werkstil kann man zunächst mit äusseren, dem Werk vorgeordneten Faktoren verknüpfen.

So kann man die Härte des Textes zunächst einmal einfach als Persönlichkeitsstil[8] des Autors von Ps 49 ansehen, wie es PLOEG (139) zu tun scheint, wenn er meint, der Duktus des Autors sei "assez particulier et personnel; à l'exception de certaines expressions de l'introduction, l'auteur n'emploie pas de vrais clichés. Son style n'est point 'anthologique', on n'y trouve pas de citations... Son choix des mots et de quelques expressions est poétique...Il s'y trouve des hapax legomena et des tournures rares..." Da man aber vom Autor von Ps 49 nichts weiss, führt es zu nichts, hier von "Persönlichkeitsstil" zu reden: die Dunkelheit des Werkstils wird damit nicht eigentlich erklärt, sondern nur wieder festgestellt. Höchstens kann man dann noch sagen, die Sprache unseres Textes zeige "un certain nombre d'affinités...avec le langage ou le style de Jérémie, Job, les Proverbes; pour le reste le style du Psaume est très particulier..." (aaO 170)

Möglich wäre es auch, im Stil des Psalms einen Zeitstil zu sehen. So meinte HITZIG (267), "der Charakter der Sprache" von Ps 49 weise "auf hohes Altertum hin" und DELITZSCH (335) war der Ueberzeugung, Ps 49 weise sich "durch seine antike kühne Form" als davidisch aus. Ein hohes Alter ist zwar für Ps 49 kaum anzunehmen, doch kann man durchaus erwägen, ob im Text nicht eine bewusst antiquierende Sprache gebraucht wird (vgl. unten Anm. 468).

7. Zu den verschiedenen Stilarten vgl. KERKHOFF, Stilistik 20ff. Ohne auf die unzähligen und subtilen Streitfragen der Stilistik einzugehen, kann man "Stil" etwa definieren als "die historisch veränderliche, funktional und expressiv bedingte Verwendungsweise der Sprache auf einem bestimmten Gebiet menschlicher Tätigkeit, objektiv verwirklicht durch eine zweckentsprechend ausgewählte Gesamtheit lexikalischer, grammatischer und phonetischer Mittel" (LEWANDOWSKI, Lexikon 689). Ganz ähnlich verstand schon KOENIG (Stilistik 1f) den Stil eines Werkes als die aus psychologischer Eigenart des Schriftstellers, unwillkürlichem Einfluss des Sprachgebrauchs seiner Zeit, Gegenstand und Zweck des betreffenden Literaturproduktes und Wahl der poetischen Form "hervorfliessenden Charakterzüge der Sprachverwendung".

8. Der Persönlichkeitsstil bezeichnet nach KERKHOFF aaO 21 die Stilzüge "die mit dem körperlich-seelischen Habitus des Autors, seinem Lebensgefühl und Weltbild zusammenhängen". Im Persönlichkeitsstil vereinen sich also die "nicht weiter ableitbaren Komponenten aus dem ganz persönlich-menschlichen Bereich" eines Autors (aaO).

Ebenso wird man sich fragen müssen, ob in Ps 49 nicht ein bestimmter Lokalstil vorliegt. So weist DAHOOD (296) darauf hin, dass "the language is probably the most dialectal in the Psalter". Ob ein solcher Lokalstil echt oder nur ausgesuchte Manier ist, wäre damit noch nicht entschieden.

Denkbar wäre es auch, die Härte der Sprache von Ps 49 als gattungsbedingt zu verstehen. Der seltsame Stil des Gedichtes wäre dann nichts anderes als "the concise manner of expressing sentences of wisdom" und "the terse style of Hebrew parables and riddles" (EERDMANS 260). Auch wenn man einmal annimmt, dass "the terse style of Hebrew parables and riddles" als solcher schon dunkel sei, scheint diese Erklärung, so formuliert, von vornherein nicht zuzutreffen, da unser Text nicht den Eindruck hinterlässt,aus einzelnen, knappen Weisheitssprüchen zusammengeflickt zu sein. Trotzdem könnte die Dunkelheit unseres Textes mit seiner Zugehörigkeit zur weisheitlichen Gattung -was auch immer das heissen mag (vgl. unten 7.2.6) - zusammenhängen. Dies erhellt auch einer Betrachtung der einen Werkstil beeinflussenden inneren Faktoren.

2. Auch innerhalb einer vorgängigen Prägung durch Persönlichkeit des Autors, Ort oder Zeit der Abfassung bleibt ja ein Werkstil als Verhältnis zwischen der Form und dem darin ausgedrückten Gehalt eines konkreten Werkes stets unableitbar. Die schwere Verständlichkeit eines Werkstils kann deshalb auch innere Ursachen haben.

Diese sind eher inhaltlicher Natur, wenn der Autor die Sache, um die es ihm ging (aus welchen Gründen auch immer) nicht klarer zur Sprache bringen wollte oder konnte, als er es getan hat, und sich deshalb mit Anspielungen, rhetorischen Fragen, Ellipsen, etwas hinkenden Bildern usw. begnügte oder begnügen musste. So erklärt etwa HENFLER (88) die Härte unseres Textes, die unausweichlich sei, "wenn von einem lebhaften Dichter Wahrheiten dieser Art vorgetragen werden". Eher formaler Natur sind diese Ursachen, wenn der Autor durch die äussere Form, die er sich (in der Regel aus sachlichen Gründen!) auferlegte, eingeschränkt war.

Nun ist gerade in der weisheitlichen Rede eine solche auf Unzugänglichkeit der Sache und besondere Virtuosität der Form zurückführende Dunkelheit des Stils nichts Unwahrscheinliches (vgl. etwa Sir 47,15). Diese Dunkelheit wäre damit indirekt gattungsbedingt, insofern die Gattung "weisheitliche Rede" eine Vorliebe für komplexe (äussere) Formen haben mag, die als literarische Spiegelungen der von der Weisheit erkannten komplexen Ordnung des Wirklichen sehr sinnvoll sind (vgl. unten 1.3.41), aber trotzdem die Sprache verdunkeln.

Da unser Psalm besonders syntaktisch schwierig ist, könnte sehr wohl primär die äussere Form des Gedichtes die eigentliche, direkte (wiewohl bisher gänzlich verkannte!) Quelle der Schwierigkeiten des Textes sein. So müssen wir uns nun ihr zuwenden.

1.3. ZUR GLIEDERUNG DES PSALMES

1.3.1. Auf der Suche nach einer Gliederung

Einig sind sich alle Kommentatoren von Ps 49 nur gerade über eines: der Psalm gliedert sich in eine Einleitung (v.2-5) und in ein Hauptstück (v.6-21). Wie dieses Hauptstück seinerseits zu unterteilen sei, darüber herrschen die verschiedensten Meinungen.

1. Auf der einen Seite stehen jene Kommentatoren, die in v.13 und 21 einen Kehrvers sehen und daraus ableiten, "formell (sei) in dem Psalm...eine gewisse Strophenbildung noch zu erkennen" (WEISER 260). Von ihnen bleiben einige bei dieser Feststellung stehen[9].

Andere aber bemerken wie schon HITZIG (267), dass "die Einteilung... von einer andern durchkreuzt" werde und versuchen deshalb die beiden doch recht langen Strophen ihrerseits wieder zu gliedern.

Am häufigsten gehen sie dabei von der Einleitung und den vier letzten Zeilen des Psalmes (v.17-20) aus und kommen so rein mechanisch zur Annahme von Strophen "zu je zwei dreihebigen Vierzeilern" (DUHM 198)[10]. Leider muss aber stets dem Text Gewalt angetan werden, damit er in dieses - an sich gewiss recht ansprechende - Schema passt[11].

---

9. So unterscheidet EWALD (251) lediglich zwei "wenden" zu je 16 Gliedern und DELITZSCH (335) sieht "zwei Theile der Predigt". Aehnlich REUSS 138, KIRKPATRICK 268, STAERK 248, LINDBLOM 21, PODECHARD K I 217f, PANNIER 285, LAMPARTER 251, ANDERSON 374, TROMP 240.

10. DUHM zählt mit der Einleitung fünf solche Strophen: v.2-5/6-10a/10b-12/14-16/17-20. Jede dieser Strophen ist von der andern geschieden durch den Kehrvers, "der nicht...weniger als dreimal vom Abschreiber weggelassen ist" (aaO). DUHM folgen z.B. MINOCCHI (150) und PODECHARD (5). CALES (278) verwirft dagegen die Vervielfältigung des Kehrverses, bemerkt aber zusätzlich, "qu'il y a une coupe de sens assez nette après chaque couple de distiques et une beaucoup plus fermement marquée après chaque groupe de quatre distiques...". Aehnlich VOLZ (251), der allerdings ganz massiv in den Text eingreift.

11. So sieht sich z.B. DUHM (139) gezwungen, nach v.12b einen Halbvers אבד זכרם freihändig hinzuzudichten. Desgleichen CALES (275), noch begnadeter PODECHARD (13): אבד מארץ זכרם.

Eine andere beliebte Gliederungsart geht mehr von inhaltlichen Erwägungen aus (vgl. z.B. HUPFELD 659; HENGSTENBERG 458; WEISER 260). Zunächst wird eine "Fragestellung" gesucht und in v.6-7 auch gefunden. Die Antwort darauf geschieht dann in dreizeiligen Strophen (v.8-10 Unmöglichkeit des Loskaufs, v.11-13 Tod als Gleichmacher, v.14-16 trostloses Ende der Stolzen und seliges Ende der Demütigen), an die sich eine "Nutzanwendung" (KALT 180) anschliesst. Unbefriedigend an dieser Gliederung ist, dass die beiden Hauptstrophen (v.6-13 und v.14-21) so gänzlich verschieden eingeteilt werden, dass sie kaum mehr als "Strophen" gelten können, der Kehrvers seine Bedeutung also fast ganz verliert.

2. So ist es nicht erstaunlich, dass auf der andern Seite für einige Kommentatoren "der angebliche Kehrvers" in v.13 und 21 "nur ein trügerischer Schein" ist (GUNKEL 210, vgl. unten 3.3.11).

Dank dieser Annahme können sie mit weniger Mühe als die Anhänger des Kehrverses den "beabsichtigten, guten, gleichmässigen Strophenbau", den der Psalm "in unversehrtem Zustand" hatte (VOLZ 251), wiederfinden. Allerdings findet jeder etwas anderes: GUNKEL (208f) z.B. teilt den ganzen Psalm (unter Annahme zweier Glossen, v.11 und v.16, und Versetzung von v.11c hinter v.12) in Strophen zu vier (Halb-)Zeilen ein. HERKENNE (184) sieht, dass "bei Weglassung von v.21...das Mittelstück des Ps 49 (v.6-16) von gleichlangem Eingang und Schluss zu je 4 Versen umrahmt" ist. SCHLOEGL (72f) unterscheidet (nach Versetzung von v.12c hinter v.11!!) vier Strophen (v.6-9/11-13/14-16/17-20). PRAETORIUS verzichtet überhaupt auf eine Gliederung, doch bei ihm ist Ps 49 "in der von Glossen gereinigten Gestalt" (336) so kurz (14 Verse), dass es auch gar nicht mehr viel zu gliedern gibt...

1.3.2. Erste Anhaltspunkte für eine Gliederung

1. Alle bisher dargestellten Gliederungsversuche stützten sich auf metrische oder inhaltliche Erwägungen. Sie können alle als gescheitert gelten, denn die ersteren taten dem Text mehr oder weniger Gewalt an, die letzteren ergaben gar keine eigentlichen, regelmässigen Gliederungen.

Eine letzte Möglichkeit (die eigentlich die erste sein sollte!) besteht darin, von allen metrischen Vorurteilen und inhaltlichen Konstruktionen abzusehen und von den rein formalen Gegebenheiten des überlieferten Textes auszugehen.

Tut man das, so springt sofort in die Augen, dass im Hauptteil des Psalmes (v.6-21) nicht alle Verse gleich lang sind: Die ersten (v.6-10) und letzten fünf Verse (v.16-20; v.13 und 21, die zumindest Kehrverse sein könnten, bleiben vorläufig ausser Betracht) sind Distichen, die restlichen Verse Tristichen (vgl. unten 1.3.22).

2. Dieser wie man meinen sollte doch ganz evidente Sachverhalt wurde nur gerade durch BRIGGS beachtet, der daraus auch die - fast - richtigen Schlüsse gezogen hat: "Str. [ophe] I is divided, as usual in fourteen-lined Str.s (cf Ps 18), into two parts, of eight and six lines, the former having two tetrastichs, the latter two tristichs." (407) "Str. II has the same structure as Str. I, save that on the principle of inclusion, the first six lines are in general correspondance with the last six lines of Str. I." (410)

Freilich: ganz richtig hat auch BRIGGS nicht gesehen. Denn erstens kommt er nur auf vier statt fünf Distichen, weil er annimmt, v.9 und v.16 seien Glossen - möglich wäre das zwar schon, doch gerade die Untersuchung der Distichen wird zeigen, dass es unwahrscheinlich ist. Zweitens sieht BRIGGS eine "general correspondance" zwischen den Tristichen von v.11-12 und v.14-15. Doch gerade diese Uebereinstimmung springt nicht in die Augen - zumal in v.14-15 gar nicht zwei Tristichen vorliegen, sondern ein Distichon (v.14) und ein metrisches Ungeheuer (v.15), von dem man höchstens vermuten darf, es enthalte das dritte Glied eines in v.14 begonnenen Tristichons und dazu ein weiteres Tristichon. Doch gerade diese Hypothese gilt es durch die Betrachtung des Aufbaus des ganzen Gedichtes zu erhärten[12].

1.3.3. Die Verwandtschaft zwischen v.6-10 und v.16-20

Will man also die Aufteilung der zwei Hauptstrophen v.6-12 und v.14-20 in je sich entsprechende Strophen von Distichen und Tristichen nachweisen, so muss man zunächst die zwei distichischen Strophen vergleichen. Ein solcher Vergleich weist nicht nur eine "general correspondance" auf, sondern eine bis ins Detail gehende Verwandtschaft:

12. Das Gedicht könnte ebensogut nur aus Distichen bestehen: v.15 enthielte deren zwei und auch v.11-12 könnte man elegant in Distichen verwandeln, indem man v.11c hinter v.12c setzt und wie GUNKEL (212) behauptet, dass "die Halbeile 11c hier [in v.11] überschiesst und in 12 eine vermisst wird". Vgl. unten 3.1.41.

B		A
אך-אלהים יפדה נפשי מיד-שאול כי-יקחני סלה:	(1)	למה אירא בימי רע עון עקבי יסובני:
אל-תירא כי-יעשר איש כי-ירבה כבוד ביתו:	(2)	הבטחים על-חילם וברב עשרם יתהללו:
כי לא במותו יקח הכל לא-ירד אחריו כבודו:	(3)	אח לא-פדה יפדה איש לא-יתן לאלהים כפרו:
כי-נפשו בחייו יברך ויודך כי-תיטיב לך:	(4)	ויקר פדיון נפשם וחדל לעולם:
תבוא עד-דור אבותיו עד-נצח לא יראו-אור:	(5)	ויחי-עוד לנצח לא יראה השחת כי יראה:

1. In den ersten Zeilen der beiden Strophen finden wir die im ganzen Gedicht einzigen Formen der 1. Person singular. Die Verwandtschaft der beiden Zeilen über diese 1. Person wird dadurch unterstrichen, dass sie zwei ähnlichen Verbformen יסובני und יקחני je an der gleichen exponierten Stelle (am Versende) anzutreffen sind. Vielleicht dürfen auch die gegensätzlichen Körperteile עקב und יד sowie die "gegenläufigen" Umstandsbestimmungen בימי רע und מיד שאול für den Nachweis einer Verwandtschaft der beiden Zeilen vereinnahmt werden.

In den zweiten Zeilen findet ein plötzlicher und unvermittelter Umschlag in eine andere Person statt, das eine Mal in die 3. Person plural (v.7), das andere Mal in die 2. Person singular (v.17). Die beiden Wurzeln רבב und עשר kommen (sieht man vom עשיר der Einleitung v.3 ab) im ganzen Gedicht nur in diesen zwei Zeilen vor, einmal beide substantivisch (v.7), das andere Mal beide verbal (v.17) gebraucht.

In den dritten Zeilen fällt besonders die genau gleich gebrauchte Verneinung der Verben in der 3. Person auf:

(....) לא (....) { יפדה / יקח } (....) לא { יתן / ירד }

Vielleicht sind auch die ähnlichen Formen am Schluss des Verses (כבדו und כפרו) nicht zufällig.

In den vierten Zeilen findet eventuell (vgl. unten 5.2.44) ein Rückgriff auf die grammatische Person der zweiten Zeile statt, in A die 3. Person plural (נפשם)in B die 2. Person singular (ך). Sicher verbindet aber das Wort נפש diese beiden Zeilen.

In den fünften Zeilen finden sich, wiederum das einzige Mal im ganzen Gedicht, das Wort נצח und das Verbum ראה (zur Verseinteilung vgl. unten 3.1.1.), dieses beide Male verneint und mit den gegensätzlichen Objekten שחת und אור.

Diese rein formalen Entsprechungen scheinen mir schon auffällig genug, um eine bewusste und vom Autor gewollte Parallelität der beiden distichischen Strophen v.6-10 und v.16-20 zu beweisen.

2. Ist diese Parallelität einmal gesichert, wird sie durch eine andere Art der Beziehungen zwischen diesen beiden Strophen nicht mehr widerlegt, sondern höchstens noch bestätigt.

In der Tat kann man die zunächst verwirrende Feststellung machen, dass gewisse wichtige Wörter nicht in der gleichen Zeile der beiden Strophen, sondern jeweils eine Zeile zu früh bzw. zu spät wiederholt werden.

Dieses "Nachhinken" vollzieht sich aber wie mir scheint gesetzmässig, und zwar nach folgendem Schema:

A1	⟶	B2	: ירא	(Versanfang)
B2	⟶	A3	: איש	(Versmitte)
A3	⟶	B4	: ל + Person	(Versende)
B4	⟶	A5	: Wurzel חיה	(Versanfang)
A5	⟶	B1	: affirmatives כי	(Versende)
[B1	⟶	A3	: אך /אח, פדה, אלהים	(ganzer Vers)]

Ganz eindeutig sind zwar vorläufig (vgl. aber unten 3.1.14) nur die ersten zwei Uebernahmen (ירא und איש) und die Kommentare pflegen davon nur gerade die erste wahrzunehmen, sodass sie allgemein zum Schluss kommen, der v.6 entsprechende Vers sei in der zweiten Hauptstrophe nicht v.16, sondern v.17. Einer solchen Zäsur vor v.17 fällt dann zumeist v.16 zum Opfer und wird kurzerhand zur Glosse deklariert. Doch für eine Parallelität zwischen v.6 und v.17 spricht nur gerade ein Wort (ירא), alle andern Wortwiederholungen aus v.17 (איש, עשר, רבב)stützen sie nicht.

1.3.4. Folgerungen aus dieser Verwandtschaft

1. Es ist klar, dass ein so kompliziertes System von Beziehungen zwischen zwei Strophen nur als bewusste und gewollte Konstruktion des Psalmisten verstanden werden kann.

So stellt sich die Frage, ob solche "programmierte" Gedichte, die heute recht manieriert anmuten, im AT überhaupt denkbar sind. Gerade im Bereich der Weisheitsliteratur, zu der unser Psalm gehört, kann man diese Frage ohne Zögern bejahen - man denke nur an das strenge Baugesetz von Ps 119 und an das Prinzip der alphabetischen Komposition überhaupt. Es wäre geradezu erstaunlich, wenn die Weisen die Weltordnung, um die sie sich bemühten, nicht auch irgendwie in der Sprache dargestellt hätten (vgl. oben 1.2.22).

2. Hier könnte man sich nun aber weiter fragen, ob nicht ein grosser Teil der sprachlichen Härten von Ps 49 die logische Folge der Einhaltung dieses subtilen Konstruktionsprinzipes sind. Da die Strophe v.6-10 ganz deutlich die dunklere ist (die Kommentar widmen denn auch den Versen 17ff nur ganz knappe Bemerkungen, vgl. unten 6.2.11) könnte man vielleicht sogar annehmen, bei seiner Komposition sei der Autor vorwiegend von der Strophe v.16-20 ausgegangen, um ihr nach seinem Plan Strophe v.6-10 an die Seite zu stellen.

Es scheint mir jedenfalls ehrenwerter, die sprachlichen Härten als Preis für die poetische Form zu verstehen, als sie durch Textmanipulationen aus dem Weg zu räumen.

Ein Urteil über die "Natürlichkeit" der Sprache dieser zwei Strophen (und damit über ihren literarischen Wert) ist dadurch nicht gefällt und kann heute schwerlich mehr gefällt werden. Eines scheint mir aber sicher: innerhalb einer solch beengenden Form (vgl. dazu noch unten 6.3.3) überhaupt etwas halbwegs Vernünftiges zu sagen, ist schon allein eine dichterische Leistung von respekterheischender Virtuosität! TROMPs (240) Bemerkung "het woordgebruik is goed doordacht, zoals men vom een wijze mag verwachten" trifft in einem Masse zu, das ihn selbst erstaunen dürfte, wogegen REUSS' (138) Urteil "der Stil (erhebe) sich nicht über die Prosa trotz der etwas hochtönenden Vorworte", nicht viel mehr verdient als ein betretenes Schütteln des Kopfes...

1.4. ZUR EINHEITLICHKEIT DES PSALMES

1.4.1. Unterschiede zwischen den Distichen und Tristichen

1. Geht man nun daran, die restlichen zwei Strophen[13] zu untersuchen, fällt sofort eines auf: ein ähnliches Kompositionsschema wie in den Strophen v.6-10/16-20 (im Folgenden kurz: "A-Strophen") lässt sich auch mit bestem Willen nicht finden. Gewiss könnte man mit etwas Phantasie einige inhaltliche Entsprechungen konstruieren[14], doch klare formale Anhaltspunkte bietet der Text dazu kaum.

---

13. Der Kehrvers 13 erlaubt, die restlichen Verse - jedenfalls probeweise - als zwei Strophen zu betrachten, vgl. unten 3.3.13. Zur Verseinteilung vgl. unten 4.2.13.

14. So verbänden sich etwa v.12ab mit v.15c über das Stichwort "Haus", v.15ab mit v.12c über das Stichwort "Feld" (sofern אדמות wirklich "Feld" bedeutet), v.11ab mit v.15a über das Stichwort "Vieh" (בער und צאן), v.14ab mit v.11c über das Stichwort אחר. Vgl. unten Anm. 253.

2. Das liegt daran, dass in diesen zwei tristichischen Strophen (im Folgenden: "B-Strophen") die Wortwiederholung viel seltener ist als in den A-Strophen. Nur gerade die Wurzeln כסל, שאול, מות, אחר (und דור) werden je zweimal gebraucht, sonst kommen alle Wörter nur einmal vor. Zahlenmässig ausgedrückt nimmt sich der Unterschied recht imposant aus[15]:

- In den A-Strophen werden von 77 Wörtern (= 100%) gebraucht

1 x	:	34	(44%)
2 x	:	10	(13%)
3 x	:	3	(3,9%)
4 x	:	1	(1,3%)
7 x	:	1	(1,3%)

Demnach befinden sich unter den 77 Wörtern der A-Strophen nur 49 verschiedene Wörter (=63,5%)

- In den B-Strophen werden von 37 Wörtern (=100%) gebraucht

1 x	:	27	(73%)
2 x	:	5	(13,5%)

Unter den 37 Wörtern der B-Strophen gefinden sich also 32 verschiedene Wörter (86,5%).

Damit ist nun aber ein stilistischer Unterschied zwischen A- und B-Strophen festgestellt: die A-Strophen sind im Frequenzstil, die B-Strophen im Vokabularstil gehalten.

3. Ist dies einmal erkannt, dürfte die Frage von Interesse sein, ob sich noch andere stilistische Unterschiede zwischen den beiden Strophenpaaren ausfindig machen lassen.

Untersucht man die Wortklassen[16], so stellt man fest, dass beide Teile des Psalms ungefähr gleichviel selbständige grammatische Morpheme aufweisen (A: 51%, B: 50%), die A-Strophen jedoch mehr Verben und weniger Nomina aufweisen als die B-Strophen (A: 30,4% Nomina und 18,8% Verben, B: 38,2% Nomi-

---

15. Wiederholungen sind Wiederholungen gleicher Wurzeln (lexikalischer Morpheme). Gezählt werden als Wörter nur "graphische Einheiten". Keine selbständigen Wörter sind demnach alle Präfixe (inkl. ב, ל, כ, ו) und Suffixe (suffigierte Personalpronomina). Dies scheint mir gerechtfertigt, weil doch angenommen werden darf, es sei weder zufällig noch bedeutungslos, dass bestimmte Lexeme nur als Affixe vorkommen. Zudem würde eine Zählung der Affixe in unserem Fall die Unterschiede verschleiern: die in den B-Strophen häufige Wiederholung der Pronominalsuffixe (18% aller Wörter und Affixe, gegen 11,7% in den A-Strophen) und der Präposition ל (18% gegen 5,4%), die gerade auch eine stilistische Eigenheit der sonst wiederholungsarmen B-Strophen ist, würde in der Statistik gerade nicht als solche erscheinen.

16. Verben, Nomina und "selbständige grammatische Morpheme" (Präpositionen, Pronomina, Konjuktionen usw., vgl. FOHRER, Exegese 67).

na und 11,8% Verben). Besonders deutlich wird dieser Unterschied bei der Zählung der Satzarten: Die A-Strophen weisen 8,7% Nominalsätze und 91,3% Verbalsätze auf, in den B-Strophen finden sich 47% Nominalsätze und 53% Verbalsätze.

Wir können also in den A-Strophen (im Vergleich zu den B-Strophen) einen Verbalstil, in den B-Strophen einen Nominalstil feststellen.

1.4.2. Deutung der Stilunterschiede

1. Ueberblickt man nun die bisher beobachteten Unterschiede zwischen den A- und den B-Strophen (zweigliedriger Parallelismus, strenges Konstruktionsprinzip, verbaler Frequenzstil auf der einen Seite, dreigliedriger Parallelismus, Fehlen eines Konstruktionsprinzips, nominaler Vokabularstil auf der andern), so kann man wohl von einem wirklichen Stilbruch zwischen den beiden Teilen des Psalmes reden.

Damit aber scheint mir die literarische Einheitlichkeit des Psalmes in Frage gestellt zu sein. Gewiss kann ein Stilbruch bewusstes literarisches Ausdrucksmittel sein, doch (auch wenn man diese Möglichkeit für das AT überhaupt in Betracht ziehen will) scheint sie mir in diesem Fall sehr unwahrscheinlich, denn ich sehe nicht im geringsten, welche Funktion dieser Stilbruch im vorliegenden Gedicht haben könnte. Gewiss, man könnte zur Not vielleicht annehmen, der Autor hätte ihn ohne besonderen Grund aus reiner Willkür einfach gewollt - wenn dabei das Gedicht zwar hässlich, aber wenigstens verständlich wäre. Doch, die Auslegungsgeschichte zeigt es zur Genüge, gerade das ist nicht der Fall: als nahtlose Einheit aufgefasst bleibt Ps 49 auch nach der subtilsten Auslegung im Grunde wirr und unklar. Auf der andern Seite wird der dunkle Text auf einmal leidlich durchsichtig, wenn man ihn den stilistischen Rissen entlang in literarkritische Schichten aufschneidet. Schon das scheint mir Grund genug, um den Stilbruch in Ps 49 nicht als Ausdrucksmittel zu deuten.

2. Eine Auftrennung unseres Textes in zwei literarkritisch zu unterscheidende Einheiten wird auch durch inhaltliche Beobachtungen gestützt.
Im Zentrum der A-Strophen stehen wohlhabende Leute (von denen übrigens vorwiegend in der 3. Person singular gesprochen wird). An deren Reichtum ist der Text zunächst interessiert, von ihm redet er andauernd (v.7a, 7b, 9a, 17a, 17b, 18a, 18b). Gefragt wird dabei, wie sich das Geld des Reichen zu seinem Tod verhält.

Ganz anders in den B-Strophen: Dort geht es gar nicht um wohlhabende Leute, sondern um "Weise und Toren" (v.11), die übrigens ausschliesslich in der 3. Person plural genannt werden. Deren Besitz wird nur beiläufig erwähnt (v.11c ist die einzige sichere Stelle, wo von Reichtum die Rede ist), denn diese Strophen sind an etwas anderem interessiert: am Tod dieser Menschen, von ihm ist in allen eindeutig verständlichen Versen dieses Psalmteils die Rede (v.11a, 11b, 12a, 12b, 14a, 15a).

3. Gewiss sind diese Unterschiede, auch dann, wenn man sie nicht durch irgendwelche exegetischen Tricke herunterspielt (was man besonders im Hinblick auf die sterbenden Weisen von v.11 mit Vorliebe getan hat, vgl. unten 3.1.21), an sich noch nicht unbedingt "unvereinbare Spannungen". Doch ist, zumal nach der obigen stilistischen Analyse, nicht einzusehen, warum dieses klassische Kriterium der Literarkritik (neben der "störenden Wiederholung", vgl. FOHRER, Exegese 48f) das alleinseligmachende sein soll. Es ist ja nicht nur schwer anzuwenden (da die Bestimmung, welche Spannungen vereinbar sind und welche nicht trotz gegenteiliger Beteuerungen grösstenteils doch "dem subjektiven Empfinden des Einzelnen" FOHRER, aaO 50 überlassen wird), sondern setzt auch stets voraus, dass die Bearbeiter (ob sie nun einen vorliegenden Text erweiterten oder mehrere vorliegende Texte zusammensetzten, vgl. FOHRER, aaO 53-56) wenigstens zeitweise wie Homer geschlafen haben oder sonstwie nicht ganz auf der Höhe ihrer Aufgabe standen. Eine literarische Methode, die angewiesen ist auf die Unachtsamkeit der Redaktoren, deren Texte sie untersucht, ist nun mit Sicherheit in den Texten nicht anwendbar, die durch die Hände von aufmerksamen Bearbeitern gegangen sind.

Genau ein solcher Text scheint mir hier vorzuliegen: wenigstens zwei Autoren haben an ihm gearbeitet - ihre je verschiedenen Sprachen, Kompositionsweisen und Interessen haben wir feststellen können. Und doch sind beide Teile des Psalmes so aufeinander abgestimmt (worden), dass direkte Widersprüche nicht festzustellen sind. Deshalb kann das grobe Geschütz der klassischen Literarkritik hier nicht eingesetzt werden[17].

Andererseits ist aber der Text doch so uneinheitlich, dass man ihn wie gesagt nicht verstehen kann, wenn man ihn wie eine nahtlose Einheit zu lesen versucht[18].

---

17. Vielleicht ist dies im Psalter überhaupt die Regel, da man es hier wohl grösstenteils - wie in Ps 49 - mit geschickt erweiterten Einheiten zu tun hat. Jedenfalls zeigen z.B. BEYERLINs Versuche, die Psalmen 8 und 44 als (durch aktualisierende Neuinterpretation) erweiterte Einheiten zu verstehen, wie schwierig es ist, in solchen Texten "Divergenzen" mit Sicherheit festzustellen und daraufhin "Schichten" zu isolieren, und umgekehrt zeigt seine Studie zu Ps 126 eindrücklich, wie gefährlich es ist, aus scheinbar offensichtlichen Widersprüchen literarkritische Schlüsse zu ziehen (vgl. Träumende 23-32).

18. Ein Gegenbeispiel ist Ps 73, wo die Zeilen v.4-12 und v.18-22 sich di-

Diese widerspruchsfreie Uneinheitlichkeit des Textes ist es, die den Exegeten so zu schaffen macht: die Widerspruchsfreiheit verhindert die Erkenntnis der Uneinheitlichkeit und verbaut so den m.E. einzigen Weg zum Verständnis des Psalmes.

1.4.3. Literargeschichte von Ps 49

Es muss nun noch versucht werden, die verschiedenen Teile des Psalmes (A-Strophen, B-Strophen, Kehrvers, Einleitung) in eine vorläufige literargeschichtliche Ordnung zu bringen.

1. Aeltester Teil des Gedichtes scheinen mir die B-Strophen zu sein. Sie enthalten die kühnsten Gedanken des Psalm (v.11 und 14f) und es ist deshalb viel wahrscheinlicher, dass sie später korrigiert worden sind, als dass sie selbst nachträglich in einen bestehenden Text eingefügt worden wären.
2. Der Kehrvers muss wohl schon immer zu den B-Strophen gehört haben. Er vergleicht wie sie (v.11b, 15) den Menschen mit dem Tier und ist dabei primär an seinem Tod interessiert.

Die zwei B-Strophen und der Kehrvers bilden zusammen die älteste Schicht von Ps 49, wir nennen sie im Folgenden "Grundpsalm".

3. Als Antwort auf diesen recht pessimistischen Grundpsalm hat ein (wie die Strukturanalyse gezeigt hat nicht unbedeutender) Dichter zwei weitere Strophen, die die Aussage des Grundpsalms sehr geschickt aufnehmen und korrigieren, ad hoc gedichtet und angefügt. Ps 49 ist demnach keine zusammengesetzte, sondern eine erweiterte Einheit. Der Antwortcharakter dieser A-Strophen (im Folgenden: "Erweiterungen") lässt sich noch am Anfang von v.16 (אך) sowie an der Uebernahme von Wörtern (חילם, יקר, שאול und דור) erkennen[19].
4. Am schwersten einzuordnen ist die Einleitung. Für die Verbindung mit dem Grundpsalm sprechen die seltsamen Formen תבונות und חכמות, da der Autor des Grundpsalmes solche Formen auch gebraucht (אדמות, בחמות)- wie mir scheint ein gewichtiges Argument.

rekt widersprechen, aber doch beim ersten Lesen ohne weiteres verständlich wird, welche Rolle sie im Gedankengang spielen.

19. Sonst sind nur noch die Wörter בית (v.12/17), לעולם (v.9/12) und אחר (v.14/18) den beiden Teilen gemeinsam. Ich bin mir bewusst, dass diese 7, den Teilen A und B (inkl. Kehrvers) gemeinsamen Wörter ein Argument gegen die vorgenommene literarkritische Operation darstellen. Doch glaube ich nicht, dass dieses die stilistischen Argumente für die literarkritische Scheidung aufzuwiegen vermag - zumal es sich entweder um sehr häufige Wörter handelt (לעולם, בית, דור und im Todeskontext שאול und אחר) oder, wo dies nicht der Fall ist (יקר, חיל, דור), ihr Vorkommen in beiden literarischen Schichten durch literarische Abhängigkeit zu erklären ist.

Ob die vokabularmässigen Berührungen zwischen Einleitung und Grundpsalm (אדם, יחד, פי, Wurzeln חכם, בין, משל)auch für eine Verbindung sprechen ist bereits schwieriger zu entscheiden, denn einerseits wissen wir, dass der Autor des Grundpsalmes Wortwiederholungen in seinem Gedicht meidet, andererseits ist aber nicht auszuschliessen, dass er sie in der Einleitung (gewissermassen als "Vorschau") bewusst einsetzt.

Aufgrund der Wortwiederholungen innerhalb der Einleitung (כל, בני und besonders אזן)sowie der Berührungen zwischen Einleitung und Erweiterungen (A-Strophen) könnte man aber die Einleitung auch sehr gut dem Autor der Erweiterungen zuschreiben. Dafür spräche auch, dass die Einleitung für ein 6-zeiliges Gedichtchen wie den Grundpsalm reichlich lang wäre (jedenfalls nach unserem Empfinden, vgl. dagegen Weish 6). Auch das Auftauchen der Reichen in v.3b spricht eher für eine Verbindung der Einleitung mit den Erweiterungen: in der Wahl der "Pole" des Merismus' für "alle Menschen" klingt bereits das Thema der Erweiterungen an, genau wie im Merismus v.11 das Thema des Grundpsalmes sichtbar wird.

So scheint es mir doch besser, die Einleitung dem Autor der Erweiterungen zuzuschreiben - jedenfalls in ihrer jetzigen Form. Möglich wäre es nämlich auch (doch hier geraten wir in den Bereich der freischwebenden Spekulation), dass dem Bearbeiter der Grundpsalm mit einer zweizeiligen Einleitung versehen (etwa im Stil von Spr 4,1-2) vorlag, deren erste Zeile der jetzige v.2 (die ישבי חלד werden in v.13b/21b entlarvt!) und deren zweite Zeile der jetzige v.4 (ות- Endungen, פי und תבונות werden in v.14b und v.21a relativiert) gewesen wäre. Diese Einleitung hätte er seinem Interesse entsprechend erweitert (v.3 und v.5, vgl. unten Anm. 435).

1.4.4. Zur Auslegung

Die eben dargelegte literarkritische Scheidung wird der folgenden Auslegung zugrunde gelegt und damit auch stets in ihr vorausgesetzt. Doch gleichzeitig werden während der Exegese die literarkritischen Entscheide immer wieder geprüft und bestätigt oder modifiziert werden können. Besonders für das eben skizzierte literargeschichtliche Schema wird dies nötig sein. Da die Brauchbarkeit dieses Schemas am einfachsten und besten durch den Gebrauch des Schemas nachgewiesen wird, folge ich ihm in der Auslegung. Ich werde also - nach einigen Bemerkungen zur Ueberschrift - zunächst den Grundpsalm (B-Strophen und Kehrvers) untersuchen, dann erst auf dessen Erweiterungen in A-Strophen und Einleitung zu sprechen kommen.

2. ZUR UEBERSCHRIFT DES PSALMES

2.1. DER ANFANG VON PS 49

1. Wiewohl es textkritisch gesehen ganz klar ist, wo Ps 49 anfängt, ist dies in den Kommentaren umstritten. Bisweilen glaubt man nämlich, die letzten zwei Wörter von Ps 48 (על מות) zu Ps 49 ziehen zu dürfen, ohne dafür die geringste Grundlage im Text oder in den alten Uebersetzungen zu haben[20].

Nun ist in Ps 48,15 das על-מות tatsächlich schwer zu verstehen, doch dadurch, dass man den Ausdruck als technische Angabe vom restlichen Psalm abtrennt, wird die Lage nicht viel günstiger. Einerseits entsteht nämlich so ein kurzer Halbvers (הוא ינהגנו), welchem zudem die lokale Umstandsbestimmung fehlt, die נהג im <u>Piel</u> meist begleitet[21]. Andererseits weiss man mit dem abgetrennten על-מות nicht viel anzufangen:

2. Entweder sieht man darin die technische Spielanweisung על-עלמות[22], die - singulär im Psalter! - "wie Hab 3,19 unter den Psalm geraten" wäre (KESS-

---

20. So z.B. BOETTCHER, Inferi 190, GRAETZ 338, TORCZYNER 59, GUNKEL 208, SCHMIDT 92, JELLICOE 52, TOURNAY, Rubriques 197f, PERDUE, Wisdom 340. Mit weniger Ueberzeugung vertreten diese Ansicht KESSLER (106) und WUTZ (124).

21. Vgl. Ex 10,13 (בארץ), Dt 4,27; 28,37 (שמה), Is 49,10 (ועל-מבועי מים ינהלם im Parallelvers), Ps 78,26 (בעוזו als Parallele zu בשמים), Ps 78,52 (במדבר). Ohne lokale Bestimmung, doch dafür mit Vergleich Gen 31,26; Is 63,14. Einzig GRAETZ (336) bemerkt, dass הוא ינהגנו ohne Angabe der Zeitdauer oder Modalität...nicht recht passt". Er korrigiert in הוא יְסֹבֵנוּ oder מְגִנֵּנוּ.

22. Für GRAETZ (336) stand dieser Ausdruck in der Vorlage der SEPT, denn deren (falsche) Uebersetzung εις τους αιωνας "(beweise) zweierlei: dass

LER 106)[23], oder die zum folgenden Psalm gehört (vgl. KESSLER 1o6, GUNKEL 208, GRAETZ 336), wo sie dann aber hinter לבני קרח stehen müsste, was einen unannehmbaren Eingriff in die Wortfolge des überlieferten Textes darstellt[24].

Oder aber man kann den Ausdruck על-מות stehen lassen. Versteht man ihn dabei als "Melodieangabe"[25] oder als Instrumentenbezeichnung[26] hat man wie-

---

in ihrem Text עלמות ungetrennt stand und dass diesen Worten eine Präposition vorangegangen sein muss, אל oder על ". M.E. beweist die SEPT nichts, sie lässt nur vermuten, dass die Uebersetzer in höchster Not den ihnen vorliegenden Text als לעלמ(ים) interpretiert haben.
Auch die "mira lectio" (FIELD, Hexaplae II 169), der SYROHEXAPLA א.הו נהדא לן ועל מותא נחדת führt allerhöchstens zu einer Verdoppelung des ganzen Ausdrucks: (נחדת =) עלמות (ועל מותא =) על מות. Textkritisch ebenso unbrauchbar ist die Bemerkung des Jerusalemer TALMUD: תרגם עקילס אתנסיאה עולם שאין בו מות (Megilla II 4 = Moed Qaton III 7, sowie MIDRASH QohRab zu 1,11 = LvRab 11,9), da das angebliche αθανασια = אל-מות (vgl. Spr 12,28) von AQ bestimmt nur ein Midrash zum MT ist.
Der Uebergang von על-מות zu על-עלמות unter Annahme einer Haplographie von על ist somit eine reine Konjektur.

23. DELEKAT (Psalmenüberschriften 281 Anm. 3) behauptet zwar, "dass Beischriften am Anfang und am Schluss des Psalms zugefügt werden konnten", kann es aber nur mit Ps 88,1 belegen, dessen erste Ueberschrift nach ihm "als Unterschrift zum vorhergehenden Psalm gehört". Dass damit Ps 87 über eine Ueberschrift und eine fast gleichlautende Unterschrift verfügen würde, stört ihn wenig. Im übrigen ist die Doppelüberschrift von Ps 88 eine Ausnahme, von der man nicht allzu viele Regeln ableiten sollte und die GESE befriedigend erklärt hat (vgl. Kultsänger 151).

24. Vor למנצח, das "immer das erste Element der Ueberschrift bildet" (DELEKAT, Psalmenüberschriften 289), ist eine solche Notiz undenkbar. Eine Doppelüberschrift, deren zweiter Teil sekundäre Erweiterung wäre (analog zu Ps 88,1), kann man hier schwerlich annehmen, weil eine alleinstehende Notiz על-(על)מות als ursprüngliche Ueberschrift nicht denkbar ist, im Gegensatz zum שיר מזמור לבני קרח von Ps 88, 1aα.

25. Vgl. z.B. SCHMIDT 92: "על-מות. 'Nach:Stirb'". Wie problematisch Melodieangaben sind hat jedoch DELEKAT (Psalmenüberschriften 291f) zu Recht unterstrichen: "Fasst man, was bequem ist, Notizen, die man nicht versteht, als Liedanfänge auf, so setzt man voraus, dass mit den zitierten Liedern eine 'Melodie' fest verbunden war. Aber der Ausdruck 'Melodie' ist irreführend. Was man allenfalls erwarten darf, sind Psalmtöne, d.h. Rezitative mit festen (Anfangs- und) Schlussklauseln. Schwerlich hat es davon wenn überhaupt, viel mehr als ein Dutzend gegeben. Wie konnte man sie nach Liedanfängen benennen?"

Nach PLOEG (Rez. Mowinckel 235, zit. bei WINTER, Taube 38) wurden allerdings im christlichen Syrien "Psalmtöne" nach Liedanfängen benannt (und dies vermittels der Präposition ᶜal). Deshalb kann man sehr gut ein Gleiches auch für die atl. Psalmen annehmen, müsste aber hier wohl voraussetzen, dass die (israelitischen) Psalmtöne der meisten Psalmen unbezeichnet blieben und nur bei Psalmen, die nach einem fremden (kanaanäischen) Modus zu singen waren, dies in der Ueberschrift vermerkt wurde.

Ganz unwahrscheinlich scheint mir jedenfalls DELEKATs (aaO) Deutung der על-Ausdrücke als Situationsangaben: diese wirken in ihrer Herleitung

der mit den eben für על-עלמות dargestellten Problemen zu kämpfen. Höchstens könnte man im Ausdruck eine kurze Inhaltsangabe - natürlich zu Ps 49 - sehen, die aber wiederum nicht als "the original superscription of Psalm 49" (PERDUE, Wisdom 340), d.h. als integrierender Bestandteil der Ueberschrift, sondern höchstens als spätere Zutat zu gelten hätte[27]. So verstanden wäre "die Bemerkung... eine homiletische Notiz zum Verständnis und für die Auslegung des Psalms", die tatsächlich "den Sinn des Psalms vortrefflich (trifft)" (VOLZ 253) - und zwar so vortrefflich, dass sie bereits wieder leicht banal wirkt. Irgendwelche Hilfe beim Verständnis des Psalmes (z.B. in v.16) könnte man sich jedenfalls von dieser "Inhaltsüberschrift über Ps 49" (VOLZ 253) nicht erhoffen. Von einer im Psalter so singulären Inhaltsangabe müsste man aber fürwahr einen irgendwie gearteten Zweck erwarten können[28].

---

durchwegs gekünstelt und weisen im Endeffekt eine peinliche Aehnlichkeit auf mit dem Register von Erich KAESTNERs "Lyrischer Hausapotheke".

26. TOURNAY, Rubriques 199f, leitet die Ausdrücke עלמות (על) Ps 9,1; 46,1; 1 Chr 15,20 alle von על-מות her, das er als "sur le hautbois" (vom ägyptischen m3 t = Flöte, Oboe) versteht. Die Erklärung ist sehr scharfsinnig und dort, wo עלמות klar eine musikalische Bezeichnung darstellt, durchaus erwägenswert.

27. Vgl. z.B. JELLICOE 53, TORCZYNER 59. Mit den Parellelen, die diese Autoren anführen, ist es allerdings nicht weit her. TORCZYNER sieht in Ps 56,1 (Korr: על יונה על מרחקים) die Beischrift zu Ps 55 (Anspielung auf v.7f), in Ps 46,1 diejenige zu Ps 45. Höchstens Is 30,6 ist eine echte Inhaltsangabe, aber in den Prophetensprüchen liegen die Dinge ohnehin anders als in den Psalmen. Auch das Beispiel, das JELLICOE anführt (Ps 9,1 Korr: על-מות לבן "concerning the death of the oppressor" vom Akkadischen labanu I "niederwerfen", das auf 9,6.16ff; 10,15 hinweisen würde) ist nicht überzeugend.
Doch als Inhaltsangabe ausserhalb, d.h. vor der Ueberschrift verstanden, ist על-מות ohnehin singulär, und den Ausdruck (wie NOETSCHER 110) kurzerhand ans Ende von Ps 49,1 anzuhängen, ist ganz bestimmt nicht statthaft.

28. Ganz unwahrscheinlich scheint mir diesbezüglich BONKAMPs (235) Erklärung. Nach ihm ist Ps 48 eine Art militärischer Rapport aus dem Jahre 701 und greift damit "auf einen Vorgang zurück, bei dem in den Aufzeichnungen der Bibel über ein Sterben von nicht weniger als 185'000 Personen berichtet wird". Da der anschliessende Ps 49 gerade vom Tod redet, tritt für BONKAMP die Bedeutung von על-מות klar zutage: "Es kann sich hier, da die beiden Texte in dieser Aufeinanderfolge aus dem Liederbuche der Korachiten genommen sind, nur um eine persönliche Notiz des Mannes handeln, auf den diese Sammlung zurückgeht. Der erste Text hatte ihn durch das Ereignis, das dort vorausgesetzt wird, ausserordentlich stark an den Tod erinnert. Er hatte sich dann vorgenommen, auf diesen Psalm das Lied folgen zu lassen, in dem die Macht des Todes so klar und so ergreifend geschildert wird, und dieses durch die kurze Bemerkung schon besonders festgelegt. Die Notiz war dann aber beim Abschreiben des Textes stehen geblieben. Sie gestattet uns also einen

3. Wenn BOETTCHER (Inferi 190) meint, dass על-מות in Ps 48,15 "utcumque accipitur, ab illo loco alienum est", so gilt das in erhöhtem Masse, wenn man den Ausdruck zu Ps 49,1 zieht. Es scheint mir deshalb eindeutig am Besten, על-מות mit dem überlieferten Text beim letzten Vers von Ps 48 zu belassen und die Deutung des Ausdruckes den Auslegern von Ps 48 aufzubürden[29].

---

recht lehrreichen Einblick in die Arbeitsweise des hier in Betracht kommenden Sammlers..."

29. Nach WEISER (259) fügen sich die Worte על-מות in der Uebersetzung "über den Tod hinaus" (vgl. PESH) "formal und sachlich reibungslos in den Zusammenhang und geben dem Psalm einen bedeutsamen Abschluss..."
Wer diesen Abschluss für einen atl. Psalm zu "bedeutsam" findet, mag הוא ינהגנו עלמות lesen und mit Blick auf Ps 68,25-26 (Hld 6,8) die Uebersetzung erwägen: "Er selbst ist es, der uns Jungfrauen führt." (vgl. MIDRASH QohRab zu 1,11 = LvRab 11,9) Auch sie fügt sich in den Zusammenhang des Psalms: Um den Kern des Textes in v.8-9 (Gottes Gewalttaten passieren nicht nur in der Ferne, sondern auch erfahrbar in der Nähe) schliessen sich je zwei Strophen (v.2-4; 5-7; 10-12; 13-15). Deren letzte kann man ohne weiteres als Aufforderung an die Töchter Judas (v.12) verstehen, die Stadt, an der Heere abprallten, in einer Prozession zu umschreiten und dabei v.15 zu singen. (Auch in Ps 68 scheinen nur die Jungfrauen von v.26 den Vers 27 zu singen oder wenigstens anzustimmen, wie dies in solchen "Schlachtfeiern" überhaupt die Regel ist, vgl. Ex 15,20f; Ri 11,34; 1 S 18,6f; Jdt 15,12ff; anders nur 2 Chr 20,28.) Im Mund dieser Jungfrauen hätte der Satz "Er selbst ist es, der uns Jungfrauen führt" seinen guten Sinn, würde er doch genau das nochmals anschaulich unterstreichen, was der ganze Psalm zeigen will: Jahwe wohnt und handelt wirklich in Jerusalem, man kann ihn dort zeigen (זה) und erfahren.
Später hat man sich offenbar auf die Suche nach einem weniger konkreten Sinn von v.15 gemacht, wie etwa der MIDRASH TEHILLIM zeigt, der v.15 genau den obigen Sinn gibt, aber über eine Umdeutung von עלמות alles in die Endzeit versetzt (vgl. jerusalemer TALMUD, Megilla II 4, Moed Qaton III 7). Dabei verfiel man sei es auf das angebliche Adverb עָלָמוֹת "in Ewigkeit" (SEPT, GAL, SYM), sei es auf das Abstraktum עְלוּמוֹת "(ins) Jugendalter" (MT Qere, viele MSS, TARG), sei es - vielleicht unter dem Einfluss von Ps 49,16 - auf die von der masoretischen Notiz כתיב תרתין מילין ausdrücklich verlangte Lesung עַל-מָוֶת "gegen den Tod" (MT Ketiv HEBR, PESH).
Diese letzte Lesart könnte auch dadurch entstanden sein, dass irgend ein Schreiber die - für ihn erfreuliche - Feststellung machte, dass das letzte Wort von Ps 48 auch als Ueberschrift für Ps 49 dienen kann. Wenn man an einem Ueberschriftcharakter von על-מות im jetzigen Text festhalben will, drängt sich diese Erklärung als die beste auf, vermag sie doch, ohne grosse Eingriffe in die Textüberlieferung vorauszusetzen, als einzige einsichtig zu machen, warum eine solche isolierte Ueberschrift nur gerade über Ps 49 steht.

2.2. ZU DEN TECHNISCHEN AUSDRUECKEN DER UEBERSCHRIFT

2.2.1. למנצח

1. Gestützt auf Ps 18,1; 36,1 hat DELEKAT (Psalmenüberschriften) die Behauptung aufgestellt, dass der Ausdruck למנצח in den Psalmenüberschriften "als Ehrenname für David aufgefasst worden sei" (283), dessen volle Form למנצח בנגנות "von dem Grössten in der Dichtkunst" gelautet habe[30]. Stehe der Ausdruck vor לדוד, so sei letzteres "überall aus למנצח herausgedeutet" (284), mit לבני קרח zusammen bedeute er "von dem Ausgezeichneten der Korahiten" und meine Asaph (285).

Auch wenn man von der ganz unmöglichen Vorgeschichte absieht, die DELEKAT zum Ausdruck למנצח konstruiert[31], kann man diese zunächst recht ansprechende Erklärung kaum annehmen, da sie vom Gebrauch des Verbes נצח in der Chronik - zumal in 1 Chr 15,21, einer Stelle, der DELEKAT in diesem Zusammenhang geflissentlich aus dem Wege geht - nicht Rechnung trägt.

2. Gerade wenn man von 1 Chr 15,21 ausgeht (was sich m.E. unbedingt aufdrängt, da נצח an dieser Stelle und in den Psalmenüberschriften eindeutig im gleichen Zusammenhang gebraucht wird) scheint mir die traditionelle Uebersetzung mit "Musikmeister" immer noch die beste. Selbstverständlich bedeutet dann die Notiz nicht, dass "die Mitteilungen der Ueberschrift 'für den Chorleiter' bestimmt" waren (KRAUS I, XXVII), sondern, dass der jeweilige Psalm der Sammlung des "Kapellmeisters" entnommen ist[32].

---

30. Neu ist diese Deutung beileibe nicht. Sie steckt schon hinter dem τω νικοποιω von AQ und dem επινικιον von SYM und bereits THOMAS VON AQUIN z.B. verwirft sie: "Alii dicunt victori, scilicet David, in Psalmis, quia omnes in Psalmis faciendis vincebat, sed hoc verum non videtur." (158, zu Ps 4,1).

31. Demnach hätte der Ausdruck urspünglich לָנֶצַח gelautet und wäre "eine alte, ihrer Bedeutung nach zwischen dem späteren לעולם und אמן stehende Responsion" gewesen, die vor dem Exil "gern am Schluss der Psalmen aufgenommen wurde, z.T. gewiss um diesen Schluss in der (Handschrift) zu markieren" (289). לנצח wäre - seltsamerweise - "nach dem Exil als Responsion nicht mehr verstanden worden" (289) und in לַנֹּצֵחַ ("von dem Ausgezeichneten") umgedeutet worden, wofür die Masoreten למנצח eingesetzt hätten, "um andere Lesungen wie לְנַצֵּחַ (TARG Hab 3,19) auszuschliessen" (289).

32. Vgl. z.B. auch SABOURIN 14. Eine andere Frage ist, wie sich das למנצח zu den es begleitenden Notizen לדוד oder לבני קרח usw. verhält, wenn diese ebenfalls "Registraturvermerke" darstellen sollen. Wohl werden damit zwei verschiedene Sammlungen bezeichnet, die zeitlich auseinander liegen. Aus der Tatsache, dass למנצח stets am Anfang des Titels steht und als einziger ל-Ausdruck alle andern ל-Ausdrücke neben sich duldet,

2.2.2. מזמור

Sehr ansprechend und in Ps 49 auch gut anwendbar ist die Unterscheidung zwischen שיר, מזמור und משכיל, die DELEKAT (Psalmenüberschriften 280-283) vorgeschlagen hat. Nach ihm wäre מזמור die Bezeichnung für ein Kunstlied, das als Gelegenheitsgedicht von einem Einzelnen mit Instrumentalbegleitung vorgetragen wurde. Im Gegensatz dazu wäre שיר ein "allgemein bekanntes und gesungenes Lied, Volkslied" (281), משכיל ein "erfolgreicher" (Psalm), "ein Lied, das sich durchsetzt" (282), "ein Schlager" (283).

Gewiss ist die Unterscheidung recht hypothetisch, bewährt sich aber in Ps 49 sehr gut, insofern als einerseits in v.5 genau die oben für den מזמור vorausgesetzte Situation durchscheint (vgl. unten 7.2.54) und man andererseits sehr gut verstehen würde, dass ein Gedicht wie Ps 49 nie zu einem Volkslied oder gar einem Schlager werden konnte.

2.2.3. סלה

1. Es ist in dieser Durchsicht der technischen Ausdrücke angebracht, auch kurz auf das geheimnisvolle Wort סלה einzugehen. Dazu werden periodisch neue Hypothesen angeboten, deren jede jedesmal denselben Anspruch erhebt: sie sei "une solution pénétrante à cette question si longtemps discutée" (GERSON-KIWI, Musique 1447 zur Lösung von HARTINER [33]) und habe das Verdienst, ein "Denkmal, das bisher zum grössten Teil verschüttet lag, wieder vollständig ausgegraben" zu haben (STIEB, Versdubletten 110 zu seiner eigenen Lösung).

Die meisten dieser Erklärungsversuche, die stets (darin sind sich alle einig) von סלה auf die Aufführungspraxis der Psalmen schliessen, sind für die Auslegung der betreffenden Psalmen nicht von unmittelbarer Bedeutung. Es vermag in der Tat am Inhalt eines Psalmes recht wenig zu ändern, ob er während der Aufführung an gewissen Stellen mit einer Pause (EUSEBIUS und GREGOR VON NYSSA), einem musikalischen Zwischenspiel (SOMMER, DELITZSCH) bzw. einem Kultruf der Gemeinde (MOWINKEL [34]) unterbrochen wurde (vgl. STIEB,

---

kann man schliessen, die Sammlung "des Konzertmeisters" sei die jüngste Anthologie, die als eine Art "Urpsalter" Lieder aus der davidischen, korahitischen, asafitischen Sammlung usw. enthalten habe.

33. HARTINER (Selah) sieht in סלה eine Abkürzung für "סלוק הגיון" , die den Ort bezeichne, wo zwischen zwei von verschiedenen Chören gesungenen Psalmteilen ein Refrain mit anschlissendem Instrumentalzwischenspiel erklungen sei (zit. nach GERSON-KIWI aaO).

34. SNAITH (Selah) hat diese Hypothese ausgebaut: nach ihm geht das סלה auf die in der MISHNA (Tamid VII 3f) bezeugte Tradition zurück, die

Versdubletten 103), ob er von einem bestimmten Vers an unter Begleitung von Saiteninstrumenten vorgetragen wurde[35] oder ob er auf zwei Chöre bzw. auf Chor und Vorsänger verteilt wurde (GYLLENBERG, Selah, HARTINER vgl. oben Anm. 33).

2. Anders verhält es sich mit der von STIEB (Versdubletten) vorgeschlagenen Erklärung, nach der סלה Wiederholungszeichen ist (104)[36]. Und zwar wurde das wiederholt, was "Anlass zu besonderem Nachdenken geben" konnte (105, vgl. הגיון סלה Ps 9,17). Deshalb "bilden offenkundig die einmal oder mehrfach zu wiederholenden Selahverse stets den Kern des betreffenden Psalms" (104). Zudem schliessen sich "die Selah(Doppel-, d.i. Kern)verse ...stets als 'διαψαλμα' wieder zu einem kleinen Ganzen zusammen" (107) und "bilden gemeinsam das Gerippe des Psalms" (108).

Stimmt diese Hypothese, so hätten wir im סלה einen wertvollen Hinweis auf die Verse, die im Frühjudentum[37] als Kernverse und damit als Verstehensschlüssel zum ganzen Psalm verstanden wurden. Gerade in Ps 49 könnte das von grosser Tragweite sein, denn hier steht das eine סלה nach dem umstrittenen v.16. Dieser würde nun offiziell in den Rang eines Kernverses erhoben, womit ein Hauptargument gegen die Deutung von v.16 als Anspielung auf eine Ueberwindung des Todes, nämlich die Unscheinbarkeit und Marginalität dieses Verses im ganzen Psalm, entkräftet wäre.

Nun ist aber STIEBs Hypothese aus naheliegenden Gründen kaum zu überprüfen. Man kann nämlich einen beliebigen Vers eines Psalmes (und folglich auch einen Selahvers) als Kernvers ansehen und auf ihm die Auslegung grün-

---

täglichen Psalmen am zweiten Tempel in drei durch Trompetenstoss, Verbeugung und Kultruf des Volkes getrennten Teilen zu singen. Abgesehen davon, dass SNAITH im Einzelnen allerhand zweifelhafte Methoden anwenden muss, um zu den drei (durch zwei סלה markierten) Teilen zu gelangen, bleibt unerfindlich, warum die MISHNA noch die Aufführungspraxis des zweiten Tempels kennen würde, nicht aber deren Zusammenhang mit dem Wort סלה.

35. HEMMERDINGER (Selah) z.B. sieht in סלה ein iranisches Lehnwort, das über das Aramäische ins Hebräische eingedrungen ist und "Lied, Stimmen der Saiten, auf Saiteninstrument gespielte Melodie" bedeuten soll. Daraus folgert er: "Le mot סלה se trouvant à la fin d'un tiers de psaume signifie donc que le tiers qui s'achève doit être accompagné de la musique des instruments à cordes." (152)

36. סלה wird dabei als Imperativ von סלל "erheben" verstanden: erhoben werden die Augen, um den Vers zu wiederholen.

37. STIEB geht nicht auf die Frage der Datierung von סלה ein, doch wird man es mit SNAITH (Selah 54) "to the earlier days of the second Temple" rechnen dürfen.

den - die Auslegung wird die Wahl des Schlüsselverses stets bestätigen, da sie ja auf ihm gründet...So gelingt denn STIEB auch meistens der Beweis, der Selahvers sei der Kernvers des Psalmes[38], es fragt sich nur, wie beweiskräftig er ist[39]. Auch dass die verschiedenen Selahverse eines Psalmes mit etwas Phantasie als "kleines Ganzes" gesehen werden können, stimmt meistens, nur könnten es auch beliebige andere Einzelverse[40]. Deshalb wird man auch aus dieser Theorie für die Auslegung nicht das Geringste ableiten dürfen.

2.2.4. לבני-קרה

Der Ausdruck לבני-קרה kennzeichnet Ps 49 als Gedicht aus einer älteren Textsammlung, aus der auch Ps 42-48; 84f; 87f ins heutige Psalterium übernommen wurden. Wie die Kommentare immer wieder vermerken, waren die Koraḥiten sicherlich eine Tempelsängergilde (2 Chr 20,19) levitischen Ursprungs (1 Chr 6,7.12) Deren nähere Identität zu ergründen würde hier zu weit führen. Immerhin könnte ich mir gut vorstellen, dass der aufständische Koraḥ von Num 16f durchaus identisch ist mit dem "Vater" unseres Psalmistenkreises. Wir werden unten (7.2.64) bei der Besprechung der Gattung von Ps 49 ganz kurz darauf zu sprechen kommen.

---

38. Der Beweis gelingt umso leichter als der Kernvers zuweilen auch "mehr Stiel als Kern der Frucht" sein darf, "d.h. er verhält sich zum Ganzen eher begründend als zusammenfassend" (107)!

39. Dies wird z.B. deutlich, wenn sich STIEB (109) zur Bestätigung eines in Ps 119,19 von JACOB textkritisch rekonstruierten סלה und gleichzeitig zur Erhärtung seiner Theorie in die Behauptung versteigt: "Unter den 176 Versen des längsten aller Psalmen (119) ist tatsächlich der 19. am geeignetsten dazu, um als Ueberschrift über das Ganze gesetzt zu werden."

40. In unserem Psalm bilden z.B. die Verse 14 und 16 durchaus ein sinnvolles Ganzes, doch jeder der Verse 6-15 könnte mit v.16 zusammen ein ähnliches διαψαλμα bilden.

DER ERKANNTE TOD

3. DIE KONSTATIERUNG DES TODES

3.1. DIE ALLGEMEINHEIT DES STERBENS (v.11)

3.1.1. כי יראה

1. Die zwei ersten Wörter von v.11 sind recht problematisch, weil sie "gänzlich ausserhalb der Parallelgliederung des Verses (stehen)" (OLSHAUSEN 214) und es deshalb nicht einfach ist, sie an das Vorhergehende und an das Folgende anzuschliessen. Da die meisten Kommentare nicht so offen wie SCHEGG (37) hier zugeben wollen, "der Dichter (unterbreche) sich ein wenig", suchen sie auf den verschiedensten Wegen Abhilfe für die Schwierigkeit.

Die billigste Lösung gibt OLSHAUSEN (214), der sich der zwei Wörter durch die Annahme entledigt, "dass sie etwa der Ueberrest eines verstümmelten Verses seien, über dessen Inhalt und ursprüngliche Stellung sich jetzt nichts Näheres mehr vermuthen lässt". Nicht viel ruhmreicher ist die Ausflucht von BRIGGS (413), der im Ausdruck eine "introductary gloss to connect the two lines more closely" sieht[41]. Schon etwas ansehnlicher nimmt sich die (unter Annahme einer Dittographie erfolgte) Korrektur in כי ראה,"denn sieh!", aus (vgl.BERTHOLET 173, GUNKEL 212, WUTZ 124[42]), weil damit wenig-

---

41. Auf seine anschliessende Beobachtung, mit dieser Glosse werde der Vers zu lang, wird gleich zurückzukommen sein, vgl. unten Anm. 49.
    Auch SCHLOEGL (72) sieht hier eine Glosse, allerdings nur in יראה. v.11a lautet bei ihm deshalb: כי חכמים ימותו יחד. Auf diese Verseinteilung werden wir auch (aaO) zu sprechen kommen.

42. Ferner auch TORCZYNER (55), der jedoch das m.E. ganz unmögliche כי אראה, "wenn ich sehe" sogar "noch besser" findet.

stens der Zusammenhang mit dem Folgenden glatt vor sich geht. Doch auch sie ist nichts als eine Konjektur, die angesichts des einmütigen Zeugnisses fast aller alten Versionen für den MT erst recht fehl am Platz ist (zum TARG vgl. unten Anm. 53).

Nun kann aber ausser etwa RASHI[43] kaum jemand mit dem scheinbaren Begründungssatz des MT hier etwas anfangen. Deshalb schliessen gewisse Exegeten[44] v.11 als temporalen Nebensatz eng an v.10 an, wie es schon einige alte Versionen taten (SEPT, SYM: οταν, GAL, HEBR: cum, PESH: כד). Exegetisch bedeutsam und gleichzeitig auch unhaltbar wird diese Behandlung des Textes dort, wo sie (wie in den erwähnten Versionen) einen tiefen Einschnitt zwischen v.11a und v.11b nach sich zieht und so den offensichtlichen Parallelismus zwischen diesen beiden Teilversen zerschlägt - dies, wie wir gleich sehen werden, mit Bedacht. So versuchen denn die meisten Kommentare, v.11a auf möglichst lockere Weise an den - gewiss richtig - als Frage verstandenen v.10b ("..er soll das Grab nicht schauen?" vgl. unten 5.3.12) anzuschliessen, indem sie dem כי nicht viel mehr als "un sens causal très léger" (PLOEG 149) zugestehen[45]. Die Lösung vermag aber nicht ganz zu befriedigen, denn auch wenn es dabei nicht unbedingt notwendig ist, wie CLERICUS (308) und KISSANE (216) für יראה ein (neues) unpersönliches Subjekt einzuführen, so ist doch eines sicher: der so zwischen v.10 und v.11 entstehende "schöne Gegensatz", wie WETTE (341) sich ausdrückt, "fordert eine vorhergedachte Verneinung".

2. Nun könnte man sich aber fragen, ob diese verneinende Antwort auf v.10 nicht im Text selber steht und eben gerade im Ausdruck כי יראה zu finden ist[46]. Durch כי eingeleitete Bekräftigungen oder Verneinungen sind ja durch-

---

43. RASHI (47) sieht in v.11 die Begründung des חדל von v.9. Er sagt zu v.11a: ואין ניצולין מן המות לפיכך על כרחו הוא חדל ליגע ולטרח על פדיון אחיו.

44. Am Klarsten HIRSCH (268) und GRAETZ (340), der das כי folgerichtig als konzessiv bezeichnet. So wird es, wenn nicht gerade "öfters" (GRAETZ aaO), so doch in Ex 13,17 und Jos 17,18 tatsächlich gebraucht. Aehnlich schon AMAMA (282) mit der rührenden Begründung "Sic Jos...." (!).

45. Vgl. etwa STIER 135: "Sieht er doch..." PLOEG 149: "En effet..."; KRAUS 366: "Fürwahr...".

46. So z.B. STUHLMANN 136: "Ja, er sieht's [das Grab]"; PAULUS 250: "So wird er sie [die Grube] doch sehen"; DELITZSCH 337: "Nein, im Gegenteil..."; REUSS 137: "Er sieht sie [die Grube] doch!"; SACHS (70) denkt sich das כי "widerlegend", ähnlich BOETTCHER (Inferi 194). Für DUHM (202) ist "das folgende כי 'vielmehr', wie oft nach einer Negation". Ihm folgt CALES (275). Auch für SCHULZ (Psalmenfragen 31) "(bringt כי) einen stark betonten Gegensatz - fast wie unser 'Nein!'."

aus geläufig (vgl. KOEHLER, Lexicon zu כי II). Besonders aber kann man kaum annehmen, die Form יראה könne im Abstand von zwei Wörtern wiederholt werden, ohne beide Male strikt dasselbe zu bedeuten. Dies tut sie aber nur, wenn כי יראה (ר״ל השחת) unmittelbare Antwort auf die Frage לא יראה השחת ist[47]. Deshalb scheint es mir nötig, unter entsprechender Versetzung des silluq כי יראה als Antwort an v.10 anzuhängen (vgl. HENFLER 92).

Tut man dies, so wird man gleichzeitig die Sorge los, nach Aussagesätzen ohne Einleitung suchen zu müssen, um חכמים ימותו problemlos an יראה anschliessen zu dürfen[48]; denn syntaktisch bietet der Uebergang von v.10 (+ כי יראה) zu v.11 nun keine Probleme mehr - wie er inhaltlich zu verstehen ist, wird noch zu untersuchen sein (vgl. unten 5.3.24).

3. Hat man solchermassen den silluq unter יראה gesetzt, so springt sofort in die Augen, dass der verbleibende Halbvers חכמים ימותו zu kurz ist. Man sieht sich gezwungen, auch den rebia von ימותו auf יחד zu verschieben. Dadurch löst sich nun aber eine weitere Schwierigkeit des Verses von selbst auf: da nämlich "nach יחד zwei verschiedene Arten [scil.von Leuten] zu erwarten sind" (GUNKEL 212) und andererseits nicht anzunehmen ist, "que les insensés et les imbéciles soient représentés comme deux catégories distinctes de sots" (PLOEG 149), wurde verschiedentlich an v.11b herumgeflickt[49]. Dies wird nun überflüssig: in v.11a und 11b wird lediglich mit zwei verschiedenen literarischen Mitteln (a:Adverb, b:Reihung zweier Synonyma) das gemeinsame Geschick verschiedener Individuen (חכמים bzw. כסיל + בער) dargestellt. Dabei mag in v.11a die Alliteration יחד ימותו diese Gemeinsamkeit unterstreichen -

---

47. Aehnlich schon GEIER (726) mit Hinweis auf Is 66,8: "Adversativum hanc particulam postulare hoc loco sensum facile colligitur ex oppositione non visionis et visionis."

48. PODECHARD (12; K II 197) verweist zu diesem Zweck auf GESENIUS, Grammatik § 157 a; 120 c und KOENIG, Lehrgebäude III 384 h.

49. GUNKEL (212, ähnlich OESTERLEY 265) ersetzt einfach בער durch נבון und "begründet" den Eingriff durch Is 3,3; Jer 4,22. KOENIG (595) nimmt eine Haplographie an und liest ככסיל (wodurch die Weisen Subjekt von יחד...יאבדו bleiben), um sogleich im üblichen triumphalistischen Ton zu bemerken: "Erst durch diese meine Entdeckung in v.11b werden die Worte verständlich." Lob verdient hier KOENIG höchstens insofern er den überlieferten v.11b nicht versteht.
Wegen des nachfolgenden Wortpaares (vgl. v.3) sehr unwahrscheinlich wäre die Lösung von BOETTCHER (Inferi 194), für den יחד zwischen Weisen und Toren " aequalitatem iuris significat": gleichzeitig (scil. wie die Weisen) gehen Tor und Narr zugrunde.
Richtig argumentiert m.E. nur BRIGGS (408): Der Ausdruck כי יראה "spoils the measure of both lines [v.11a+b] , forcing MT and Versions to attach 'together' to the next line..." Aehnlich SCHLOEGL 72, vgl. oben Anm. 41.

jedenfalls ist sie ein weiteres Argument für die Verschiebung des rebia. Dagegen spricht eigentlich nur v.3, wo יחד auch vorangestellt am Anfang des zweiten Teilverses steht. Obwohl recht gewichtig, ist dieses Gegenargument jedoch nicht zwingend, da יחד am Anfang oder am Ende von Sätzen belegt ist[50].

4. Es fragt sich nun natürlich, ob die vorgenommenen Akzentverschiebungen auch metrisch zu verantworten sind. Da das hebräische Metrum nach wie vor unklar ist, schränkt man die Frage am besten ein und untersucht lediglich mittels Konsonantenzählung, ob die Veränderung keine auffällig langen oder kurzen Stichen (Halbzeilen) erzeugt hat[51].

---

50. Man könnte sich fragen, ob nicht auch schon IBN ESRA יחד zur ersten Vershälfte zieht, wenn er zu dieser sagt: והלא יראה חכמים ממנו ימותו בכל דור.

51. Zur Methode der Stichometrie und Konsonantenzählung vgl. LORETZ, Stichometrie. Stichometrie ist demnach die "Erarbeitung der richtigen Abgrenzung der Einheiten", deren "Ziel ist jeweils eine sinnvolle poetische Einheit, also nicht eine mechanische Texteinteilung" (267).

Die Konsonantenzählung dagegen "erfolgt jeweils nach der getroffenen Texteinteilung. Sie bildet somit kein mechanisch sicheres Mittel zur Auffindung der richtigen stichometrischen Ordnung" (268), sondern "setzt eine richtige stichometrische Textanordnung voraus und dient zugleich als deren Kontrolle" (269).

Für die ugaritische Literatur fasst LORETZ die Methode folgendermassen zusammen: "Schliesst man an eine stichometrische Texteinteilung poetischer Literatur eine Zählung der Konsonanten der einzelnen Stichen an, dann ergibt sich bei den ugaritischen Texten ein Mittel von 9 bis 12 Konsonanten. Stichometrische Lösungen, die weit unter diesem Mittel bleiben oder es beträchtlich überschreiten, sind von selbst verdächtig und beruhen höchstwahrscheinlich auf falschen Voraussetzungen." (268)

Nun empfiehlt es sich, diese Methode auch in der atl. Poesie anzuwenden. Denn "durch die Beschränkung auf die Konsonantenzählung, die hier die ausführlichere Schreibung zu berücksichtigen hat, erhalten wir ein Arbeitsinstrument, das noch nicht eine metrische Theorie voraussetzt." (aaO) Brauchbar scheint mir dieses Arbeitsinstrument im AT allerdings nur, wenn man wirklich bei der Konsonantenzählung bleibt, die "ausführlichere Schreibung" also gerade nicht berücksichtigt. Die damit notwendige Rekonstruktion einer "ugaritischen" Orthographie zieht im Einzelnen leider einige Unsicherheiten nach sich. (Soll man z.B. im כי einen - vgl. phönikisch כ - oder zwei Konsonanten - vgl. moabitisch כי - zählen?) Trotz dieser Ungenauigkeit kommt man aber auch für die hebräische Poesie auf einen klaren Durchschnittswert: 10-13 Konsonanten pro Stichos.

Für Ps 49 erhalte ich (mit den *Korrekturen) die folgenden Zahlen:

v.2:	12+13	v.6:	12+12	v.11*:	11+11+13	(v.16:	20+ 6)
v.3	13+11	v.7:	11+13	v.12 :	11+12+14	v.17:	13+11
v.4	10+12	v.8:	12+13	v.13 :	14+12	v.18:	14+13
v.5	11+13	v.9:	12+ 8	v.14 :	11+13	v.19:	13+12
		(v.10*:	20+ 4)	v.15*:	+10	v.20:	12+12
					13+12+12	v.21:	14+12

Nimmt man 10-13 Konsonanten pro Stichos als Mittelwert an, so scheint mir das Resultat der Zählung zugunsten der vorgenommenen Veränderung zu sprechen.

Der überlieferte MT ergibt folgende Zahlen:

v.10: 11 + 9 / v.11: 12 + 14 + 13

V.10b liegt also leicht unter, v.11b leicht über dem Durchschnitt, was an sich noch lange kein Grund zur Veränderung ist, aber immerhin die Vermutung stützt, der Text sei hier nicht ganz in Ordnung.

Mit der Verschiebung von silluq und rebia erhalten wir die Zahlen:

v.10: 11 + 13 / v.11: 11 + 11 + 13

Keine einzige dieser Zahlen liegt ausserhalb des Durchschnittes. Die Veränderung ist vom stichometrischen Standpunkt aus gesehen also vorzuziehen.

Noch überzeugender werden die bisherigen Akzentverschiebungen allerdings, wenn man in v.10 den atnaḥ unmittelbar vor das כי יראה, an die Stelle des verschobenen silluq setzt. Abgesehen davon, dass dies gewissermassen die Schwere der Korrektur verringert (insofern von einem silluq der Weg zu einem atnaḥ kleiner ist als zu einem schwächeren Trenner), entstehen dadurch zwischen v.10 und v.16 identische metrische Verhältnisse. Wie willkommen diese metrische Entsprechung ist, wird unten (6.1.25) zu Tage treten.

Alles in allem scheint mir also die vorgeschlagene "Kettenverschiebung" von Akzenten zu einem metrisch befriedigenderen Text zu führen.

5. Schliesslich bleibt noch zu erklären, wie es zur eben korrigierten masoretischen Akzentsetzung kommen konnte. Klar ist, dass die Verschiebung von rebia und atnah von der Verschiebung des silluq abhängig ist. Wieso aber wurde dieser verschoben?

Dahinter steht vielleicht tatsächlich nur "a prosaic copyist, wishing to bring this statement of fact [scil. das Schicksal der Weisen und Toren] in closer connection with the rich men of the previous context" (BRIGGS 408). Er wäre dann womöglich durch die exzentrische Stellung des atnaḥ in v.10 zu seinem Eingriff ermutigt worden. Vielleicht liegen aber die Gründe tiefer: durch die Verlegung der Aussage חכמים ימותו in einen abhängigen Nebensatz, der den Tod der Weisen als subjektive Wahrnehmung der Reichen von v.10 in seiner eigentlichen Bedeutung offen lässt (was im Hinblick auf v.16 nur von Vorteil sein kann), wird dem Vers seine wesentliche und schockierende Spitze gebrochen. Damit wäre die "Textverderbnis" nichts anderes als ein frühes Zeugnis jener verwässernden Auslegung von v.11, die sich bis in die neueste Exegese durchgehalten hat und auf die jetzt einzugehen ist[52].

3.1.2. חכמים ימותו יחד

1. Sieht man von den eben besprochenen Schwierigkeiten am Anfang von v.11 ab, bietet dieser Vers, so möchte man meinen, keine speziellen Probleme mehr und ist - als einer der wenigen des Psalms - eigentlich recht klar. Deshalb ist man umso erstaunter, etwa von VOLZ (243) hören zu müssen, "dass gerade dieser Vers textlich zu den verderbtesten des Liedes gehört". Wenn sich VOLZ zu einer so offensichtlich falschen Behauptung versteigen kann, so nur, weil er sich gewissermassen im Zustand der Notwehr befindet - gegen den allzu klaren Inhalt des Verses. Dieser steht nämlich im offenen Widerspruch zu VOLZ' apriorischer Annahme, "dass der Urtext des Psalms über die חכמים eine Aussage machte, die ihr Wesen oder ihr Geschick als von dem der stolzen Reichen verschieden darstellte" (257). So ist es folgerichtig VOLZ' Ziel, plausibel zu machen, dass "nicht einmal in v.11 ... der Gedanke des Gleichmachens ausgesprochen (ist), ...sterben müssen allerdings alle, Reiche und Arme, Toren und Weise. Aber dieser Gedanke, die blosse Tatsache des Sterbens, ist ganz nebensächlich und spielt gar keine weitere Rolle... Vielmehr führt der Psalm, wie wir sahen aus: am Tod entsteht die Wende." (243)

---

52. Vom Standpunkt der internen Textkritik aus (die im Gegensatz zur externen Textkritik die älteste bezeugte Textform finden will, vgl. BARTHELEMY, Histoire 368), ist diese Verschiebung der Akzente allerdings eine unerlaubte Konjektur. Denn in allen Textzeugen bilden die Wörter כי יראה חכמים ימותו eine Einheit - obwohl die Stellung des sof pasuq selber schwankt: bald steht er vor (MT, [TARG] , PESH), bald nach dieser Einheit (SEPT, AQ, SYM, QUINT, GAL, HEBR).
    Wenn ich die Akzente dennoch verschiebe, so nur, weil mir diese Konjektur so gut wie sicher scheint. Gegen sie spricht nur gerade der weniger brutale Inhalt des überlieferten Textes. Für sie aber sprechen die Syntax (כי יראה חכמים), die Semantik (יחד כסיל ובער), die Entsprechung von v.10 und v.16 nach Metrum und Aufbau (כי, vgl. oben 1.3.32 und unten 6.1.25), und bis zu einem gewissen Grad vielleicht auch die schwankende Stellung des sof pasuq in den Textzeugen. Auch der getroffene literarkritische Entscheid spricht in meinen Augen deutlich für die Konjektur. Gewiss könnte כי יראה vom Autor der Erweiterungen als Einleitung des von ihm zitierten Grundpsalmes eingefügt worden sein. In diesem Falle ist man aber gezwungen, entweder den Satz als prosaischen Findling ausserhalb der metrischen Struktur zwischen v.10 und v.11 stehen zu lassen, oder aber weiterzuspekulieren und zu behaupten, zwecks Einsetzung dieser Brücke habe der ursprüngliche Anfang des Verses (jetzt v.11) weggebrochen werden müssen. Und beides scheint mir als Preis für die Verteidigung eines sof pasuq des MT entschieden zu hoch...(vgl. auch unten Anm. 66).

In diesem Kampf gegen v.11 steht VOLZ nicht etwa allein. BRUNO z.B. (240, VOLZ zitiert ihn 260 zustimmend) erklärt ganz offen: "Zu beachten ist, dass die Beseitigung des Satzes 'Weise sterben' für die Beurteilung von v.16 ausserordentlich bedeutungsvoll ist."

Steht einmal das exegetische Ziel fest - die "Beseitigung" des auszulegenden Satzes!! - , so sind auch die Mittel schnell zur Hand. VOLZ setzt in v.10 ein, wo er für עוד das Wort ענו liest (vgl. unten Anm. 339). Durch wiederholte Anwendung des Prinzips, demgemäss "dem Rhytmus des Gesamtbaus entsprechend zu dieser ersten Doppelzeile eine zweite Doppelzeile gefunden werden muss, die ihr dem Sinn nach ähnelt" (258f), baut er schrittweise einen Psalm, der ihm (samt der Ruine von v.11) noch und noch "eine wichtige Aussage über das ewige Los der Frommen" zu liefern im Stande ist: "Der Demütige lebt immerdar [v.10] , der Weise sieht die Unterwelt nicht, sterben sie [v.11] , so werden sie mit ihren Namen gerufen, steigen empor aus dem Todesland [v.12] ." (264) Mit ähnlicher Methode versteht es BRUNO (240), die Weisen aus v.11 zu evakuieren und (nach v.12) in der plötzlich idyllischen Landschaft von v.9b anzusiedeln: וחדל לעולם יראת חכמים !

Man kann allerdings die sterblichen Weisen auch mit weniger "textkritischem" Aufwand loswerden. HERKENNE (183) z.B. korrigiert den Vers mit Hinweis auf die Aehnlichkeit von כ und מ in der althebräischen Schrift einfach zu " כי יראה חכם כי ימות ויחד וג' " ("Vielmehr sieht, wer weise ist, dass der [scil. der Reiche aus v.8] sterben wird und allzumal usw.")[53]

Ja - vielen scheint die Beseitigung des peinlichen Satzes sogar unter Beibehaltung des vollen Wortlautes zu gelingen: Für die meisten von ihnen redet dann der Psalmist in v.11 vom Tod der <u>Scheinweisen</u>: "Εδειξεν οτι σοφους αποθνησκοντας εκαλεσεν ου τους αληθως συνετους αλλα τους ειναι οιομενους και θαρρουντας τοις οικειοις λογισμοις - ειπων γαρ σοφους επηγαγεν αφρων και ανους...(THEODOR VON MOPSUESTIA 319, ähnlich z.B. Ps-ORIGENES[54] 1445, DIODOR 295, DIDYMUS 358, SAADYA/ EWALD 39, BUGENHAGEN 119, SEILER 271, LUZZATTO 210, ZSCHIESCHKE 23f, DUHM 202).

---

53. Aehnlich (wenn auch weniger "wissenschaftlich") hat schon der TARG den ganzen Vers umgebaut, um ihn zu einer bestimmten Aussage zu zwingen: ארום יחמון חכימיא רשיעיא בגהנם יתדנון. "Denn die Gelehrten werden sehen, wie die Frevler in der Gehenna bestraft werden."

54. Die Zuweisung der "Selecta in Psalmos" (= PG 12, 1049-1686) ist umstritten. Diese Katenenfragmente, die schon C.DELARUE (aaO 1053f) "non ut certi atque indubitati Origenis fœtus" verstanden wissen wollte, werden bald teilweise dem ORIGENES belassen (vgl.DEVREESSE, Commentateurs 1-88), bald fast gänzlich dem EUAGRIUS zugeschrieben (vgl. RONDEAU, Commentaire, CLAVIS PATRUM GRAECORUM II Nr. 2455). Da die Autorschaft

Nach andern meint v.11 den Scheintod von wirklichen Weisen: EWALD (254) gibt zwar zu, dass die Weisen sterben, gewiss, - "aber wie doch im geistigen sinne anders als die toren, wird sehr schön nachher v.16 erklärt". RASHI (47) und in seinem Gefolge viele jüdische Exegeten (vgl. unten 3.1.32) verstehen es hier sehr geschickt, den Unterschied zwischen מות und אבד in v.11 auszuschlachten: בחכמים נאמר מיתה שאינם מתים בעולם הזה אלא הגוף בלבד ובכסיל ובער נאמר אבידה שהגוף והנשמה אבודים.

Wieder andere meistern den Vers mit der Waffe der Spitzfindigkeit: HENFLER (92f) z.B. betäubt den Leser mit "syllogistischem" Blendwerk: "Der 11te Vers wird von den Auslegern... unrichtig gefasst: er soll den Gedanken enthalten, die Weisen oder Tugendhaften...müssen ebensowohl als die Verkehrten oder Ruchlosen sterben. Was soll die Wahrheit hier?...Umgekehrt vielmehr wollte der Dichter sagen, Ruchlose müssen ebensowohl als Tugendhafte sterben: die letzten werden hier...statt aller übrigen Menschen genannt, sie fallen dem Dichter am ersten ein, weil sie das Gegenteil der Ruchlosen sind. Auf den Tod der Ruchlosen kommt es hier eigentlich an. Von denen ist hier immer die Rede..." Auch DAHOOD gelingt es mit der üblichen Virtuosität, den klaren Text gelehrt zu umgehen: Subjekt zu יראה ist Gott, יחד ist Apokopat von חדה (vgl. Hi 34,29; Ps 21,7), בעיר ist "an adverb discovered by W.F. ALBRIGHT.. in Ps 73,20; Hos 11,9; Koh 8,10" (298) und bedeutet "sofort". So kommt DAHOOD (295) zur Uebersetzung "If he [Gott] looks at the wise, they die; if he gazes upon fools, they straightway perish...". Als hypothetische Aussage, die Gottes Macht illustriert, ist v.11 nunmehr ungefährlich.

GUNKEL (210) schliesslich bemerkt zu unserem Vers: "Ein Leser hat 11 seufzend im Stile des Predigers (Koh 2,14ff) hinzugefügt, dass der Tod zwischen Weisen und Narren keinen Unterschied macht." Auch McCULLOUGH (257) dekretiert mit grösster Selbstverständlichkeit, v.11 sei eine Glosse, denn: "The end of the wise and the foolish is extraneous to the thema." Hier wird wenigstens der Text gelesen und in seiner eigentlich klaren Bedeutung hingenommen, als Glosse aber hat der Vers nicht mehr das Gewicht, das ihm zukommt.

Etwas Richtiges haben allerdings auch die "Gegner" von v.11 erkannt: am rechten Verständnis dieses Verses entscheidet sich viel in der Auslegung von Ps 49.

2. Deshalb scheint es mir wichtig, v.11 in sich zu betrachten - setzt man die frühern literarkritischen Ueberlegungen voraus, so ist dies auch das

---

der einzelnen Fragmente für meine Zwecke unerheblich ist, lasse ich das Problem auf sich beruhen, signalisiere es jedoch durch die Bezeichnung "Ps-ORIGENES".

einzig richtige Vorgehen. Es geht nicht an, vorgängig zu dessen Auslegung ein bestimmtes Verhältnis zwischen den selbstsicheren Reichen von v.6-10 und den Weisen und Toren zu postulieren, an das sich die Auslegung unseres Verses zu halten hätte, wie es in allen Kommentaren geschieht (und in vielen von ihnen folgerichtig zur demonstrierten Beseitigung von v.11 führt).

Hier ist also vorläufig ganz unerheblich, ob man in den Weisen die Frommen und in den Toren die Reichen zu sehen habe (z.B. PODECHARD 12[55]), ob im Gegenteil auch die Weisen nur reiche Scheinweise sind (z.B. DUHM 202) oder ob man sogar drei verschiedene Kategorien - Reiche, Weise und Toren - zu unterscheiden habe (BRIGGS 409[56]). Wir sind nämlich vorläufig noch gar nicht im Stande, CHEYNEs (219) ratlose Frage "But what have the wise and foolish to do here?" zu beantworten, und werden sie folglich erst dann zu stellen haben, wenn wir dies im Rahmen des ganzen Psalmes tun können (vgl. unten 5.3.24).

3. Dass auch weise Menschen sterben müssen, ist gewiss keine ausserordentliche Neuigkeit, und man mag wie DUHM (199) finden "man (fühle) sich nicht wesentlich weiser werden, wenn man das erfährt", aber immerhin ist zu bemerken, dass solche Aussagen nur ungern gehört werden - Beweis dafür ist schon die oben beschriebene Exegetenschlacht gegen v.11 - und dass sie auch im AT die Ausnahme bilden.

Gängig ist in der Weisheitsliteratur - wie könnte es anders sein - die Verknüpfung von Weisheit und Leben: Die Weisheit ist "ein Lebensbaum für alle, die sie ergreifen" (Spr 3,18), wer sie findet, findet Lebenskraft (Spr 8,35) und wer sie besitzt, besitzt einen Lebensquell (Spr 16,22). Sie kann Lebensquantität und Lebensqualität spenden, denn "Länge der Tage ist in ihrer rechten Hand, in ihrer Linken Reichtum und Ehre" (Spr 3,16; vgl. 3,2; 3,22; 4,10; 9,11) - dadurch wird sie später auch zur Quelle der Unsterblichkeit (Weish 8,13; 8,17)[57].

---

55. "Les riches sont à identifier avec l'insensé et le stupide qui laissent leurs biens à d'autres...les sages par opposition ne peuvent être que les justes, ce qui est conforme d'ailleurs à l'usage habituel des termes dans les livres de sagesse et dans les psaumes eux-mêmes." Aehnlich K II, 197. Welche Folgen diese Gleichsetzung für die Auslegung des ganzen Psalmes hat, zeigt sich bei POLUS (818): "Sapientes, pariter et stulti, hic moraliter sumuntur, et pro usu Scripturae, pro piis et impiis, quorum discrepantem statum ostendere scopus es huius Psalmi."

56. Er bemerkt zu v.12, ewig sei der Aufenthalt in der Scheol "not merely for the poor and pious wise man, and the dull, dumb, brutish man, who have no ability to acquire wealth; but also for those who have been so exceedingly rich, that they have become great landed proprietors."

57. Den Spruch 12,28 kann man bestimmt nicht als Kronzeugen der Unsterblichkeit anführen. Will man bei der masoretischen Vokalisation אַל-מות bleiben

Folgerichtig kann man vom Weisen, der diese Weisheit besitzt, nichts anderes erwarten, als dass er lebe: "Dem Verständigen gehört der Weg zum Leben, der hinaufführt und auf dem man sich von der Scheol unten entfernt." (Spr 15,24) Entsprechend ist auch der Spruch des Weisen lebensfördernd und kann sogar vom Tod befreien: "Die Weisung des Weisen ist eine Quelle des Lebens, (etwas) um den Stellhölzern des Todes zu entrinnen." (Spr 13,14)[58] Wer die Belehrung versteht und befolgt, kann seines Lebens sicher sein (vgl. Spr 4,10; 4,13; 4,22f; 10,17; 15,31). Kurz: Der Weise lebt und lehrt leben, denn die Weisheit "bietet eine Methode dar, Leben zu gewinnen, nicht nur richtig zu leben" (SCHMITT, Leben 76). Deshalb kommt für den Weisen der Tod nur insofern ins Blickfeld, als er das Leben *gefährdet*. Wenn die Weisheit vom Tod redet, meint sie normalerweise das *Leben* in seiner Bedrohtheit. Diese Bedrohtheit ist eine Folge des unweisen Verhaltens und kann deshalb eben durch das Hören auf die Weisheitslehre beseitigt werden (vgl. v.RAD, Weisheit 386f). Kurz: der Tod ist für den Weisen nichts anderes als die prinzipiell *überwindbare* Grenze des *unweisen* Lebens.

So nennt das Spruchbuch als Todesursachen vornehmlich den Mangel an Erziehung (5,23), die Engstirnigkeit (10,21), die Wissenschaftsfeindlichkeit (15,10), die Sturheit (14,12=16,25) und die Oberflächlichkeit (19,16). Deshalb sterben im Spruchbuch nur gerade die Ehebrecher (2,18f; 5,5f; 7,27), die Faulenzer (21,23) und die reichen Betrüger (10,2; 11,4.7.19; 14,32; 21,6).

---

ben, was angesichts von 30,31 durchaus vertretbar ist, so hat man keinen Grund, in diesem Nicht-Tod mehr zu sehen, als was der Parallelausdruck חיים nahelegt: die faktische (aber durchaus nicht prinzipielle) Abwesenheit von Todesgefahr. Dass aber die spätere Tradition, die sogar dem על-מות von Ps 48,15 Unsterblichkeit zu entlocken vermochte (vgl. oben Anm. 22) Spr 12,28 nicht bemerkt hat, könnte doch gegen das hohe Alter der Lesung אל-מות sprechen. Deshalb ist die masoretische Vokalisation vielleicht doch lediglich ein verzweifelter Versuch, mit möglichst wenig Aufwand den nicht mehr verstandenen Vers zu retten, der ursprünglich eine Frage enthielt: "Auf dem Weg der Gerechtigkeit ist Leben, und kann eine gut gebaute Strasse zum Tode (אֶל-מות) ⟨führen⟩ ?"

58. Die gleiche Vorstellung findet sich auch in Spr 11,30 wieder: "Die Frucht des Gerechten ist ein Lebensbaum, und der Weise nimmt (=rettet) Leben." Die Idee, dass die *Früchte*, die der Gerechte hervorbringt, ihrerseits für andere zu einem *Lebensbaum* werden, ergibt eine ausgezeichnete Parallele mit dem zweiten Versteil und ist originell. Dass die SEPT den Gerechten und den Weisen durch Gerechtigkeit (צדק) und Gewalttat (חמס) ersetzte, weil sie diese vielleicht etwas verschnörkelte Originalität unerträglich fand, scheint mir textkritisch kein sehr gewichtiges Argument gegen den MT. Zur Not kann man diesen aber unter Lockerung des Parallelismus auch anders verstehen: "Der *Lohn* (vgl. Ps 58,12) des Gerechten ist ein Lebensbaum..."

Ganz wenige Sprüche bringen zwar weniger stilisierte Todesgefahren zur Sprache, doch tun sie es nur, um zu unterstreichen, wie leicht der Weise diese überwinden kann: "Der Zorn des Königs ist ein Bote des Todes - aber jeder Weise kann ihn beschwichtigen" (16,14), gewiss geraten Menschen (wegen sozialer Missstände?) in Todesgefahr - aber der Weise soll sie eben retten (24,11) und ferner kann jeder bisweilen die Lust verspüren, im Zorn seinen Schüler zu erschlagen (obwohl 23,13 sogar dies leugnet) - aber der Weise soll (und kann folglich!) davon absehen (19,18).

Der einzige Spruch, der wirklichkeitsgetreu von einem banalen, zufälligen und sinnlosen Tod redet, tut es bezeichnenderweise nur ganz beiläufig innerhalb eines Vergleichs: "Wie ein Wahnsinniger, der mit Brandpfeilen (?) und Geschossen um sich schiesst und so den Tod (verbreitet), so..." (Spr 26,18).

Damit scheint eines klar: für die klassische Weisheit als solche ist der alltägliche, physische Tod noch gar kein Problem. Unter "Tod" versteht sie den Verlust der Weisheit, nicht des Lebens, das Aufhören der Tugend, nicht der Existenz. "Tod" bezeichnet hier den Rand des Systems, nicht die Grenze der Wirklichkeit.

Auf dem Hintergrund dieser recht "optimistischen" Einschätzung des Todes wird deutlich, wie skandalös es ist, wenn ein Weisheitstext den Tod des Weisen - der doch mit der Weisheit eben das Leben in Fülle besitzen und weitergeben sollte - herausstreicht[59]. Neben unserer Stelle hat nur gerade Qohelet[60] es gewagt, offen auszusprechen, dass zwar "der Weise seine Augen im Kopf hat, während der Tor im Dunkeln geht", es aber doch "dem einen ergeht wie dem andern" (Qoh 2,14, vgl. 9,3).

4. Dass die Klage "Ach, der Weise stirbt mit dem Toren!" (Qoh 2,16) so selten ist, hat seine guten Gründe. Denn weder bei Qohelet noch in unserem Psalm ist damit einfach nur gesagt, dass alle Menschen sterben müssen und

59. GEIER (726) hat, soweit ich sehe, als Einziger bemerkt, wie unfein es ist, den Tod der Weisen so zu betonen, "qui tamen communi hominum judicio morte videri poterant indigni, ut qui sapientia sua tam conspicue multos iuvant, vel qui mortem videbantur sua posse deludere astutia, aut aliquod contra eandem excogitare remedium."

60. Obd 8 steht in ganz anderem Zusammenhang. Die Stelle zeigt aber wieder den Zusammenhang zwischen Weisheit und Leben: der Weise und der Soldat sind offenbar nicht nur typisch edomitische Gestalten, sondern auch die Menschen, die sich und andere am Besten gegen den Tod zu schützen wissen, ihr Untergang unterstreicht die Vollständigkeit der Zerstörung.

alle durch den Tod gleichgemacht werden, wie dies viele Kommentare feststellen[61].

Natürlich ist dies auch gesagt, da "Weise und Toren" ein Merismus für "alle Menschen" ist. Insofern ist es auch berechtigt, wenn man zur Erläuterung unseres Verses altorientalische Texte heranzieht, die die Allgemeinheit des Todes und die Gleichheit aller Menschen vor ihm beschreiben. GUNKEL (212) etwa findet "dieselbe trostlose Stimmung" wie in unserem Vers im akkadischen "Zwiegespräch zwischen einem Herrn und seinem Knecht":

> "Steige auf die alten Hügel und durchwandere sie,
> sieh die Schädel der Späteren und der Früheren!
> Wo ist der Bösewicht, wo der Guttäter?" (zit. nach GRESSMANN, Texte 286f, vgl. LAMBERT, Literature 149, Z.76-78)

Aus Aegypten liesse sich Aehnliches anführen:

> "Der Tod, 'komm' ist sein Name, der ruft jeden zu sich.
> Sie kommen zu ihm sogleich, obwohl ihre Herzen aus Furcht
> vor ihm schaudern...Die Grossen sind in seiner Hand
> wie die Geringen."(Stele BM 157, zit. nach WAECHTER, Tod 110)

Sogar unter den wenigen akkadischen Texten aus Ugarit finden wir ähnliche Aussagen:

> "[A l'instan]t où nous regardons le sol[eil],
> [au (même) ins]tant, nous sommes dans l'ombre.
> [Tou]s les hom[me]s se couchent (?) auprès d'Ereškigal,
> [et n]ou[s-(mêmes)] sommes faits (pour devenir)
> ses enfants." (RS.22.439, IV 5-8, vgl. Ugaritica V.282f)[62].

Doch unser Text begnügt sich nicht mit der Feststellung der allgemeinen Sterblichkeit, er betont eben das Skandalöse an diesem Sachverhalt: den

---

61. Vgl. z.B. THOLUCK 242: "Wie verschieden auch die Menschen in aller Hinsicht sind: der Tod macht sie alle gleich." Besonders seit GUNKEL (210) sieht man in v.11 die Rede vom "grossen Gleichmacher Tod", vgl. etwa KITTEL 197, WEISER 262, EERDMANS 263 - und man fühlt sich dieser Deutung verpflichtet, auch wenn sie nicht ganz in die eigene Auslegung passt, wie das Beispiel von PLOEG (K 304) zeigt: "Ofschoon de psalmist het [die Aussage von v.11] over de dood van de zondaars wil hebben, merkt hij toch op dat de dood het lot van alle mensen is."

62. Ereshkigal (=Dame der grossen Erde) ist die mesopotamische Personifikation der Unterwelt und Gattin des Unterweltsgottes Nergal, vgl. DHORME, Religions 39f. Als entsprechendes Beispiel aus der klassischen Antike kann man z.B. den Vers aus dem Polyidos von ARISTOPHANES (Fragment 452) zitieren: Το γαρ φοβεισθαι τον θανατον ληροσ πολυς· πασιν γαρ ημιν τουτ' οφειλεται παθειν. (Vgl. Sir 41,3!)

Tod der Weisen. Es ist ja kaum nebensächlich, dass in Ps 49,11 und in Qoh 2 "Weise und Toren" und nicht "Geringe und Hohe" (vgl. Hi 3,19) als Ausdruck für "alle Menschen" stehen, denn durch die je verschiedene konkrete Ausgestaltung des Merismus erhält die Aussage von der Allgemeinheit des Todes und der Gleichheit aller Menschen vor ihm je verschiedene Intentionen (als Beispiel eines "gezielten Merismus" vgl. Is 24,2): Werden Geringe und Hohe im Tod vereinigt, so klingt in dieser Aussage eine Relativierung und Kritik von Reichtum und Macht mit (vgl. Hi 3,13ff; Weish 7,6). Sind es Bösewichte und Rechtschaffene, die der Tod hinwegrafft, dann ist darin ein Zweifel am Sinn der Tugend nicht zu überhören (vgl. neben dem oben zitierten Text auch Qoh 9,2). Und wenn deshalb unser Vers unterstreicht, die Weisen stürben genau gleich wie die Toren, dann enthält dieser Satz neben der Feststellung einer Erfahrungstatsache auch und besonders einen ganz massiven Angriff auf die Weisheit: Die Weisheit führt, allen gegenteiligen Beteuerungen zum Trotz, letztlich nicht zum Leben, sie bewährt sich aufs Ganze gesehen nicht, und so mag man mit Fug und Recht an ihrer Wahrheit und an ihrem Wert zweifeln. Dieser Zweifel kommt im Zusammenhang von Qoh 2 denn auch ausdrücklich zu Wort (v.15): "Ich dachte bei mir: wenn das Schicksal des Toren auch mich trifft, wozu habe ich dann nach Weisheit getrachtet? Nie war da jemals ein Vorteil dabei. Und ich sagte mir, dass auch das sinnlos ist."[63].

So enthüllt ein in seinem Informationswert sicher nicht weltbewegender Vers durch die blosse Tatsache, dass er in einem bestimmten Kontext (dem eines Weisheitstextes) ausgesprochen wird, eine ganze Haltung der Skepsis, des Zweifels und der Empörung.

3.1.3. כסיל ובער יאבדו

1. Wenn es auch richtig ist, dass כסיל und בער kaum so verschiedene Menschentypen bezeichnen, dass man sie mit יחד verbinden müsste (vgl. oben 3.1.13), so lässt sich doch eine gewisse Bedeutungsnuance zwischen beiden Bezeichnungen spüren.

---

63. Eine ähnliche Ueberlegung in umgekehrter Richtung findet sich im schon zitierten "Zwiegespräch zwischen einem Herrn und seinem Knecht". Statt aus dem Tod des Weisen das Scheitern der Weisheit abzuleiten, stellt dieses Zwiegespräch umgekehrt zunächst das Scheitern der Weisheit dar (der weise Knecht liefert zu allen beliebigen sich widersprechenden Entschlüssen seines Herrn eine weisheitliche Begründung), um daraus auf den Tod als einziger Lösung zu schliessen: " 'Jetzt, was ist gut?' 'Meinen Hals, deinen Hals brechen, in den Fluss sich werfen, das ist gut!' " Der Weise scheitert ja notgedrungen, da er das Gute nie aus einer Einsicht in das Ganze der Wirklichkeit heraus begründen kann: " Wer ist so lang gewesen, dass er zum Himmel gestiegen wäre? Wer so breit, dass

כסיל, ein häufiges Wort, das sonst (ausser Ps 92,7; 94,8) nur in Spr und Qoh vorkommt, ist "der Gegentyp zu חכם, dem 'Weisen'..., wozu כסיל als das wichtigste Oppositum erscheint" (M. SAEBØ, in: JENNI, Handwörterbuch I 837). Als negatives Gegenbild des Weisen ist der כסיל deshalb geschwätzig, böswillig, streitsüchtig, selbstbewusst und aufs Ganze gesehen gemeingefährlich (vgl. aaO). Er ist "an seine 'Torheit' rettungslos gebunden"(aaO) und geht auch früher oder später an ihr zugrunde.

Der בער dagegen ist nicht bestimmt als Gegenbild des Weisen, sondern als Ebenbild des Tiers[64]. Er ist nicht wie der כסיל der, "der sich Falsches einbildet, unvernünftig denkt", sondern der, "der keine Gedanken hat" (HITZIG 270). Der כסיל nimmt wohl wahr, was ist, ordnet es aber falsch ein, versteht es nicht, der בער kann es nicht einmal wahrnehmen: איש בער לא ידע וכסיל לא יבין את-זאת (= מעשי יהוה) (Ps 92,7)[65]. An den meisten Stellen wird betont, dem בער gehe der gesamte Bereich des Erfahrens, Erkennens und Wissens (ידע) ab (Ps 73,22: לא אדע; Prv 12,1: Gegensatz zu אהב דעת; Jer 10,14 מדעת). Er ist gar kein richtiger Mensch (כי בער אנכי מאיש ולא בינת אדם לי, Spr 30,2a), deshalb sind ihm auch die spezifisch menschlichen Tätigkeiten verschlossen (ולא למדתי חבמה ודעת קדשים אדע, Spr 30,2b). So ist es sicher zutreffend, wenn STIER (135) meint, "בער, brutus instar pecoris, (enthalte) schon einen Vorgriff zu v.13 und 21".

Angesichts dieser begrifflichen Unterscheidung zwischen כסיל und בער kann man also mit SCHMIDT (94) festhalten, die Weisen würden "höhnisch mit den 'Narren' und 'dem Vieh'... in absteigender Folge gleichgestellt". Dass diese Weisen nicht (wie wahrscheinlich für SCHMIDT) sündhafte Scheinweise sind, macht den Hohn nur umso beissender.

2. Nun scheint aber die bisher breit dargelegte Gleichstellung von Weisen und Toren wieder in Frage gestellt durch das Verb אבד in v.11b. Wie schon angedeutet (vgl. oben 3.1.21) hat besonders die jüdische Tradition (RASHI 47, IBN ESRA, QIMHI 349, MEIRI 101, LUZZATTO 210) - um mit STIER (136) zu reden - "nicht minder fein urgirt, dass wohlbedächtlich bei חכמים nur ימותו, bei

er die Erde ganz umfasst hätte? (zit. nach GRESSMANN, Texte 287, vgl. LAMBERT, Literature 149, Z. 80-82.83-84)

64. Vgl. schon IBN ESRA: הכסיל הלך דרך עקשות והבער שלא יבין כמו הבהמה. בער heisst eigentlich "Vieh" (vgl. südarabisch, evt. akkadisch <u>bulu</u>), im Arabischen "Kamel" (<u>baʿir</u>), im Aethiopischen "Ochse". Das Substantiv kommt sonst nur 3 mal, das Verb ("dumm sein") 7 mal vor.

65. So unterscheidet schon - in seiner Sprache - THOMAS VON AQUIN (336) die beiden Typen mit erstaunlicher Treffsicherheit: "Differentia est inter insipientem et stultum. Insipiens est qui habet scientiam humanam, et non considerat aeterna, stultus est qui non considerat etiam praesentia."

כסיל ובער das ärgere יאבדו gesetzt sei" (ähnlich DELITZSCH 337 u.a.) "Aerger" als מות freilich ist אבד nur, wenn man auch IBN ESRAs Begründung voll annimmt: "יאבדו" עם הכסיל והבער כי ילכו לאבדון wo die Weisen sie, dem TARG zu glauben, werden beobachten können (vgl. oben Anm 53). Nun kann man freilich wie etwa BRIGGS (408) zwar an אבד "in the sense of descending to Abaddon" festhalten, doch mehr als ein Synonym zu Tod (Hi 28,22), Grab (Ps 88,12) oder Scheol (Spr 15,11; Hi 26,6) wird man in diesem Wort auf der Ebene des AT selbst (trotz Hi 31,12) nicht sehen dürfen - und damit verflüchtigt sich der Unterschied zwischen אבד und מות.

Zudem ist gemäss unserer Akzentverschiebung in v.11 ימותו nun mit יחד verbunden und diese Partikel unterstreicht oft die Plötzlichkeit, Gewaltsamkeit und Vollständigkeit des Untergangs von Feinden (vgl. Ps 40,15; 141,10; Is 44,11; 2 Sam 14,16; 21,9). Damit wäre eine vollständige Synonymität dieses Ausdrucks mit אבד in der Bedeutung "vernichtet werden, plötzlich umkommen" (von Menschen vgl. Ps 37,20 u.o) gesichert.

Möglich ist es aber auch, אבד die Bedeutung "umherirren, verloren gehen" zuzusprechen, die das Verb im Zusammenhang mit Schafen (Ps 119,176; Jer 50,6; Ez 34,4.16) oder Eselinnen (1 Sam 9,3.20) hat. So würden die tierischen Züge der Toren (בער) auch an der Art ihres Todes sichtbar: wie ein Stück Vieh sich plötzlich verliert und eingeht, wenn es niemand sucht, so verschwinden auch die Toren. Damit bestünde sehr wohl ein Bedeutungsunterschied zwischen אבד und מות, dieser stellte sogar zwischen beiden Versteilen einen antithetischen Parallelismus (unterstrichen durch die betonte Stellung von Weisen und Toren im Satz) her, der jedoch die Gleichstellung von Weisen und Toren vor dem Tod nur mit umso bitterer Ironie statuierte: "Die Weisen, sie sterben auf einmal wie Uebeltäter, die Toren und Narren jedoch, die gehen zugrunde wie Vieh" - aber eben: tot sind sie im Endeffekt doch alle. Diese letzte Aussage wäre dann in v.11c zu finden[66].

---

66. Nach der obigen Auslegung versteht man mühelos, welche immensen theologischen Vorteile die im MT vorliegende Akzentuierung bietet (vgl. oben 3.1.15): Einerseits lässt die Trennung von ימותו und יחד die Weisen sanft und friedlich entschlummern (ימותו), dieweil die Toren und Narren allein jäh (יחד) untergehen und ihr Vermögen verlieren, was ganz ins klassisch-weisheitliche Bild passt. Andererseits wird der schon friedliche Tod der Weisen durch Versetzung in einen Nebensatz (כי יראה...) weiter entschärft: Gewiss - in ihrer subjektiven Wahrnehmung mögen die selbstsicheren Reichen von v.10 auf die sterbenden Weisen hinabsehen, "sed videntes mortem corporalem non considerant eorum gloriam: Sap 4,17 'Videbunt finem sapientis et non intelligent quid cogitaverit de illo Deus.' " (THOMAS VON AQUIN 336, ähnlich Ps-ORIGENES 1445, AUGUSTINUS 559, Ps-HIERONYMUS 967, NIKLAUS VON LYRA 784, CLARIUS 279). In der masoretischen Akzentuierung ist der subversive v.11 absolut narrensicher: er sagt genau dasselbe, wie andere Bibelverse auch und ist jedem frommen Leser

3.1.4. ועזבו לאחרים חילם

1. Einer der Vorteile der zuletzt vorgeschlagenen Auslegung von אבד wäre der, v.11c in seiner jetzigen Stellung plausibel zu machen. Verschiedentlich wurde nämlich behauptet, v.11c "(ergebe) sich als späteres Anhängsel" (PRAETORIUS 334) und bilde keine "logical sequence to 11a-b" (KISSANE 216). So konnte man getrost schliessen: "Da die Halbzeile 11c hier überschiesst und in 12 eine vermisst wird, ist 11c mit v.Ortenberg und Budde hinter 12 zu setzen." (GUNKEL 212, ähnlich HERKENNE 183; NOETSCHER 111, KRAUS 366).

Sieht man nun in v.11a+b einen antithetischen Parallelismus, so ist v.11c schlechterdings unabdingbar für das rechte Verständnis des ganzen Verses als ironische Umschreibung der totalen Gleichheit aller Menschen im Tod.

Doch auch wenn man eine Synonymität zwischen מות und אבד annimmt (und vielleicht ist das doch weniger gekünstelt), muss v.11c hier mitnichten "überschiessen". Zunächst einmal wird mit der Szene der Erbschaftsverteilung das Sterben, das in v.11ab nur mehr oder weniger abstrakt erwähnt wurde, konkret und anschaulich dargestellt. Erst so beginnt das Sterben in seiner ganzen Tragweite dem Leser bewusst zu werden, denn nur der vorgestellte Tod ist schrecklich.

Angebracht ist v.11c aber nicht nur zur Veranschaulichung der Tatsächlichkeit des Todes, sondern auch zur Verdeutlichung seiner Allgemeinheit, die in v.11ab lediglich im (synonymen) Parallelismus selbst impliziert ist: Mögen sich Weise und Toren in ihrem Wesen noch so unterscheiden, schliesslich ereilt sie doch alle dasselbe Geschick. Sie müssen alle gleichermassen die Grundlage ihrer Existenz (vgl. unten Anm. 423) - und damit diese selbst loslassen, und zwar für immer, so gewiss der einmal unter die Erben verteilte Besitz nicht mehr zurückzubekommen ist. Damit wird die Vollständigkeit <u>und</u> Unwiderruflichkeit (vgl. Ps 22,19) ihrer Vernichtung besiegelt wird.

Genau diese im Bild der Erbschaftsverteilung dargestellte Unwiderruflichkeit des Sterbens wird v.12ab aufnehmen - ein weiterer Hinweis darauf, wie unvernünftig es wäre die Ueberleitung zu v.12 an v.12 anzuhängen (vgl. unten 3.2.24).

2. Doch genau wie sich v.11ab nicht mit der Feststellung der Allgemeinheit des Todes begnügte, sondern auch deren Konsequenzen für die Bewertung

---

ohne weiteres zumutbar... Es ist deshalb nicht erstaunlich, dass bis auf TARG (vgl. oben Anm. 53) die Versionen diese offenbar sehr alte masoretische Akzentuierung entweder übernehmen (PESH) oder gar verschärfen (SEPT, AQ, SYM, QUINT, GAL, HEBR), indem sie v.11a ganz zu v.10 schlagen und durch dessen <u>sof pasuq</u> vom Folgenden trennen (vgl. oben Anm. 52).

der Weisheit andeutete, bleibt auch unser Vers nicht bei der Aussage seiner Unwiderruflichkeit stehen. Im Gedanken der Erbschaftsverteilung liegt mehr.

אחרים bedeutet nämlich nicht "ihre Nachkommen, Hinterbliebenen", wie das oft (z.B. STIER 136) behauptet wird, sondern "any one that may succeed to their property", ist doch das Wort "not even defined by a suffix, as it might have been, to indicate their own successors, their descendants" (BRIGGS 408). In allen Stellen, wo etwas לאחרים überlassen werden muss, sind die Empfänger Fremde (Jer 6,12; 8,10; Spr 5,9; Neh 5,5; Hi 31,10), besonders eindeutig ist dies in Dan 11,4: "Sobald er [Alexander d.Gr.] steht, wird sein Reich zerbrechen und in die vier Himmelsrichtungen geteilt werden - nicht unter seine Nachkommenschaft (לאחריתו) und nicht gemäss der Macht, die er inne hatte, vielmehr wird sein Reich zerstört werden und andern ausserhalb seiner Nachkommenschaft (לאחרים מלבד אלה) (gegeben werden)."

Wenn nun der Autor in v.11c Fremde als Erben auftreten lässt, haben wir es mit einem typisch weisheitlichen Topos zu tun: "Hic ponit mala quae contingunt peccatoribus." (THOMAS VON AQUIN 336) Plötzlich zu sterben und seinen Besitz einem (gerechten!) Fremden überlassen zu müssen ist in der älteren Weisheit die "Strafe" des Gottlosen (Hi 27,16ff; Spr 13,22; vgl. dagegen 17,2). Auch in unserem Vers klingt dieser Gedanke an, insofern sich v.11c primär und unmittelbar auf die Toren bezieht - doch gleichzeitig ist dieser traditionelle Vergeltungsgedanke auf schreckliche Weise untergraben, insofern die Strafe auch die Weisen trifft[67]. Der Mensch überhaupt muss sein Gut andern lassen (vgl. Ps 39,7), bloss dadurch dass er stirbt, trifft ihn diese Strafe. Damit wird schon hier sichtbar, worin die im Tod der Weisen evozierte Spannung zwischen Tod und Weisheit besteht: der Tod reisst im Tun-Ergehen-Zusammenhang eine unüberbrückbare Lücke auf, er sprengt ihn.

---

67. Bezeichnenderweise verhindert TARG diesen Bezug von v.11c auch auf die Weisen durch die Paraphrase וישבקון לצדיקיא ממונהון. Aehnliches führt wohl CASSIODOR (435) im Schild, wenn er sich beeilt, die Reichtümer von v.11c mit "propter quas omnia peccata commiserant" zu umschreiben. HENFLER (93), der letzte, für den unser Stichos noch ein Problem darstellt, weil ihm der gewöhnliche Gebrauch des Topos von der Erbschaftsverteilung bewusst ist, braucht v.11c als Beweis dafür, dass die ganze Passage letztlich gar nicht von Weisen redet (vgl. schon oben 3.1.21): "Auch um des zweiten Gliedes... willen müssen hier nicht die guten, sondern strafwürdige Menschen das eigentliche Subjekt sein. Im zweiten Gliede nemlich heisst es 'sie müssen andern die Güter lassen'. Wie wenig passt dies auf die Tugendhaften, auf welche man es insgemein bezieht? und wie sehr passt es dagegen auf die Ruchlosen, welche v.7 als auf ihren Reichthum trotzend vorgestellt waren?" Die beste Erklärung des Stichos gibt m.E. NIKLAUS VON LYRA (784): "Iniusti non portant secum divitias suas, sic nec iusti." Die notwendigen Folgerungen für die Auslegung des ganzen Psalmes hat er daraus allerdings nicht gezogen.

Dass sauer Erworbenes schliesslich durchs Los an Fremde verteilt wird (Sir 14,15), wird zum Symptom der Willkür und Zusammenhangslosigkeit, die aufs Ganze gesehen der Wirklichkeit zugrunde liegt. Jesus Sirach versucht (bereits wieder) dieser Sinnlosigkeit der Welt zu begegnen, indem er zu Tugendhaftigkeit (Sir 14,13) und Gottvertrauen (Sir 11,14ff) aufruft. In unserem Text (Grundpsalm) wird sie vorläufig schlicht festgehalten - nicht zu überhören ist dabei wiederum etwas von der resignierten Verzweiflung Qohelets: "Ich kam dazu, in mir zu verzweifeln wegen der Mühe, die ich gehabt habe unter der Sonne. Denn: da ist ein Mensch, der hat sich abgemüht mit Weisheit, Verstand und Energie - und einem Menschen, der sich nicht bemüht hat, muss er seinen Teil geben. Auch das ist sinnlos und ein grosses Uebel." (Qoh 2,20f, vgl. 2,18)

An unserer Stelle werden freilich die אחרים nicht einmal herabgewürdigt, wie bei Qohelet. Die "andern", אחרים könnten durchaus die rechtmässigen, unbescholtenen und untadelhaften Erben, אחריהם sein (wie es auch in Sir 14,15 der Fall zu sein scheint) ohne dass sich dadurch das Problem gross ändern würde.

Dies ist vielleicht überhaupt der Grund, weshalb der Tod hier, anders als in älteren Weisheitstexten, überhaupt zum unlösbaren Problem werden kann: jeder Mensch ist grundlegend als Individuum erfahren, schon seine Nachkommen sind "andere", Fremde, die nicht mehr eigentlich zu ihm gehören und "in" denen er wohl auch nicht mehr mit seinem Namen und seinem Erbgut irgendwie überleben kann. Nur weil die einst grundlegende und für den Einzelnen konstitutive diachrone Solidarität zwischen Generationen ausgeblendet ist, kann der Tod dem Autor unseres Grundpsalmes so schrecklich erscheinen. Eine für die atl. Weisheit neue Erfahrung des Todes folgt also aus einer neuen Erfahrung der zwischenmenschlichen Bezüge[68].

68. Auf den Zusammenhang zwischen Erfahrung des Todes und sozialer Struktur hat etwa LANDSBERG (Essai 25-28) hingewiesen: "La conscience de la mort va de pair avec l'individualisation humaine, avec la constitution d'individualités singulières, oeuvre de la personne. Cette individualisation ne consiste pas essentiellement dans l'acquisition d'une conscience plus nette et plus nuancée de sa singularité propre, mais elle consiste d'abord dans le fait que l'homme gagne réellement en singularité. La conscience changée suppose un changement de l'être." (26) Deshalb erscheint in "primitiven" Gesellschaften der Tod noch nicht als ein prinzipielles Problem, denn "l'individu n'est pas encore suffisamment différencié de son clan pour qu'il puisse se trouver individualisé par autre chose que par sa position dans ce clan, sa fonction dans cet organisme. Si, après sa mort, cette position est héritée par un autre individu, ce dernier acquiert aussi le nom et l'âme du mort. Le clan a régénéré son membre perdu. Et c'est comme si rien ne s'était produit." (25f)

3.2. DIE ENDGUELTIGKEIT DES TODES (v.12)

3.2.1. קרבם oder קברם ?

1. In den Kommentaren hat das erste Wort von v.12 sehr viel von sich reden gemacht. Bis ins letzte Viertel des letzten Jahrhunderts versuchten die meisten Exegeten, die im MT überlieferte und von εβρ (καρβαμ), AQ (εν μεσωι αυτων), SYM (τα εντος), QUINT (εν μεσω αυτων) HEBR (interiora sua) gestützte Form קרבם ("ihr Inneres") gegen die schon damals vertretene[69] Korrektur קבר(י)ם, die sich immerhin auf SEPT (οι ταφοι αυτων), PESH (קבריהון), TARG (בבית קבורתהון) und GAL (supulchra eorum) stützen kann, in Schutz zu nehmen. Seither nehmen fast alle Kommentare die Umstellung vor[70].

2. Einige Verteidiger des MT fassen (mit Verweis auf Ps 5,10; 64,7) קרב als "die wesentliche Thätigkeit dieses Organs" (MOLL 251), nämlich: "die Gedanken und Absichten des Herzens" (STIER 136) und meinen, "so weit (sei) also der Vers ganz klar" und bedeute: "Sie leben nicht anders als ob sie dächten, ihr Wesen auf Erden werde nie ein Ende nehmen" und ihre Häuser seien ewig (STIER 136, ähnlich SACHS 69, HITZIG 271, MOLL 251 u.a.). Doch "dass קרבם jemals in solcher Weise zur Einführung des Gedachten habe gebraucht werden können, ist sehr unwahrscheinlich und durch die oft verglichene Stelle 5,10 קרבם הות 'ihr Inneres ist Verderben' wird offenbar nichts bewiesen." (OLSHAUSEN 215[71]).

Nach HENFLER (93) "liesse sich (das masoretische קרבם) vielleicht am ehesten so retten, dass man annähme, קרב könne, wie לב, נפש und רוח periphrastisch für die Person gesetzt sein, und vor בתימו ein ב supplierte, das so oft vor einem andern ב weggeworfen wird". Doch traut HENFLER selbst seiner Annahme so wenig, dass er schon bei deren versuchsweisen Anwendung ("Sie bleiben immer in ihren Häusern, in den Gräbern") der Korrektur verfällt, die er schliesslich auch wählt. Noch gewagtere lexikalische Operationen unternimmt RUPERTI (287): Für ihn bedeutet קרב nach dem arabischen qirbān

---

69. Z.B. durch BUXTORF (1653), POLUS (1694), HOUBIGANT (1753), MUETHINGE (ca 1790), STUHLMANN (1812), OLSHAUSEN (1853), SCHEGG (1857), EWALD (1866).

70. Ausnahmen sind: KOENIG (1927), PANNIER (1950), CHOURAQUI (1956), UCHELEN (1977) und natürlich DAHOOD (1965).

71. Aehnlich HUPFELD (663): קרב bezeichnet wohl den Sitz des Denkens, "aber nie das Denken oder gar das Gedachte, die Meinung selbst". Ebenso EWALD 254:"קרבם oder auch נפשם kommt so nicht vor."

"propinquitas, coacervatio, et hinc forte h.l. communis locus ...quo omnes confluunt homines, ubi una sunt et colliguntur."

Andere denken sich zu קרבם das eine oder andere hinzu (z.B. "...ist voll von Gedanken, dass...") und paraphrasieren wie DELITZSCH (337): "Der Inhalt ihres Innern ist die Selbsttäuschung, ihre Häuser seien ewig während." Sein Hinweis auf Ps 10,4b (eine Stelle, die nur entfernt ähnlich ist, da dort ein Zitat אין אלהים, durch das nachfolgende כל-מזמותיו als solches gekennzeichnet wird) vermag den Einwand nicht zu entkräften, hier werde im Text eine "unstatthafte Ellipse" angenommen (HUPFELD 663).

Ebenso unzulässig ist es, קרבם im Gefolge der jüdischen Exegeten als בקרבם zu verstehen[72] und wie z.B. ROSENMUELLER (1066) "In animis suis cogitant, domus suas permansuras in sempiternum" zu übersetzen. Denn die immer wieder zitierten "Parallelen" (vgl. z.B. ROSENMUELLER aaO, MICHAELIS 325, AMAMA 283 u.a.), in denen entweder בקרבם steht (Jer 31,33, allein diese Form ist 8 mal, קרב + ב allgemein über 150 Mal belegt!) oder andere häufige Lokalbestimmungen ohne Präposition zu finden sind (Qoh 11,3: מקום; Am 2,8: בית אלהים; Spr 15,6: בית צדיק), beweisen gemeinsam eher, dass קרבם eben gerade nicht "in ihrem Innern" bedeuten kann. Jedenfalls ist קרב in den (seltenen!) Fällen, in denen es ohne Präposition steht, ganz eindeutig Akkusativobjekt (z.B. Ex 29,17; Lev 1,9.13) oder Subjekt (Is 16,1; Ps 103,1; 5,10 und auch 64,7)[73].

Schliesslich ist die Deutung von קרבם בתימו als "קרבם של בתימו" (LUZZATTO 210, vgl. QIMHI 345) trotz der angeführten analogen Fälle (LUZZATTO: Num 24,3.15; Ps 50,10; 104,20; QIMHI: 1 Chr 16,42; Jer 9,14; 52,20) und des Umstandes, dass SYM sie zu bezeugen scheint (τα εντος των οικων αυτων), nicht sonderlich vertrauenerweckend. Sie ergibt auch keine besonders sinn-

72. Schon SAADYA, ṢALMON BEN YERUHAM und YEFET BEN ELI tun dies mit grosser Selbstverständlichkeit. IBN ESRA kommt erst nach einigem Zögern zur Ueberzeugung שהוא חסר בי״ת כאילו הוא בקרבם. Zum gleichen Schluss kommen RASHI (47), QIMHI (345), MEIRI (101), MEṢUDAT DAVID, LUZZATTO (210). Die Anziehungskraft dieses בקרבם ist so gross, dass ihr (unter zweimaliger Uebersetzung von קרבם) selbst Exegeten verfallen, die קרבם anders deuten (vgl. unten Anm. 74) - ja, die קברם lesen, wie das bei AUGUSTINUS (563) der Fall zu sein scheint: "Quando cogitat dives sibi memoriam marmoratam aut exsculptam facere..."

73. Auch DAHOOD (298) kann für seine Uebersetzung "Inside their eternal homes" nur zweifelhafte ugaritische Parallelen liefern: GORDON, Textbook 1 Aqht 74 (bm qrbm asm) und aaO 51 V 76 (bqrb hklk). Vollends rätselhaft ist mir sein Hinweis auf das Akkadische, denn auch akkadisch hat querbum eine Präposition bei sich, z.B. ina qe-re-eb ekalli (SODEN, Handwörterbuch 914), und das hebräische Pronominalsuffix als akkadische (Akkusativ-)Kasusendung mit Lokativfunktion zu deuten wird doch sogar DAHOOD kaum versuchen wollen.

volle Uebersetzung, was man bei PAULUS (251), der diese Deutung leicht modifiziert übernimmt (קרבם = Umstandsakkusativ) besonders gut sieht: "Ihre Häuser sind, was das Innere derselben betrifft, für ewige Zeiten."[74]

3. Dem MT ist also nur mittels lexikalischer oder syntaktischer Manipulation ein halbwegs befriedigender Sinn abzugewinnen. Deshalb scheint es mir am Besten, mit den neueren Kommentaren die Korrektur קברם vorzunehmen. Dass es sich hier um eine "durch nichts unterstützte Deutung" handle (STIER 136[75]), stimmt nicht: Die alten Versionen (SEPT, PESH, TARG, GAL, vgl. oben 3.2.11, ferner AETH, ARAB) sprechen für sie, der MIDRASH, IBN ESRA und QIMHI z.B. kennen die Lesart[76].

So natürlich (DUHM 202) und evident (CALES 275) ist die Korrektur allerdings nicht - zumal angesichts der hexaplarischen Bruchstücke (εβρ , AQ, SYM, QUINT) niemand mehr wie J.D. MICHAELIS (Varianten 157) sagen kann, "Hieronymus (sei) unter den Alten der einzige, der die jetzt gewöhnliche Leseart קרבם (befolge), also (sei) für die andere ein grosses Uebergewicht". Der Einwand von ROSENMUELLER (1066, ähnlich J.H. MICHAELIS 325, BUXTORF 667) könnte nämlich durchaus zutreffen: "neque tamen quia ita transtulerunt, ideo etiam קברם in suis [der alten Uebersetzer] codicibus reperisse putes... Interpretationis, non lectionis diversitas est." In unserem Fall scheint mir jedoch diese sonst richtige textkritische Regel nicht einschlägig, weil eine Verschreibung von קברם in קרבם durch Metathese, zumal bei der Aehnlich-

---

74. Nach LUZZATTO allerdings sieht der Psalmist tatsächlich den eigentlichen Fehler der Leute von v.12 darin, dass sie künftige Innenrenovationen ihrer Häuser nicht voraussehen: ואומר כי לפי דעתם פנימיות בתיהם תעמוד לעולם כמו שהיא עתה... ולא יעלו על לבם כי אחרי מותם יבאו בתיהם ביד זרים ויעשו בבתיהם כרצונם. Wie schon QIMHI (הם חשבים כי בקרב בתימו יהיו לעולם) übersetzt übrigens auch LUZZATTO das קרבם zweimal: לפי דעתם פנימיות בתיהם תעמוד לעולם (vgl. oben Anm. 72).

75. Aehnlich TORCZYNER (53), für den קברם "keine alte Leseart, sondern schlecht geratene Konjektur" ist. Viel eher allerdings trifft dieses Urteil TORCZYNERs eigene Lösung: "In קרבם muss ein Zeitwort stecken, etwa der Bedeutung 'sie bauen ihre Häuser für ewig' (l. הבונים?) oder 'sie wohnen in ihren Häusern für ewig' (l. יָגֻרוּ ב oder יָדֻרוּ ב?); vgl. Ps 61,5 אגורה באהלך עולמים."

76. Ob sie ihnen "noch bekannt war", wie es BAETHGEN (140) für QIMCHI meint, und ob damit eine selbständige, von den Versionen - zumal von TARG - unabhängige Tradition vorliegt, ist allerdings eine ganz andere Frage. Angesichts des im MIDRASH GenRab 23,1 überlieferten Streites zwischen R. JUDAN und R. PINḤAS könnte man zwar versucht sein, diese Frage zu bejahen. Aber der MIDRASH TEHILLIM (אל תקרא קרבם אלא קברם שנאמר ותכס עליהם הארץ ויאבדו מתוך הקהל, Num 16,33) stellt diese Tradition in einen so unglücklichen Zusammenhang, dass sie für die Textkritik ohnehin an Gewicht verliert, vgl. McCARTY, Tiqqune 141f).

keit von ב (𐤁) und ר (𐤓) im althebräischen Alphabet, alles andere als unwahrscheinlich ist[77]. Und besonders: auch wenn קברם tatsächlich "einen sehr unpassenden Sinn" gäbe (STIER 136[78]), wäre schon dieser der vollständigen Sinnlosigkeit des MT vorzuziehen; doch der korrigierte Vers fügt sich, wie wir gleich sehen werden, vorzüglich in den Zusammenhang.

Schwierigkeiten bereitet höchstens die Vokalisierung von קברם. Schaut man das Schluss-ם als Pronominalsuffix an, wie es die alten Versionen nahelegen, verwickelt man sich mit dem Singular קִבְרָם in grosse Schwierigkeiten, denn der Satz "ihr Grab ist ihre Häuser" ist syntaktisch wie logisch nicht eben ein Meisterwerk (die Versionen haben denn auch alle den Plural "ihre Gräber"). Besser ist es deshalb, unter Annahme, die Versionen hätten das Possessivpronomen sinngemäss ergänzt, קְבָרִם zu vokalisieren. Die nicht seltene (vgl. GESENIUS, Grammatik § 87a) defektive Schreibung des männlichen Plurals ist auch nach dem Exil durchaus denkbar[79].

---

77. קרבם ist also m.E. eine Form, die auf mehr oder weniger mechanische Verschreibung zurückgeht und in קברם korrigiert werden muss. EHRLICHs Hinweis auf "Versetzungen wie כשב = כבש und שלמה = יישמלה" (110) sind hier deplaziert, und seine Behauptung, "קרבי (könne) ganz gut dasselbe sein wie קבר "(126 zu Ps 55,16b, wo er die Uebersetzung "denn es ist Gefahr, wenn sie in ihrem Grabe lieben sollten" zu verteidigen sucht) scheint mir falsch (vgl. unten 5.2.51). Zutreffend ist in dieser Hinsicht HOUBIGANTs (63) wutschnaubender Satz: "Puerum agebat junior Buxtorfius, cum adversus Lud.Cappellum disputans praefracte negabat, quidquam mutandum; nam קרבם idem esse ac קברם, per litterarum Metathesim, scribendi formam Hebraeis, ut aiebat, familiarem; in quo quidem mire hallucinabatur. Est enim litterarum Metathesis Hebraica, illa, quae litteras alternando, in eadem stat sententia, ut est חלד pro חדל, utroque vocabulo tempus vitae enuntiante, et similia; non autem illa, quae trajectis litteris transit ab una sententia in aliam." Freilich ist einerseits HOUBIGANTs Beispiel für eine hebräische Metathese äusserst unglücklich gewählt (vgl. unten 5.2.51) und andererseits hatte auch BUXTORF durchaus etwas Richtiges gesehen: wenn er nämlich in der Metathese "figuram grammaticam, non errorem librarii" sieht, will er wohl in erster Linie bestreiten, dass die alten Versionen "quia sic קברם transtulerunt, etiam sic legisse in suo codice Hebraeo" (667). Dass er dafür, wenn nicht zwingende, so doch ernstzunehmende Gründe hat, kann man angesichts etwa der erwähnten Bemerkung im MIDRASH TEHILLIM (vgl. Anm. 76) kaum leugnen.

78. Auch WETTE (341) findet den Sinn "nicht passend". DELITZSCH (337) gesteht nur widerwillig, קברם gebe "einen nicht gerade zusammenhangswidrigen Gedanken".

79. Nach CROSS (Orthography) hat das Hebräische vom 9. Jhd. an die phönikisch-aramäische Sitte der mater lectionis für Schlussvokale allmählich angenommen (57,59). Im Innern des Wortes erscheint die mater lectionis erst allmählich vom 6. Jd. an (59). Aus der Tatsache, dass die Textkorrektur zu einer defektiven Schreibung führt, könnte man ein relativ

3.2.2. Ewige Wohnungen

1. Die Auffassung des Grabes als Wohnung ist in der biblischen Welt nichts Ausserordentliches. Nach QUELL (Auffassung 22) ist dies schon der unverkennbare "Grundgedanke der israelitischen Grabanlagen...Die Höhle, die natürliche wie die künstliche, diente in Palästina auch in israelitischer Zeit oft als Wohnstätte...Das Höhlengrab hat sich also aus einer Wohnstätte entwickelt und wurde, wie manche Bezeichnungen im AT ergeben, als Wohnraum des Verstorbenen aufgefasst."

So manche Bezeichnungen ergeben sich zwar nicht, denn im AT verbindet sich der Gedanke des Wohnens häufiger mit der Unterwelt als mit dem Grab (Hi 17,13: שאול ביתי; 30,23: בית מועד לכל-חי; Is 26,19: שכני עפר; Ps 94,17), aber es lässt sich immerhin für diesen "Wohnhauscharakter des Grabes" (QUELL, aaO 15) ein ganz eindeutiger biblischer Beleg finden: Is 22,16, wo קבר parallel zu משכן steht. Auch hinter dem αιωνιος τοπος von Tob 3,6 steht so gut wie sicher ein בת עלמ(א) (בית = τοπος in 1 Sam 10,25; 24,23; 1 Kön 8,42 vgl. 43; 2 Chr 6,32; Ps 119,51; Jer 7,14) als Bezeichnung des Grabes (οπως απολυθω και γενωμαι γη). Bei der immer wieder als Kommentar zu unserem Vers zitierten Stelle Qoh 12,5 כי הלך האדם אל-בית עולמו lässt sich hingegen nicht sicher entscheiden, ob sie auf das Grab oder auf die Scheol zu beziehen ist (für das letztere spricht Qoh 9,10, für das erstere vielleicht Qoh 3,20 und der Kontext -בור ! - in 12,6f). Eine Entscheidung ist hier aber, wenn nicht überhaupt unmöglich, so sicher unnötig, da den Vorstellungen von der Scheol ohnehin die Erfahrung der konkreten Gräber zugrunde liegt, und damit auch das Wohnen in der Scheol von der Vorstellung des Grabes als Wohnung abhängig ist.

2. Das ewige Haus als Bezeichnung des Grabes ist eine geprägte Wendung, die sich auch in der Umwelt Israels findet. Besonders in Aegypten, wo bis

---

hohes Alter der fehlerhaften Metathese (die ja bei plene-Schreibung kaum mehr möglich gewesen wäre) ableiten wollen, wodurch sich wiederum die Wahrscheinlichkeit, dass die alten Versionen קרבם gelesen und קברם nur erraten hätten, erhöhen würde. Da die defektive Schreibung des maskulinen Plurals aber noch im MT häufig ist, kann man aus ihr nichts ableiten.

Man könnte sich höchstens fragen, ob die ausserhalb des Pentateuchs doch etwas erstaunliche Defektivschreibung nicht ein Hinweis darauf sein könnte, "that a difference of opinion obtained in the Schools as to whether the Mem...denoted the plural, or the suffix third person plural masculine", was GINSBURG (Introduction 152) für andere Stellen (Jer 6,15; 17,25; Ez 7,24; Ps 58,12) annimmt. Dabei wäre an unserer Stelle die Suffix-Lesart durch die Plural-Lesart kontaminiert worden (vgl. vielleicht Jer 17,25: TM ובסוסים, SEPT-Vorlage ובסוסם, SEPT και ιπποις αυτων), was das gleichzeitige Vorkommen von Plural und Suffix in SEPT, GAL, PESH und TARG vielleicht noch plausibler erklärt.

zum Neuen Reich das Grab Wohnstätte des Toten war, sind Bezeichnungen wie "ewige Wohnung", "schönes Haus der Ewigkeit" usw. beliebt (vgl. BONNET, Reallexikon 257). Vielleicht von Aegypten aus haben sie sich auf den ganzen altorientalischen (und später auch auf den hellenistischen) Raum verbreitet (vgl. JENNI 'olam 28, die Wendung ist allerdings auch im Sumerischen belegt, vgl. SCHMITT, Entrückung 234).

In der phönikischen Ahiram-Inschrift (vgl. PRITCHARD, Texts 661) ist der Ausdruck eventuell schon zu finden (vgl. die Diskussion von כשתה בעלם in JENNI, 'olam 207). Eindeutig dagegen ist die spätere (3.-2.Jhd.) punische Inschrift von Malta (aaO 211): חדר בת עלם קבר, "Kammer der ewigen Sohnung, Grab..." Auch im Palmyrenischen ist בת עלמא als "gewählteres Synonym zu קברא" (aaO 217) häufig belegt.

Für Mesopotamien lässt sich die Inschrift auf der Gruft Sanheribs anführen:

> "Palast des Schlafens, Grab der Ruhe, Wohnung
> der Ewigkeit Sanheribs, des Königs der Welt,
> des Königs von Assyrien." (MEISSNER, Babylonien I 426,
> zit. nach GUNKEL 212)

Auch in Qumran ist der Ausdruck belegt (Kupferrolle VI, 11; vgl. DAHOOD 298) und wird als οικος αιωνιος, οικοτηριον αιωνιον noch in "heidnischen und christlichen Grabinschriften des östlichen Mittelmeergebietes" gebraucht (JENNI, 'olam 28).

3. Unserem Vers liegt also die stereotype, gemeinsemitische Bezeichnung des Grabes als bt ^{c}lm zugrunde. Sie erscheint aber hier in der Gestalt eines Nominalsatzes, und, wie BUTTENWIESER (648) zu Recht bemerkt hat, ist dies nicht nebensächlich: "By this deviation from this form [bt ^{c}lm] - that is, by batemo le^{c}olam... - the writer lends the phrase a flavor, which is strikingly different from the sentiment ordinarly associated with it."

Wörtlich verstanden als Hinweis auf den ewigen Bestand eines Hauses, also eines bergenden und schützenden Raumes, in dem sich leben lässt, hat der Ausdruck בית עולם durchaus nichts Negatives an sich. Gerade deshalb wurde er auch als theologisches Symbol oder als Euphemismus auf das Grab angewandt. Dadurch wurde dem Grab das Erschreckende genommen, es war nur noch der Ort, wo der Mensch für immer in Sicherheit ruhen kann (vgl. Grabinschrift Sanheribs!)

Gerade diese euphemistische oder theologische Verharmlosung des Grabes wird hier gewissermassen entlarvt und rückgängig gemacht, indem am Anfang des Verses, an betonter Stelle, das Wort "Grab" auftaucht, das das "ewige

Haus" eben gerade hätte verdrängen und verniedlichen sollen. Damit wird aber gesagt: der Ort, wo der Mensch unwiderruflich geborgen und aufgehoben ist, ist eben das Grab, nach Ps 88,5-7 z.B. der Ort der Kraftlosigkeit, des Verfaulens, des Erschlagenseins, des Vergessenwerdens, der Gottferne, der Finsternis, der Tiefe - kurz: der Vernichtung. "Mit Absicht reisst der Psalmist alle pietätvollen Verhüllungen weg, mit denen man sich das grauenvolle Zerstörungswerk des Todes verbergen möchte." (LAMPARTER 252 zu v.15)[80].

Wenn es zutrifft, dass das Wort משכן dadurch dass es u.a. in P die Stiftshütte bezeichnet auch an Stellen, wo es einfach parallel zu בית steht, ziemlich feierlich ist (vgl. PLOEG 150), wird damit der Widerspruch zwischen dem "ewigen Haus" und dem "Grab" nur vergrössert, die Ironie der Aussage nur verschärft[81].

Auf jeden Fall wird in v.12 durch das Aufbrechen des stereotypen Ausdrucks bt ^{c}lm der gleiche kritische, desillusionierte, pessimistische Ton hörbar wie in v.11.

4. Etwas vordergründiger führt v.12ab aber v.11 auch gedanklich weiter.

V. 11c hatte im anschaulichen Bild der Erbschaftsverteilung die in v.11ab

80. Freilich kann, je nach der konkreten Ausprägung der Todesangst, die Ewigkeit der Vernichtung auch just als Verhüllung der Schrecklichkeit des Todes erscheinen. So meint etwa DIDYMUS (359), für den in gut spätantiker Manier (vgl. CHORON, Mort 46) die Todesangst in erster Linie Angst vor dem Jenseits zu sein scheint, zu unserer Stelle: Ουτος ο αφρων και ανους αγνοησαντες εαυτους τινες εισιν εδοξαν οτι κατα τα αλογα ζωα ουκ επιδιαμενει αυτων η ψυχη. Φασιν γαρ Φαγωμεν και πιωμεν, αυριον γαρ αποθνησκομεν. Ουτοι τους ταφους εν οις εισιν εντετυμβευμενοι οιονται οικιας αυτων ειναι εις τον αιωνα, αναστασιν νεκρων ου προσδοκωντες αλλα και σκηνωματα αυτων εν παση γενεα και γενεα οιονται ειναι τα μνηματα, εν μονη ταυτη τη ζωη ελεεινως ηλπικοτες. Ταχα δε και μηδεν ζωτικον ενεργουντες αλλα νενεκρωμενοι δι' ων αμαρτανουσιν εν ταφω καταβαλλομενοι οιονται τον ταφον οικιαν αιωνιον.

81. Auch in Is 22,16 würde die ironische Bezeichnung von Shebnas Grab als "Prunkwohnung" gut passen und ist auch angesichts des betonten parallelen "חצבי מרום קברו" durchaus wahrscheinlich. Allerdings hätte die Ironie in Is 22,26 eine andere Spitze: Dort ginge es um ein Prunkgrab, das "fehl am Platze" ist, nicht primär angesichts seiner makabren Funktion, sondern im wörtlichen Sinne, weil es im falschen Lande steht. An unserer Stelle hingegen scheint mir der Gedanke des Prunkgrabes ganz abwesend, obwohl viele Exegeten gerade ihn hervorheben: "Morientium divitum pompa describitur, qui sibi aedificant sepulcra magnis tractatibus exquisita. Videmus enim quaedam mausolea pulcherrimis renitere marmoribus, ut domus aestimantur aeternae, magnis molibus fabricatae." (CASSIODOR 435) משכנתם steht parallel zu בתימו, nicht zu קרבם, gehört zur Bildhälfte der Metapher und darf somit gerade nicht "Prunkgrab" bedeuten, da die Ironie des Verses gerade auf der Spannung zwischen tödlichem Grab und wohnlichem, lebensförderndem Prunkpalast ruht.

ausgesagte Tatsächlichkeit des Sterbens plastisch werden lassen, dessen im Parallelismus von v.11a+b enthaltenen Allgmeinheit unterstrichen und gleichzeitig dessen Unwiderruflichkeit implizit angedeutet (vgl. oben 3.1.41). In v.12ab nun wird diese Unwiderruflichkeit des Sterbens explizit ausgesagt und durch die parallelen Ausdrücke לעולם und לדור ודור sehr stark betont: Der Tod ist nicht nur allgemein, er ist für alle auch endgültig, unüberwindbar, ewig[82].

3.2.3. Auf der Suche nach dem Sinn von v.12c

1. Im letzten Teil von v.12 häufen sich plötzlich die Probleme und jedes Wort bietet Schwierigkeiten: das Subjekt von קראו ist zweifelhaft, das Verhältnis der Präpositionen ב und עלי ist gespannt, der Plural אדמות ist einmalig und deshalb unklar.

So ist es auch nicht erstaunlich, dass die neueren Kommentare bisweilen den Satz "textkritisch" arg zerzausen: bald verwandelt man קראו in ein Niphal[83], bald lässt man es überhaupt fallen[84], bald streicht man das ב in

82. Der Ausdruck לדור ודור ist vielleicht mit Bedacht gerade hier gesetzt. Er evoziert ja die Vorstellung eines sprudelnden Lebensstromes, der trotz des individuellen Sterbens stets weiterdrängt (vgl. D.N. FREEDHAN, in:BOTTERWECK, Wörterbuch II 186). Deshalb umschreibt er grundsätzlich nur die Beständigkeit von lebensfördernden oder sonstwie dem Leben zugeordneten Grössen (JHWHs Jahre Ps 102,25; Treue Ps 100,5; 119,90; Plan Ps 33,11; Herrschaft Ps 145,13; 146,10; Klgl 5,19; Hilfe Is 51,8; Ps 90,1; oder Krieg für Israel Ex 7,16; vgl. Joel 2,2; des Königs Thron Ps 89,5 oder Leben Ps 61,7; 72,5; der Ruhm des Menschen Ps 45,18; 106,31 oder Gottes Ps 79,13; 89,2; 102,13; 135,13; 145,4; vgl. Est 9,28; die - vermeintliche - Unsterblichkeit des Menschen Ps 10,6). In den seltenen Fällen, wo es in lebensfeindlichem Kontext gebraucht wird (Is 13,20; 34,10; 61,4; Jer 50,39 für Ruinenstädte, die auf ewig abseits vom pulsierenden Leben bleiben werden [vgl. dagegen Joel 4,20] , Ps 77,9; 85,6 für das endgültige Schweigen bzw. Zürnen Gottes; Spr 27,24 für das Ausgehen der Lebenskraft) ist wohl ein besonderer Effekt beabsichtigt. Dies könnte auch an unserer Stelle der Fall sein: die Menschen überdauern das Sterben der Generationen dank des Schutzes, den ihnen - das Grab bietet, und sie schwimmen im Lebensstrom weiter - als Tote. Damit würden in unserem Vers durch den Kontext (קברם) gleich zwei geprägte Wendungen (בית עולם und לדור ודור) gesprengt und ironisiert. Die Sprengung des zweiten Ausdrucks bleibt allerdings reichlich hypothetisch, da sich kaum ausmachen lässt, in welchem Masse der Autor unserer Stelle aus der Wendung לדור ודור als ganzer noch die Bedeutungsnuancen heraushörte, die die Etymologie ihrer Elemente eigentlich nahelegte (vgl. Ps 145,4!).

83. WUTZ (124), der das קראו zu משכנתם zieht, und PODECHARD (12), der auf die übliche (allerdings nur die Vokalisation betreffende) Korrektur 44,5 hinweist und den Eingriff mit Stellen wie Is 4,1; 2 Sam 12,28 "begründet". Aehnlich RUPERTI (287), der קְרְאוּ vokalisiert: "vocantur nominibus suis...in terris."

בשמותם[85], bald vereinigt man es mit der nicht sehr häufigen Form עלי zu בעלי[86], bald erweitert man den Satz durch ein אבד (מארץ) זכרם auf ein Distichon[87], bald streicht man ihn vollständig[88]. Selbstverständlich ist das alles legitim, denn: "l'exemple du verset suivant (v.13) comparé au v.21 montre qu'il ne faut pas avoir trop de confiance aux détails du texte." (PODECHARD 13)

Aus diesen verschiedenen Möglichkeiten, die vier Wörter von v.12c zu verstehen (und das heisst neuerdings: zu korrigieren), ergibt sich eine Vielzahl von Auslegungen.

2. Nach der in neuerer Zeit beliebtesten Auslegung bezieht sich קראו auf die verstorbenen Weisen und Toren und der Plural von אדמות, "Ackerland" bedeutet "in diesem Zusammenhang Grundstücke, Liegenschaften, Landgüter" (DELITZSCH 337). Wenn die Verstorbenen ihre Namen einst über Ländereien ausriefen, so heisst das, dass sie "sie in Besitz nahmen und als ihr Eigentum nach sich benannten, wobei der Gegensatz des engen Grabes, das ihr ewiges Haus ist und der weiten Ländereien, die sie während ihres Lebens für kurze Zeit besassen, zu beachten ist" (HUPFELD 664[89]).

Innerhalb dieser Auslegung hat man bisweilen den Akzent besonders auf den Umstand gesetzt, dass die Verstorbenen "ihre Ländereien feierlich mit ihren Namen, wie den Namen Unsterblicher (belegen)" (DELITZSCH 337, Hervorhebung von mir). So sah man im Gefolge von RASHI (47, vgl. dazu schon MIDRASH GenRab 23,1!) und mit Hinweis auf Gen 4,17; Num 32,38; Ri 18,19; 2 Sam 12,28) in unserem Vers eine Bezugnahme auf "the well-known practice,

---

84. So BRIGGS (409) metri causa.

85. Z.B. GUNKEL (212), SCHMIDT (94) und KRAUS (363) der zur Begründung lediglich bemerkt, der MT sei "durch die Phrase קרא בשם irregeführt worden".

86. So HERKENNE (183), für den "MT ba^{c}alē infolge von scriptio supralinearis zersprengt" wurde. Er übersetzt: "Sie hatten sich bezeichnet als Besitzer von Ländereien."

87. DUHM 202, CALES 275, PODECHARD 13, vgl. oben Anm. 11.

88. So PRAETORIUS (334), für den v.12b "in alter Zeit...wohl mal verschrieben oder verlesen worden" ist und in dieser falschen Form in der Glosse v.12c "בשמתם על דורות" erhalten geblieben ist. Zwar lautet der überlieferte v.12c nicht ganz so, aber Hauptsache ist ja: man ist den schwierigen Vers los...

89. Aehnlich z.B. PAULUS (251), SACHS (69), DELITZSCH (337), SCHULTZ (113), OESTERLEY (266) und HERKENNE (183), der seinerseits "die bittere Ironie in der Antithese: (ausgedehnte) 'Ländereien' (12c) und (enges) 'Grab' (12a)" hervorhebt.

universally in vogue in ancient times, of a conqueror's calling the capital of a country he had conquered by his own name" (BUTTENWIESER 648[90]).

GUNKEL (212) hat dagegen mit Recht eingewandt, v.12c könne "nicht darauf gehen, dass später ganze Länder nach ihnen heissen, da dergleichen zwar von Städten wie 'Davids Burg', 'Alexandria','Seleucia' u.a., aber kaum von Ländern gilt"[91]. Seither legt man den Akzent wieder auf die Ausrufung des Namens als "Rechtsakt, durch den die Uebereignung stattfindet" (KRAUS 367[92]). Für diesen Rechtsbrauch können auch mühelos Beispiele angeführt werden (vgl. GESENIUS, Handwörterbuch, קרא I, Ni Nr. 3,S.724), nur wird er, wie schon GEIER (728) bemerkte, hier schwerlich gemeint sein, da er mit der Konstruktion (נ)קרא שם ...על ausgedrückt wird, die in unserem Vers (בשמותם) allem Anschein nach nicht vorliegt.

3. Andere verknüpfen die Namen von v.12c mit den Palästen von v.12ab. So redet unser Stichos nicht mehr von rechtlichen oder politischen Hoheitsakten, sondern von kunstgeschichtlichem Ruhm: dieser ist nach IBN ESRA das Einzige, was den Leuten von v.12 nach ihrem Tode bleibt: לא נשאר להם זכר רק שיאמר זה בית פלוני וזה המגדל בנה פלוני QIMHI (345), der IBN ESRA ohne viel Enthusiasmus zitiert, scheint im Bezug auf den posthumen Charakter dieses Ruhmes schon etliche Zweifel zu haben; jedenfalls redet nach ihm der Stichos nicht primär von diesem: כל כך בניניהם ובתיהם גדולים ובצורים עד

---

90. Die erste positive Aufnahme von RASHIs Auslegung findet sich so weit ich sehe bei BAETHGEN (140). Ihm folgen DUHM (202), KITTEL (197), PODECHARD (13). Dieselbe Auslegung findet sich aber auch schon bei THEODOR VON MOPSUESTIA (320), der aber als einziger der Konstruktion קרא בשם Rechnung trägt und deshalb zu einer differenzierteren Deutung gelangt: Επειδη τοις πλουσιοις πολλακις εθος τους αγρους απο της οικειας ονομαζειν προσηγοριας, πολλακις δε και λουτρα, ουτω δε και τας οικιας απο των κεκτημενων καλειν ειωθασιν, τουτο λεγει οτι τοσουτον απωναντο του πλουτου ως την τε γην και τα επ'αυτης υπο του Θεου γεγονοτα απο της οικειας καλειν προσηγοριας ουτω και πολεις απο των οικησαντων λεγονται και κωμαι και πολλα ετερα απο των κεκτημενων.

91. Auch BUTTENWIESER (648) und KITTEL (197) bemerken die Schwierigkeit. Sie finden eine Ausflucht in der Präzisierung, die Könige und Feldherren hätten "the capital of a country" bzw."ganze Städte und Landschaften nach ihren Namen benannt" (Hervorhebungen von mir).

92. Vgl. auch GUNKEL 212, SCHMIDT 94, HERKENNE 183, und z.T. auch EERDMANS 264 ("The expression...reminds of the division of arable lands among villagers [see Ps 16]...It is used here in a figurative sense."). GALLING (Anrufung) hat dieser Deutung wieder neues Ansehen verliehen. Nach ihm zeigt auch Ps 49,12, dass "der Name des siegreichen Königs über eroberten Ländern ausgerufen wird, um den Herrschaftsanspruch klarzustellen" (67).

שיצא להם שם עלי אדמות. Nach THEODORET VON KYROS (1225) schliesslich, den die Vorzeitigkeit von קראו auf Griechisch offenbar besonders beeindruckt, will unser Vers eben diesen posthumen Ruhm leugnen[93].

4. Bis zum letzten Jahrhundert recht zahlreich waren die Kommentatoren, die in קרא ein unpersönliches Subjekt annahmen und in אדמות ein Synonym zu ארץ sahen. So verstanden redet v.12 vom internationalen Ruf der Verstorbenen (vgl. z.B. Ps-ORIGENES 1445, MICHAELIS 326, SCHULZ 208f, ROSENMUELLER 1066, STIER 137, WETTE 340, HITZIG 271)[94]. In leichter Abwandlung dieser Deutung bezieht SCHEGG (38) קראו auf die Toten selbst und sieht im Vers eine Geisselung ihres Selbstruhmes: "Ueberall wo sie waren, posaunten sie ihre Namen aus, thaten sie gross und machten sie sich breit - nun ist's vorbei..." (ähnlich schon BUGENHAGEN 119, MEIRI 101)[95]. Der scheinbare Vorteil dieser Lösung ist, dass sie es erlaubt, den ewigen Tod der Leute von v.12ab als Folge einer Schuld zu verstehen. Schon der TARG hat das klar erfasst (v.12bc): "...und sie werden nicht auferstehen von ihren Wohnungen von Geschlecht zu Geschlecht, weil sie hochmütig waren und sich einen bösen Namen erwarben auf Erden."

5. Bis ins Mittelalter hinein beliebt (vgl. z.B. GERHOH 1502) war die Deutung von v.12c auf den Totenkult, "quem gentilitas in parentalibus agere consuevit, quando fatua superstitione in terris eorum, id est in sepul-

93.'Επεκαλεσαντο τα ονοματα αυτων επι των γαιων.' Και μην, φησιν, απο των ονοματων αυτων τα κτηματα αυτων προσηγορευται. Του δεινος γαρ η οικια, και του δεινος ο αγρος, και του δεινος ο οικετης. Αλλα συν τη δεσποτεια η των ονοματων αμειβεται προσηγορια. Ωσπερ γαρ ετεροι κυριοι των υπ' εκεινων καταλειφθεντων εγενοντο, ουτω γενησεται και των ονοματων εναλλαγη. Παλιν γαρ εκ τουτων αι προσηγοριαι τεθησονται.

94. In ähnliche Richtung geht die originelle Auslegung von KNAPP (101). Er übersetzt v.12c "Nur dass man sich auf Erden noch nach ihrem Namen nennt!" und kommentiert: "Der Sinn meiner gegenwärtigen Uebersetzung ist dieser: Das Andenken der verstorbenen Stammesväter wird durch ihre Nachkommen, die sich nach ihren Namen nennen (Jakobs, Ammons, Esau's Söhne usw.) noch eine Zeitlang auf Erden erhalten: v.14. Aber ihnen selbst gibt dies keine wahre Unsterblichkeit: sie kehren nicht wieder zur Oberwelt zurück."

95. Gegen diese Deutung hatte schon HITZIG (271) nicht ohne Spott bemerkt: "Jenes Weges entstände ein schwächerer Sinn [scil.: als bei unpersönlichem Subjekt] , weil ihr Zeugniss von sich selbst nicht nothwendig wahr ist; und 'über die Länder hin' würde müssig andeuten, dass sie in verschiedenen Ländern wohnen, wenn man nicht an Stentorstimmen denken will." GEIER (728, vgl. unten Anm. 101) lässt den Bezug von קראו ausdrücklich offen. Unklar bleibt er bei NIKLAUS VON LYRA (785: "quaesierunt vocari per famam remanentem"), dem hier wohl mehr an einer Disqualifizierung des Ruhmes als an einer genauen Exegese liegt.

cris invocant nomina mortuorum"(CASSIODOR 436). Die "fatua superstitio" wird von AUGUSTINUS (563) breit ausgemalt: "Tollent panem et merum ad sepulcra, et invocabunt ibi nomina mortuorum. Putas quantum invocatum est nomen illius divitis postea, quando inebriant se homines in memoria ipsius, nec descendebat una gutta super linguam ipsius ardentem? Ventri suo serviunt homines, non spiritibus suorum." Ps-HIERONYMUS (967) redet fast nur noch vom Wein und unterstreicht, dass die Hinterbliebenen "in nomine eorum qui mortui sunt bibentes, inania cum quodam modulamine cantant; sed nihil prodest inferno damnatis".

Der Ton dieser "Auslegungen" zeigt, dass diese antiken Exegeten den Text nicht in erster Linie erklären wollten, sondern dass es ihnen zunächst darum ging, ihn als Waffe gegen bestimmte zeitgenössische Sitten einzusetzen[96].

6. Sehr originelle Lösungen bieten auch RUPERTI und KESSLER. RUPERTI (287) möchte in v.12c die Ausrufung des Namens über Besitzungen sehen, ohne deswegen den Text verändern zu müssen. Er versteht deshalb עלי als Substantiv: "adpellant nominibus suis excelsa loca terrarum, h.e. arces vel oppida, suo nomine insignita, tamquam sempiterna gloriae et nominis sui monimenta, in montibus collibusque condunt..."

Nach KESSLER (107) sind die Gräber Subjekt zu קראו : "Von aller ihrer Herrlichkeit bleibt den Reichen nur das Grab; dies allein zeugt von ihnen nach ihrem Tode durch seinen Bau und seine Inschrift (aaO)... Das Grab gibt Kunde von dem Begrabenen, aber zugleich bezeugt es seinen Tod." (108)[97]

7. Die verbleibenden Auslegungen vermögen weniger den Vers zu erklären, als die Ratlosigkeit der Exegeten zu illustrieren: OLSHAUSEN (216) z.B. übersetzt "man ruft ihre Namen auf den Gefilden" und dichtet frei nach Ps 37,36; Is 41,12; Ez 26,21 ein "aber sie sind nicht zu finden" hinzu. Für TORCZYNER (53) kann das Nennen der Namen nur bedeuten, dass die Toten Familien gegründet hatten. NOETSCHER (111) verschreibt sich einem makabren Realismus: "Nur Erdschollen nennen sie (als Tote) ihr eigen." DAHOOD (299) ist feinhörig genug, um hier das Rufen der Erben und damit eine "subtle irony" herauszuhören. Einen stilgerechten Abschluss dieser Aufzählung findet man im Kommentar, den PLOEG (151) zur Stelle gibt: "Après la mort, on prononce le nom du défunt au dessus de son sépulcre, situé dans un champ; or, même

96. Bezeichnend ist, dass diese Polemik primär aus Nordafrika (AUGUSTINUS) und aus Gallien (Ps-HIERONYMUS, vgl. CLAVIS PATRUM LATINORUM Nr. 629) kommt, vgl. dazu z.B. KAWERAU, Geschichte 199-201. Zu den römischen Parentalia vgl. LATTE, Religionsgeschichte 98 und besonders OVID, Fasti II 533-570 mit BOEMERs (Fasten II, 121ff) Kommentar dazu.

97. Schon IBN ESRA scheint diese Lösung zu kennen: וטעם קראו בשמותם שבנו בנינים על קרבם.

si l'on prononce ce nom au-dessus d'un champ entier, ou de plusieurs champs à la fois, le défunt reste mort."[98].

3.2.4. Textkritische und formale Bemerkungen zu v.12c

1. Um unter den eben vorgestellten vielfältigen Auslegungen die richtige Wahl zu treffen, muss zunächst nach der Legitimität der Textkorrekturen gefragt werden. Es stellte sich bereits oben (Anm. 51) anlässlich der stichometrischen Analyse des Psalms heraus, dass v.12c überdurchschnittlich lang ist und deshalb textlich nicht in Ordnung sein könnte (keineswegs aber sein muss!). Damit richtet sich die Aufmerksamkeit sogleich auf das ב von בשמותם und auf die Endung von אדמות, die man aus andern Gründen gern los wäre.

Man mag nun annehmen, der "MT (sei) durch die Phrase קרא בשם irregeführt worden" (KRAUS 363) und das ב streichen, auf die alten Versionen kann man sich dabei nicht berufen. SEPT (und GAL) übersetzen קרא ב̲שם in Ps 79,6; 105,1 genau wie an unserer Stelle mit επικαλεισθαι <u>το</u> ονομα (nomen invocare), PESH in Ps 79,6 קרה שמא (Ps 105,1 dagegen: בשמא!). Zudem stützen εβρ (wo das ב gleich zweimal steht: <u>β</u>σε<u>β</u>ωθαμ!) AQ (εκαλεσαν <u>εν</u> ονομασιν αυτων), SYM (der in ονομασαντες <u>επ</u>' ονομασι[α]ν αυτων ταῖ[ι]ς γαια[ι]ς dem ב das עלי opfert) und HEBR (vocaverunt nominibus suis) ausdrücklich den MT.THEOD und QUINT (επεκαλεσαντο τα ονοματα αυτων) folgen wohl einfach der SEPT.ב̲שמותם scheint mir also textkritisch absolut sicher zu sein[99].

Auch an על-אדמות kann man schwerlich rütteln. Alle griechischen Versionen bezeugen einen Plural - AQ επι χθονας, SYM ταις γαιαις (MERCATI) oder τας γαιας (FIELD), QUINT επι των γαιων - εβρ transskribiert αλη αδαμωθ und wenn SEPT und THEOD (vgl. GAL, HEBR) an ihr των γαιων ein αυτων anhängen, so ist das bereits Interpretation (die nicht

---

98. Es ist mir nach wie vor unklar, ob PLOEG hier eine Auslegung oder bloss die Parodie früherer Auslegungen bieten will. Jedenfalls erwähnt er auch die Möglichkeit, in v.12c eine Anspielung auf Gen 3,19 zu sehen. "L'homme enterré est rentré à la אדמה, la même terre dont il a été tiré et où on a 'appelé son nom', c'est à dire où il a vécu." Diese Deutung macht, wenn nicht gerade einen klaren, so doch wenigstens einen seriösen Eindruck. UCHELEN (66) übernimmt sie, ohne dass sie dadurch schon einsichtiger würde (vgl. unten Anm. 104).

99. Mit בשמותם ist der ganze Vers auch <u>lautlich</u> ausgewogener: Ausser den a- und o-Lauten hat jeder Teilvers so je einen i-Laut (קבִרם - מִשכנתם בשמותם), v.12b und v.12c verbindet das Wortspiel zwischen משכנתם und בשמותם, v.12a und v.12c verbinden die zwei vereinzelten e-Laute und die vergleichbaren Anfänge: קֲברם בֲתֵימו - קֲראו - בֲשמֵותם.

einmal allgemeine Zustimmung findet, wie das entsprechende Zitat von THEODORET zeigt, vgl. oben Anm. 93). Auf jeden Fall haben TARG (עלוי ארעא) und PESH (בארעא) nicht als Zeugen einer andern hebräischen Vorlage zu gelten, sondern höchstens als Vertreter einer richtigen Deutung (vgl. unten 3.2.5).

Der überlieferte MT muss also als richtig gelten. Somit sind alle Auslegungen, die Korrekturen voraussetzen, zu verwerfen.

2. Weiter könnte eine Betrachtung des Aufbaus der v.11-12 einigen Aufschluss über das so entscheidende Subjekt von קראו geben.

In den drei Teilen von v.11 sind die sterblichen Weisen und Toren Subjekt. In den Teilversen 11a und 11b ist vom Sterben dieser Leute die Rede, und zwar im Imperfekt, da der Satz einen allgemeinen Sachverhalt, der noch in der Gegenwart andauert, beschreibt (vgl. GESENIUS, Grammatik § 106 k+l). In v.11c erscheint die logische Folge des Sterbens, das (Beerbtwerden und folglich) Totsein im konsekutiven Perfekt (aaO § 112a).

V.12ab nimmt die Aussage von v.11c auf, die Zeitlosigkeit des Totseins wird angemessen durch Nominalsätze ausgedrückt. Subjekt von v.12ab sind nicht mehr die Weisen und Toren (ein weiterer Ausdruck ihres Totseins!) sondern die Gräber. V.12c führt uns durch das (vorzeitige) Perfekt קראו wieder in die Zeit vor dem in den v.11c und 12ab beschriebenen Totseins, oder vielleicht sogar vor dem in v.11ab ausgesagten Sterben. Damit verbunden ist auf jeden Fall ein Subjektwechsel, will man קראו nicht auf die Gräber beziehen[100]. Ob die Leute aus 11ab Subjekt von קראו sind oder ob dieses unpersönlich ist, bleibt nun aber nach wie vor unsicher. Das erstere ist durchaus möglich, doch nun erscheint auch das zweite keineswegs mehr als unwahrscheinlich: dadurch würde die Passivität und "Subjektlosigkeit" der der Toten von v.12ab durchgehalten und parallel zu v.11c (לאחרים) würden "andere" Leute ins Blickfeld kommen. Dieses formale Argument zugunsten eines unpersönlichen קראו scheint mir sehr gewichtig, doch zu einem Entscheid können wir nur kommen, wenn wir den Sinn des Teilverses kennen.

3.2.5. עלי-אדמות

1. Am unklarsten ist in v.12c der Ausdruck אדמות. Diese sonst nicht belegte Form wird meistens als Plural verstanden und mit "Grundstücke, Liegenschaften, Landgüter, Ländereien" übersetzt. Doch scheint es mir sehr un-

100. Diese von KESSLER (107, vgl. oben 3.2.36) vorgeschlagene Lösung verzichtet als einzige auf einen Subjektwechsel (obwohl etliche Exegeten, die קראו auf die Toten beziehen, dies auch zu tun behaupten, vgl. z.B. DELITZSCH 337), verlangt aber die Korrektur שמותם (auch wenn sie KESSLER selber nicht vornimmt).

wahrscheinlich, dass der (Extensiv-)Plural (vgl. GESENIUS, Grammatik 124 b) eines so häufigen Wortes nur hier vorkommen sollte, wenn es ihn tatsächlich gäbe. Die seltenere Deutung als "pluriel solennel et poëtique, qui a le même sens que le singulier" (PLOEG 151) oder aber "exaggerirend gemeint" sei (STIER 137), scheint mir ebenso unbefriedigend, da kaum einsichtig wird, was sich denn (sogar durch einen Dichter) mit einem Intensiv-Plural an אדמה intensivieren liesse...[101]. So scheint es mir am Besten, hier DAHOOD (299) zu folgen, für den אדמות "doubtless the Phoenician feminine singular ending in -ôt" ist. Diese Lösung empfiehlt sich auch im Hinblick auf die ähnlichen Endungen in v.4 und v.13/31 (vgl. unten 7.2.31).

2. Dass עלי Präposition sei, ist nicht von vornherein klar. In der Form könnte, wie RUPERTI (287, vgl. oben 3.2.36) vorgeschlagen hat, der Plural von עלה "Anhöhe" gesehen werden, wodurch ein sinnvoller Gegensatz zwischen Anfang und Ende des Verses entstünde (vgl. Is 14,14f; Ez 31,10.14; ferner Is 2,12ff). עלי könnte aber auch status constructus von עלה "Laub" sein ("obwohl sie das Laub der Erde nach ihren Namen nannten"), was eine kontextgerechte Anspielung ergäbe auf den (auch in Ps 72,17 anklingenden) ägyptischen Brauch, "den Thronnamen des neu inthronisierten Pharao auf die Blätter des heiligen Ischedbaumes zu schreiben und ihn so auf magische Weise an der sprossenden Vitalität dieses Baumes teilhaben zu lassen" (KEEL, Bildsymbolik 243).

Da aber in beiden Fällen ein קראו (ב)שמותם לעלי אדמות zu erwarten wäre (vgl. Gen 1,19f; 26,18; Ps 147,4; Rut 4,17; בשם: Is 40,26; Num 32,42) und neben der unsicheren Stelle Num 32,38 nur gerade 1 Chr 6,50 einen Akkusativ des Benannten (oder nur: des namentlich Aufgezählten?) bezeugt, ist es doch weiser, עלי als Präposition zu fassen[102].

---

101. GEIER (728) versucht zwar, eine Art Intensiv-Plural zu verteidigen: "Pluralis indicat insatiabiblem ambitionis appetitum, quod non contenti sint eiusmodi mundani in una aliqua regione volitare per ora vivorum, sed expetant idipsum per terras plures aut universas." Doch leider zeigt das על-פני כל-הארץ der von ihm zitierten Parallelstelle Gen 11,4 m.E., dass GEIER hier just die Bedeutungsnuance intensiviert sieht, die אדמה im Gegensatz zu ארץ nicht besitzt: die "Welt" als ganze. Nur Ps-ORIGENES (1445/8) vermag sich hier einen Intensiv-Plural zu denken: אדמות heisst bei ihm "die irdischen Wirklichkeiten, das Weltliche schlechthin":"Ουκ απο αρετων ονομαζονται, αλλ᾽ απο γηινων πραγματων. Ου γαρ δικαιοι και συμφρονες λεγονται, αλλα ρητορες, και γραμματικοι, και φιλοσοφοι, και τριβουνοι, και κομητες."

102. Diese archaische Form von על hat sich als Nebenform nur in der poetischen Sprache, besonders der Psalmen und Hiobs, erhalten, vgl. BAUER, Grammatik 24, Anm. 1.

3. עלי-אדמות muss dann gleichbedeutend sein mit על פני-האדמה[103]. Beides entspricht etwa dem Ausdruck על-הארץ,"auf der Erde". Dabei eignet sich aber der Ausdruck על-(ה)אדמה besonders gut, um einen Gegensatz zwischen Leben "auf der Erde" und Tot-sein auszudrücken, wie dies in 1 Sam 20,31 deutlich wird: "Denn alle Tage, während denen der Sohn Isais lebend ist על-האדמה, wirst du und dein Königtum nicht sicher sein. Jetzt lass ihn holen und bring ihn mir, denn er ist ein Sohn des Todes."[104] "Auf dem Erdboden sein" bedeutet also u.a. auch "noch nicht unter dem Erdboden sein, noch nicht tot sein".

Damit ist an unserer Stelle auch wieder ein Gegensatz zwischen dem Anfang (קברם) und dem Ende des Verses (עלי-אדמות) gegeben. Besonders aber zeigt uns nun der Ausdruck עלי-אדמות eindeutig, dass das vorzeitige Perfekt קראו nicht nur vor das Totsein von v.11c/12ab, sondern auch vor das in v.11ab festgestellte Sterben der Weisen zurückverweist: v.12c redet von der Zeit, als sie noch עלי-אדמות weilten, von der Zeit, als sie noch lebten.

So ist der letzte Stichos der ersten Strophe eine ideale Ueberleitung zur zweiten Strophe und unterstreicht sehr gut die Denkbewegung des ganzen Grundpsalmes: Nachdem in der ersten Strophe der Tod aller Menschen festgestellt worden ist, unternimmt die zweite Strophe, wie wir sehen werden, den Versuch, den konstatierten Tod im Ganzen des Lebens zu situieren, den Versuch, aus der Feststellung des Todes die Folgerungen für das Leben zu ziehen - kurz: den Versuch, ein Leben vor dem Tod zu denken.

3.2.6. קרא בשם

1. "Jemanden eigens und speziell rufen, gerade ihn persönlich, namentlich herbeirufen", das ist die Grundbedeutung der Wendung קרא בשם, wie sie noch in Est 2,14 (ausdrücklich vor den König zitiert werden, Ni) sehr gut sichtbar ist. Bisweilen wird der Ausdruck gebraucht, wo es um Berufung ei-

103. Die Auswechselbarkeit von על פני-האדמה und על-האדמה (dass an unserer Stelle der Artikel fehlt, kann in einem poetischen Text nicht von Bedeutung sein) zeigt ein Vergleich
- von Ex 10,6; 1 Sam 20,31 (Erde allgemein, ohne פני)
  mit Gen 6,1; Num 12,3 (idem, mit פני)
- von Dtn 4,10; 31,13 (Land Israel, ohne פני)
  mit 1 Kön 8,40 (idem, mit פני)
- von 1 Sam 17,12 (Tau fällt auf die Erde, ohne פני)
  mit 1 Kön 17,14; 18,1 (idem, mit פני)
- von Gen 7,8 (Ackerboden, ohne פני)
  mit Jer 8,2 (idem, mit פני).

104. Höchstens in diesem Gebrauch von על-אדמה könnte man die von PLOEG (151, vgl. oben Anm. 98) vermutete, entfernte Anspielung auf Gen 3,19 finden.

nes Menschen durch JHWH geht (Ex 35,30; Is 40,26; 43,1; 45,3). In der überwiegenden Zahl der Fälle ist der Ausdruck ein *terminus technicus* für die Verehrung (eines) Gottes, und zwar steht er, seiner Grundbedeutung entsprechend, meist in Zusammenhängen, wo es um die Verehrung eines bestimmten Gottes (meist JHWH) unter Ausschluss aller andern geht[105]. Dieses "konfessionalistische" Element ist auch dort präsent, wo die Wendung zunächst ganz allgemein das bittende oder dankende Rufen zu Gott zu bezeichnen scheint[106].

Es bleibt allerdings noch eine Stelle[107], die aus der Reihe tanzt und in unserem Zusammenhang besonders interessant sein dürfte, weil da Menschen "beim Namen" von Menschen rufen: זה יאמר ליהוה אני וזה יקרא בשם-יעקב (Is 44,5). So anstössig es ist[108], offenbar meint hier der Autor tatsächlich, was er

105. Am klarsten ist dieser Gebrauch in 1 Kön 18,24-26, wo Elias die Spielregeln für das Konkurrenzopfer auf dem Karmel festlegt, in Gen 4,26 und Is 64,6, wo es um das Aufkommen bzw. Erlöschen des JHWH-Kultes geht, oder in Is 41,25, wo betont wird, dass Kyros jahwistischer "Konfession" ist. Auch in den Vätererzählungen der Genesis (12,8; 13,4; 21,33; 26,25) und an Stellen, wo JHWH von (Zef 3,9) oder vor Heiden (Is 12,4; Ps 105,1; 1 Chr 16,8) gepriesen bzw. nicht gepriesen (Jer 10,25; Ps 79,6; evtl. Is 65,1) wird, klingt der "konfessionalistische" Ton dieses Ausdrucks durch. Hierher gehören auch Ex 33,19, wo JHWH selbst sich als Jahwist bekennt und Ex 34,5, wo Mose (oder ebenfalls JHWH ?) ein JHWH-Credo (34,6f) spricht.

106. In 2 Kön 5,11 erhoffte sich der Aramäer Naaman nebst der Heilung auch etwas religiöse Exotik und in Joel 3,5; Sach 13,9 liegt der Akzent wohl ebensosehr auf der Orthodoxie wie auf der Inbrunst des bittenden Volksrestes. Auch in Ps 116, wo der Beter trotz der Not JHWH treu bleibt (v.10), bezeichnet unsere Wendung die Konfessionszugehörigkeit, nicht Bitte (v.4) oder Dank (v.13.17): "Ich kam in Not und Jammer, obwohl ich JHWH-gläubig bin." (v.3-4a, der folgende Gebetsruf leitet denn auch zu einem Glaubensbekenntnis über, v.5-6). "Ich will den Becher voll Rettungstaten erheben und mich zu JHWH bekennen." (v.13) "*Dir* will ich meinen Dank opfern und mich zu JHWH bekennen." (v.17) Blosser Dank ist schliesslich auch in Ps 80,19 (תחינו ובשמך נקרא) nicht gemeint. Der Satz soll vielmehr JHWH daran erinnern, dass Rettung und Belebung der Grund jeden Bekenntnisses sind (vgl. Ps 6,6; 115,17f u.a.).

107. In Num 32,38 und 32,42 liegt wohl eine andere Konstruktion vor (קרא+ בשם+ Akkusativobjekt), deren passive Form in Is 43,7; 48,1; 65,1 zu finden ist. Ich halte allerdings Num 32,38 (בשמות ohne Genetiv; wie kann man *Namen* benennen?) und Is 65,1 (Assimilation eines קרא an 43,7) für ver*derbt*.

108. Meist wird der MT in יִקָּרֵא korrigiert, "da יִקְרָא einen anstössigen Sinn ergibt, weil Jakob dabei zu Gott würde" (DUHM, Jesaia 297). Doch die Korrektur scheint mir textkritisch unhaltbar zu sein, da SYM, auf den man sich dabei beruft, isoliert dasteht und eine *lectio facilior* darstellt. Andererseits kann man auch nicht gut an dieser Stelle קרא בשם יעקב plötzlich abgeschwächt mit "den Namen Jakob im Munde führen" (EHRLICH, Randglossen IV 160) oder "an den Namen Jakob appellieren" (KOENIG, Jesaia 381) übersetzen.

sagt: Die Heiden (קרא בשם scheint mir zu beweisen, dass es hier tatsächlich um solche geht) werden sich JHWH unterwerfen wollen (vgl. Is 42,6; 45,23; 49,7; 51,4; Ps 87,4) und zu diesem Zwecke werden sie sich dezidiert zum früher verhöhnten (Is 43,28) Volk Israel bekennen (vgl. Sach 8,13 und 8,23) als zu einer Art Vertretung des gewählten Gottes. Offensichtlich kann also der Ausdruck קרא בשם auch die radikale, bekenntnishafte Zuwendung zu (Gott zugeordneten) Menschen bedeuten.

2. Genau diese Bedeutung scheint mir קרא בשם an unserer Stelle zu haben.

Damit liegt hier tatsächlich etwas wie "eine katachrestische Anspielung auf das sich allein geziemende קרא בשם יהוה" (STIER 137) vor. Dass diese Anspielung aber "die gottlose Art geisseln (soll), auf welche ein Teil der Reichen ihren Namen in Rede und Aufschrift (Schildern) so verherrlichen, wie es dem Namen Gottes gebührt" (KOENIG 596, ähnlich SCHEGG 38, vgl. oben 3.2.34 und Anm. 90) und somit die Leute von v.11 Subjekt von קראו sind, scheint mir äusserst unwahrscheinlich (obwohl es möglich wäre, vgl. Ex 33,19). Die Leute von v.11 nämlich (wie sie sich zu den Reichen von v.7f verhalten, interessiert uns vorläufig nicht) erschienen bisher keineswegs in diesem üblen Licht - und besonders: קראו בשמותם würde keineswegs Selbstverherrlichung besagen, sondern ein schwer vorstellbares Bekenntnis zu sich selbst.

Deshalb wird man sich jetzt für ein unpersönliches Subjekt von קראו entscheiden können: "Man hatte sich radikal zu ihnen bekannt auf der Erde, zeit ihres Lebens."

3. Dieser Satz bezieht sich in erster Linie und unmittelbar auf die Weisen, analog zu v.11c, der sich primär auf die Toren bezog[109]. Diese Weisen wurden um Rat gefragt, und aufgrund der "Lebenshilfe", die sie gewährten (vgl. Ps 80,19), genossen sie bei ihren Mitmenschen unbestrittene Autorität und hohe Verehrung, sodass sie bekenntnishaft als Werkzeuge Gottes und Vermittler seines Heiles gepriesen werden konnten (vgl. Gen 41,38f; Dtn 4,6f). Und doch liegen sie nun für immer im Grab, wie die Toren. Andere haben sie gerettet, doch sich selbst konnten sie nicht helfen. Gott bediente sich ihrer, um andern beizustehen, doch sie liess er fallen.

Hier am Ende der Strophe kehrt der im חכמים ימותו enthüllte absurde Skandal aufs Höchste gesteigert wieder, und bereits wird er, ganz diskret, mit der Frage nach Gott verknüpft[110].

---

109. Bedenkt man dazu, was oben 3.2.42. festgestellt wurde, so sieht man, wie kunstvoll diese Strophe v.11f aufgebaut ist:
v.11ab: Allgemeiner Satz (Imperf.), persönlich: Weise und Toren sterben.
v.11c : Folge (Perf.), persönlich: andere erben (primär von Toren).
v.12ab: Zeitloser Nominalsatz, "unpersönlich": Weise und Toren sind tot.
v.12c : Vorzeitigkeit (Perf.), unpersönlich: andere loben (primär: Weise)

4. Die "Vergötterung" des Weisen in unserem Text ist nichts als die hyperbolische Uebertreibung eines Satzes wie: αινεσουσι την συνεσιν αυτου πολλοι, και εως του αιωνος ουκ εξαλειφθησεται (Sir 39,9), irgendwelche Geisselung oder moralische Disqualifizierung der Verehrer würde ich jedenfalls auch hier nicht sehen. Eine ähnliche Hyperbel findet sich in 2 Sam 14,20 (vgl. 14,17; 1 Sam 29,9 und nach WILDBERGER, Abbild 256 auch Ps 47,7):"Mein Herr ist weise, wie der Engel des Herrn weise ist und alles weiss, was auf Erden passiert"[111]. In unserem Psalm steht freilich die Hy-

---

110. An der Autorität der Weisen wird m.E. auch in der dunklen Stelle Hi 32,21f mit ganz ähnlichen Ausdrücken (wenn auch aus anderen Gründen) gerüttelt.
Das zweizeilige Wortspiel steht mitten im grossen Vorspann (32,6-33,7) zur ersten Rede Elihus. Es bildet das Kernstück der eigentlichen Lehreröffnung 32,18-33,3, die sich spiegelbildlich um dieses Zentrum gruppiert: 32,18 verbindet sich mit 33,3 (מלל), 32,19 mit 33,2 (הנה...פתח), 32,20 mit 33,1 (zwei Verben für "reden" bzw. "hören"). Vor dieser Lehreröffnung greift Elihu in zwei Strophen (die beide mit אחוה דעי אף-אני enden, 32,6-10. 11-17) die in der Weisheit so wichtige Tradition (vgl. Hi 8,8ff; 15,17f; Ps 78,2; Sir 3,29; 8,8; 39,1) an. Er verteidigt der Autorität gegenüber das Recht der individuellen Vernunft (32,8). Dieses Recht wird nach der Lehreröffnung durch die Unmittelbarkeit jedes Menschen zu Gott näher begründet (33,4-7).
Das Wortspiel 32,21f nun redet m.E. nicht von Elihus Unbestechlichkeit und von seiner Abneigung gegen jegliche Art von Komplimenten und Schmeicheleien, wie man dies meist behauptet, sondern nimmt genau die Themen auf, die vor und nach der Lehreröffnung zur Sprache kommen. V.21 wiederholt den Angriff auf die Tradition aus 32,6-17, v.22 kündigt die in 33,4-7 dargelegte Gottesunmittelbarkeit des Weisen an (vgl. עשה 33,4!):
(21) "Ich will auf niemanden Rücksicht nehmen, und als zu einem Gott will ich mich nicht zu einem Menschen bekennen.
(22) Fürwahr: bekennen will ich mich zu Dem, den ich nicht kenne, im selben - gewiss kleinen - Mass, in dem mich der, der mich gemacht hat, hält."
כנה ist ein Synonym zu קרא בשם, zu dem es in den zwei einzigen Stellen, in denen es sonst noch vorkommt, parallel steht (Is 44,5 bezüglich Menschen und Is 45,4 in der Formel אכנך ולא ידעתני!). Der MT אֶל-אדם ist <u>lectio facilior</u> der in VULG überlieferten Lesart ואֶל-אדם.
Elihu verweigert den Weisen seine unbeschränkte, bekenntnishafte Zuwendung, weil sie das Uebel schief interpretieren, der Autor unseres Psalmes tut dasselbe, weil sie sterben.

111. Ein ganz ähnlicher, ironischer Gebrauch der Götterprädikation findet sich in Ps 82. Dieser Psalm gilt heute oft als antipolytheistisches Gedicht, in dem "visionär Jahwes Auftreten in der Götterversammlung geschaut" wird (KRAUS[5] II 735). Man glaubt nämlich, "die ältere Auslegung, dass es sich bei den אלהים um hochangesehene menschliche Richter oder Fürsten (FDELITZSCH) handle, (sei) durch die religionsgeschichtlichen Forschungen, insbesondere durch die Textfunde in Ras Schamra, als indiskutabel erwiesen worden." (aaO 736) Doch konsequent durchgehalten führt diese Auffassung zu schwerwiegenden Widersprüchen: a) Man muss in v.1a אלהים und אל mit JHWH identifizieren (vgl. z.B. KRAUS aaO) - wogegen doch viel naheliegender wäre, nur das אלהים נצב (v.1) und das קומה אלהים (v.8) auf JHWH zu beziehen, hinter den chiastisch angeordneten Bezeichnungen אל + אלהים (v.1)

perbel nicht im Dienste der Höflichkeit, sondern des Sarkasmus', mit dem allein der Dichter seine Verbitterung über das Los der Weisen aufzufangen vermag[112].

3.3. ERGEBNIS: DIE KONSTATIERUNG DES TODES (v.13)

3.3.1. Ist der Kehrvers ein Kehrvers?

1. Beim Vergleich der ähnlichen und doch nicht identischen Verse 13 und 21 sieht sich jeder Exeget wie TORCZYNER (57) vor die Frage gestellt: "Sind dies nur graphische Varianten oder ähnlich gebaute Sätze verschiedener Be-

---

אלהים + עליון (v.6) aber die kanaanäischen Götter zu sehen. b) Man muss עדת-אל als "Götterversammlung" auslegen - wogegen in den ugaritischen Texten, auf die man hier zu verweisen pflegt, der Ausdruck für "Götterversammlung" stets ^{c}dt ilm ist. c) Man muss v.2-4 als Anklage der Götter verstehen - wogegen sie als Vorwurf an irdische Machthaber viel einleuchtend wären (vgl. Ps 58, prophetische Texte). d) Schliesslich ist man fast gezwungen, v.6-7 JHWH in den Mund zu legen und anzunehmen, er widerrufe hier "eine bisher gehegte gute Meinung über die אלהים" (KRAUS aaO 738), was mir nicht sonderlich gut in ein explizit-monotheistisches, d.h. jüngeres JHWH-Bild zu passen scheint.

Viel problemloser wird die Auslegung, wenn man hier eine Polemik gegen irdische Machthaber sieht, die sich wie Götter gebärden (vgl. Ez 28) und hier ironisch - im Hinblick auf ihre Entmachtung (v.7b) und ihren Tod (v.7a) auch als Götter bezeichnet werden. Gleich zu Beginn des Gedichtes wird diese ironische Zweideutigkeit durch den seltsamen Ausdruck עדת-אל signalisiert: a) עדת-אל erinnert (zumal in Parallele zu בקרב אלהים) unverzüglich an עדת-אלהים und weist so den Leser auf die mythische Szenerie des Götterrates hin. b) עדת-אל heisst aber (in Analogie zu allen Fällen, wo auf עדה ein Singular, d.h. ein Eigenname folgt, vgl. עדת קרח, עדת יהוה gegenüber עדת בני ישראל) "die El-Gemeinde, die El-Anhängerschaft" und weist so den Leser auf die anvisierten Kreise kanaanisierter Machthaber, die in v.2-4 denn auch typisch kanaanäischer Verbrecher bezichtigt werden. JHWH hat sich also bereits aufgemacht, um gegen diese Leute vorzugehen und er steht schon bedrohlich hinter ihnen (נצב Part. v. 1a), er wird sie bald zur Rechenschaft ziehen (ישפט Imperf. v.1b). Ein letztes Mal versucht sie der Psalmist zur Vernunft zu bringen (v.2-4), doch sie hören nicht (v.5a) und JHWH nähert sich zum Gericht (v.5b). Bevor sie der Psalmist dem göttlichen Gericht überlässt (v.8), distanziert er sich von ihnen, indem er anführt, was er schon immer (אמרתי Perf.) von ihnen hielt (v.6-7): "O ja, 'Götter' seid ihr, und Söhne des Höchsten alle zusammen; doch fürwahr: sterben werdet ihr wie Menschen und stürzen wie der erstbeste Beamte."

112. Dass sich v.12c auch nebenbei auf die Toren beziehen kann (wie v.11c auf die Weisen) entwertet die Weisheit vollends: nicht nur im Nachhinein werden die Weisen dadurch, dass sie sterben, den Toren gleich (vgl. Jer 50,35f), schon zeit ihres Lebens bleibt alles zweideutig: wer als Weiser gilt, kann sehr wohl im Grunde ein Narr sein (Spr 17,28; vgl. Qoh 4,13ff; 9,13ff). Das einzige Kriterium, das diese Zweideutigkeit aufheben könnte, das Ueberleben, lässt sich nicht anwenden, denn alle sterben, die wirklichen wie die scheinbaren Weisen.

deutung?" Und gut die Hälfte der Exegeten antwortet so vorschnell wie TORCZYNER: "Gegen letztere Annahme spricht schon der Umstand, dass beide Fassungen abgesehen von dem gleichbedeutenden בל = לא nur in einem Zeichen (יבין-ילין) differieren."

Hat man sich einmal für die "graphischen Varianten" entschieden, so bleiben zwei Wege offen: Man kann mit GUNKEL (212) annehmen, v.13 sei, "da der Abschreiber fälschlich ילין geschrieben hatte, mit dem richtigen יבין noch einmal an den Rand gesetzt und von da aus in 21 in den Text gekommen" (ähnlich PRAETORIUS 334, SCHLOEGL 73, HERKENNE 184). Damit wird v.21 aus dem Verkehr gezogen und v.13 ist kein Kehrvers mehr.

Wenn man hingegen an einem Kehrvers hängt, behauptet man einfach wie BUDDE (112), dieser sei "von sehr unsicherer Ueberlieferung", doch "dass er beidemal gleich lauten (müsse), (dürfe) als sicher gelten". So gelangt man rasch zur festen Ueberzeugung, "man (werde) 13 und 21 als 'Refrain' aufeinander abstimmen dürfen" (KRAUS 363). Es fragt sich dann nur noch wie. Am ungefährlichsten wäre es, wie MICHAELIS (Varianten 157) bei der Frage stehen zu bleiben: "Es scheint, einer dieser Verse sey aus dem andern zu corrigieren, ich weiss aber noch nicht, welcher?" Will man es unbedingt wissen, dann könnte man z.B. die alten Uebersetzungen um Rat fragen. Tut man dies, so müsste man sich eigentlich für יבין entscheiden, denn die SEPT übersetzt in v.13 und v.21 beide Male ου συνηκεν, die PESH beide Male לא אתבין, GAL beide Male "non intellexit". Wenn von den Kommentatoren, die die Angleichung vornehmen, trotzdem sehr viele ילין als die richtige Form ansehen, so nur, weil meistens ganz allgemein der Kontext (und in Ps 49 bedeutet das immer: v.16!) den Ausschlag gibt. Das heisst: wer in v.16 keine Auferstehung haben will, ist an einem vorzeitigen Tod der hier supponierten gottlosen Reichen (aus dem allein in v.16 der Beter gerettet würde) interessiert und wählt ילין; wer hingegen in v.16 die Auferstehung haben möchte, muss die Reichen wegen ihrer mangelnden Einsicht (die der Beter von v.16 dann hätte) sterben lassen und wählt יבין.

2. Nach alledem scheint es nun doch vernünftiger, zum MT zurückzukehren und im v.13 der Versionen "nur eine aus der Neigung zur Aufhellung... geborene Angleichung an v.21" zu sehen (KOENIG 597)[113].

---

113. Diese allgemeine Neigung zur Harmonisierung der beiden Verse zeigt sich in der SEPT-Tradition besonders klar - allerdings leider nicht am speziellen Problem, das uns hier beschäftigt, denn die ganze SEPT gleicht bereits das ילין von v.13 an das יבין von v.21 an und übersetzt beide Male συνηκεν. Den zweiten Teilvers des Refrains aber übersetzt die alte SEPT, vertreten durch den PAPYRUS BODMER XXIV

Schon eine Betrachtung des atl. Kehrverses im allgemeinen spricht durchaus nicht gegen den MT, denn keineswegs immer kehrt im AT ein Kehrvers wörtlich wieder, oft wird er im Gegenteil ganz bewusst (durch "Minivariationen" [BUEHLMANN, Stilfiguren 24] abgeändert[114].

Vollends überzeugt von der Richtigkeit des MT ist man aber nach einem genaueren Vergleich von v.13 und v.21. Sieht man nämlich den Unterschied dieser zwei Verse etwas näher an, merkt man bald, dass man es "mit einer sinnvollen Umbiegung" (HUPFELD 669) zu tun hat, die "absichtlich und schön" ist (STIER 138). "Nam in hoc ipso, quod infra versu 21 iisdem fere verbis, sed unius litterae permutatione in alienum sensum tractis, utetur, poeta singulare quoddam artificium captasse videtur. Quod nemo mirabitur, qui meminerit, quantopere in huiusmodi lusibus sibi placeant non Hebraeorum tantummodo, verum ceterorum etiam Orientalium poetae." (ROSENMUELLER 1068[115])
Dieses "singulare artificium"[116] besteht nicht nur in der Abänderung eines

---

(vgl. BARTHELEMY, Histoire 174-178) in v.13 als συνεβλη [θη] τοις κτηνεσι τοις ανοητοις, in v.21 als παρεβληθη τοις κτηνεσι και ωμοιωθη αυτοις. Der textus receptus kombiniert bereits beide Uebersetzungen (Hinweis darauf ist schon das einmalige Monstrum παρασυμβαλλομαι, das einige Handschriften in der Form παρεσυνεβληθη bieten!) und gibt v.13b und v.21b gleich wieder: παρασυνεβληθη τοις κτηνεσιν τοις ανοητοις και ωμοιωθη αυτοις. In einigen jüngeren Zeugen schliesslich fällt auch der letzte Unterschied zwischen v.21 und v.13 - beide Verse beginnen nunmehr gleich: και ανθρωπος εν τιμη ων (vgl. unten Anm. 135).

114. Wörtliche Widerholungen: (Ps 8,2+10); 42, 6+12+ 43,5; 46,8+12; 57,6+12; 59,7+15; 67,4+6; 107,8+15+21+31; 116,14+18; Is 9,11+16+20+ 10,4. Mit Veränderungen: Ps 10,6+11+13; 39,6+12; 56,5+11; 59,10+18; 62,2f+6f; 80,4+8+(15+)20; 99,5+9; 107,6+13+19+28; 144,7f+11. Vgl. dazu RIDDERBOS, Psalmen 33-35 und GOLDINGAU, Repetition.

115. Auch WETTE (60) bemerkt, wie "sonderbar...das Kunststück in Ps 49 (ist), wo v.13 und 21 wörtlich gleich sind, nur dass das eine Wort ילין um einen Buchstaben verändert ist יבין, sodass bei völligem Gleichklange doch ein verschiedener Sinn entsteht." Aehnlich PANNIER 291. Nach HENGSTENBERG soll "mit einer leisen Umbiegung, wie sie in solchen Fällen durchaus gewöhnlich ist" (466) etwas beigetragen werden "zur Vermeidung der, den Schein der Losgerissenheit von der Empfindung tragenden Eintönigkeit" (467)! Die Behauptung von OLSHAUSEN (220), die Variation sei "absichtlich von einem Abschreibenden eingeführt worden, der vielleicht das 'schöne Wortspiel' erstrebte" widerlegt sich selbst, da solch edle Strebungen einem Dichter besser anstehen als einem Kopisten...

116. Es ist übrigens als nicht sehr salonfähiges Gesellschaftsspiel im französischen Sprachbereich verbreitet ("antistrophe" oder "contrepèterie"). Schul(!)beispiele sind die historischen Bühnenversprecher "Trompez, sonnettes!" oder "ma suivette Lisante" und der Satz "Homère est mort". Aehnlichen, wenn auch strengeren Bildungsgesetzen folgt der deutsche Schüttelreim (z.B.: "Du bist/Buddhist.")

Buchstabens[117], sondern im wechselseitigen Austausch <u>zweier</u> Buchstaben (der zwar durch den gleichzeitigen Uebergang von "-al" zu "-o" in der Negation etwas gestört, aber doch deutlich genug ist, vgl. aber unten 4.3.34):

בל ילין

לא יבין

3. Ist einmal der Kehrverscharakter von v.13 und v.21 gesichert, steht damit auch fest, dass diesen zwei Zeilen im Gesamttext ein besonderes Gewicht zukommt, denn "repetitio simul indicat, hoc esse primarium totius carminis argumentum" (RUPERTI 300[118]). Es wird sich zeigen, dass der Kehrvers die ihm jeweils vorangehende Strophe zusammenfasst, und dies gerade dank der variierten Wörter ילין und besonders יבין[119]. Damit wäre auch gezeigt, dass der Kehrvers wie oben (1.4.32) vermutet ursprünglich zum Grundtext des Psalmes (v.11f; v.14f) gehört.

Hingegen scheint mir nichts darauf hinzudeuten, dass der Kehrvers als "Maschal aus dem Volksmund" (DUHM 199) älter sei als der Grundtext. Schon seine enge Verknüpfung mit den zwei Strophen dieses Textes und besonders seine zwei kunstvoll aufeinander bezogenen Fassungen sprechen dagegen[120].

---

117. Wie etwa im Kehrvers von Ps 59 das Wortspiel zwischen אשמרה v.10 und אזמרה v.18, das BOETTCHER (De Inferis 197) hier anführt als "exemplum alterum simillimi versus intercalaris propter alias interjectas sententias simillime per paronomasiam immutati."

118. Aehnlich BRIGGS 409 ("The Refrain here and v.21 sum up the real enigma of the situation.") und RIDDERBOS, Psalmen 34 ("Der im Refrain ausgedrückte Gedanke hat im Ganzen des Psalms eine zentrale Bedeutung."). Dass die Wiederholung ein Hinweis auf die Wichtigkeit des Wiederholten ist wird übrigens in Gen 41,32 oder Am 7,1-9 ausdrücklich bestätigt (vgl. KEEL, Entgegnung 35).

119. Vgl. BOETTCHER (De Inferis 190): "Summamque sententiarum eodem versu per paronomasiam leviter mutato bis gravissime effatus..."

120. DUHM muss ja auch zugeben, dass dieses Volkssprichwort "seine jetzige Form vom Dichter erhalten habe" (199). Doch es geht ihm ohnehin nur darum zu zeigen, dass Ps 49 verglichen mit Ps 73 "der Schwächere der beiden Unsterblichkeitspsalmen von lehrhaftem Charakter" ist (198). Zu diesem Zweck konstruiert er zunächst den ursprünglichen Sinn des Sprichwortes: "Es taugt nicht, in hohen Würden zu leben und in Sammet und Seide einherzustolzieren, denn dann...hat (man) zu gewärtigen, eines Tages von einem misstrauischen oder habgierigen Machthaber wie Vieh abgeschlachtet zu werden - besser man lebt bescheiden und verborgen, dafür aber ungeschoren." (200) DUHM weiss sogar, dass "das Sprichwort...in einer Zeit entstanden sein (muss), wo in Judäa Zustände herrschten wie in Rom zur Zeit der Proskriptionen eines Sulla". Dann

3.3.2. ואדם ביקר בל ילין

1. Der Wurzel יקר, der im Aramäischen vorgezogenen Entsprechung zu כבד (vgl. C.WESTERMANN, in JENNI, Handwörterbuch I 794), haftet ursprünglich die Idee der Schwere an, und von da abgeleitet der Kostbarkeit und des Wertes. Diese beiden Bedeutungen sind denn auch überall die des Substantives יקר: "kostbare Sachen" bedeutet es in Jer 20,5; Ez 22,25 (im Zusammenhang mit חסן, "Schatz"); Hi 28,10 (Edelsteine) und Spr 21,15 (wo wissende Lippen, Gold und Korallen gegenüberstehend, als כלי-יקר, "Wertgegenstände", bezeichnet werden). Auf eine Person angewandt bedeutet יקר den inneren Wert, den diese hat, so in Sach 11,13, wo der יקר, der personelle Wert Gottes vom Volk auf nicht mehr als 30 Silberlinge angesetzt wird. Im Esterbuch wird diese Bedeutung insofern leicht modifiziert, als dieser Wert erst "gegeben" (1,20) oder "angetan" wird (6,3 [parallel zu גדולה] .6.7.11), aber der öffentlichen Anerkennung und Bezeugung eines jemandem innewohnenden Wertes gleichkommt. An andern Stellen erscheint das Wort abstrakter als "Geehrtheit" (8,16) oder "Kostbarkeit" (1,40)[121].

---

kann er endlich gegen den Psalmisten losziehen: "Der Autor hat in ihm [dem Sprichwort] noch einen besonderen geheimen Sinn entdeckt, den er uns erklären will; er macht aus dem einfachen Erfahrungssatz, der nur die Zustände einer bestimmten Zeit charakterisiert, einen allgemein gültigen Satz...über den man predigen kann, wenn man ein Weiser ist, und den er uns übrigen unweisen Weltbewohnern...erst auslegen muss, weil wir doch sehr schwach von Verstand sind. Dieser 'tiefere' Sinn, wie wir Exegeten sagen, ist der: Reichtum schützt nicht davor, sterben zu müssen und für immer in der Unterwelt zu verbleiben. Dem unverständigen Leser mag es so vorkommen, dass in dem Volkssprichwort mehr Witz und Klugheit steckt als in dem Lehrsatz des Weisen, aber darum gehört er auch nicht zu den Weisen." (220)

Einzig PODECHARD übernimmt DUHMs Unterscheidung zwischen Volkssprichwort und tieferem Sinn. Ihm freilich dient sie nicht dazu, die Unfähigkeit des Psalmisten zu beweisen, sondern dessen Glauben an die Auferstehung der Toten. Das Volkssprichwort behauptete den vorzeitigen Tod der Reichen ("Mais la malice populaire n'aurait-elle pas observé que le bien-être excessif et la bonne chère...sont souvent cause de la mort prématurée des grands personnages, et en les voyant passer gros et majestueux, ne les auraient-elles pas irrévérencieusement comparés aux animaux engraissés pour la boucherie qui meurent avant leur temps?" 8f).In der Feder des Psalmisten redet es nun allgemein vom (natürlichen) Tod, "lequel...revêt pour le méchant, et pour le méchant seul, le caractère d'une ruine absolue..." (9). Womit die Auslegung von v.16 bestens vorbereitet ist.

121. Ganz daneben gegriffen ist DAHOODs (299), Begriffsbestimmung (die er auch in v.9 vertritt). Auf der Linie seiner üblichen nekrophilen Lexikographie meint er, יקר sei "another of the thirty-odd names of the nether world heretofore recognized in biblical poetry" und übersetzt es mit "the Mansion"(!). Er leitet seine Uebersetzung von

2. Von daher scheint es mir falsch, an unserer Stelle יקר einfach mit "Ehre" oder gar "Reichtum" zu übersetzen, wie man es fast durchwegs zu tun pflegt[122]. Dies geschieht ja auch meistens nur, auf dass schliesslich das gewünschte Subjekt herauskomme, nämlich "derjenige, von dem nicht v.16 gilt" (KESSLER 108)[123]. Hier steht aber der Sinn von v.13 zur Diskussion - wie sich dieser zu v.16 verhält, ist vorläufig nicht unsere Sorge.

יקר bezeichnet an unserer Stelle wie in Sach 11,13 den einer Person innewohnenden Wert. ביקר ist m.E. trotz der Akzentuierung des MT eng mit ואדם verbunden[124] und fügt diesem Wort nicht ("synthetisch") eine neue Bestimmung hinzu[125], sondern verdeutlicht nur ("analytisch"), was schon in diesem Wort liegt. אדם ביקר bezeichnet deshalb nicht eine besondere Gruppe von Menschen, die sich etwa durch Reichtum oder Ueberheblichkeit vor allen andern auszeichneten, sondern den Menschen überhaupt in der ihm eigenen ("wesensmässigen") Werthaftigkeit. Zum Menschen als solchem gehört es, nach unserem Vers, dass er ביקר steht, ganz so, wie es Ps 8,6 umreisst: "Dank Dir (JHWH) fehlt ihm wenig bis zum Elohim; mit Ehre (כבוד!) und Glanz hast Du ihn gekrönt." Dieser Eigenwert des Menschen impliziert nach Ps 8,7-9 die Herrschaft über alle Werke Gottes, zumal - und das wird in unserem Zusammen-

---

palmyrenischen Grabinschriften her, in denen yqrʾ als "Ehre, Ehrenmal" neben bt ʿlm verwendet wird. (z.B. ליקרהון די בת עלמא, vgl. JENNI, ʿolam 217). Von yqr = "Ehre(nmal)" geht DAHOOD ohne weiteres zu yqr = "(Grab)mal" und von dort zu "Unterwelt" über. Folgerichtig versteht er בל "in the affirmative sense as in Arabic-Ugaritic and occasionally in the Bible" (Ps 10,15; 32,9; Spr 14,7). Ihm folgen SABOURIN (375) und TROMP (244,251: "praalgraf").

122. Eine Ausnahme bildet z.B. BRIGGS (409), der יקר versteht als "preciousness, carring on the idea of price of v.8; and not honour, which is less exact and from a different point of view."

123. KNAPP (101) ist so treuherzig, (anlässlich der Streichung von ילין) dieses "hermeneutische Prinzip" wenigstens zuzugeben: "...nach der Leseart des Textes wäre der Sinn: der Mensch lebt nicht lange im Glück. Also wäre vom Menschen überhaupt die Rede. Aber wie soll ich nun v.15 erklären, wenn nicht vorher von Ruchlosen die Rede ist, auf die ich den Ausdruck 'sie' (בם) beziehen kann?" Aehnlich, wenn auch weniger offen, argumentiert PODECHARD (14; K II 199), um das ביקר gegen Konjekturen (vgl. unten Anm. 127) zu verteidigen.

124. Dass ביקר "Complement des Subjektes" ist (DELITZSCH 338), obwohl es "nach Analogie von 25,13 zum Prädikat zu gehören scheint" (BAETHGEN 140), wird in den meisten Kommentaren zu Recht unterstrichen (vgl. SEPT: εν τιμη ων). Wie EERDMANS (259) ביקר in v.13 zum Prädikat zu ziehen ("and a man cannot abide by wealth") und in v.21 zum Subjekt ("men possessing wealth"), scheint mir etwas spitzfindig.

125. Vgl. z.B., ANDERSON (378): "ʾadam ('man') may be a general term for mankind, but the phrase 'in his pomp' seems to point to the rich."

hang besonders zu beachten sein - über "alle Schafe und Rinder und über die Tiere des Feldes".

3. Vom so umschriebenen Menschen wird nun zunächst gesagt, dass er nicht "bleibt"[126].

Das Verb לין bedeutet "über Nacht bleiben, die Nacht verbringen" und wird auch meistens in dieser spezifischen Bedeutung gebraucht. Wie wichtig diese ganz konkrete Bedeutung von לין hier ist, bleibt allerdings schwer zu sagen, denn bisweilen steht das Verb ganz allgemein "to indicate sojourning for a longer time" (EERDMANS 265), vgl. Rut 1,16; Ps 25,13; Hi 19,4 u.a.

Sicher darf man לין nicht allzu wörtlich verstehen, wie etwa EERDMANS (264), der - wohl mit Blick auf Spr 19,23 - bei den angeblichen Kapitalisten von v.13 offenbar Schlaflosigkeit diagnostiziert ("a sleeping man was exposed to many dangers from enemies and evil spirits", darum ist es klar "that they could not feel safe by their wealth"), die aber auf die Länge einer nächtlichen Ermordung doch nicht vorbeugen kann (ähnlich schon der babylonische TALMUD, Shabbat 151b). Doch als Bild darf man die Bedeutung des Nicht-übernachtens sicher beibehalten: entweder heisst בל-ילין dann, dass die Menschen die Nacht nicht erreichen, wie das Gras in Ps 90,5f; Hi 14,2-6, oder aber dass sie die Nacht nicht überstehen, wie der Traum in Ps 73,20; Hi 20,8 (und evtl. Ps 90,5, falls man anders akzentuiert: "Du

126. Ob die Negation בל , die fast nur in Is, Ps und Spr (bisweilen auffällig gehäuft: Is 26,10ff; 33,20ff; Ps 10; 16; 21) vorkommt, hier eine besondere Bedeutung hat, ist schwer zu sagen. Wahrscheinlich ist, dass sie den modalen Aspekt des Verbums ("er kann nicht bleiben") verdeutlichen soll (so etwa in Ps 10,15; 17,3a; 32,9; 78,44; Is 33,24) und gleichzeitig "mit Affekt verneinend" (DELITZSCH 338) zu denken ist ("er kann gewiss nicht bleiben" vgl. Ps 16,2.4; 17,3b; 119, 121; 141,4; Spr 23,7; 24,23; Hos 9,16).

Eines allerdings ist auffällig: In den meisten Fällen, wo בל sonst gebraucht wird, leugnet das Wort nicht einen Zustand, sondern zustandsverändernde Handlungen oder Vorgänge (das "Wanken" - מוט 16 mal; das "Aufstehen" oder erneute Wüten der Bösen Is 14,21; Ps 140,10; Is 26,1 das Erkennen bei zweifelhaften Leuten Ps 147,20; Spr 9,13; 23.35; Hos 7,2 Is 26,10f; 44,9; bzw. Erkenntnis und Handeln Gottes in deren Mund Ps 10,4 Is 44,8; das Ueberschreiten von Naturgesetzen Ps 104,9 oder von sozialen Schranken Spr 22,29; das Abbrechen eines Zeltes Is 33,20). So wird in Spr 19,23 gerade nicht das לין , sondern dessen Unterbrechung verneint: יראת יהוה לחיים ושבע ילין בל-יפקד רע. Da auch in diesen Fällen der modale und affektive Aspekt von בל wohl präsent sind ("es kann gar nich sein dass"), stellt diese Leugnung der Zustandsveränderung den Zustand selbst (ob zu Recht oder nicht ist hier nebensächlich) als äusserst stabil dar. An unserer Stelle würde somit (wie in Ps 140,12) durch diesen ungewöhnlichen Gebrauch der Negation בל die grosse Unstabilität des Menschseins (לין) noch eigens hervorgehoben.

Vielleicht ist damit diese kleine Partikel überinterpretiert, aber auf alle Fälle passt sie in dieser Deutung vorzüglich in unseren Zusammen hang (vgl. zum Ganzen neuerdings TROMP, Particle).

schwemmst sie hinweg, ein Traum werden sie am Morgen..."). In beiden Fällen steht dann לין "als Bezeichnung ihres schnellen und plötzlichen Untergangs" HENGSTENBERG 463). Wie die Untersuchung von נדמו zeigen wird, ist die zweite Deutung vorzuziehen.

Ob dann allerdings der Umstand, dass "alles was dieses Leben hat, nur als eine kurze Nacht (bezeichnet)" wird (STIER 138), seine Bedeutung hat, etwa als Umschreibung des Lebens als kurzes und zudem lichtloses Dasein, vgl. Ps 90,10, ist hier noch schwer zu entscheiden. Wir werden aber später sehen (vgl. unten 4.2.64), dass das "Uebernachten" jedenfalls vorzüglich in die Bildlichkeit der zweiten Strophe passt. Hier ist zunächst einmal die Kürze des Lebens eines so wertvollen Wesens wie des Menschen betont - und das allein wäre ja schon hart und dunkel genug. Damit wird ja gerade der so schockierende Widerspruch, der im Tod des Weisen lag, "vergrössert" und verallgemeinert (vgl. unten 3.3.52), sodass im ersten Teil des Kehrverses bereits wieder etwas vom pessimistischen Ton von v.11f aufklingt[127].

3.3.3. נמשל כבהמות

Vollends im zweiten Teil des Kehrverses bricht der verzweifelte Ton der ersten Strophe durch, wenn der Mensch kurzerhand mit dem Tier gleichgestellt wird.

1. Zwar hat die scheinbar doppelt vergleichende Konstruktion נמשל כ bisweilen Anstoss erregt, so bei RUPERTI (289), der משל deshalb von einem arabischen mašala, motus fuit, declinavit", ableitet und unsern Vers übersetzt: "aufertur a vivis, evanescit quasi et de memoria hominum excidit, ut bestiae exscinduntur". Aehnlich weicht HIRSCH (268) einem "doppelten" Vergleich aus. Für ihn bedeutet נמשל, dass die Menschen wie Tiere "allem 'ähnlich' gemacht werden, d.h. in eine Ununterscheidbarkeit aufgelöst werden, in wel-

127. V.13a in seiner überlieferten Form fügt sich somit sehr gut in den Zusammenhang des bisher besprochenen Textes. Die von EHRLICH (Randglossen VI 3) vorgeschlagene, von TORCZYNER (57) und BERTHOLET (173) aufgenommene und von GUNKEL (212) - als "durch die Parallele כבהמות schlagend bewiesen" - sanktionierte Korrektur אדם כבקר בל יבין ist trotz ihres Wohlklangs unbegründet.
Dass SLOTKI (361) sie, etwas anders garniert (אדם[כ]בקר ובל ילין, "Man is [as] cattle and does not complain"), nochmals auftischt, um dem Vers einen Appell zu sozialpolitischem Engagement abzuringen ("The psalmist is here protesting against man's lack of articulateness in the face of apparent injustices...") vermag daran kaum etwas zu ändern. Nicht viel besser steht es mit PRAETORIUS' (334) Vorschlag: "Und der Mensch im Grabe (בקבר) hat keine Vernunft, er gleicht dem Vieh, das stumm ist."

cher sie, stofflich in verwandte Elemente aufgehend, jedes gegenständliche für sich Sein verlieren"[128].

Beide Vorschläge scheinen mir aber überflüssig. Dass nämlich die nichtdenominativen Stammformen der Wurzel משל (Hi, Ni, Hit)[129] ein "vergleichen" oder "ähnlich sein" bezeichnen, unterliegt keinem Zweifel, und dass diese Formen im Niphal zwar mit אל (Is 14,10) oder עם (Ps 28,1; 143,7), im Hiphil mit ל (Is 46,5), im Hitpael aber mit כ (Hi 30,19) konstruiert werden können, ist auch sicher. Deshalb scheint mir eine Niphal-Konstruktion von משל mit כ in der Bedeutung "vergleichen" nicht sonderlich auffällig.

Offen muss freilich noch bleiben, ob das "gleich machen" von משל einen rein intellektuellen Akt bezeichnet, wie es das Hiphil von Is 46,5 nahelegt ("verglichen werden"), oder aber eine wirkliche Gleichstellung und Nivellierung ("gleich sein"), wie sie schon aus Hi 30,19 ("Man hat mich in den Dreck geworfen, und ich bin das Gleiche wie Staub und Asche"), besonders aber aus den drei restlichen Stellen (Is 14,10; Ps 28,1; 143,7) hervorgeht, wo die Nivellierung der Lebenden in die Menge der Toten hinein beschrieben wird.

2. Der Plural בהמות, der auch sonst, wiewohl seltener als der Singular, belegt ist, bietet keine besonderen Probleme. Ein Bedeutungsunterschied zum selbst schon kollektiven Singular ist nicht festzustellen, beide können - wo nichts Näheres präzisiert wird - das Tier überhaupt (vgl. Lev 11,2) bezeichnen, von der Schlange (Gen 3,14) bis zum Löwen (Spr 30,30), stehen aber im allgemeinen eher für die grossen Landtiere, und besonders für die zahmen unter ihnen (Vieh), vgl. Gen 1,24.

128. Ebenfalls um einem doppelten Vergleich auszuweichen, leitet KNUDTZON (Bibelstellen 197) נמשל von משל II ab: "er ist beherrscht (unter Herrschaft) wie das Vieh.."

Schon im babylonischen TALMUD (Sanhedrin 38b, vgl. Shabbat 151b) findet sich eine ähnliche Deutung: אמר רמי בר חמא אין חיה רעה שולטת באדם אלא אם כן נדמה לו כבהמה שנאמר נמשל כבהמות נדמו. Diese Auslegung ("Er wird beherrscht in dem Masse, in dem er als Tier erscheint") muss den Text jedoch zurechtbiegen. Zu diesem Verständnis von נמשל vgl. unten 4.3.25.

129. EISSFELDT (Maschal 5) unterscheidet a) ein ursprüngliches Verb משל "gleichen", von dem sich nur Hiphil, Niphal und Hitpael erhalten haben, b) ein davon abgeleitetes Nomen משל "Gleichnis" c) ein von b) denominiertes Verb משל "Gleichnisse vortragen" (Qal, Piel).

Zwar scheint mir SCHMIDTs (Stilistik 1-6) Erklärung der Wurzel einleuchtender (SCHMIDT nimmt nach dem Arabischen für משל die Grundbedeutung "stehen" an, aus der sich dann einerseits "gleichen" [=stehen für], andererseits "herrschen" [=stehen über] entwickelt hätten und mit welcher auch der Maschal als "die in ihrer Wahrheit für das praktische Leben gültige und feststehende Weisheitslehre"[2] direkt zu verknüpfen wäre). Sie ändert aber nichts an der Tatsache, dass auf der im AT bezeugten Stufe der hebräischen Sprachentwicklung die nichtdenominativen Formen von משל nur ein "gleichen" besagen können.

An unserer Stelle könnte man sich höchstens fragen, ob man נדמו nicht als Hauptsatz auf בהמות und אדם zu beziehen habe (statt es, wie dies meistens geschieht, als asyndetischen Relativsatz an בהמות allein zu koppeln); denn בהמות selbst zieht an den andern Stellen, wo es Subjekt ist, ein Verb im Singular nach sich (Joel 1,20; Jer 12,4 - da sogar mit עוף als zweitem Subjekt)[130]. Die Untersuchung von נדמו, das mir in v.13 jedenfalls textkritisch ziemlich sicher scheint (vgl. aber unten 4.3.3) wird hier vielleicht einen Entscheid ermöglichen.

Auf jeden Fall ist zu beachten, dass, wie man נדמו auch auffasst (falls als Relativsatz, vgl. GESENIUS, Grammatik § 145 b-e), בהמות sehr wohl ein Singular sein könnte, das der Form אדמות v.12 entspräche (vgl. Ps 73,22 und unten 7.2.31)[131].

3.3.4. נדמו

1. Ueber die eben zurückgestellten Entscheide hinaus bleibt eines klar: in v.13 wird der Mensch dem Tier "gleich gemacht". Was das des Näheren bedeutet, wissen wir freilich noch nicht. Sicher ist, dass die (Ver-?)Gleichung Mensch-Tier in unserem Kontext (d.h. nach v.11f und 13a) nur eine pessimistische Aussage über den Menschen bilden kann, obwohl dies keineswegs so sein muss - jedenfalls dort nicht, wo Tiervergleiche oder -metaphern vorliegen (vgl. unten 4.2.33).

In welche Richtung genau diese Aussage geht, kann sich jetzt nur noch an der Form נדמו entscheiden, und diese ist mehrdeutig: sie kann als 3.Person Plural Ni von דמה I, "ähnlich sein", oder von דמה II (Nebenform zu דמם) "1.sich beruhigen, 2.vertilgen" abgeleitet werden.

2. Für die erste Herleitung entscheiden sich die SEPT (και ομοιωθη αυτοις), AQ (εξωμοιωθησαν), QUINT (ωμοιωθη), GAL (et similis factus est illis), HEBR (et exaequatus est), PESH (ואתדמי לה) und mit viel Zögern der TARG (der in der Formel ואשתוי ללמא sowohl "ähnlich sein" als auch "vertilgt werden" kombiniert). In den Kommentaren findet sie hingegen wenig Anklang,

---

130. Offenbar lag es für einige sogar näher, an unserer Stelle נדמו statt auf בהמות auf אדם zu beziehen und die Kollision mit dem Singular נמשל spitzfindig wegzuinterpretieren: והירושלמי אמר נמשל האחד שהוא הפרש נדמו הכלל (IBN ESRA, ähnlich MEIRI 101).

131. Hingegen scheint mir SAMAINs Behauptung, בהמות bezeichne hier wie in Ps 73,22 "la grosse bête, la Brute par excellence, l'hippopotame" (27) nicht sonderlich einleuchtend und in seiner Uebersetzung "L'homme dans l'opulence ne dure pas, Il est semblable à l'hippopotame qui périt." (28) beeindruckt mich "la verdeur du sarcasme tel que nous l'avons restitué" (aaO) nicht übermässig...

und wohl mit Recht, denn von דמה I sind sonst nur Qal, Piel und Hitpael belegt[132] und in v.13b hat man schon genug Wörter des Vergleichs, was für נדמו die Bedeutung "ähnlich sein" recht unwahrscheinlich macht und gleichzeitig erklärt, weshalb ihr alle alten Versionen instinktiv verfallen.

Wenn es dann darum geht, zwischen den beiden Bedeutungen von דמה II (vgl. oben) zu wählen, halten sich die Kommentare meist an die Faustregel von PLOEG (151): "Le sens de דמה 1 s'accorde bien avec ולא יבין (v.21), mais si l'on retient du v.13 le mot ילין, c'est plutôt דמה 2 qui s'impose." So glauben die, die an der mangelnden Einsicht des Menschen von v.13/21 interessiert sind, das Vieh "werde geschweigt", wie es HUPFELD (664) mit Hinweis auf "unser gemeines 'abgemuckt'" umschreibt, denn "dass das Vieh stumm ist, zeigt seine Unvernunft" (GUNKEL 212).

Doch "schweigen" heisst nur das Qal von דמם und warum ein passives zum Schweigen gebracht werden (Ni) Zeichen der Unvernunft sein soll, bleibt auch dunkel. Allerdings vermischen sich im Bereich der Wurzeln דמה II, דמם und דום die Bedeutungen "vernichten" und "schweigen" so sehr, dass es unvorsichtig wäre, letztere hier ganz ausschliessen zu wollen. V.21 wird reichlich Gelegenheit bieten, darauf zurückzukommen (vgl. 4.3.3).

Vorläufig dürfte es richtig sein, für נדמו die grammatisch wahrscheinlichere Bedeutung zu wählen und wie die Exegeten, denen an einem vorzeitigen Tod des Menschen von v.13 liegt, das Verb דמה mit "vertilgt werden" zu übersetzen[133].

3. דמה Ni bezeichnet die Vernichtung von Personen (Is 6,5), Völkern (Zef 1,11) und Städten (Jer 47,5). Dass es "sonst in Verbindung mit Tieren nicht vorkommt" (WUTZ 124) stimmt nicht, wie der unserer Stelle sehr ähnliche Beginn des Klageliedes über den Pharao Ez 32,2 lehrt: כפיר גוים נדמית

132. Ez 32,2, das MANDELKERN in seiner Konkordanz mit unserer Stelle zu דמה I zieht (ähnlich GESENIUS, Thesaurus und KOEHLER, Lexicon[3]), gehört m.E. eindeutig zu דמה II "vertilgt werden", vgl. den Beginn des Klageliedes 2 Sam 1,19!

133. Dies obwohl man mit der Aufgabe des stummen und dummen Viehs unter Umständen einer inspirierten Widerlegung des Darwinismus verlustig geht! In der Tat identifiziert LESETRE (235) irgendwie den unverständigen אדם ביקר (לא-בין) mit den (natürlich überheblichen) Darwinisten und verkündet dann: "Ce verset est comme une réponse anticipée de l'Esprit-Saint à l'adresse de ceux qui cherchent à multiplier les rapprochements et les ressemblances entre l'homme et la bête."

Schon CALOV (1023) hatte mit einer ähnlichen (wenn auch weniger konfusen und zumindest halbwegs einschlägigen) Bemerkung den Leser vom peinlichen Sinn des Verses abzulenken versucht: "Nonnulli etiam cum Atheis et Epicureis hominem non aliter quam jumentum extingui credunt, Weish 2."

(vgl. oben Anm. 132). Wohl stimmt es aber, dass es nie das Schlachten von Mastvieh bezeichnet, das die Exegeten, denen am vorzeitigen Tod des אדם ביקר liegt, so gerne an unserer Stelle beschrieben fänden[134].

Mit דמה verbindet sich nämlich weniger die Vorstellung der gewaltsamen und damit vorzeitigen Vernichtung von eigentlich beständigen Grössen, als vielmehr die des jähen und raschen Unterganges einer in sich schon kurzlebigen (oder als kurzlebig dargestellten) Wirklichkeit. Besonders klar ist dies in Hos 10,7: "Vernichtet wird Samaria, ihr König - der ist wie Schaum auf der Wasseroberfläche." An andern Stellen wird dieselbe "Schaumhaftigkeit" des Vernichteten durch eine für uns sehr interessante Zeitbestimmung ausgedrückt; die Vernichtung geschieht "in der Nacht" (Is 15,1: Stadt, Obd 5: Volk, vgl. Hos 4,5-6) oder "beim Morgengrauen" (Hos 10,15: Person). Damit wird klar, dass נדמו und בל-ילין streng parallel sind. בל-ילין versteht man infolgedessen vielleicht besser als "nicht einmal die Nacht überstehen". Hingegen bleibt es nach wie vor unklar, ob man נדמו auf Mensch und Vieh oder auf das Vieh allein beziehen soll. Das letztere wahrt den Parallelismus besser und ist deshalb vielleicht vorzuziehen, der Sinn bleibt auf alle Fälle derselbe: dem Menschen in all seinem Wert ist eine "schaumhafte" Inkonsistenz eigen, und gerade dadurch muss man ihn mit dem Tier zusammensehen.

3.3.5. Tod und Gottebenbildlichkeit

1. V.13 enthält zunächst eine verdeutlichende Zusammenfassung der Strophe v.11f. In v.11ab wurde der Weise mit dem Toren gleichgestellt, und nur undeutlich kam zum Ausdruck, dass dieser Tor eigentlich ein Tier (בער) sei. In v.13 wird dies nun klar gesagt: נמשל כבהמות. Da also der Vergleich in v.13 eine Verdeutlichung des Parallelismus von v.11ab darstellt und andererseits in v.11ab die (tierischen) Toren und (allein echt menschlichen) Weisen wirklich ein Geschick haben, kann man nun endlich mit einiger Sicherheit schliessen, dass in v.13 das נמשל nicht eine blosse Aehnlichkeit oder Vergleichbarkeit zwischen Mensch und Tier meint (vgl. etwa Qoh 9,12). Vielmehr offenbart der Tod eine wirkliche (ganz und gar nicht metaphorische) Gleichheit, wie sie Qoh 3,18f vertreten wird: Die Menschen sind Vieh (שהם-בהמה),

134. Besonders typisch z.B. PODECHARD (13): "Il ne s'agit que de'l'homme dans les honneurs', lequel comme le bétail de boucherie est voué à une fin prématurée. Il se peut que la comparaison porte aussi sur le fait que l'un et l'autre sont particulièrement bien nourris et que leurs corps prospère." (vgl. auch oben Anm. 120). Aehnlich GUICHOU 280, OLSHAUSEN 216, THOLUCK 242 ("...wie das Vieh zum Schlachten, so ist der Mensch zum Sterben bestimmt") u.a.

"denn (es gibt scheinbar) ein Geschick: das des Menschen, und ein Geschick: das des Viehs - und doch haben sie das gleiche Geschick: der Tod des einen ist wie der Tod des andern und alle haben denselben Atem..."

Die Verben בל-ילין und נדמו nehmen ימותו und יאבדו aus v.11 auf. Sie enthalten über diese hinaus einen Hinweis auf die Kürze des Lebens, die sich in der Strophe v.11f höchstens (sehr!) andeutungsweise in der betonten Ewigkeit des Todes finden liesse. Sie enthalten aber besonders einen Hinweis auf die "seinsmässige" Inkonsistenz, die Mensch und Tier verbindet.

2. Aus diesem letzten Hinweis kann man ersehen, dass v.13 die vorhergehende Strophe (und das heisst besonders: deren zentrales Problem, den Tod der Weisen) nicht nur zusammenfasst und verdeutlicht, sondern auch verallgemeinert: "Das Ganze ist der Schluss, zu dem die in v.11 und 12 enthaltene Betrachtung führt." (EHRLICH 110) Subjekt des Satzes sind ja nicht mehr, wie in v.11f, als Weise qualifizierte Individuen, sondern der אדם überhaupt. Dieser Ausdruck (und damit die Abstraktion und Verallgemeinerung, die er nach sich zieht) wird durch ein hervorhebendes <u>waw</u>[135] stark unterstrichen. (Insofern kann man mit KRAUS [367] sagen, das Wort sei hier "bewusst" gesetzt.) Hier wird nun der Tod des Weisen in seiner symptomatischen Bedeutung für das Geschick des Menschen überhaupt erfasst, der ärgerliche Einzelfall erscheint anthropologisch gedeutet als <u>das</u> menschliche Los.

Von den sterbenden Weisen her denkend kann der Autor den Tod nicht mehr als akzidentelle Grenze im Leben der Narren ansehen, sondern nur noch als "essentielle" Grenze im Leben des Menschen: auch wenn es sich erst im Nachhinein an seinem Tod erweist[136], so hat der Mensch doch schon immer wesent-

---

135. Vgl. EHRLICH (110): "Das Ganze [von v.13] ist der Schluss, zu dem die in v.11 und v.12 enthaltene Betrachtung führt. Die Vermittlung dieses Schlusses ist waw, welches hier dem arabischen f entspricht." (Aehnlich schon YEFET BEN ELI.) Textkritisch ist ואדם in v.13 absolut sicher. Schon εβρ' AQ, SYM, und QUINT lesen es so, SEPT, GAL, HEBR und sogar TARG bezeugen ein ואדם in v.13 gegen ein אדם in v.21. Es übersetzen lediglich PESH zweimal ברנשא ohne Konjunktion und einige spätere SEPT-Handschriften (vgl. oben Anm. 113) sowie ROM zweimal mit Konjunktion. Doch handelt es sich hier um sekundäre Assimilationen, gegen die schon HIERONYMUS in seinem Brief an Sunnia und Fretela kämpft: "'Homo in honore cum esset'. Pro quo in graeco invenisse vos dicitis: 'Et homo in honore cum esset'. Sed sciendum quod iste versiculus bis in hoc psalmo sit et in priori additam habeat 'et' coniunctionem, in fine non habeat." Vgl. auch unten Anm. 254.

136. Das Imperf. ילין soll vielleicht (gegenüber dem Perf. נמשל) nicht nur die Modalität ("er <u>kann</u> nicht einmal die Nacht überstehen") anzeigen, sondern auch dieses Verhältnis: der Mensch <u>wird</u> nicht bleiben, denn er <u>ist</u> schon immer dasselbe wie das Tier (vgl. das unten 4.1.84 zu שתו Gesagte).

lich die Beständigkeit des Traumes (לין), des Schaumes (דמה) oder eben: des Tieres.

3. Diese letzte Gleichsetzung, die als einzige im Text ganz explizit ist, hat seltsamerweise in der Neuzeit bei den Exegeten so gut wie keine Beachtung gefunden. Ihre moralisierende Auslegung des Verses findet ja auch primär im ersten Halbvers ihre Stütze. Deshalb wird, nachdem die Vergänglichkeit des Reichtums oder die Dummheit des Reichen einmal feststeht, meist auch der Tiervergleich noch angeführt, doch fast nie verliert man darüber ein Wort oder gar einen Gedanken[137].

Das ist umso bedauerlicher, als mir der Tiervergleich (zusammen mit dem Begriff יקר) ein wichtiger (formaler, nicht inhaltlicher) Schlüssel zum Verständnis des Psalmes zu sein scheint. Er zeigt nämlich, auf welcher Ebene, im Bereich welcher Problemstellungen sich der ganze Text bewegt: Der Kehrvers wirft eindringlich, wenn auch nicht ausdrücklich - genau wie in Ps 8 fällt das Wort "Bild" nicht - die Frage nach der Gottebenbildlichkeit des Menschen auf. Damit tritt "ein Hauptstück der atl. Anthropologie" (STAMM, Gottebenbildlichkeit 4) ins Blickfeld und es wird klar, dass wir es in Ps 49 (oder jedenfalls im Grundpsalm) nicht bloss mit einem moralischen Appell oder einem tröstlichen Zuspruch zu tun haben, sondern mit einer prinzipiellen, "philosophischen" Reflexion über den Menschen in seiner Sterblichkeit, über sein todverfallenes "Wesen", über seine vergängliche "Natur".

4. Dass der Kehrvers von der Gottebenbildlichkeit redet, war den alten Exegeten noch durchaus bewusst.

Die frühe jüdische Exegese, wie mir scheint, drückte dies eher indirekt aus, indem sie mit Hinweis auf unseren Vers immer wieder betonte: אדם הראשון לא לן כבודו עמו (MIDRASH GenRabba XI 2 = XII 6 = PESIQTA RABBATI 23)[138].

---

137. Nur gerade GERHOH (1502) bildet hier noch eine Ausnahme: "Ideo 'comparatus est jumentis insipientibus' terrena solummodo appetendo, 'et similis factus est illis' irrationabiliter vivendo. Ferox enim urso, raptor lupo, petulans asino, litigiosus cani, immundus sui, dolosus vulpi comparatur." Vgl. unten Anm. 139.

138. Nach dem Zusammenhang verliert Adam diesen Glanz am Abend des ersten Sabbats, als Folge der Uebertretung, ähnlich auch PESIKTA RABBATI 23,6; Pirqe deRabbi ELIEZER 19; YALQUT SHIMᶜONI ad loc. Anders ist der Zusammenhang im MIDRASH DtnRabba 11,3 (wo im Streit um den Vorrang Adam Mose gegenüber auf Gen 1,27 pocht, dieweil Mose ihm gestützt auf Ps 49,13 und Dtn 34,7 zu bedenken gibt, er selbst habe seinen Glanz wenigstens zu bewahren gewusst) und im babylonischen TALMUD, Sanhedrin 38B= Abot deRabbi NATAN 1,8 (wo Adam am zwölften Tag seiner Menschwerdung des Paradieses verwiesen wird, auf dass Ps 49,13 sich erfülle).

In all diesen Stellen ist zwar nie ausdrücklich von der Gottebenbildlichkeit die Rede. Doch der Verlust der Güter des "Urstandes" (der

Viel expliziter sind hier im allgemeinen die christlichen Exegeten der Antike und des Mittelalters - bis hin zu NIKLAUS VON LYRA (785), der zu אדם ביקר bemerkt: "Honor hominis consistit in hoc, quod factus est ad imaginem Dei, capax ipsius per cognitionem et amorem, et sic ordinatur ad beatitudinem aeternam..."[139].

Im Kontext von GAL, bzw. SEPT (wo der Kehrvers zweimal אדם ביקר לא-בין lautet) war diese Gottebenbildlichkeit allerdings nur schwer unterzubringen und um dem Text gerecht zu werden, kam man schliesslich fast immer dazu, ביקר zweimal zu übersetzen: einmal richtig als "Menschenwürde", einmal falsch als "weltliche Ehre, die verblendet"[140]. Leider hat die zweite, moralisierende Deutung, die dem GAL - Text auf den ersten Blick auch tatsächlich besser entsprach, schliesslich die Oberhand gewonnen[141], und als man wieder

---

Glanz, das Leben, die Körpergrösse, die Frucht des Feldes, die Frucht der Bäume und das Licht im MIDRASH GenRabba 12,6 u.ö., vgl. WEBER, Theologie 222) zieht offensichtlich auch die Gottebenbildlichkeit in Mitleidenschaft, die bei Adam diese Güter implizierte (vgl. z.B. MIDRASH NumRabba 16,24: Leben; TANHUMA Tazri^{c}a 8: Körpergrösse). Die Schwächung der Gottebenbildlichkeit durch die Sünde zeigt sich auch am Verlust der Autorität über die Zugtiere, die im MIDRASH GenRabba 25,2 erwähnt wird.

139. Vgl. etwa AUGUSTINUS (564): "Quid est 'in honore positus'? Factus ad imaginem et similitudinem Dei, homo praelatus iumentis." Aehnlich DIODOR VON TARSUS (297: Αξιωθεις τιμης παρα του θεου ωστε γενεσθαι λογικος και επινοησας εαυτω τροπον τινα μακροβιοτητα δια της των ονοματων επιθεσεως της επι τοις κτημασιν), THEODOR VON MOPSUESTIA (320: της παρα του θεου τιμης το μεγεθος), THEODORET VON KYROS (1225 : την οικεαν τιμην, και την παρα θεου δοθεισαν ημιν αξιαν), Ps-HIERONYMUS (967), THOMAS VON AQUIN (336). GERHOH (1592) gibt als zweite Möglichkeit (vgl. oben Anm. 137) eine seltsame Mischung der neuzeitlichen, der alten jüdischen und der alten christlichen Deutung (Unterstreichungen von mir): "Vel homo Adam cum in honore paradisi esset, dignatitatem suam, scilicet se ad imaginem Dei formatum, non intellexit."

140. Das sieht man z.B. bei CASSIODOR (436) besonders gut (Unterstreichungen von mir): "De ipsis adhuc loquitur qui mundi istius honore floruerunt. Nam quamvis peccator in honore sit dum vivit, quia Dei portat imaginem, recte dicitur dignitatem suam non intelligere, dum talia fecit, quae ab ipso Creatore videntur omnimodis discrepare." Diese Doppelübersetzung konnten nur die vermeiden, die genug Phantasie und Schriftkenntnis besassen, um den Grund der schädlichen Verblendung aus v.13b abzuleiten. Einer dieser exegetischen Virtuosen ist etwa DIDYMUS (360), der mit Anspielung auf Jer 5,8 meint: Ανθρωπος κατ' εικονα και ομοιωσιν γεγονεν θεου, και λογικος αποδειχθεις τιμην εχει μεγιστην. Ταυτην δε μη συνιεις, αλλα πραττων συν αλογια κτηνεσιν ανοητοις παραβαλλεται, ιππος θηλυμανης γεγονως και των αλογων ζωων των αλλων τας ορμας μιμησαμενος. Ωμοιωθη ουν κτηνεσιν ανοητοις, ελπιδα εχων ει βουληθειη ομοιωθηναι θεω.

141. Dieser Kampf lässt sich in der Postille des NIKLAUS VON LYRA verfolgen: Um auch dem GAL-Text gerecht zu werden, hatte NIKLAUS VON LYRA seine

dazu überging, den hebräischen Text auszulegen, war die erste Deutung bereits vergessen[142].

5. Vor diesem Hintergrund erscheint nun freilich die Verknüpfung von v.13/21 mit der Vorstellung der Gottebenbildlichkeit womöglich als bedauerlicher Rückfall in ein exegetisches"Mittelalter", dem mehr an der biblischen Ausstaffierung scholastischer Theoreme als am Textverständnis läge. Dass dem nicht so ist, werden die zahlreichen Hinweise auf die biblische Imago-Vorstellung in v.13/21 zeigen (siehe unten). Eine Gefahr besteht allerdings: ein Begriff wie die "Gottebenbildlichkeit" des Menschen könnte mehr Verwirrung als Licht in unsern Text bringen. Ein Blick auf die einschlägige Literaturflut zeigt nämlich, dass er vom aufrechten Gang (KOEHLER, Grundstelle 19f) bis zur potentia oboedentialis (WESTERMANN, Genesis 217) an Bedeutungen ziemlich alles hergibt, was man von ihm gern haben möchte.

Für die Auslegung von Ps 49 wäre es denn auch gefährlich, der Anspielung auf die Gottebenbildlichkeit des Menschen viel mehr entnehmen zu wollen, als das oben (3.3.53) schon Festgehaltene: einen Hinweis auf den Rahmen der Problemstellung, auf die Ebene des Diskurses.

Umgekehrt liegt nun aber mit Ps 49 ein weiterer Text zur Gottebenbildlichkeit vor. Von ihm kann man sich eine gewisse Klärung des Begriffes erhoffen, der ja so unscharf bleibt, weil er von den paar klassischen Stellen her, auf die man ihn gewöhnlich abstützt (Gen 1,26; 5,3; 9,6; Ps 8) unterdeterminiert ist.

---

oben zitierte Erklärung von אדם ביקר wie folgt fortsetzen müssen: "... quam homo carnalis non intelligit, ut dictum est, unde subditur 'comparatus est iumentis insipientibus' eo quod elegit vitam voluptuosam, quae vocatur vita pecudum." Dem konnte PAULUS VON BURGOS in seiner Additio III (788) ohne Mühe und auch mit einem gewissen Recht entgegenhalten: "Ex hoc quod homo capax Dei per cognitionem et amorem, non contingit eum non intelligere, sed potius e contra: unde impropria videtur expositio postillatoris in hoc versu, sed potius videtur dicendum, quod honor hic intelligitur de honore mundano." Obwohl er sich in seiner Replica redlich abmüht, vermag Matthias DOERING den eigentlichen Einwand der Additio nicht zu entkräften: "Burgen.[sis]..exponit de honore mundano excecante ne intelligat: sed non videtur prophetam honorem mundanum sic grandipendere, ut dicat, hominem non in eo esse, sed potius videri esse; sed loquitur de vero honore, de quo supra: 'Gloria et honore coronasti eum etc' et cum carnalis homo, de quo hic sermo, illum verum honorem non advertit, dicitur non intelligere, qui tamen ad hoc creatus fuerat, ut intelligeret rationem imaginis..."

142. Einige neuzeitliche Autoren erwähnen sie zwar noch, doch nur in ihrer ohnehin nicht sehr überzeugenden midrashischen Spielart und ausschliesslich, um sie in einem Satz ad acta zu legen: "Nihil enim tale hic habetur: nec de Adamo, primo homine, hic agitur, sed de homine quovis, in divitiis confidente." (CALOV 1023, ähnlich POLUS 819, MICHAELIS 326).

6. Will man sich möglichst an die Evidenzen der Texte halten, kann man für die Imago-Lehre aus den Stellen der Priesterschrift nur folgern, dass das Bild-sein dem Menschen mit seiner Existenz gegeben wird und noch konstitutiver und wesentlicher zu ihm gehört als sein Name (Gen 5,1-3), dass es ihn gerade angesichts des Todes vom Tier unterscheidet (Gen 9,1-7) und besonders: ein Herrschen über die Tierwelt impliziert (Gen 1,26). Die von WILDBERGER (Abbild 487) angeführten altorientalischen Parallelen zeigen m.E. eindrücklich, dass diese Herrschaft über die Tiere ein Stück demokratisierter Königsideologie darstellt und den Menschen als Repräsentation und Manifestation Gottes in der Welt ausweist, doch gehört dies - leider - schon in den Bereich der umstrittenen Interpretation[143]. All dem fügt Ps 8 kaum etwas hinzu, sondern unterstreicht lediglich die hohe Würde, die dem Menschen mit der Herrschaft über die Werke Gottes verliehen ist.

Worin nun aber dieses würdevolle Bild-sein des Menschen, kraft dessen er über die Schöpfung herrscht, des näheren besteht, ist in all diesen Texten ganz einfach nicht gesagt und man wird es ihnen auch durch tiefsinnigstes Philosophieren über das בצלמנו כדמותנו von Gen 1,26 kaum entnehmen können.

143. Allerdings ist es keineswegs einfach, diese Deutung zu widerlegen, angesichts der Materialfülle, die WILDBERGER (Abbild) und SCHMIDT (Schöpfungsgeschichte 127 ff) zu deren Begründung vorweisen. Das zeigt der Widerlegungsversuch WESTERMANNs (Genesis 209-213). Zunächst verliert er sich in Finessen des Kausalnexus': "Der König als Repräsentant der Gottheit ist durchaus sinnvoll... Welchen Sinn aber soll es haben, dass die Menschheit auf Erden Gott repräsentiert oder vertritt? Diese Vorstellung hätte nur Sinn, wenn 'der Mensch' (die Menschheit) Gott gegenüber den übrigen Geschöpfen repräsentiert. Das ist aber zweifellos nicht gemeint. Sowohl WILDBERGER wie SCHMIDT sagen mit Recht, dass die Herrschaft über die übrigen Geschöpfe die Folge der Gottebenbildlichkeit ist." (211, ähnlich wiederum in Genesis 1-11, 26, trotz der Widerlegung von STAMM, Frage 246). Dann versucht es WESTERMANN mit bibeltheologischen Faustregeln: "Diese Deutung ist in der Theologie des P kaum möglich" da P "bemüht ist, das Erscheinen Gottes allein in seiner Heiligkeit darzustellen..." (211). Schliesslich destruiert er im Interesse der Antwort gar die Fragestellung: alle angeführten altorientalischen Parallelen nützen nichts, denn WILDBERGER und SCHMIDT "fragen bei ihrem Vergleich nicht nach der Erschaffung des Menschen nach dem Bild Gottes, sondern sie fragen nach dem Begriff 'Bild Gottes'" (212). Um auch innerhalb dieser neuen Fragestellung vor altorientalischen Parallelen sicher zu sein, bemüht dann WESTERMANN eigens "die Maoris auf Neuseeland", die zeigen sollen, "dass das Reden vom Erschaffen des Menschen nach dem Bild Gottes eine weitverzweigte ausserisraelitische Vorgeschichte hat" (213). Nachdem zu guter Letzt in Gen 1,26-30 auch die menschliche Herrschaft über die Tiere literarkritisch wegoperiert worden ist (210), gibt der solchermassen im luftleeren Raum schwebende Abschnitt endlich das her, was WESTERMANN von ihm haben möchte: die Imago-lehre Karl BARTHs (217).

Hingegen wäre vielleicht schon einiges gewonnen, wenn man zwei Stellen zur Kenntnis nähme, die genau auf diese Fragen nach dem Wesen des Bild-seins antworten, und zwar so klar, dass ihnen gerade deswegen jedermann geflissentlich aus dem Wege geht: Sir 17,1-11 und Weish 2,23f.

Nach Sir 17 besteht die Gottebenbildlichkeit des Menschen in seinem Erkenntnis- und Denkvermögen[144], nach Weish 2 in seiner, zumindest theoretischen, Unsterblichkeit[145].

---

144. Es ist im Hinblick auf die Auslegung von Ps 49, wie wir sehen werden, nicht unwichtig festzuhalten, dass diese Umschreibung der menschlichen Gottebenbildlichkeit im grösseren Gedicht Sir 16,24 - 18,14 steht, das angesichts der menschlichen Sterblichkeit den ewigen Gott zu rechtfertigen sucht.

Nach der Lehreröffnung (16,24f) betont der erste Abschnitt (16,26-28), dass Gott seit allem Anfang und für alle Ewigkeiten seine Werke perfekt im Griff hat. Er lässt keinen Augenblick von ihnen ab, um nicht die Herrschaft über sie zu verlieren, und die allgemeine Zerstückelung und Aufteilung der Wirklichkeit (vgl. Gen 1,1-19) verhindert ohnehin von vornherein alle Pannen und Konflikte. Diesem ewigen reibungslosen Funktionieren der gezähmten Weltmaschine stellt der zweite Abschnitt (16, 29-30) die Menge der sterblichen Tiere gegenüber (vgl. Gen 1,20-25) und mitten aus diesem vergänglichen Gewimmel heraus lässt der dritte Abschnitt (17) auch den Menschen hervortreten (17,1). Dieser wird charakterisiert durch eine (in scheinbarem Gegensatz zu Gen 3,3f.19) natürliche und planmässige Sterblichkeit (17,2a), obwohl er gleichzeitig auch in gewisser Weise über dem Sterblichen steht (17,2b): Gott hat ihn mit "Kraft" ausgestattet (17,3a) und durch ihn die Gottesfurcht über alles vergängliche Fleisch gelegt (17,4; τον φοβον αυτου bezieht sich auf Gott so gut wie τον οφθαλμον αυτου in 17,8). Quelle dieser Kraft nun ist die Gottähnlichkeit des Menschen (17,3b), die in 17,6-10 umschrieben wird: Διαβουλιον και γλωσσαν και οφθαλμους, ωτα και καρδιαν εδωκεν διανοεισθαι αυτοις· επιστημην συνεσεως ενεπλησεν αυτους, και αγαθα και κακα υπεδειξεν αυτοις εθηκεν τον οφθαλμον αυτου επι τας καρδιας αυτων, δειξαι αυτοις το μεγαλειον των εργων αυτου· και ονομα αγιασμου αινεσουσιν,...
Die Glosse 17,5 (ελαβον χρησιν των πεντε του κυριου ενεργηματων, εκτον δε νουν αυτοις εδωρησατο μεριζων, και τον εβδομον λογον ερμηνεα των ενεργηματων αυτου) will das Verständnis von (17,4 als Erläuterung zu 17,3a und von) 17,6-10 als Erläuterung zu 17,3b sicherstellen.

Diese Gottähnlichkeit gibt dem Menschen nicht nur Macht "über alles Fleisch", sondern auch Anteil am ewigen "Gesetz des Lebens" (17,11) und stellt ihn in die Mitte zwischen das vergängliche Gewimmel der Erde und die ewigen Ordnungen des Alls, die der Mensch in seinem Handeln gewissermassen neu setzen muss (vgl. das πλησιον in 16,28 und 17,14). Hier betont der Autor, dass Gott auch die freien und deshalb mangelhaften Reproduktionen der notwendigen Ordnungen stets im Auge behält (17,15-22) und letztlich im Griff hat (17,23f). An dieser Stelle kommt nun mit einer Warnung vor der Sünde (17,25f) wieder der Tod ins Blickfeld (17,27-28), vor dem nur die Reue und besonders "das grosse Erbarmen des Herrn" (17,29) retten können. Der Tod ist also sowohl eine Naturnotwendigkeit (vgl. 17,1f) als auch eine Folge

Nun kann man freilich einwenden, diese Texte seien jung und hätten in hellenistischer Verblendung die kanonischen Stellen zur Gottebenbildlichkeit völlig missverstanden und umgebogen. Aber einerseits kann niemand bestreiten, dass sie älter sind als ziemlich alle Genesiskommentare und dass sie immerhin zur biblischen Tradition im weiteren Sinne gehören. Andererseits vermag nun gerade Ps 49 die scheinbar unüberwindliche Distanz zwischen den kanonischen Imago-Stellen und ihren zwei späteren Auslegungen auf erstaunliche Art zu überbrücken. Ps 49 stellt nämlich alle Elemente der "biblischen" Imago-Lehre aus der Priesterschrift, Ps 8, Sir 17 und Weish 2 auf engstem Raum zusammen - er systematisiert sie um sie einzeln durch die Erfahrung zu widerlegen und die Lehre als ganze zu zertrümmern. Diese vollständige und systematisierte Imago-Lehre, die Ps 49 m.E. voraussetzt, sieht - positiv gewendet - so aus:

Wie in Gen 5,3 kommt das Bild-sein jedem Menschen zu (אדם, v.13/21a), verleiht ihm wie in Ps 8,6 eine besondere Würde (ביקר, v.13/21a), und macht ihn zu einem Vertreter Gottes auf Erden (קראו בשמותם, v.12c). Diese Würde gründet wie in Sir 17,6-8 im spezifisch menschlichen Erkennen und Denken (vgl. לא-בין, v.21a, vielleicht auch נדמו v.13b, vgl. unten 4.3.35), besteht wie in Gen 9,6; Sir 17,1-2; Weish 2,1-24 gerade angesichts des Todes (vgl. בל-ילין v.13a, נדמו v.13/21b) und impliziert wie in Gen 1,26.28; Ps 8,7-9; Sir 17,4 eine Herrschaft über die Schöpfung - repräsen-

---

der (missbrauchten) Freiheit. V.30, der wahrscheinlich das Zusammenspiel dieser beiden Aspekte erklären will, ist leider unklar, meint aber wohl, wie v.31f (und der Zusatz 17,16; vgl. Gen 8,21) vermuten lassen, der tödliche Missbrauch der Freiheit treffe mit Notwendigkeit früher oder später ein, weil der Mensch Staub sei (vgl. PETERS, Sirach 148), was wohl nichts anderes ist als eine korrekte Auslegung von Gen 6,3 ("Mein Geist vermag sich im Menschen auf lange Sicht nicht durchzusetzen, weil dieser auch Staub ist."). Nachdem 17,32 wieder zum Anfang des Kapitels zurückgeführt hat, schliesst der Text im vierten Abschnitt (18,1-14) mit einem Loblied auf den ewigen Gott (18,1-6), der die Menschen trotz ihrer Nichtigkeit (18,8-10, vgl. Ps 8) mit seinem riesigen Erbarmen überschüttet (18,11-14), denn ειδεν και επεγνω την καταστροφην αυτων οτι πονηρα (18,12a).

145. In Weish 1f ist die Gottebenbildlichkeit des Menschen genau wie in Sir 17 ein anthropologischer Schlüsselbegriff, mit dem versucht wird, die Frage nach dem Verhältnis von Ewigkeit, Sterblichkeit, Gerechtigkeit und Sünde zu beantworten. Anders als Sir 17 braucht Weish 1f griechische Begriffe und nimmt die Sterblichkeit viel weniger ernst. So kann hier viel bestimmter gesagt werden, οτι ο θεος θανατον ουκ εποιησεν (1,13) und οτι ο θεος εκτισεν τον ανθρωπον επ᾽ αφθαρσια και εικονα της ιδιας αιδιοτητος εποιησεν αυτον· φθονω δε διαβολου θανατος εισηλθεν εις τον κοσμον. Πειραζουσιν δε αυτον οι της εκεινου μεριδος οντες..." (2,23f).

tiert durch die Tiere als deren höchstem nicht-menschlichen Teil (vgl. נמשל כבהמות, v.13/21b).

Ob wirklich alle diese in Ps 49 gegenwärtigen Aspekte der menschlichen Gottebenbildlichkeit auch in den andern kanonischen Stellen vorausgesetzt werden dürfen, ist natürlich schwer zu sagen - mir scheint es durchaus nicht unwahrscheinlich[146]. Dass unser Psalmist dieses Menschenbild bitter kritisiert, scheint mir jedenfalls zu zeigen, dass er es in dieser Form zu seiner Zeit und in seinem Milieu schon vorgefunden hat und dass es da auch eine gewisse Bedeutung besass, sonst schösse ja seine Kritik ins Leere.

Wie sich diese Kritik im Einzelnen darbietet, wird am Ende der zweiten Strophe klarer zu Tage treten (vgl. unten 4.3.25).

146. In seiner "königsideologischen" Deutung der kanonischen Imago-Stellen kann WILDBERGER (Abbild 483) jedenfalls die erkenntnistheoretische Imago-Vorstellung von Sir 17 mühelos unterbringen: "So sehr man hier das Menschenbild des Hellenismus vor sich zu haben glaubt, so klingen doch noch Motive aus der Königsideologie an (vgl. etwa 1 Kön 3,9; Is 7,15; 11,2). Weisheit, Einsicht und Verstand, zu unterscheiden zwischen Gut und Böse, sind im Alten Testament speziell Begabungen, mit denen der König ausgerüstet ist." Die Deutung WILDBERGERs scheint mir aber auch den Imago-Begriff von Weish 2 noch "retten" zu können: Im Alten Testament hat der König (prinzipiell) wenn nicht gerade αφθαρσια und αιδιοτης, so doch etwas, was dem im hebräischen Denken wohl sachlich entspricht: eine besondere Resistenz gegen den Tod und ein langes Leben (vgl. Ps 21,5; 45,7; 61,7; 72,5 u.ö.)

4. DIE SITUIERUNG DES TODES

Die nun folgenden Verse 14 und 15 zeichnen sich nicht nur durch ihre "grossartige visionäre Kraft" (KRAUS 367) und ihre "funèbre splendeur" (MANNATI 141) aus. Sie sind auch für das Verständnis des ganzen Psalmes von zentraler Bedeutung: "La strophe qui commence ici est le point culminant du poème et en exprime toute la doctrine." (PODECHARD K I 219).

Umso schwerwiegender ist es deshalb, dass diese Verse die schwerverständlichsten des ganzen Psalmes sind. "Die Schwierigkeiten, welche sich einem leichten und sicheren Verständnisse entgegensetzen, wachsen hier... noch mehr als bisher; der Ausdruck ist abgerissen, holpricht und theilweise gänzlich dunkel." So urteilte z.B. OLSHAUSEN (217) und zog daraus folgende Schlüsse: "Es kann schwerlich ein Zweifel darüber walten, dass der Text hier stark verdorben ist. Eine genügende Erklärung ist deshalb für jetzt nur theilweise erreichbar und es wird besonders darauf ankommen, die Schwierigkeiten ihrem Wesen nach recht zu erkennen." (aaO)

In Wahrheit dürfte aber die rechte Erkenntnis des Wesens der Schwierigkeiten auch den Zweifel an der Textverderbnis des MT voraussetzen. Gerade weil man immer allzu schnell bereit war, die Stelle als "invodinello, nato da confusione di parole" (MINOCCHI 151f) abzutun, wurde sie zum Tummelplatz exegetischer Phantasie und zum Schlachtfeld dogmatischer Vorurteile[147]. Eine kleine Hoffnung, die längst fällige "genügende Erklärung" zu erreichen, bietet deshalb m.E. nur die Annahme, mit welcher DELITZSCH

147. Vgl. PAUTREL 530: "Sur ce passage, de lecture douteuse, et de sens incertain, se sont affrontées des positions doctrinales, il faut avouer que c'était l'endroit rêvé."

(338) den oben zitierten Folgerungen von OLSHAUSEN entgegentrat: "Die Schuld [scil. an der Dunkelheit] liegt aber nicht wie er meint an starker Verdorbenheit des Textes, sondern an der geflissentlichen Stilart solcher Psalmen düsteren Inhalts."

4.1. DER WEG DES MENSCHEN (v.14 + 15a)[148]

4.1.1. זה דרכם

1. In v.14 entzweien sich die Exegeten bereits am Wörtlein זה. Einmal sind einige[149] der Ueberzeugung, dieses in der Regel vorausweisende Demonstrativpronomen weise hier auf das eben gesagte zurück. Traditionelle Belegstellen für die Möglichkeit eines solchen Gebrauches sind Hi 18,21; 20,29. Obwohl zurückweisendes זה also möglich ist, bildet es doch die Ausnahme (vgl. GESENIUS, Grammatik § 136 b, dagegen JOUON, Grammaire § 143 b) und sollte nur dort angenommen werden, wo sich dies wirklich aufdrängt. Notwendig ist eine solche Annahme nach dem zusammenfassenden Refrain v.13 sicher nicht[150].

Ferner haben einige andere Exegeten[151] זה adjektivisch verstehen wollen. Auch wenn das möglich sein sollte - JOUON (Grammaire § 143 i) nennt als Beispiele dafür Ex 32,1; Hld 7,8; Is 23.13; Ps 104,25 und "vielleicht" unsere Stelle - drängt es sich wiederum nicht auf und wird deshalb besser nicht übernommen.

Schliesslich ist es vielleicht nicht unnütz, mit PODECHARD (K II 200) zu betonen, dass זה hier im neutralen Sinn, ohne verächtlichen Unterton, gebraucht wird. Sofern dieser Unterton in unserer syntaktischen Fügung möglich ist, müsste er wie an allen andern Stellen (vgl. GESENIUS Grammatik § 136 b und JOUON, Grammaire § 143 d) aus dem Kontext erschlossen werden.

---

148. Zur Gliederung von v.15 und Zuteilung von v.15a vgl. unten 4.2.1.

149. Z.B. HUPFELD (665), DELITZSCH (338), BAETHGEN (140), GUNKEL (212), WEISER (262).

150. Es sei denn, man sehe im סלה das sichere Zeichen für den Schluss eines Abschnittes, wie es z.B. HUPFELD (665) und (mit Bestreitung des Kehrverscharakters von v.13) PLOEG (153) tun (was den letzteren übrigens nicht hindert, den zweiten Teil des Psalmes dennoch mit v.14a beginnen zu lassen, vgl. aaO 152).

151. Z.B. DE DIEU (141): "Haec via eorum spes...ipsis est...", ähnlich ROSENMUELLER (1069): "Haec via spes eis, in vanis istis conatibus.. ...stulti isti spem suam collocant."EERDMANS (259): "this their way ...is folly..."

2. Das Wort דרך wird in den Kommentaren nicht beachtet[152] - es ist ja auch nicht auf den ersten Blick unverständlich. Doch gerade deswegen könnte diese Bezeichnung des Folgenden als "ihr Weg" einiges zur Aufhellung dieser Verse beitragen.

Wo der "Weg" nicht im geographischen Sinn, sondern "symbolisch" gebraucht wird[153], ist er in der Weisheitsliteratur eine ganzheitliche Bezeichnung für das menschliche Leben: ganzheitlich insofern als dieses Leben über alle Einzelmomente hinaus und jenseits der Unterscheidung zwischen "subjektivem" Verhalten und "objektivem" Ergehen <u>als Ganzes</u> erfasst wird; und ganzheitlich besonders insofern es <u>ins Ganze</u> der Wirklichkeit eingeordnet wird. Der Weg ist das Leben des Menschen, das als <u>eines</u> erkannt und mit dem Blick auf das Ganze bewertet wird, er ist das menschliche Leben in seiner anthropologischen und theologischen Bedeutung.

Der Weg des Menschen ist somit immer ein Weg "vor Gott". Deshalb kennt das Alte Testament letztlich nur deren zwei (vgl. W. MICHAELIS, in: KITTEL, Wörterbuch V 53f): den Weg "mit Gott", den von Gott gesetzten und vom Menschen gegangenen Weg, der zum Leben führt einerseits, und andererseits den Weg "gegen Gott", den vom Menschen selbst bestimmte und befolgte Weg, der im Dunkeln und Schlüpfrigen endet (Ps 35,6)[154].

---

152. Einzig TORCZYNER (54) nimmt sich seiner an - allerdings nur, um "nach unbefangener Prüfung" zu dekretieren, v.14 könne "der Psalmist unmöglich geschrieben haben". Er kommt dann von זה דרכם כסל למו mit Annahme einer Dittographie, bei der כס gleich כם ist, sei es zu זה דר~~כם~~ כסל למו, sei es über ein mysteriöses זה דרכם ~~כס~~למו zu זה דור רם לבמו, ganz wie es beliebt.

153. Auf die Zweifelhaftigkeit der Unterscheidung zwischen "eigentlicher" und "übertragener" Bedeutung hat J. BERGMANN (in: BOTTERWECK, Wörterbuch II 288f) zu Recht hingewiesen. Warum er sich aber gleichzeitig sträubt, den alttestamentlichen דרך mit der ziemlich allgemein verbreiteten Wegsymbolik in Zusammenhang zu bringen, leuchtet mir weniger ein. דרך kann ja durchaus dort, wo es nicht nur und ausschliesslich eine begehbare Strecke im Gelände meint, begrifflich schwer überschaubare Zusammenhänge andeuten und veranschaulichen ("symbolisieren") ohne dass dadurch notwendigerweise immer "dieselben Assoziationen im Spiel sein müssen" (aaO 289) wie etwa im Taoismus. Hier von Symbol zu reden dürfte, bei der Vieldeutigkeit dieses Wortes, kaum gefährlich sein, charakterisiert hingegen trefflich die Schwierigkeit, die sich einer sauberen begrifflichen Analyse des alttestamentlichen דרך in den - Weg stellen.

154. Vgl. dazu NOETSCHER, Gotteswege 122: "Die Wege des Menschen sind durch die Wege Gottes normiert....Analog den Wegen Gottes stellt sich auch der Weg des Menschen dar als eine Art zu handeln in jedweder Beziehung, als Brauch, Religion, besonders aber als religiös-sittlicher Lebenswandel. Dieser unterliegt der göttlichen Beurteilung, Prüfung und Vergeltung."

Wenn nun der Psalmist hier zu Beginn der zweiten Strophe plötzlich vom Weg redet, so bestätigt er nur unsere Erwartung: der letzte Stichos der ersten Strophe (v.12c) hatte uns schon in die Vorzeitigkeit des Lebens vor dem Tode zurückgewiesen (vgl. oben 3.2.53) und dabei auch ganz diskret die Frage nach Gott gestellt (vgl. oben 3.2.63). Mit der Vorstellung der Gottebenbildlichkeit hatte der Kehrvers diese Frage verdeutlicht und gleichzeitig das ganze Problem auf ein anthropologisches Niveau gehoben. Diese Fäden spinnt nun die zweite Strophe weiter, wenn sie vom Weg des Menschen reden will, also von seinem als Ganzheit verstandenen Leben vor Gott.

3. Um wessen Weg es sich hier genau handelt, wissen wir allerdings jetzt noch nicht mit Sicherheit, da das Possessivpronomen ם- erst im Folgenden näher erläutert wird (vgl. zur Konstruktion GESENIUS, Grammatik § 155 e). Es ist aber von vornherein zu vermuten, dass alle Possessivpronomina der folgenden Verse die Weisen und Toren in einem - d.h. die Toten der v.11+12 - meinen[155]. Auch das entspricht ja ganz unseren Erwartungen: die zweite Strophe fragt nach dem Weg von Toten, d.h. vom Tod her beleuchtet sie das vorangegangene Leben. Sie untersucht das Leben, das in den Tod mündet, sie bietet eine posthume Reflexion über das Leben, sie entwirft eine Philosophie des Lebens vor dem Tode.

4.1.2. כסל למו

1. Der hier gemeinte Weg ist zunächst als der Weg derer bestimmt, die כסל haben[156]. Das Wort ist wie sein Homonym "Lende" von כסל "dick, plump sein" abzuleiten und bedeutet meistens "Vertrauen", einmal vielleicht auch "Torheit".

Bis auf wenige Kommentatoren, die diesen zweiten Sinn hier annehmen, entscheiden sich die meisten für das "Vertrauen" - "obwohl nicht ohne üblen Nebenbegriff" (STIER 139). כסל heisst für sie deshalb "die Selbstsicherheit,

155. Wie EERDMANS (265) die Possessivpronomina je nach Bedarf auf Weise oder Toren (Reiche) zu verteilen, ist sprachlich jedenfalls kaum vertretbar.

156. Die SEPT hat offenbar כשל (oder nach WUTZ 124: χεσελ) gelesen, das Wort mit כשׁל "straucheln" zusammengebracht und als σκανδαλον wiedergegeben. Sicher handelt es sich hier um eine auch sonst belegte Verschreibung von ס als ש (vgl. GESENIUS, Handwörterbuch 777). Ein Substantiv כשל gibt es jedenfalls nicht. Man mag das freilich bedauern, denn die Paradoxie des Weges, der den Leuten zum "Stolperdraht" würde, passte eigentlich sehr gut zum Grabhaus von v.12 und zur Scheolhürde von v.15a... GAL, PESH und wohl auch QUINT sind von der SEPT abhängig.

157. Neben PAULUS (251), HENGSTENBERG 464) und HIRSCH (259) auch UCHELEN (70) der folgende Begriffsbestimmung vornimmt: "Het word voor 'dwaasheit' kan

das Vertrauen auf die eigene Person und Macht, das Drehen um sich selbst..." (WEISER 262)[158]. Nun ist aber nicht einzusehen, woher ein solche "übler Nebenbegriff" kommen soll. כסל heisst <u>entweder</u> (im unklaren Vers Qoh 7,25) "Torheit" <u>oder</u> wirkliches Vertrauen ohne Einschränkungen oder Untertöne: in Ps 78,7; Spr 3,26 ist mit dem Wort das Vertrauen in JHWH gemeint, in Hi 8,14; 31,24, wo כסל parallel zu מבטח steht, ergibt sich die Falschheit des Vertrauens (des Ruchlosen ins Geld) aus dem Kontext, nicht aus dem Wort selber[159]. Deshalb muss man sich auch hier für das eine <u>oder</u> das andere entscheiden. Unzulässig weil unmöglich ist es, wie MOLL (252) "die Grundbedeutung der Zuversicht festzuhalten, welche sachlich ein Trotzsinn (Böttcher) ist, sich als Pochen (Hitzig) äussert und als Thorheit erweist". Solche Einschränkungen der Grundbedeutung von כסל müssten nämlich aus dem Text ersichtlich sein.

Nun fällt die Wahl zwischen "Vertrauen" und "Torheit" ganz bestimmmt nicht leicht: Angesichts des כסיל von v.11 drängt sich "Dummheit" auf, denn wegen der Spärlichkeit von Wortwiederholungen im Grundpsalm ist es unmöglich, כסל nicht mit כסיל in Verbindung zu setzen. Doch eben diese Bedeutung von כסל ist nur gerade durch die wahrlich nicht überzeugende Stelle Qoh 7,25 gedeckt[160]. Auch das verwandte כסלה, das in Hi 4,6 deutlich "Zuversicht" heisst

---

ook '(zelf)-vertrouwen' beteken." Diese Formulierung ist so falsch, dass nicht einmal ihr Gegenteil richtig ist...(vgl. unten Anm. 178).

158. KOENIG (597) nimmt offenbar die eventuelle zweite Bedeutung "Torheit" als Nebenbegriff zur ersten und übersetzt deshalb כסל mit: "religiöse Borniertheit".

159. Der Versuch, an unserer Stelle irgendeinen Gegenstand des כסל zu konstruieren (z.B. die ewigen Häuser, DE DIEU 141; der böse Weg, GEIER 731) ist völlig willkürlich.

160. Zwischen den entgegengesetzten ("profanen") Paaren "Weisheit und Einsicht" und "Torheit (und) Narrheit" wäre es sicher angebrachter, רשע כסל (als "religiöses" Begriffspaar) mit "Frevel (und) Gottvertrauen" (vgl. 7,26b!) statt mit "Frevel (und) Torheit" wiederzugeben. "Torheit" ist eine ad-hoc-Uebersetzung, nahegelegt durch den sprachlich ganz unmöglichen Versuch der SEPT, רשע כסל als ασεβους αφροσυνην zu verstehen und so die aus der seltsamen Verteilung der kopulativen ו entstandenen Schwierigkeiten zu überwinden. Da aber die SEPT gefolgt von der PESH beim letzten Glied (wo der Artikel von והסכלות einen Nominalsatz nahezulegen scheint) eine Gleichordnung vornimmt, könnte man sich wirklich fragen, ob im Satz לדעת חכמה וחשבון ולדעת רשע כסל והסכלות הוללות nicht doch alle Begriffe als Gegenstände des Wissens gleichzuordnen sind ("Zu wissen Weisheit und Einsicht und zu wissen Frevel ‹und› Glauben und Torheit ‹und› Dummheit") und zwei ו nur fehlen, weil eine unschöne Häufung vermieden werden sollte (vgl. den Ausfall des dritten ל in לדעת ולתור ובקש v.25). Doch auch wer lieber bei den traditionellen Nominalsätzen bleibt, tut gut daran, כסל wie an den andern Stellen als "Vertrauen" zu übersetzen. Damit vermeidet er hohle Tautologien, denn Qohelet würde nun sagen, er

und in Ps 85,9 traditionell mit "Torheit" übersetzt wird, hilft kaum weiter[16]. Schliesslich ist DAHOODs (299) Uebertragung von כסל als "wealth" wenig vertrauenerweckend[162], EHRLICHs Erklärung ist für einmal doch etwas zu originell und die vorgeschlagenen Korrekturen erweisen sich als ganz unbegründet[164].

Am besten ist es deshalb, den Entscheid noch zurückzustellen und sich vom parallelen Halbvers eine Hilfe in der Wahl zwischen "Vertrauen" und "Dummheit" zu erhoffen.

4.1.3. Auslegungen von v.14b

Diese Hoffnung scheint sich allerdings schnell zu zerschlagen, wenn man zu diesem Halbvers die Kommentare zu Rate zieht. Für STUHLMANN (137) bedeutet er, dass die Toten "im Munde der Enkel leben", KNUDTZON (Bibelstellen 198)

---

sei schliesslich dazu gekommen "einzusehen, dass Vertrauen Frevel sei, Dummheit hingegen bloss Dummheit", da das Vertrauen in die verführerische Frau (v.26) so gut wie Frevel zum Tode führt. Solange der ganze Abschnitt unklar ist, bleibt allerdings alles zweifelhaft - am meisten jedoch der Versuch, כסל ohne jeden Grund hier anders zu verstehen als sonst!

161. Man kann durchaus auch in Ps 85,9 כסלה als "Zuversicht, Vertrauen" verstehen, MT mit SEPT (και επι τους επιστρεφοντας προς αυτον καρδιαν) als וְאֶל-ישובו לכסלה lesen (vgl. GESENIUS, Grammatik § 155 n) und übersetzen: "ja, er [Gott] redet Frieden zu seinem Volk und zu seinen Frommen und zu (denen,) die zum Vertrauen zurückkehren." וְאַל-ישובו von MT ist syntaktisch gesehen eine <u>lectio facilior</u> dazu.

162. DAHOOD (299) begründet die Uebersetzung כסל = "wealth" folgendermasen: "The semantic range of root <u>ksl</u> partially coincides with that of <u>kbd</u>. From the latter derive vocables signifying 'liver', 'dull' and 'wealth', while dervatives of <u>ksl</u> include words for 'loins', 'stupid' and, presumably, 'wealth'. The clinching argument is supplied by Spr 19,1..." Die Folgerungen aus dem Vergleich von כסל und כבד sind schon rein logisch nicht vertretbar ("Nihil sequitur geminis ex particularibus umquam"), Spr 19,1 ist nur dann ein Argument, wenn vorher feststeht, dass die Stelle mit Spr 28,6 gleichbedeutend ist und schliesslich ist allzu klar, dass DAHOOD hier lediglich versucht, GUNKELs Uebersetzung ohne dessen "Textkritik" (vgl. unten Anm. 167) zu übernehmen.

163. EHRLICH (110) gibt - leider ohne Gründe zu nennen - כסל die Bedeutung dessen "was bestimmt erwartet wird" und kommt so für v.14 zur Uebersetzung: "Das ist ihr Lauf, das, was sie zu erwarten haben, und was nach ihrem Abgang geschieht, sie können es selber leicht aussprechen."

164. HOUBIGANT (64) liest זה דרך מסלל למו und beteuert dann: "Adi, quaeso, lector, ad veteres interpretes, videbis alium cavillari, alium tergiversari, alium nihil dicere, aut ab hodierno contextu recedere; quod solemne argumentum est depravatae lectionis." Nach HERKENNE (183) geht es hier um "das Geschick derer, die auf das Geld vertrauen". Er korrigiert: "<u>keseph</u> (aberratione oculorum) <u>kislamo</u>". STENZEL (153) geht deduktiv vor: "Zu ירצו muss es aber notwendig ein Verbum finitum geben,

möchte den Halbvers "vor der Hand" als Fragesatz übersetzen, um just dieses auszuschliessen. SCHULTZ (113) glaubt zwar auch, dass die Enkel noch von den Toten reden werden, doch damit zeigt sich eben nur eines: sie liessen sich durch den Tod der Vorfahren "nicht witzigen; sie sind wenigstens eben so thöricht, haben an ihrem Mund, dem frechredenden...d.i. an ihren Grundsätzen Gefallen"[165]. DELITZSCH (338) wendet dagegen ein, die Uebersetzung "nach ihnen = nach ihrem Tod" "würde...ohne Grund gleichzeitig gezollten Beifall ausschliessen" und meint offenbar wie HITZIG (272), "die Worte (bezeichneten) den 'rumor secundus' (Horat.epp. I 10,9) mit welchem die Rede des Reichen aufgenommen wird (Sir 13,22)...". Nach RASHI (47) meint der Satz, dass יום אחריתם תמיד בפיהם ואין חרדים ממנו, wogegen andere eher an posthume Reden der Toten denken: Ps-HIERONYMUS (967) sieht hier eine nutzlose "confessio in inferno", was wohl heisst שיבקשו נצחיות ויחלו פני האל שיושיעם (MEIRI 101). Nach MAILLOT (298) könnte es vielleicht sein, "qu'il y ait une pointe contre les philosphes assimilés à des bavards", dieweil für DAHOOD (300) der Vers ganz klar ist: "Of course, the sin of gluttony is meant."[166] GUNKEL (212) schliesslich erledigt alle diese Deutungen mit der Erkenntnis, der Vers sei "völlig sinnlos" und müsse anders "gelesen" werden[167].

Im Einzelnen sind die Erklärungen und Behauptungen nicht minder widersprüchlich.

4.1.4. ואחריהם

1. Als erstes stellt sich gleich mit ואחריהם die Frage, ob hier, parallel zu כסל למו eine zweite Bestimmung der "Weggänger" vorliege, ob im Gegenteil, זה דרכם untergeordnet oder nicht, eine zweite Gruppe von Menschen eingeführt werde, oder ob dieser zweite Halbvers einen strengen Parallelismus zum <u>ganzen</u> ersten Halbvers bilde.

---

dessen Ueberreste wir in כסל vermuten, etwa יכסלו (Jer 10,8)." Der Sinn des Halbverses wird so ohnehin nicht klarer.

165. SCHULTZ ist hier offenbar von GRAETZ (340) inspiriert, der den Vers allerdings korrigiert: ואחריהם כמוהם ירצו עולה. Aehnlich schon BUGENHAGEN (120): "Stulticia enim per manus traditur posteris."

166. Aehnlich schon LUZZATTO (211): חפצם ושמחתם הוא בפיהם כלומר במאכל ומשתה.

167. Sinnvoll ist der Vers für ihn erst in der Form: זה דרכם כסף למו ואחריתם בכתם ירצו wozu KOENIG (597) nicht zu Unrecht bemerkt, GUNKEL habe "diesen Zeilen zwar einen schallenderen, weil metallischen Klang gegeben, ihnen aber auch ihren tieferen Sinn, ihre Verwurzelung im geistigen Leben genommen".

Die letzte Möglichkeit scheidet ohne weiteres aus, denn sie verlangt auf jeden Fall einen Eingriff in den Text[168].

2. Die zweite Möglichkeit ist hingegen nicht auszuschliessen. אחריהם müsste dann als "die, (die) hinter ihnen (gehen bzw. kommen)" verstanden werden und wäre Subjekt zu ירצו.

Der ganze Halbvers könnte entweder eine gewissermassen in Klammern beigefügte "Nebenbestimmung" (DELITZSCH 338) zu v.14a sein: "Das ist der Weg derer, die כסל haben - während die hinter ihnen sich freuen an..." Er könnte aber auch parallel zu כסל למו sein: "Das ist der Weg 1. derer, die כסל und 2. derer, die hinter ihnen sich freuen an..." Schliesslich könnte אחריהם auch als Subjekt eines unterschlagenen Verbes (היה, הלך) gelten, von dem ein Relativsatz abhinge, womit v.14a und 14b wiederum in etwa parallel wären: "Das ist der Weg derer, die כסל haben, und hinter ihnen (gehen) die, welche sich freuen an..." [169]

In allen drei Fällen könnte "die hinter ihnen" Erben (vgl. unten 4.1.63.) Schüler (vgl. unten 4.1.62) oder unverbesserliche Nachahmer (vgl. unten 4.1.61) der Toten sein.

3. Die erste der eben genannten Möglichkeiten, gemäss welcher in v.14b eine zweite, zu כסל למו parallele Umschreibung der "Weggänger" zu sehen wäre, scheint mir aber die beste zu sein. Sie erspart uns den Rekurs auf irgendwelche mitzuhörende Verben und ist syntaktisch am einfachsten, sieht sie doch im ganzen Vers <u>einen</u> Hauptsatz (זה דרכם) und <u>einen</u> einzigen (wenn auch zweigliedrigen) von diesem abhängigen Relativsatz ohne Einleitung. Zudem ist in dieser Lösung אחריהם nicht Subjekt ("die hinter ihnen"), sondern was viel

---

168. Gelegentlich (STENZEL 152, KRAUS 363, PERDUE, Wisdom 314) wird mit Hinweis auf die BIBLIA HEBRAICA die Korrektur ארחותם vorgeschlagen. Eingebürgert hat sich aber die Korrektur אחריתם, "das Ende derer, die...", welche man bisweilen auf den TARG (ובסופהון) glaubt abstützen zu können. (vgl. DOEDERLEIN 102, DUHM 202, MINOCCHI 152, BERTHOLET 173, KITTEL 196, PODECHARD 14, SCHMIDT 94, BRIGGS 413, BONKAMP 237, MUELLER 30, McCULLOUGH 258, ANDERSON 378). Seltsam ist PLOEGs (152) Rezept: "Il faut donc ou bien lire אחריתם, ou bien retenir la leçon de TM et donner à אחרים un sens qu'il n'a pas ailleurs: la fin." Aehnlich schon MEIRI (101), der allerdings nur versucht, den MT und den TARG zu versöhnen: ואחריהם כמו ואחריתם כלומר ובסופם.

169. MICHAELIS (Varianten 158) behauptet, statt ירצו habe die PESH ירעו gelesen (Lesart, die er übernimmt, um sie dann mit dem arabischen <u>rʿw,</u> "heulen, klagen" zu verknüpfen!). Viel wahrscheinlicher ist aber, dass erst innerhalb der PESH-Tradition aus einer ursprünglich dem MT gemässen Uebersetzung durch Verwechslung von רעא I (= hebräisch רצה) mit רעא II (= hebräisch רעה) heutige völlig unsinnige Texteinteilung entstanden ist (ואחרית בפומהון נרעון איך ענא דיפס, "und schliesslich werden sie mit ihrem Mund geweidet wie Kleinvieh, Selah")

natürlicher ist, eine Präposition mit Suffix, die genau dem למו aus v.14a entspricht: "כסל ist ihnen und hinter ihnen...".

אחרי ist dabei, dem Todeskontext gemäss, rein zeitlich zu verstehen und bedeutet "nach ihrem Tod" (vgl. z.B. Gen 24,67; Hi 21,21; Spr 20,7; Qoh 7,14; sowie Dtn 1,8 u.o., vgl. KOENIG, Lehrgebäude II/2 § 401 b). Besonders angezeigt ist diese Bedeutung, weil sie den Zusammenhang, den die Wurzel אחר zwischen v.11c (לאחרים) und v.14b bestimmt herstellen soll, gut erträgt (vgl. z.B. Ri 2,10: "und dieses ganze Geschlecht wurde zusammen zu seinen Vätern versammelt, und es erstand ein anderes Geschlecht nach ihnen - דור אחר אחריהם - welches den Herrn nicht kannte"). Damit hätten wir die Bestätigung, dass die "Weggänger" von v.14 tatsächlich die Toten aus der Strophe v.11f sind - ja sie würden (jedenfalls formal) ganz gleich charakterisiert wie diese: durch eine "biographische" (v.12c+v.14aβ) und durch eine "posthume" Bestimmung (v.11c+v.14b).

Eine örtliche Bedeutung von אחרי, die die Bedeutung einer schulmässigen Nachfolge (Dtn 12,30 u.ö.) nach sich zöge, scheint mir hingegen weniger wahrscheinlich (vgl. unten 4.1.62).

4.1.5. ירצו

1. Ist אחריהם solchermassen Zeitbestimmung, dann folgt daraus, dass ירצו ein unpersönliches Subjekt hat (ähnlich wie קראו in v.12c). Auf keinen Fall kann man ja annehmen, dass die Toten selbst nach ihrem Tod ("nach sich selbst", vgl. Hi 21,21) "in der Hölle noch ihrer schlechten, thörichten Reden sich rühmen" (THALHOFER 300, vgl. auch oben 4.1.3)!

Desgleichen wird es unmöglich, ירצו von רוץ "laufen" herzuleiten, um dieses Verb dann mit אחרי konstruieren zu können. Das ist nicht weiter beunruhigend, denn wie die Erfahrung lehrt, kann man ohnehin auf diesem Weg einer Korrektur schliesslich nicht mehr entrinnen[170].

2. Das Verbum רצה, "Gefallen finden, Freude haben an" wird nur zweimal (Am 5,22; Ps 77,8) absolut (bzw. mit implizitem Objekt) gebraucht. Sonst wird es unter anderem auch mit ב der Person oder der Sache konstruiert - Konstruktion, die man folglich auch an unserer Stelle voraussetzen muss - und meint so die Freude Gottes (Hag 1,8: am Tempelbau; Mi 6,7; Ps 119,108: an einem Opfer; 1 Chr 28,4: an David; Ps 149,4: an seinem Volk; Ps 147,10: verneint, an den Schenkeln der Männer) oder eines Menschen (1 Chr 29,3: Davids am Tempel).

---

170. BAETHGEN (140) liest statt פיהם: כמוהם. TORCZYNER (54f) opfert sogar noch mehr, um ירצו auf die (nachmaligen) Toten beziehen zu können: ואחרי בצעם ירצו, "und die ihrem Gewinn nachjagen".

In der Nähe von פי finden wir רצה in Ps 119,108 ("Herr, nimm an die freiwilligen Opfer meines Mundes", d.h. die ich mit meinem Mund gelobt habe) und in Ps 62,5 ("Sie freuen sich an der Lüge - ירצו כזב - mit ihrem Munde segnen sie..."), doch ist פי in diesen Stellen nicht Objekt zu רצה, deshalb helfen sie nicht weiter. Im Gegenteil, Ps 62,5 ist eher dazu angetan, Verwirrung zu stiften. So konnte z.B. STENZEL (152) mit einem Hinweis auf das רצה von Ps 62,5 von der Beschreibung der Leute in v.14b behaupten, "das (könne) sich nur auf ihr Lügenmaul beziehen". Doch nur wegen Ps 62,5 aus dem Verb selber den geringsten pejorativen Unterton (der bösen, sündhaften Freude) herauszuhören, dürfte kaum angebracht sein - dafür wird es zu oft von Gott gebraucht (ganz abgesehen davon, dass in Ps 62,5 ein רצה ohne Unterton das ירצו כזב nur verschärfen kann: wie sich z.B. ein David am Tempel freuen konnte, freuen sich diese Leute an der Lüge).

4.1.6. בפיהם

Aus der Spärlichkeit der bisher zu v.14b gemachten sicheren Aussagen geht hervor, dass sich der Sinn dieses Teilverses - und damit von v.14 überhaupt - nun an בפיהם entscheiden muss.

1. Am beliebtesten ist das pejorative Verständnis dieses Ausdrucks. Es erlaubt, unverbesserliche[171] (und oft auch erbende) Komplizen der Toten auftreten zu lassen, die "mit vollem (grosssprecherischem) Munde... sich laut zu freuen (pflegen)" (PAULUS 251).

Zwar kann פה sicher auch "grosses Maul" bedeuten (vgl. Ri 9,38), doch müsste sich dieser pejorative Sinn auch hier aus dem Kontext ergeben, genau wie für זה (vgl. oben 4.1.11), כסל (vgl. oben Anm. 159) und ירצו (vgl. oben 4.1.52). Somit lässt sich also für den berühmten "verächtlichen Unterton" von v.14, der nach ZSCHIESCHKE (28) "ex omni nexu luculenter apparet" kein einziges Wort beibringen, das wirklich aus sich heraus diesen Unterton eindeutig sicherstellen würde[172].

Abgesehen davon ist die pejorative Deutung von בפיהם auch syntaktisch unmöglich: Einerseits kann man nicht umhin, die zwei gleichen Pronominal-

---

171. Vgl. z.B. STIER 139: "Es geht immer Einer dem Andern nach, die Kinder den Vätern, in diesem ganzen Geschlecht der Weltleute, obgleich Jeder aus dem Tode des Vorgängers hätte klug werden sollen."

172. Es sei denn, man folge DOEDERLEIN (102), der in einem Anfall exegetischer Verzweiflung diesbezüglich trotz allem fündig wurde: "Forsan סלה hoc loco potestatem nominis habet, a Syris petendam, ubi סלה est 'sprevit': unde vertere liceat: 'et exitus eorum, quem ore suo celebrant est abominatio.'"

suffixe in אחריהם בפיהם auf die gleichen Leute zu beziehen, ein Bezug aber auf die Subjekte von ירצו wurde schon oben (4.1.51) ausgeschlossen, und diese können auch nicht gut mit einem fremden Munde (dem der Toten) lästern. Andererseits wäre in dieser Deutung בפיהם Umstandsbestimmung und nicht mehr Objekt zu ירצו, was nicht sehr wahrscheinlich ist, da רצה (auch) mit ב des Objektes konstruiert wird.

Um diesen syntaktischen Schwierigkeiten auszuweichen, haben andere Anhänger der pejorativen Deutung פה als "Wort, Lehre" verstehen wollen[173]. Auch in dieser Deutung vermag zwar פה keineswegs dem Vers einen verächtlichen Ton, der wirklich an den verwendeten Wörtern ersichtlich wäre, abzugewinnen, eröffnet aber dafür eine durchaus akzeptable Deutungsmöglichkeit:

2. Mit פה wird in der Tat "häufig nicht der Mund, sondern das mit dem Mund gesprochene" bezeichnet (HIRSCH 269): die Meinung (Gen 24,57), der Befehl (Num 14,41; Spr 8,29), das Wort (Qoh 8,2)[174].

Versteht man פה so, dann greift v.14b auf v.12c zurück und entspricht dem zweiten Teil der als Kommentar zu jenem Vers zitierten Sirachstelle (39,9): αινεσουσι την συνεσιν αυτου πολλοι και εως του αιωνος ουκ εξαλειφθησεται. Die Autorität, die den Weisen nach v.12c zu Lebzeiten zukam, erhält sich nach ihrem Tode: "The names of the wise survived by their sayings, their words giving delight to following generations..." (EERDMANS 263). Dass der Name der Weisen in Ewigkeit bestehen bleibt, ist ja eine traditionelle Aussage (vgl. Sir 37,26; 39,9-11; Weish 8,13; geleugnet bei Qoh 2,16), und es ist klar, dass der Name des Weisen eben dadurch lebendig bleibt, dass "die Völker sich seine Weisheit erzählen und die Versammlung sein Lob verkündet" (Sir 39,10).

So verstanden stellt v.14b zudem eine eindrückliche inhaltliche, formale und funktionale Entsprechung zu v.12c dar: Inhaltlich reden beide Stichen von der Autorität der Weisen, die - im harten Gegensatz zu ihnen selbst (vgl. v.11-12.15) - dem Tod gegenüber resistent ist. Formal sind beide Sätze bis ins Einzelne (spiegelbildlich) gleich gebaut (unpersönliches Verb - Objekt mit ב - Umstandbestimmung). Funktional haben beide Zeilen die Aufgabe, die zwei Strophen enger miteinander zu verknüpfen:

173. ROSENMUELLER 1070: "Delectantur eorum effatis et sententiis, vanos illorum conatus dilaudant et approbant." Aehnlich STIER 139 und schon MEZUDAT DAVID: אף בניהם הבאים אחריהם גם המה ירצו לעולם באמרי פי אבותיהם להתהלל עם העשר.

174. Nähme man mit QIMHI (346) auch die Ausdrücke על-פי, לפי und כפי dazu (Zeugnis Num 35,30; Dtn 17,6; Befehl Gen 45,21; Dtn 1,26 usw.) würde die Liste noch eindrücklicher. Doch scheint mir da die Bedeutung des "Gesprochenen" für פי nicht so eindeutig.

v.12c macht dies, indem er in der Strophe über den Tod der Weisen rückblickend (קראו Perfekt) ihre Autorität zeit ihres Lebens (עלי-אדמות) erwähnt, v.14b tut es, indem er in der Strophe über ihr (im Licht des Todes gedeutetes) Leben vorausblickend (ירצו Imperfekt) auf ihre Autorität nach ihrem Tod (ואחריהם) hinweist. Und endlich: Wenn man ihn vor dem Hintergrund der ersten Strophe liest, passt der so gedeutete v.14b vorzüglich in die pessimistische Gedankenwelt unseres Grundpsalmes, wie eine ähnliche Aussage (KEEL, mündlich) im ägyptischen Harfnerlied zeigt:

> "I have heard the words of Ii-em-hotep and Hor-dedef, with whose disourcourses men speak so much. What are their places (now)?" (zit. nach PRITCHARD, Texts 467).

3. Nun hat aber BRIGGS (410) auf eine weitere Bedeutung von פה aufmerksam gemacht, die hier sehr wichtig ist, obwohl sie kaum jemand beachtet hat[175]: für BRIGGS heisst פיהם "their portion, literally their mouthful, the portion for their mouth to enjoy as a delicious morsel; a conception more frequent in the phrase 'double portion', assigned usually to the first-born son, Dtn 21,17; 2 Kön 2,9; Sach 13,8"[176]. פיהם als Erbteil würde nun auch sehr gut passen, ja, der in אחר enthaltene Rückverweis auf die Erbschaftsverteilung von v.11c legt diese Bedeutung mit Nachdruck nahe. Und doch ist sie nicht befriedigend, denn das Suffix von פיהם, das sich in unserem Text nur auf die Toten beziehen kann, müsste in dieser Sicht natürlich den Anteil als den der Erben qualifizieren (פיהם als der "Anteil der Toten, scil. den sie nachgelassen haben" scheint mir kaum denkbar).

4.1.7. Der Doppelsinn von v.14

1. Damit stehen wir in v.14b genau im gleichen Dilemma wie in v.14a: auf der einen Seite haben wir für das Schlüsselwort eine leidlich sichere Bedeutung, die gut in den Kontext passt (v.14a: כסל als Vertrauen, v.14b: פיהם "an ihren Worten"), und auf der anderen Seite legen Rückverweise auf die erste Strophe mit Nachdruck eine andere Bedeutung nahe, die aber semantisch oder syntaktisch ziemlich hinkt (v.14a: כסל als "Torheit" semantisch zweifelhaft, doch nachdrücklich nahegelegt durch כסיל v.11b; v.14b:

175. Nur gerade SCHLOEGL (72) und McCULLOUGH (258) übernehmen sie, WEBER (202) erwähnt sie bloss nebenbei.

176. Schon RUPERTI (290) hatte auf dem Umweg über das arabische fayʾ für פי die ähnliche Uebersetzung "praeda" vorgeschlagen.

בפיהם als "an ihrem Erbteil" syntaktisch schwierig, doch nachdrücklich nahegelegt durch לאחרים v.11c).

2. Ich löse das Dilemma folgendermassen:

Die "Weggänger" werden in v.14 als Leute beschrieben, die (echte!) Zuversicht und Vertrauen haben bzw. hatten und nach deren Tod man sich noch lange an deren Aussprüchen freuen kann. In v.14 sind also explizit und in directo die Weisen gemeint[177], so wie sie uns in v.11a und (vornehmlich) v.12c begegnet waren (כסל entspricht חכמים, בפיהם entspricht בשמותם).

Doch durch wörtliche Rückverweise auf die erste Strophe (vgl. oben) werden, in Form eines Wortspiels, die "Weggänger" auch als dumme[178] Leute dargestellt, die lachende Erben hinterlassen. So meint v.14 implizit und in obliquo auch die Toren, wie sie in v.11b und (vornehmlich) v.11c aufgetreten waren.

Ein solches Wortspiel muss nicht reine Spielerei sein. Es kann durchaus auch (nach dem Parallelismus in v.11a+b und dem umfassenden Plural von v.12ab) ein weiteres literarisches Mittel sein, um das gleiche Geschick der Weisen und Toren darzustellen: v.14 redet zwar vom Weg der Weisen - doch wer genau hinsieht, merkt, dass er im Grunde eben doch der Weg der Toren ist. Denn aufs Ganze gesehen gehen Weise und Toren, Gläubige und Gottesleugner, den gleichen Weg: den Weg zum Sterben (v.11f), d.h. den Weg des Todes (v.15).

3. V.14 fasst also durch explizite Aussage und mitzuhörendes Wortspiel die gesamte (vgl. unten Anm. 197) erste Strophe zusammen - und zwar damit im Folgenden (זה) aus dem Totsein der Weisen (vv.11a+12c) und Toren (vv.11b+11c), das in der ersten Strophe lediglich konstatiert wurde (v.12ab), die anthropologischen und theologischen Folgerungen für das Leben der Menschen (für ihren "Weg") gezogen werden können.[179]

177. Dass der Weise hier nicht durch Weisheit, sondern durch (religiöses) Vertrauen charakterisiert wird, ist unbedenklich. Schon in der alten Weisheit von Spr 10-15 ist der Weise der Gerechte (Spr 10,8; 14,6; vgl. WOLFF, Anthropologie 300). Später ist mit der Gleichsetzung von Weisheit und Tora die Identifikation noch naheliegender. Zudem geht es ja hier um den "Weg" des Menschen ("vor Gott"), deshalb ist es folgerichtig, wenn die, die "mit Gott" gehen als "gläubig" und nicht als "weise" bezeichnet werden.

178. Auch wenn das Wort כסל selbst nicht "Torheit" bedeutet (was mir sehr wahrscheinlich scheint, vgl. oben Anm. 160), muss diese Bedeutung in unserem Gedicht, wo כסל das כסיל aus v.11 aufnimmt, notwendig mitschwingen: der, der כסל hat, ist hier ziemlich dasselbe wie der כסיל.

179. Von den Exegeten, die nicht wie STENZEL (152) meinen, "das am Ende

Nach alledem kann man sich des Eindrucks nicht erwehren, PRAETORIUS (334) habe v.14 leicht unterschätzt, als er meinte, dieser enthalte "lediglich eine Glossensammlung"...[180]

---

von v.14 stehende סלה (passe) hier nicht in den Gedankengang, (müsse) also getilgt werden", bemühen einige ihre ganze Vorstellungskraft, um dem geheimnisvollen Wort an dieser Stelle seine spezifische Bedeutung abzulesen. Nach HENGSTENBERG (464) warnt das סלה, "dass man nicht auch zu der Zahl der Thoren gehöre, die sich nicht durch ihr [der Reichen] Schicksal von ihren Grundsätzen abschrecken lassen". Für SCHULTZ (113) hingegen ist es "die Verurteilung ihres Weges", die "durch das Einfallen der Musik möglichst stark hervorgehoben werden soll". Nach DELITZSCH (338) muss hier die Musik "in traurig schrillen Tönen die Thorheit der Welt beklagen". LESETRE (236) schliesslich meint: "Le סלה ...prépare à la terrible annonce du châtiment."

Mit dem vorgesehenen Anschluss von v.15a an v.14 (vgl. unten 4.2.1.) und mit der dadurch notwendigen Verschiebung des sof pasuq hinter שתו scheint das סלה mitten im Vers nun erst recht deplaziert. Dem ist aber nicht so. Zunächst einmal steht das סלה keineswegs immer am Ende eines Sinnabschnittes, sondern scheint bisweilen im Gegenteil zwei Verse eng miteinander zu verknüpfen (vgl. Ps 52,2f; 55,8f; 67,2f; 68,8f; 68,20f; 84,9f; 85,3f; 88,11f). Zudem finden wir in Ps 55,20 ein סלה mitten im Vers. Schliesslich hat man in Ps 39,6 den Eindruck, das סלה habe ursprünglich auch hier im Versinnern gestanden (v.6b ist parallel zu v. 7aα) und sei von der Tradition zu Unrecht als Versende aufgefasst worden (vgl. unten Anm. 423). An unserer Stelle ist demnach das סלה durchaus nicht fehl am Platz - ja, im Gegenteil, es erklärt vielleicht sogar, wie es zum metrischen Monstrum von v.15 kommen konnte: das einst "versinterne" סלה hat, ähnlich wie wohl in Ps 39, 6, den ursprünglich hinter שתו stehenden sof pasuq angezogen und so beide Tristichen der zweiten Strophe zerstört.

180. GUILDING (Rubrics) versucht auf ähnliche Art und Weise v.14b los zu werden: Nach ihm entsprachen die in fünf Bücher eingeteilten 150 Psalmen ursprünglich den 150 Wochabschnitten der dreijährigen babylonischen Tora-Leseordnung, die alle durch ein Stichwort gekennzeichnet wurden (vgl. Mk 12,26). "A string of three such catchwords written in the margin of a Psalm would indicate the three Thora lessons for the sabbat to which the Psalm was allocated, and might later be incorporated into the text through lack of understanding of its meaning." (42) In Ps 49 fänden sich diese ehemaligen Stichwörter in v.14b: ואחריהם weise auf Gen 49,1-50,26 (vgl. Gen 49,1 באחרית הימים), בפיהם auf Dtn 31,14ff (vgl. Dtn 31,19 בפיהם), ירצו auf Lev 26,3-46 (vgl. רצה in Lev 26, 34-43), die Texte, die je gegen Jahresende gelesen worden seien und deren enge thematische Verwandtschaft mit Ps 49 in die Augen springe. Ganz abgesehen davon, dass die Eliminierung der vermeintlichen "obscured rubrics and lectionary allusions" in unserem Fall den Sinn keineswegs verbessert (vgl. aaO 44), ist die Theorie als solche nicht nur reichlich hypothetisch, sondern auch unklar: warum sollte es pro Psalm drei Querverweise geben (bei dreijährigem Psalmen-Lesezyklus), bzw. warum wäre Ps 49 stets am Ende des Jahres gelesen worden (bei einjährigem Lesezyklus des Psalters)?

4.1.8. לשאול שתו

Nachdem des langen und breiten erläutert worden ist, von wessen Weg hier gesprochen wird, wird nun in der letzten Sinneinheit des Tristichon (zur Einteilung vgl. unten 4.2.1.) dargelegt, worin dieser Weg besteht.

1. Das einzige unklare Wort dieses Satzes (v.15a) ist das letzte: שַׁתּוּ.

Es pflegt von שתת, worin man eine Nebenform zu שית "setzen, stellen" sieht, abgeleitet zu werden (vgl. GESENIUS, Grammatik § 67 ee).

Nun ist diese Form an der einzigen Stelle, wo sie sonst noch belegt ist (Ps 73,9) klar transitiv: שתו בשמים פיהם. In unserem Vers fehlt aber jedes mögliche Objekt zu שתו, sodass man mit OLSHAUSEN (218) feststellen muss, "die Art des Subjectausdrucks (sei) für den Inhalt des Satzes nicht grade glücklich gewählt..."

2. Die einfachste Lösung ist natürlich immer der Eingriff in den Text.

Man kann selbstverständlich glauben, just die zwei Wörter לשאול שתו seien - welch glückliche Fügung - sekundär[181]. Man kann gewisse Umstellungen vornehmen, um wenigstens alle Wörter, wenn auch in neuer Reihenfolge, zu retten[182]. Man kann auch einfach behaupten, שתו sei "eine unmögliche Form" (GRAETZ 341) und sie deshalb anders lesen: שחו, von שוח "herabsinken" (GRAETZ aaO); יחתו von נחת "hinabsteigen" (BAETHGEN 141), שקו von שקק/שוק "laufen" (WUTZ 124), נשחתו von שחת, "verderben" (OESTERLEY 266)[183]

Es gibt allerdings auch eine seriöse Methode, den Text zu ändern: man könnte unter Annahme einer Haplographie שתום lesen (VOLZ 261[184]), wodurch das transitive שתו endlich zu seinem Objekt käme. Problematisch an dieser Lösung wäre allerdings das unpersönliche Subjekt, das man wie STIER (139) auf irgendwelche höhere Gewalten (Hi 33,23; Lk 16,22; 12,20) deuten müsste.

---

181. DUHM (202) sieht in diesen zwei Wörtern einen "Relativsatz: 'die man versetzte nach Scheol', der sich schon durch das 'man' als Zusatz verrät". Der ursprüngliche Vers lautet demnach כצאן מות ירעם! Ihm folgen PODECHARD (15) und SCHMIDT (94).

182. GUNKEL (209) liest: לשאול יחתו וירדו כצאן מות ירעם und KRAUS (363) vertauscht die Reihenfolge dieser beiden Sätze.

183. Schliesslich kann man auch den Kopf verlieren, wie BERTHOLET (173), der שתו nicht übersetzt und in einer Anmerkung einige Deutungen und Konjekturen zur Auswahl stellt, oder wie PAUTREL (531), der nach einer Darlegung der Schwierigkeiten von שתו unvermittelt die völlig nutzlose Konjektur כצאון לשלל שתו, "sicut oves ad preadam ponunt" vornimmt.

184. Aehnlich bereits PODECHARD (14), der שתום aber schliesslich verwirft, offenbar ohne die Möglichkeit einer Haplographie zu sehen. Aeltere Autoren wie GEIER (732), MICHAELIS (327) und STIER (139) nehmen offenbar ein implizites Objekt an, wenn sie mit Hinweis auf v.12c für שתו ein unpersönliches Subjekt fordern.

Alle diese Lösungen erübrigen sich aber, denn sie setzen alle voraus, dass es eine intransitive Bedeutung von שית oder שתת nicht gebe (vgl. PODECHARD 14). Diese Voraussetzung ist irrig.

3. Wie mehrere Exegeten[185] richtig bemerkt haben, ist eine reflexive oder intransitive Bedeutung von שית und damit von שתת durchaus anzunehmen[186]. Auch im Ugaritischen ist sie belegt (vgl. GORDON, Textbook Glossar Nr. 2410). Im Alten Testament liegt sie - sieht man von den unsicheren Stellen Ps 73, 28 und Hi 38,11 einmal ab[187] - mit Sicherheit vor in Ps 3,7 (Leute אשר

---

185. Z.B. RASHI (47), QIMHI (346 und Shorashim unter שות), MEIRI (101), ROSENMUELLER (1070), BOETTCHER (Inferi 198), DELITZSCH (338), HIRSCH (269), KESSLER (108), VOLZ (260), DAHOOD (300), der allerdings šitu vokalisiert, und UCHELEN (70).

186. Es wurde verschiedentlich versucht, für שתת über das arabische šṭṭ eine von שית verschiedene Bedeutung zu eruieren (SCHULZ 210: disgregari, RUPERTI 291: separari, distingui, segregari, PAULUS 252: zerstreut, verjagt werden). Auch PLOEG (153) bekennt: "J'ai un moment pensé à mettre שתת en relation avec l'éthiopien satata = scindere, discindere...mais alors שתו doit être vocalisé autrement, ou même corrigé. Mieux vaut donc s'en tenir à שית ." Diese letzte Bemerkung von PLOEG scheint mir richtig: wie immer man das dagesh deuten will, für die Bestimmung der Bedeutung von שתו muss m.E. auf jeden Fall שית massgebend sein. Das dagesh von שתו kann man sodann verschieden erklären: 1) Man könnte sich fragen, ob die Vokalisierung שתו nicht über das בפיהם von v.14 hier aus Ps 73,9 importiert wurde. Auf jeden Fall ist nach der Randmasora der Codices von ALEPPO und LENINGRAD das שתו von Ps 73,9 mit der Notiz ל versehen, das von Ps 49,15 dagegen ohne jede Notiz überliefert. Zudem könnte RASHIs (47) Bemerkung zu unserer Form (דגשות תי"ו במקום תי"ו שנייה לשאול שותתו) auf eine Mischform שַׁתּוּ aus שָׁתוּ und שַׁתּוּ hinweisen. Allerdings steht in diesem Punkt (!) die Manuskripttradition soweit sie einschlägig ist, geschlossen hinter dem MT. 2) Man könnte das dagesh nicht allzu ernst nehmen und wie BOETTCHER (Inferi 198) behaupten, שַׁתּוּ stehe hier "violentiae causa cum duplicatione mimica (cf. Job 21,13...) ut Ps 73,9 pro יְשִׁתוּ". Allerdings schafft in Hi 21,13 das dagesh einen Doppelsinn (indem es dem יֵחָתּוּ "sie steigen hinunter", von נחת , den zusätzlichen Sinn "sie werden zusammengeschlagen", von נתת, verleiht, "um...doch den Gottlosen einen kleinen Schabernack zu spielen" [DUHM, Hiob 110]). 3) Man könnte in שתו eine eher zufällige Analogiebildung zu den singularischen Formen שַׁתָּה und שַׁתִּי sehen. 4) Man könnte - und das ist vielleicht doch die sauberste Lösung - in שית und שתת zwei äquivalente Ableitungen der Wurzel שת , "setzen" sehen (vgl. GESENIUS, Grammatik §§ 67 z; 72a). Beide Verben könnten transitiv und intransitiv sein, wobei für שתת die Form שַׁתּוּ (im Gegensatz zur Form שתתו) eher die intransitive Bedeutung nahelegt (vgl. GESENIUS, Grammatik § 67 bb), sodass nicht unsere Stelle, sondern vielmehr Ps 73,9 problematisch wäre!

187. Mit intransitivem שית lassen sich diese beiden Stellen allerdings bedeutend leichter übersetzen: In Ps 73,28 passt die Uebersetzung "Ich stelle mich zu/stehe bei Gott, meine(m) Zuflucht(sort)" besser zum gängigen Gebrauch von מחסה als Gottesprädikation und zum ersten Stichos (קרבת אלהים!) als die lexikalisch sehr zweifelhafte Deutung "auf JHWH

(סביב שתו עלי) und Is 22,7 (Wagen und Rosse שת שתו השערה). In beiden Belegen ist besonders interessant, dass sie ähnlich wie unsere Stelle eine Richtungsangabe enthalten, woraus mit HIRSCH (269) die Bedeutung des intransitiven שית als "sich stellen in Richtung auf" und im Perfekt "gesetzt sein, stehen in Richtung auf" bestimmt werden kann. Schon die alten Versionen haben die Form so verstanden: passiv-intransitiv übersetzen SEPT (εϑεντο) QUINT (καταχϑησονται), AQ (εϑεντο), GAL und HEBR (positi sunt) sowie PESH (נשתלמון); reflexiv übersetzt THEOD (εταξαν εαυτοις)[188].

4. Das Perfekt שתו besagt also, dass die Leute, um die es hier geht, schon immer auf die Scheol hin gesetzt und ausgerichtet sind, ganz ähnlich wie es auch die schon zitierte (oben 3.1.23) Weisheitslehre aus Ugarit feststellt:

> "Alle Menschen legen sich zu Ereškigal,
> und auch wir sind gesetzt als seine Kinder
> (mârû-ši šaknû-ma)." (RS. 22.439,7f, vgl. Ugaritica V 283)

Das bedeutet nicht nur, dass sie (wie es die erste Strophe gezeigt hat) irgendeinmal sterben werden, sondern auch und besonders, dass sie immer schon im Tode stehen[189]. Es ist nämlich auffällig, dass in dieser zweiten Strophe die Scheol das Grab ersetzt hat[190]. Wie in einer Strophe über den דרך kaum anders zu erwarten, ist hinter den einzelnen konkreten Todesfällen plötzlich die ganze Todesmacht in den Blick geraten, die zwar

---

habe ich mein Vertrauen gesetzt", die auch durch Ps 62,8 ("mein Zufluchtsort ist Gott") kaum abgestützt ist (vgl. auch unten Anm. 414). Hi 38,11 übersetze ich folgendermassen: "Bis da (פה) kannst du kommen und nicht weiter, ja, ein Brechen (פא) ist aufgestellt/steht da gegen den Stolz deiner Wellen." Parallel zu normalen פה, "hier" kann das einmalige פא kaum zufällig sein. Ich halte es für eine spielerische Form des Infinitivs פאה, "spalten, brechen" (vgl. שבר v.10).

188. Eine Ausnahme bildet nur der TARG: Nach seiner sehr freien Paraphrase bildet v.15 zunächst einen Sündenkatalog der (in v.14 bei ihrem Tode geständigen) Frevler: "Wie Vieh haben sie die Gerechten in den Tod gesetzt (und sie getötet und die Gerechten und Diener der Lehre zerschmettert und die Geraden verprügelt - deshalb altern ihre Leiber in der Gehenna.")

189. Das Perfekt שתו steht hier also keineswegs "pro imperfecto" (AMAMA 284), sondern weist in seiner vollen perfektiven Bedeutung auf einen immer schon bestehenden, "naturgegebenen" Zustand des Menschen hin.

190. Kaum zutreffend ist die Unterscheidung von WAECHTER (Tod 56, Anm. 373): "Sofern vom allgemeinen Todeslos die Rede ist, wird von der Grube (שחת, v.10) und von Gräbern (קברים, v.12) gesprochen, ist von Selbstsicheren die Rede, da tritt das Wort "Scheol" auf (v.15)."

an diesen besonders gut sichtbar wird, jedoch bei weitem nicht auf sie beschränkt ist: "Die Domäne des Todes lag...für Israel nicht draussen am äussersten Rand des Lebens, sondern war tief in den Bereich des Lebens vorgeschoben." (v.RAD, Theologie I 400). Was also oben in v.13 angetönt worden war (vgl. 3.3.52) bestätigt sich hier: die Gleichheit von Mensch und Tier, die sich im Tode klar erweist, besteht schon im Leben, denn die Menschen sind zeitlebens schon immer auf die Scheol hin ausgerichtet und der Todesmacht überliefert. Das ist ihr Weg[191].

4.1.9. כצאן

Durch den Vergleich mit dem Kleinvieh erhält unser Satz eine zusätzliche Bedeutung, die den eben festgestellten Sinn nicht verändert, wohl aber ironisch verdeutlicht und verschärft.

1. Die meisten Kommentare pflegen zu כצאן instinktiv לטבחה (Jer 12,3) hinzuzudenken[192]. Folgerichtig soll dann dieser Vergleich mit dem Schlachtvieh "die Willenlosigkeit der Toten" zum Ausdruck bringen (KESSLER 108, vgl. WEISER 262, MULDER 128), die "Unfähigkeit zum Widerstande" (MOLL 252) Die Schafe sind in dieser Sicht "das eigentliche Bild für 'Herde', 'Masse', 'schwaches, ohnmächtiges Vieh'" (VOLZ 260), das "ohne Unterschied und Umstände, ohne Rücksicht und Respekt" (STIER 140) zur Schlachtbank geführt wird.

Da aber gleich darauf in v.15b ein Hirt und kein Schlächter auftritt, scheint es mir sehr unwahrscheinlich, dass der Vergleich solche Schlachtszenen evozieren soll[193].

---

191. Der Weg bezeichnet hier also nicht bloss den Akt des Sterbens, wie in Jos 23,14 und 1 Kön 2,2, sondern das ganze Leben, das als ein einziges, grosses Sterben erscheint.

192. KISSANE (217) z.B. meint: "The notion of violent and premature death is conveyed in the comparison with the sheep, i.e. like sheep to the slaughter." EWALD (252) und OLSHAUSEN (218) weisen auf Ps 44,12.23 als Parallele hin und PODECHARD (K I 218) denkt sogar an direkte Abhängigkeit von Jer 12,3.

Eine bestimmte Vorstellung von צאן (THOMAS VON AQUIN 338: "Oves non habent auxilium a natura ad se defendendum, et ideo expositae sunt ad caedem", doch vgl. unten 4.2.33) und eine bestimmte Auslegung von v.13 (KNAPP 101: "Das v.13 angefangene Bild von Schlachtopfern wird hier fortgesetzt", doch vgl. oben 3.3.43) drängen solche Auslegungen geradezu auf.

193. OLSHAUSEN (218) geht als einziger auf diesen Widerspruch zwischen Schlächter und Hirt ein. Er findet deshalb den Hirten "unpassend, insofern jene Vergleichung [von v.15a] eben das Abschlachten der Tiere zur Grundlage hatte und diesem kein Weiden mehr nachfolgt." Vielleicht um dieser Schwie

2. Viel naheliegender ist es deshalb, hinter unserem Vers nicht das Bild des Schlachthauses, sondern der Hürde zu sehen, wie das einige Exegeten getan haben[194]. Schon das Verb שתו legt das nahe: Mi 2,12 braucht das dem Verb שית nahe verwandte שום, um das Einpferchen von Kleinvieh zu bezeichnen, und in Gen 30,40 wird eben mit dem Verb שית beschrieben, wie Jakob seine Herde von der Labans trennt - dies doch wohl mit Hilfe von Hürden. Da Hürden dazu dienten, nachts die Herden vor wilden Tieren zu schützen (vgl. dazu NOWACK, Archäologie I 226)[195], sind sie im Alten Testament sehr oft ein Bild für Sicherheit, Ruhe und Geborgenheit (vgl. Mi 2,12; evt. Ri 5,16; Gen 49,14)[196].

Dadurch, dass nun an unserer Stelle die Scheol als Hürde erscheint, erhält der ganze Vers einen sarkastischen Unterton - ganz ähnlich, wie in v.12ab, wo das Grab als Haus umschrieben worden war.[197]

---

rigkeit auszuweichen, begnügen sich einige Exegeten beim Vergleich von v.15a mit der Feststellung שענינו נאספו ובאו בצבא (LUZZATTO 212, ähnlich schon QIMHI 346 und - als eine Möglichkeit, vgl. unten Anm. 196 - AMAMA 284). Doch so verstanden ist der Vers nicht sonderlich aussagekräftig, es sei denn man dichte dazu wie DOEDERLEIN (102) ein halbes Drama: "Metaphora petitur ob ovibus, quae aberrant a via tandemque devergunt ad praecipitia."

194. Schon RASHI (47) erklärt den Vergleich so: כצאן המתאסף לדיר כן הם לשאול, ebenso GEIER (732): "Sicut oves, quae interdiu per prata oberrarunt, noctu in angustum obscurumque coguntur ovile", dem MICHAELIS (327), ROSENMUELLER (1070), ZSCHIESCHKE (28) und STIER (140) folgen. Aehnlich BRIGGS (410): "...the abode of the dead being conceived as their fold, in which they are shut up for the nigth...". SCHMIDT (94) und EERDMANS (265) verweisen auf Gen 30,40.

195. Ob die Hürde als nächtlicher Aufenthaltsort des Viehs in irgendeiner Beziehung zum "Uebernachten" von v.13 und zum "morgens" von v.15c stehn, wird an dieser letzten Stelle zu überlegen sein (vgl. unten 4.2.64). Jedenfalls ist es - nach v.13 - nicht zufällig, dass das Stehen des Menschen im Tod just mit einem Tiervergleich umrissen wird (obwohl das "Tier" von v.13 und das "Vieh" von v.15 nicht denselben Klang haben, vgl. unten 4.2.33 und bes. Anm. 211).

196. Die oben (Anm. 194) zitierten Exegeten unterstreichen fast alle die Enge und Dunkelheit der Hürde, was ganz unwesentliche Bestimmungen sind. Denn schliesslich werden die Tiere nicht in eine Hürde eingeschlossen zwecks Verdunkelung oder Einengung und schon gar nicht "ut mactentur" (AMAMA 284), sondern damit sie geschützt sind. Massgebend im Bild der Hürde ist deshalb, dass sie - meinetwegen im Dunkeln, d.h. wenn Gefahr herrscht - vor dem Tode schützt.

197. Dieser Rückgriff auf v.12ab macht übrigens deutlich, dass v.15a noch zu v.14 gehört (vgl. unten Anm. 253), weil er das einzige Element der ersten Strophe, das in v.14 noch nicht zur Sprache gekommen war, aufgreift und gewissermassen zur weiteren Verwendung in der zweiten Strophe "aufbereitet".

Damit ist die Umschreibung des menschlichen Weges in v.15a klar: Der Mensch ist immer schon so konstituiert, dass er aufs Ganze gesehen ganz im Tode steht und eben darin besteht die letzte "Sicherheit" und der eigentliche "Friede", den er sich erhoffen kann.

In der Formulierung von v.15a ist zwar nicht von Gott die Rede - und doch steht diese Darstellung des menschlichen Weges schon in bewusstem Gegensatz zum traditionellen Credo, demgemäss natürlich JHWH es ist, zu dem hin der Mensch auf seinem Wege im Letzten schon immer hingeordnet ist und bleibt, auf den er von Geburt an "geworfen" ist (Ps 22,11) und sich stützen kann (Ps 71,6; 73,28 שתי!!). Die drei folgenden Stichen bringen diesen Konflikt mit dem traditionellen Glauben ausdrücklich zur Sprache[198].

4.2. DIE ABWESENHEIT GOTTES (v.15b-d)

4.2.1. Methodische Vorbemerkung zu Korrektur und Gliederung von v.15

1. Auch wer mit starkem Vertrauen in den masoretischen Text v.15 angeht, muss darauf gefasst sein, hier eventuell zu Korrekturen gezwungen zu werden, wenn er den Vers überhaupt übersetzen und erklären will (vgl. dagegen unten Anm. 232). Da die alten Versionen im grossen und ganzen offensichtlich keinen andern Text als den überlieferten MT gelesen haben (einzig bei צירם und לו sind einige Zweifel angebracht), wäre er dabei ganz auf freihändige Konjekturen angewiesen. Wichtig ist es deshalb, von vornherein nicht nur deren Anzahl[199], sondern auch deren Willkürlichkeit möglichst einzuschränken. Zu diesem Zweck habe ich bei der Rekonstruktion und der Gliederung von v.15 folgenden Weg eingeschlagen:

---

198. Die obzwar theologisch nicht sehr ergiebige, so doch nicht uninteressante Lösung von PRAETORIUS (335) sei hier nicht unterschlagen: Er leitet שתו von שתה II her und findet dann heraus, dass "für כצאן ... einst כצאה gelesen worden ist: 'etwas wie Unrat haben sie in der Unterwelt getrunken'. Dazu schrieb ein Leser das gewöhnliche Gegenstück an den Rand: וחראיהם בפיהם 'und ihr Kot ist in ihrem Munde'. Diese Glosse lesen wir jetzt mit nur ganz leichter Veränderung gleichfalls in v.14." Aehnlich lukullische Szenen findet übrigens auch BONKAMP (237f) - allerdings erst in v.15c+d: Er übersetzt "und ihre Speise [צידם], zum Verzehren für die Unterwelt, nimmt er [der Tod] vom Unrat [מִזֶּבֶל לו]" und kommentiert: "Der Tod ist ihr Hirt; die einzige Nahrung, die er ihnen in der Unterwelt zu bieten vermag, ist der Unrat des Bodens."

199. Vgl. PAUTREL 530: "S'il [MT] est fautif, ce qu'il semble bien être, il ne doit l'être qu'à un nombre limité de mots. Une ou deux grosses corruptions sont plus probables qu'un grand nombre de petites, et de toute façon, il est prudent de ne pas 'récrire' trop de mots."

2. V.15 besteht aus drei Arten von "Wortmaterial":
   - Wörtern, die zusammen einen Sinn ergeben, der gut in den Kontext passt (כצאן...ירעם). Hier ist keine Textverderbnis anzunehmen;
   - Wörtern, die zusammen einen Sinn ergeben, der gar nicht in den Kontext von Ps 49 zu passen scheint (וירדו...לבקר). Hier ist Textverderbnis am wahrscheinlichsten und zwar in Form von bewussten Aenderungen;
   - Wörtern, die zusammen scheinbar keinen Sinn ergeben (וצירם...לו). Hier ist Textverderbnis in Form von mechanischen Abschreibefehlern möglich.

Da nun Fehler in der 2. Gruppe wahrscheinlicher sind, als in der dritten, ist es methodisch unzulässig, an der zweiten Gruppe von Wörtern herumzukorrigieren, bevor man überhaupt versucht hat, die dritte Wortgruppe in ihrer überlieferten Form zu verstehen. Korrekturen in der zweiten Wortgruppe werden wir hier also (logisch[200]) erst nach einer Auslegung der ersten und der dritten vornehmen - dies im Gegensatz zu allen Kommentaren, die sich denn auch im letzten Versteil (der doch nicht der Verdächtigste ist!) zu den meisten und eingreifendsten Korrekturen gezwungen sehen[201].

3. Da ich im ersten und dritten Versteil keine grosse Textverderbnis erwarte, teile ich, von vorne und von hinten anfangend, den Vers rein mechanisch in Halbverse ein[202] - dies mittels Konsonantenzählung (und in bewusstem Missbrauch dieser Methode!!). Daraus ergeben sich folgende Halbverse:

(a)	כצאן לשאול שתו	10
(b)	מות ירעם וירדו בם	13
(d)	לבלות שאול מזבול לו	12
(c)	ישרים לבקר וצירם	(13/12)

Höchst erstaunlich ist, dass der aus dieser Operation entstandene "Restvers" v.15c eine absolut durchschnittliche Länge hat, also wahrscheinlich weder Glossen, noch Ausfälle noch überhaupt sehr tiefgreifende Störungen aufweist. Richtig ist diese mechanische Einteilung wenn

200. Dargeboten wird die Auslegung hier wie gewohnt in der Reihenfolge des Textes, entstanden ist sie aber umgekehrt vom Ende des Verses her.

201. Ein deutliches Beispiel dafür ist PAUTREL, in dessen doch so umsichtigen Auslegung mit wachsender Nähe zum Ende von v.15 auch die Zahl und Schwere der Korrekturen zunehmen.

202. Vgl. dazu PAUTREL (532): "...la division la plus mécanique des mots nous prépare des stiques de longueur plus équilibrée..."

a) v.15a sich zwangslos an v.14 anschliessen lässt (vgl. oben Anm. 197)
b) v.15b und v.15d sich als Sinneinheiten verstehen lassen (vgl. unten 4.2.45 und 4.2.75),
c) v.15c eine Parallele zu v.15b bildet (bgl. unten Anm. 242).

4.2.2. מות ירעם

1. Die zwei letzten noch gut verständlichen Wörter vor dem grossen "black out" von v.15bc sind von vielen Exegeten mit hohem Lob bedacht worden: Für SCHEGG (40) ergeben sie "ein ebenso kräftiges als schönes Bild", nach STENZEL (157) und WEISER (262) sind sie einfach "grandios" und MAILLOT (298) ist tief erschüttert: "la comparaison s'élargit et devient bouleversante...". Sogar DUHM (203), der sonst für Ps 49 nichts als Spott und Verachtung übrig hat (vgl. z.B. oben Anm 120), findet es "nicht ohne Reiz" - allerdings nur weil es "an die Totentänze des Mittelalters (erinnert)..."
2. Ueber das Lob hinaus sind sich die Kommentare allgemein darüber einig, dass hier der Tod personifiziert werde und weisen immer wieder hin auf Hos 13,14; Jer 9,20; Hi 28,22 und besonders Hi 18,14 (Tod als מלך בלהות, "König der Schrecken")[203].

Fast[204] unbestritten ist auch, dass hier eine "fortgesetzte Metapher der Schafe" (WETTE 343) vorliegt und der Tod als Hirte auftritt. Weniger Einstimmigkeit herrscht im Bezug auf den genauen Sinn dieser Metapher.

4.2.3. Das Hirtenmotiv

Das Hirtenmotiv ist im ganzen alten Orient weit verbreitet[205].

1. Als Hirt galt zunächst einmal der König. Von den vielen mesopotamischen Texten (vgl. SEIBERT, Hirt 7-10) sei als Beispiel der Epilog des Kodex Hammurabi zitiert, wo der König von sich sagt:

---

203. KRAUS (367) fragt sich, "ob diese 'Personifikation' von מות eine Erinnerung an die Gottheit Môt enthält, die durch die Ras-Schamra-Texte bekannt geworden ist", was er offenbar bejaht (vgl. unten Anm. 214, ähnlich ANDERSON 379). Gerade er sollte aber konsequenterweise diese Frage mit Bestimmtheit verneinen, hat er doch wenige Seiten vorher einen Versuch, das על-מות von Ps 48,15 mit dem ugaritischen Gott zusammenzubringen, als "recht phantasierreich" abgetan...

204. Anders z.B. BRUNO (241), der den Vers bis zur Unkenntlichkeit korrigiert, wie es seine Art ist. מות ירעם wird zu מיתרם im Satz לשאול שחו מיתרם וירדו בה מעשרם,"sie sinken in die Unterwelt von ihrem Ueberfluss, sie steigen hinunter in sie von ihrem Reichtum"!

205. Vgl. dazu J. JEREMIAS, in: KITTEL, Wörterbuch VI 484-487; für Aegypten: MUELLER, Hirt; für Mesopotamien: SEIBERT, Hirt.

"Die Grossen Götter haben mich berufen: ich bin der Hirt, der Heil stiftet, dessen Stab gerade ist, mein guter Schatten ist über meiner Stadt ausgebreitet, auf meinem Schoss habe ich die Leute von Sumer und Akkad umfasst, mit meiner Schutzgöttin und ihren Brüdern habe ich sie geborgen, dass der Starke den Schwachen nicht schädige, um dem Waisen und der Witwe zum Recht zu verhelfen..." (XLVII 40-62, zit. nach BORGER, Lesestücke II 42).

Auch in Aegypten kann vom Mittleren Reich an (vgl. MUELLER, Hirt 132, JEREMIAS aaO 485) der Pharao vom Gott Re sagen:

"Er hat mich zum Hirten dieses Landes gemacht, denn er wusste, dass ich es ihm in Ordnung halten würde." (Berliner Lederhandschrift I 6, zit. nach MUELLER, Hirt 133)

Sogar zum hohen Beamten kann man sagen:

"Du bist der Hirt, den Gott gegeben hat und sorgst für viele; du reichst die Hand dem, der elend ist, und hebst den auf, der gefallen ist." (PAPYRUS ANASTASI V 14,6ff, zit.nach ERMAN, Literatur 269)

In Griechenland ist der Herrscher ebenfalls ποιμην λαων[206]. Dass auch das AT das Hirtenmotiv für den König gebraucht, zeigen Stellen wie 2 Sam 5,2; Ps 78,71f. Allerdings wird nur der kommende endzeitliche Davidide explizit "Hirte" genannt (vgl. GESENIUS, Handwörterbuch 766: Ez 37,24; Mi 5,3). In Ez 34 erscheinen Beamte und Würdenträger als Hirten.

2. Hirt ist im alten Orient aber auch der Gott[207]. In Aegypten gilt z.B. der Sonnengott Re als ordnender Hirte, "unter dessen Herrschaft am Anfang der Welt das goldene Zeitalter geherrscht habe" (MUELLER, Hirt 129): "Man sagt, er ist der Hirte für jederman, und nichts Böses ist in seinem Herzen. Seine Herde ist gering, und doch hat er den Tag damit verbracht, sie zu sammeln." (Mahnworte des Ipuwer XII 1, zit. nach MUELLER aaO, vgl. PRITCHARD, Texts 443). Eine ähnliche Auffassung von Gott als Hirt der paradiesischen Urzeit findet sich wieder bei PLATO (Politikos 271e, vgl. JEREMIAS, aaO

---

206. Vgl. STEPHANUS, Thesaurus VII 1319f. Als Beispiele kann man HOMER, Ilias I 263, II 85, Odyssee IV 532 anführen. Schon in PLATOs Minos 321c wird dieses bei HOMER häufige Epitheton für Könige und Fürsten hervorgehoben. Sonst wird bei PLATO diese Metapher allerdings zur durchreflektierten Allegorie, wie nebst den Stellen aus "Staat" (IV 440d; I 343b-345e; III 416ab) und "Gesetzen" (V 735 bc) besonders der ganze erste Teil des "Politikos" (261d-277c) zeigt.

207. Ob das Hirtenmotiv zuerst auf den König oder zuerst auf den Gott angewandt wurde, ist letztlich eine religionsphilosophische Frage, die hier übergangen werden kann. Sicher ist, dass in Aegypten der königliche Hirte in den Quellen später auftritt als der göttliche Hirte.

485, Anm. 16). In Mesopotamien weisen die Namen "Marduk hat mich geweidet" oder "Schamasch ist mein Hirt" (STAMM, Namengebung 189; 214, zit. bei SEIDEL, Hirt 16) auf eine Hirtenprädikation Gottes hin. Das AT redet sehr häufig von der Hirtentätigkeit Jahwes im Bezug auf sein Volk - wobei aber interessanterweise der eigentliche Hirtentitel eher selten gebraucht wird (nur gerade Gen 48,15; 49,24; Ps 23,1; 80,2; Is 40,11; Sir 18,13)[208].

3. In all diesen Beispielen soll durch die Hirtenmetapher zum Ausdruck gebracht werden, dass der Gott oder König die Weltordnung sichert, die Menschen bewacht, beschützt und verteidigt - kurz: ihr Leben ermöglicht und erhält.[209] Der Hirt ist "der, der Atem geben kann" (5.Lied auf Sesostris III, zit. nach ERMAN, Literatur 182) und: "Gibt es denn einen Hirten, der das Sterben liebte?" (Ipuwer XII 14 zit. nach ERMAN aaO 146, vgl. PRITCHARD, Texts 443)[210].

---

208. Unklar ist, ob der übertragene Gebrauch von "Hirt" auch in Ugarit vorkommt. Für den König lässt er sich soweit ich sehe nicht belegen. Wenn die Hirten einmal gerade nach den Priestern genannt werden (rb.khnm.rb. nqdm: "Chef der Priester, Chef der Hirten", vgl. VIROLLEAUD, Fragment 241), scheint es sich um echte Hirten (bzw. um Grossgrundbesitzer oder Chefbeamte im Landwirtschaftssektor, vgl. 2 Kön 3,4; Am 1,1!) zu handeln, denn "il est naturel que dans un pays essentiellement agricole comme celui-là [Ugarit], les Pasteurs aient occupé l'une des premières places, la première après les prêtres" (aaO 242f).

Auch Baal erscheint unter dem Namen Had zweimal als Hirte, einmal in einem Trinkgelage des Gottes Rapiʾu: "Il Rapiʾu est assis à côté de ᶜAstart, le dieu Juge, à côté de Had, le pasteur qui chante et joue de la cithare, de la flûte (?), du tambourin et des cymbales." (UGARITICA V 553, zit. bei STAMM, Namen rechtlichen Inhalts 473) Das andere Mal wird der auf dem Zaphon thronende Baal beschrieben: "Baal est assis, (ayant) comme siège (sa) montagne, Had, le pasteur (hd.r[ᶜy]) (est) comme le db au milieu de sa montagne." (UGARITICA V 558) Doch unterscheiden sich diese Stellen m.E. von den oben angeführten altorientalischen Beispielen: Es sind keine "soteriologischen" Aussagen, die auf metaphorische Weise zeigen wollen, wie ein beliebiger Gott für die Menschen sorgt, sondern "theologische" Aussagen, die auf "dogmatische" (symbolische) Weise einen Fruchtbarkeits- und Hirtengott in seinem "In-sich-sein" umreissen (vgl. Dumuzi, Pan). Obwohl sicher Verbindungen bestehen zwischen diesen zwei Arten der Hirtenprädikation, scheint es mir doch nötig, sie zu unterscheiden.

209. Dass im Falle des Königs, der sich Hirt nannte, dieser auch praktisch wirklich Hirt war, ist natürlich noch nicht gesagt. Dass "sein Hirtentum...ihm auch die Möglichkeit zu einem negativen Gebrauch seiner Machtfülle an die Hand (gab)", nimmt SEIBERT (Hirt 1) wohl durchaus zu Recht an. Doch betont sie diesen ideologischen Aspekt der Metapher wohl doch zu stark, wenn sie z.B. annimmt, das Hirtenmotiv sei überhaupt nur (suggestiv) dazu benutzt worden, "die Menschen immer wieder in ihrer Abhängigkeit als Herde (zu kennzeichnen)" (aaO 10). Nahegelegt ist eine solche Aussage kaum durch die alten Texte selber, sondern eher durch den "progressiven" Standpunkt, von dem aus Frau SEIBERT diese angeht - bzw. angehen muss.

Folgerichtig kann innerhalb dieser Metapher von den Menschen als "Kleinvieh Gottes" (Lehre für Merikare zit. nach SCHMID, Weisheit 216, vgl. PRITCHARD, Texts 417) gesprochen werden, ohne dass damit der geringste pejorative Unterton verbunden wäre[211] - im Gegenteil liegt darin ein Ausdruck des Vertrauens und der Geborgenheit, wie etwa die in Mesopotamien belegten theophoren Namen der Form "Immer-^{d}NN", "Schaf des Gottes NN" (vgl. STAMM, Namengebung 12) sehr gut dokumentieren.

Im AT ist die Funktion des Bildes von Hirt und Herde dieselbe wie im ganzen alten Orient: "Es brachte die Geborgenheit Israels bei seinem Gott wie kaum ein anderes zum Ausdruck." (JEREMIAS, aaO 486)

---

210. Aehnlich auch im griechischen Raum, vgl. XENOPHON, Memorabilien III 2,1, wo Sokrates einen Feldherrn ermahnt: Του ενεκεν, εφη, Ομηρον οιει τον Αγαμεμνονα προσαγορευσαι ποιμενα λαων; αρα γε οτι ωσπερ τον ποιμενα δει επιμελεισθαι οπως σωαι τε εσονται αι οιες και τα επιτηδεια εξουσι και ου ενεκα τρεφονται τουτο εσται, ουτω και τον στρατηγον επιμελεισθαι δει..."

211. Deshalb hat das כצאן von v.15a für sich genommen (d.h. ohne לשאול) einen ganz anderen Ton als das כבחמות von v.13b.

Während der erste Vergleich, innerhalb des Hirtenmotivs, ein Ausdruck der Geborgenheit bei Gott ist, sagt der zweite die Trennung von Gott aus (durch die "Vertierung", d.h. den Verlust der spezifisch menschlichen Gottebenbildlichkeit).

Hinter den zwei Vergleichen stehen im Grunde zwei verschiedene Arten, das Tier zu sehen: das eine Mal (כצאן) sieht sich der Mensch "im Urbewusstsein eines geheimnisvollen Zusammenhanges aller beseelten Kreaturen" (HENRY, Tier 13) gemeinsam mit dem Tier Gott gegenüber. Diese Sicht ist im AT die weitaus häufigste (J-Schöpfungsbericht und die meisten vom Tier handelnden Stellen). Das andere Mal (כבהמות) "gehören ... Gott und Mensch zusammen als Herren über das Tier" (HEMPEL, Tier 219). Diese Sichtweise, die schon "ein stark rationalisiertes Lebensgefühl" offenbart (HENRY, aaO 48), ist nur gerade in Gen 1; Ps 8 zu spüren und führt von dort schnell in einen ausgesprochenen Pessimismus (Qoh 3,19; Sir 38,25f und eben Ps 49,13.21).

Wie in unserem Psalm sind auch in der schon zitierten Stelle aus der "Lehre für Merikare" die beiden Arten, das Tier zu verstehen, nebeneinander anzutreffen: "Wohl besorgt sind die Menschen, das Vieh Gottes. Er hat Himmel und Erde um ihretwillen erschaffen. Er hat für sie das Krokodil des Wassers beseitigt, er hat die Luft erschaffen, damit ihre Nasen leben konnten. Seine Ebenbilder sind sie, aus seinem Leibe hervorgegangen. Er geht am Himmel auf um ihretwillen, er hat die Pflanzen für sie erschaffen und die Tiere, Vögel und Fische, um sie zu ernähren..." (zit. nach SCHMID, Weisheit 216, vgl. PRITCHARD, Texts 4170). LAMPARTERs (251) Bemerkung, im AT habe "das Wort 'Vieh' nicht jenen verächtlichen Klang, den es für unser Ohr heute gewonnen hat", wäre nur zutreffend, wenn er sie statt auf v.13 ("Tier") auf v.15 ("Vieh") bezöge. Hingegen scheint IBN ESRA die Lage richtig zu erfassen, wenn er zu v.13 sagt: והנה האדם נמשל כבהמות שימותו גם הם במותם, dagegen zu v.15a (den er allerdings mit Hinweis auf Ps 73,9 auf selbstsichere Frevler bezieht): והטעם שמו עצמם במחשבתם שהם כצאן. (Ganz ohne Schlachtung kommt zwar auch IBN ESRA schliesslich nicht aus, doch steht die

4.2.4. Der Tod als Hirt

1. Wenn man nun vor diesem Hintergrund den Satz מות ירעם liest, müsste man eigentlich zunächst wie BRUNO (241) feststellen, dass "das Bild vom Hirten, der seine Herde weidet, in der atl. Bildsprache ganz anders verwendet wird" als hier in Ps 49. Nur deswegen den "leicht entstellten" Text so zu verändern, wie es BRUNO (aaO, vgl. oben Anm. 204) instinktiv tut, dürfte freilich kaum das richtige Vorgehen sein.

Andererseits können die hier mit dem Hirten verbundenen Vorstellungen auch wieder nicht so vollständig anders als sonst sein, deshalb besagt - wie schon HUPFELD (666) bemerkt hat - "das Bild des Weidens...wohl nicht, dass sie dem Tod zum Futter dienen, d.i. von ihm benagt, verzehrt werden", wie das gestützt auf Hi 18,13 periodisch immer wieder behauptet wird[212].

2. Vielmehr bedeutet das Hirtenmotiv, das immer "et regendi notionem induit" (ROSENMUELLER 1070), auch hier zunächst einmal, dass der Tod, "rex orci, in cuius potestatem et imperium devenerunt, ipsis praeest immitis rector dominatorque" (aaO). Ganz ähnlich wird auch in Hi 18,14 der Tod als König verstanden (vgl. STIER 140 und viele andere nach ihm).

Dass nun freilich die Todesmacht gerade als Hirt erscheint, ist nicht bedeutungslos, und es stimmt auch nicht, dass "omnis vis ac nervus huic imagini deest" (ZSCHIESCHKE 29)[213]. Damit wird nämlich - ähnlich wie in Mi 5,5 und evt. Ps 2,9a (vgl. WILHELMI, Hirt) - ein "souvenir antithétique" (PANNIER 289) an den normalen Gebrauch der Metapher hervorgerufen, der an

---

Bemerkung כי סופם לטבח bezeichnenderweise nicht bei כצאן , sondern bei מות ירעם.)

212. Vgl. schon RASHI (48): מלאך מות יאכלם, zuletzt von DAHOOD (300), der - allerdings als Erklärung zu v.15a - auf GORDON, Textbook 51, VIII 15-18 hinweist: al. tqrb.lbn.ilm.mt.al.y^{c}dbkm.kimr.bph ("Nähert euch nicht dem Göttersohne Mot, damit er euch nicht wie ein Lamm in seinen Mund stecke." Als Parallele zu unserem Vers in dieser Deutung könnte man höchstens Jer 6,3 anführen, doch werden in v.15a die Toten klar als Vieh, nicht als Weide, verstanden. Von solchen Vorstellungen her hat CASSIODOR (437) eine - später eifrig nacherzählte (vgl. LOMBARDUS 470, GERHOH 1593) - technische Beschreibung der ewigen Höllenqualen entwickelt: "Peccatores enim 'in inferno positos mors' aeterna 'depascit'. Nam sicut oves lanae suae amissione iugiter perseverant, sic in illos semper sine imminutione substantiae invenit, quod poena discruciet. 'Depascit' enim a iumentis tractum est, quae herbas non radicitus evellunt, sed abscindunt ipsas potius summitates."

213. Schlimmstenfalls kann man allerdings diesem Bild "vim et nervum" verleihen, wie es die MASSEKET GEHINNOM (2) tut, die sich hier eine höllische Sauna ausmalt: והראני בני אדם שמשליכין אותם מן האש לשלג ומן השלג לאש כרועה זה שרועה את צאנו מהר להר ועליהם הכתוב אומר כצאן לשאול שתו מות ירעם...

unserer Stelle den Sarkasmus, welchen schon v.12 antönte und v.15a weiterführte, auf die Spitze treibt: der Tod, der in unserem Satz betont an erster Stelle steht, er ist der Hirt und König der Menschen, d.h. nach dem üblichen Gebrauch des Bildes: ihr Lebensspender und Lebenserhalter.

3. Da aber üblicherweise nicht nur der König Hirt ist, sondern auch die Gottheit, könnte das Bild mehr enthalten als nur die Aussage, dass die Toten "in das Reich des Todes versetzt werden, seiner Herrschaft und Tyrannei verfallen" (HUPFELD 666). Es könnte durchaus eine theologische Konnotation beinhalten: der personifizierte Tod erschiene dann nicht nur als "rex orci", sondern auch als "antithetical to Yahweh Himself as the shepherd of His people" (BRIGGS 410 mit Hinweis aus Ps 23, ähnlich BOEHL 84, ANDERSON 379). Der göttliche, d.h. einzige und allmächtige Beschützer und Erlöser der Menschen wäre dann - der Tod selbst, und nicht JHWH. Dass hier tatsächlich das gemeint ist, wird der Parallelvers 15c eindeutig erweisen (vgl. unten 4.2.74).

4. Es scheint mir nicht überflüssig, hier nochmals ganz klar festzuhalten, wer denn eigentlich die Leute von v.15 genau sind. Sozusagen alle Kommentatoren nehmen spontan und ohne grosse Ueberlegung an, v.15 rede von Toten und wolle "den in die Hölle gelegten einen Hirten anweisen" (STIER 140). Demgegenüber behauptet z.B. EHRLICH (111), ebenfalls recht unbeschwert, "das Weiden durch den Tod (geschehe) nicht im Scheol, der wohl Aufenthalt der Toten, aber nicht des Todes ist, sondern auf Erden. Denn weil der Mensch mit jedem Atemzug dem Tode näher rückt, so wird sein ganzes Leben als ein langsames Sterben angesehen, und dieses gestaltet sich dichterisch zu einem Weiden, wobei der Tod der Hirt ist."[214]

Gewiss hat man damit eine für das Alte Testament zweifelhafte Alternative aufgestellt, denn der Tod als Herrschaftsbereich (שאול) und als aggressive Macht (מות personifiziert) betrifft die Toten und die Lebenden, zwischen den Lebenden als Bedrohten und den Toten als Ueberwältigten besteht nur ein gradueller Unterschied im Beherrschtsein durch den Tod. Doch gerade dies zeigt, dass man dem Text kaum gerecht wird, wenn man die Gültigkeit des מות ירעם auf das "Jenseits" einschränkt und diesem Hirten nur Tote zum Weiden überlässt.

---

214. PODECHARD (15) denkt sich die Herrschaft des Todes ebenfalls auf Erden, "où la mort, par les maladies et les accidents pousse chaque jour les hommes vers la tombe". Auch KRAUS (367) ist offenbar ein wenig dieser Meinung, drückt sich aber äusserst diplomatisch aus (wen rafft der Tod dahin, wenn nicht Lebende?): "Wichtig ist, dass die Reichen schon jetzt, mitten im Leben, von מות in die שאול herabgetrieben werden."

Zwar ist diese restriktive Auslegung sehr naheliegend, gerade im Hinblick etwa auf Hi 18,14f. Die Vorstellung, dass die Menschen, wenn sie einmal gestorben sind, vollständig der Todesmacht ausgeliefert sind, dass sie von Gott nicht mehr zu erhoffen haben (vgl. Is 38,18) und er für sie nichts mehr unternimmt (Ps 88,6.11a) - weshalb sie ihn auch nicht mehr loben (Ps 80,11 u.ö.) - ist ja im Alten Testament häufig genug, um sich auch an unserer Stelle aufzudrängen. Und doch passt sie m.E. hier schlecht hinein. Die zweite Strophe des Grundpsalmes will ja, wie schon mehrmals betont wurde, auf dem Hintergrund der Todeserfahrung der ersten Strophe vom Weg der Weisen und Toren reden, also von ihrem Leben (v.14). Dieser Lebensweg wurde schon kurz als ein "Je-schon-im-Tode-stehen" charakterisiert (v.15a). Wenn dann unmittelbar danach der Satz מות ירעם folgt, versteht man ihn mit Vorteil als eine ausführliche Umschreibung dieser kurzen Charakteristik: die Menschen sind schon immer in die Scheol hineingepfercht, sie stehen schon immer im Herrschaftsbereich des Todes. So ist es auch nichts als folgerichtig, dass der Tod - und nicht Gott - tatsächlich ihr Hirt und Herrscher ist.

Erst wenn man das מות ירעם solchermassen als "Lebens"bedingung der Lebenden, nicht der Toten, versteht, wird die theologische Tragweite dieses Satzes deutlich: Die, die zeitlebens schon im Tode stehen, die auf dem Weg des Todes gehen, die von Gott nichts mehr zu erhoffen haben, das sind in der traditionellen Weisheit nämlich die Frevler[215]. Ganz ähnlich, wie schon oben v.11 erleiden hier alle Menschen - zumal die Weisen unter ihnen - das Schicksal, das die traditionelle Weisheit den Frevlern und Gottlosen vorbehielt. Der Mensch überhaupt steht immer ganz im Tode, bloss dadurch, dass er lebt, trifft ihn diese Strafe[216]. Die Unordnung und Zusammenhanglosigkeit, die sich in der ersten Strophe an der Grenze des Lebens gezeigt hatte, "färbt ab" auf das Leben selbst und erscheint als dessen grundlegender Zug, sobald man versucht, den Tod im Ganzen des Lebens zu situieren. Dass der Tod "rückwirkend" das ganze Leben jedes Einzelnen und jedes Leben ganz entwertet und vernichtet, das ist die folgeschwere neue Erfah-

---

215. Vgl. dazu BARTH, Errettung 109f, wo u.a. auf Stellen wie Spr 2,18f; 5,5f; 7,27; 11,19; 12,28; 21,15 hingewiesen wird.

216. Wenn AUGUSTINUS (566, ähnlich Ps-ORIGENES 1448 und THOMAS VON AQUIN 338) zu unserer Stelle bemerkt: "Infidelium pastor mors, fidelium pastor vita. Si ergo in inferno sunt oves, quibus pastor mors est, in caelo sunt oves, quibus pastor vita est. Quid igitur? Iam in caelo sumus? In caelo secundum fidem", so umschreibt er sehr gut - nicht das, was der Text impliziert, sondern das, was er bestreitet!

rung, die dem Grundpsalm zugrunde liegt: "Τεϑνηχ' ο μελλων, κουκετ' εσϑ' ο κατϑανων." (EURIPIDES, Alkestis 527, vgl. Weish 2,2)

5. Das Bild des Todes als Hirten wird auch ausserhalb des AT gebraucht[217], und zwar nicht ausschliesslich zur Beschreibung des Jenseits.

HITZIG (272) verweist auf den "grex niger" von HORAZ (Carmina I 24,18). CHEYNE (221, vgl. BAETHGEN 141) nennt eine Stelle aus der HAMASA, in der "a plague-stricken Arab tribe is compared to a herd of camels, whose herdsman is death, to whose stall they must all come home, some sooner, some later". Aus Ugarit führt DAHOOD (300) die Beschreibung der Unterwelt im Vers ln^{c}my arṣ dbr, "zur Lieblichkeit des Landes der Trift" (GORDON, Textbook 67 VI 6) an. Auch in Aegypten erscheint der Tod "in dunkler und unheilvoller Weise in der Gestalt des Hirten" (MUELLER, Hirt 143): Der Mythos vom Sonnenauge beschreibt den Greifen mit dem Satz:

> "Er hat die Macht über alles, was auf der Erde ist,
> wie der Tod, der Vergelter, welcher auch der Hirte
> von allem ist, was (heute?) auf der Erde ist." (zit. nach
> MUELLER aaO)

6. Freilich ist in andern ägyptischen Texten das Bild des Geweidet-Werdens im Tode nicht wie hier "ganz ins Düstere gewendet" (MUELLER aaO). Im

Alten Reich kann man vom Himmelsgott Mechenti-irti bzw. von Osiris im Bezug auf die als Sterne gedachten Toten durchaus sagen:

> "Du hast sie in deine Umarmung genommen
> wie der Hirt deiner Kälber." (Pyramidentexte § 1533, zit. nach
> MUELLER aaO 128, vgl. FAULKNER, Texts 234)

Wenn nun aber das Bild von "geweideten Toten" wie in diesem alten ägyptischen Text ohne jeden sarkastischen Beiklang gebraucht werden kann, muss man sich fragen, ob das nicht auch in unserem Psalm der Fall sein könnte: in v.15 würde dann nicht das Hirtenmotiv durch den Todeskontext ironisch verzerrt und verfremdet, sondern im Gegenteil der Tod durch das Hirtenmotiv schliesslich doch verklärt und verharmlost (vgl. Ps 23,4). Aehnlich wie Weish 3,1ff würde dann die zweite Strophe das in der ersten Strophe beschriebene trostlose Geschick der Weisen als blossen Schein entlarven: "In Wahrheit sieht der Weg all jener, die im Glauben leben und Beständiges wirken ganz anders aus, als ein flüchtiger Blick vermuten lässt; denn gerade in ihrer Sterblichkeit sind sie im Letzten wie Vieh im Stall geborgen und der Tod, fern davon, sie zu vernichten, weidet sie und leitet sie zum Leben." Im bisher betrachteten Teil der zweiten Strophe ist ja der Sar-

---

217. Vgl. dazu GASTER, Myth 758f, sowie die Literaturhinweise 847.

kasmus (anders als in den v. 11-13) nicht eine Frage der Semantik, sondern eine Frage der Betonung: warum also nicht, statt des sarkastischen Akzentes (wie Vieh im Stall stehen sie - in der Scheol, der Tod ist es, der sie weidet) den trostreichen wählen (noch in der Scheol sind sie wie Vieh geborgen, der Tod, der weidet sie)? Das erscheint umso leichter möglich, als an den zwei andern atl. Stellen, wo das Hirtenmotiv ironisch gebraucht wird, dies auch im Text explizit angegeben wird: "Weidewerkzeug" ist in Ps 2,9 (?) ein Eisenstab, in Mi 5,5 ein Schwert.

Nun steht ein solcher Hinweis darauf, dass an unserer Stelle das Bild vom Hirten sarkastisch zu verstehen ist, m.E. gerade im zweiten Teil unseres Halbverses: וירדו בם.

4.2.5. וירדו בם

1. Es gibt seit dem letzten Jahrhundert nicht mehr viele Kommentatoren, die den an sich klaren Satz "und es werden herrschen über sie die Gerechten am Morgen" einfachhin - als "zukunftsgeschichtliche Thatsache" (DELITZSCH 339) - stehen lassen[218]. Die meisten unterziehen ihn einer strengen Kritik - dies wie mir scheint durchaus zu Recht. Nach OLSHAUSEN (218) z.B. ist "der hauptsächlichste Uebelstand... der höchst schroffe Uebergang von dem Vorhergehenden und die so sehr kurze und bloss gelegentliche Erwähnung eines Triumphes der Redlichen über ihre anmassenden Gegner". WELLHAUSEN (85) findet den Satz "extremly inappropriate in this passage" und für PODECHARD (15) hat er "aucun rapport avec le contexte"[219]. Etliche (etwa BRIGGS 413, GUNKEL 213, SCHMIDT 94) finden ihn schliesslich aus metrischen Gründen unhaltbar, was mir in diesem Fall das entscheidende Argument zu sein scheint (vgl. oben 4.2.13, aber auch unten Anm. 340a!).

So kommen fast[220] alle Kritiker zum Schluss, hier liege "eine von (kollektiven) endzeitlichen Vorstellungen beeinflusste - im Kontext wenig

218. Kritiklos übernehmen den Text z.B. STIER (140) mit Hinweis auf die "klassische" Parallele Mal 3,21, THOLUCK (242): "...denn siegt gleich das Reich Gottes nicht zeitlich, so siegt es doch ewig", EWALD (255): "v.15b blitzt die Messianische Hoffnung durch", STENZEL (153): "Es kommt hier der Gedanke einer richterlichen Tätigkeit der Frommen zum Ausdruck", ferner DELITZSCH (339), MOLL (252) SCHULTZ (114).

219. Für RUPERTI (292) sprechen offenbar primär dogmatische Gründe gegen den Vers: "Sed quam obscure haec dicta essent! et unde probabis, hominibus ante Christi tempore resurrectionis spem adfulsisse? Unde vero hausta est illa futuri justorum dominii idea?"

220. Nur WELLHAUSEN (85) sieht im ganzen Satz eine Interpolation, PRAETORIUS (335) - natürlich - weitgehend eine Glossensammlung und PERDUE (Wisdom 341) in ישרים לבקר "an apocalyptic addition".

plausible - Deutung des Konsonantenbestandes" vor (DEISSLER 33). Damit ist die Jagd auf den ursprünglichen Sinn eröffnet.

2. Am vorsichtigsten ist dabei BAETHGEN (141). Für ihn wird man "an den Triumph denken müssen, der den Rechtschaffenen über die Gottlosen durch die Tatsache des Todes der letzteren zu Teil wird".

Wer sich mit dieser recht abstrakten Deutung von רדה nicht zufrieden gibt, steht - ausserhalb der eschatologischen Szenerie - mit diesem Satz sogleich vor grossen Schwierigkeiten, die LUZZATTO (211) sehr gut umschreibt: וזה אמנם קשה להבין איך ימשלו בני אדם באותם שכבר מתו. LUZZATTO selbst deutete das ירדו בם ähnlich wie vor ihm etwa CLERICUS (308): "Hoc est, bona eorum possidebunt, neque enim mortuis aliter dominari licet." Doch die dem Verb רדה gemässe Ausmalung dieser Herrschaft durch BOETTCHER (Inferi 199) zeigt, dass man sie eigentlich den ישרים kaum zutrauen kann: "...iidem mortui...pecoris mactati instar toti proborum in potestatem dati (sunt); bene aut male dicere illis; honeste aut turpiter sepelire ipsos; hereditatem permittere aut lite illata adimere superstitibus..., prolem adjuvare aut pessumdare, denique parcere defuncto aut nocere, liberum est probis, exstincto, quem vivum metuerant."

Anders versucht es ROSENMUELLER (1070f). Er versteht רדה in seiner ursprünglichen Bedeutung "trampeln, treten" und kommentiert: "Pii superstites divitum illorum fastuosorum tumultis insistent, atque a quibus vivis sibi metuere cogebantur (v.6), hos ipsos iam in sepulchris sub terra reconditos et reclusos pedibus suis calcabunt." Diese neue Form von Totentanz hat zeitweise einigen Erfolg verzeichnen können[221], doch hat STIER (140) nicht Unrecht, wenn er sie als "meisterhafte Verflachung" zurückweist. Nicht viel besser steht es mit einer allegorisch-chemischen Deutung[222], die schon GEIER (732) verwirft: "ישרים de quatuor elementis, in quae cadaver resolvitur, satis coacte et absurde."

Bisweilen wird die Umvokalisierung in וַיֵּרְדוּ (von ירד, hinabsteigen) vorgenommen. Sie ist zwar nicht gerade konjektural[223], aber doch sehr un-

---

221. ZSCHIESCHKE (29) und HITZIG (272) übernehmen die Idee, nach WETTE (343) treten die Rechtschaffenen sogar "auf die Hügel oder Leichname ... mit dem Gefühle des Triumphes" (Hervorhebung von mir). Für HUPFELD (666) ist es ein "symbolischer Ausdruck für: 'als Sieger über sie triumphieren'".

222. Vgl. z.B. IBN ESRA: וירדו בם ישרים . זה אחר מותם והם ארבעה יסודים שאינם מורכבים שהאש מורכבת בו תשוב אל האש והרוח אל הרוח והמים אל המים והעצמות שהם ממתכנונות העפר אל העפר.

223. THEOD, von dem ein καταχθησονται überliefert ist, hat womöglich וֵירדו gelesen. Vielleicht ist die Form aber nicht von καταγω,

wahrscheinlich und zieht in neuerer Zeit meistens die Umstellung בְּמֵישָׁרִים לְקֶבֶר nach sich[224].

3. Besser scheint mir, ירדו in seiner üblichen Bedeutung beizubehalten und es unpersönlich zu verstehen: "und man unterdrückt sie".

Sehr befriedigend ist diese Lösung (besonders wegen des nachfolgenden ישרים) natürlich nicht, aber sie fügt sich doch nicht allzu schlecht in die bisherige Erklärung: das allgemeine und gewissermassen apriorische Stehen im Herrschaftsbereich des Todes (v.15a) wurde zunächst einmal näher erläutert als faktisches Geweidetwerden und durch die immer noch recht abstrakte Todesmacht (v.15bα). Dies wird nun wiederum präzisiert: der personifizierte Tod tritt zurück hinter die anonyme Masse jener lebensfeindlichen Kräfte aller Art, die, als Werkzeuge des Todes, dessen Hirtentätigkeit am Menschen konkret ausüben.[225] Dabei verknüpft der unpersönliche Plural diese Mächte, die den Menschen zeitlebens in den Tod hinunterdrükken, antithetisch mit der Menge jener, die den Weisen zeitlebens (v.12c) oder posthum (v.14b) hochleben lassen.

Da der Tod in diesem Verständnis immerhin noch indirekt das eigentliche Subjekt von ירדו ist, vermag ירדו בם zudem (wenn auch vielleicht etwas knapp!) den sarkastischen Ton des Satzes מות ירעם und damit der ganzen Strophe zu retten. Denn in Anbetracht seiner Grundbedeutung (treten, trampeln, in Joel 4,13 von der Kelter) wird רדה (ob mit Akk. oder mit ב) ein

---

sondern von καταχθεω, "quälen" abzuleiten, was eine durchaus nicht unpassende Wiedergabe von רדה wäre. Sicher hat aber die PESIQTA RABBATI (41,6 ähnlich TANHUMA-BUBER וירא 56) in einer Erklärung zum Namen "Moria" hier mit Angleichung an Num 16,33 ein יֵרְדוּ angenommen: אמר רבי שמואל הארץ שמתוכה עתיד הקביה להורות על הרשעים שירדו לגיהנם שנאמר כצאן לשאול שתו מות ירעם ירדו שאול חיים לבלות... Der YALQUT SHIMEONI (II תשנב) deutet (wohl auch unter dem Einfluss von Num 16,33) das Verb gleich: מהו לבקר אמר ר' יהושע בן לוי מלמד שהצדיקים יורדים בכל בקר ומבקרים אותן ואמרו לבני קרח... Diese Deutung schwingt womöglich auch in der MASSEKET GEHINNOM 2 mit (זה בא ודן אותו והולך לו, vgl. unten Anm. 225).

224. Mindestens die erste dieser Korrekturen nehmen z.B. vor: PAULUS (252), DUHM (202), PODECHARD (15), PLOEG (154), DAHOOD (300), MULDER (129), BOEHL (165), BERTHOLET (173).

225. Dieses Verhältnis zwischen den Subjekten von ירעם und von וירדו wird z.B. schon in der MASSEKET GEHINNOM (2) ausdrücklich (wenn auch bildlich) zur Sprache gebracht: אמר רבי יוחנן כל מלאך ומלאך ממונה להפרע עונש עבירה אחת. זה בא ודן אותו והולך לו. וכן השני . וכן השלישי. וכן כולם עד שמשלימין לכל עבירות שיש בידו . משל למה הדבר דומה לבעל חוב שהיו לו בעלי חובו הרבה והוליכוהו אצל המלך. אמר להם המלך מה אעשה לכם לכו וחלקוהו ביניכם. באותה שעה נפשו נמסרת בגיהנם למלאכים אכזרים ומחלקים אותו ביניהם (ähnlich MIDRASH GenRabba 26,2).

recht brutales Herrschen bedeuten. Das sieht man daran, dass es meistens für das Beherrschen von fremden Völkern (1 Kön 5,2; Ez 29,15; Ps 72,8) und von Feinden (Lev 26,17; Is 14,2.6; Neh 9,28; Ps 110,2) gebraucht wird - für ein Beherrschen also, das wohl meistens באף, "im Zorn" vollzogen wurde (Is 14,6) und mit einem "Vernichten" ziemlich synonym war (Num 24,19). An anderen Stellen werden Sklaven (Lev 25,43.46.53, mit dem Zusatz בפרך), Fronarbeiter (1 Kön 5,30; 9,23 und evt 1 Chr 8,10) oder Tiere (Gen 1,26. 28) "niedergetreten". Besonders wichtig ist in unserem Zusammenhang jedoch Ez 34,4, wo den schlechten Hirten Israels, die sich selbst weiden, vorgeworfen wird:

> "Das Schwache habt ihr nicht gestärkt, das Kranke nicht geheilt, das Verwundete nicht verbunden, das Verirrte nicht zurückgeholt und das Verlorene nicht gesucht - doch mit Gewalt habt ihr alles niedergetreten (רדיתם אתם) und mit Unterdrückung (ובפרך)."

Hier bezeichnet das brutale Niedertreten die verheerende Tätigkeit des schlechten Hirten. Genau ein solcher Ausdruck ist nun an unserer Stelle nötig, damit klar wird, dass das Hirtenmotiv nur eine sarkastische Umschreibung der Gefährlichkeit und Angriffigkeit des Todes ist.

4. Freilich- noch klarer würde dies, wenn hier, wie in Ez 34,4, der weidende Tod selbst unterdrückte und niederträte. Deshalb kann man sich ernsthaft fragen, ob es nicht doch besser wäre, die von HERKENNE (183) und PAUTREL (531) vorgeschlagene Korrektur von וירדו in וירדה vorzunehmen, wenn man ja ohnehin die von den Masoreten als solche akzentuierte Einheit ירדו בם ישרים verwirft.

Wer mit v.15 in der eben vorgetragenen Deutung nicht zufrieden ist, tut gut daran, diese Korrektur andern vorzuziehen. Textkritisch ist sie zwar völlig unbegründet, aber sie ist wenigstens die beste aller möglichen Konjekturen. Sie ist nämlich die einzige Korrektur, die es erlaubt, den ganzen restlichen Vers ohne jede weitere Veränderung in seiner tradierten Form als klaren, eindeutigen und einfachen Text zu verstehen, und somit ist sie die einzige Korrektur, aus der sich der überlieferte Text auf nicht allzu abenteuerliche Art ableiten und erklären lässt: man müsste nämlich nur annehmen, dass kurz vor der Uebersetzung ins Griechische, im Zuge einer frühen midrashischen Exegese, die anderorts auch in der SEPT selbst ihren Niederschlag gefunden hat (vgl. dazu PRIJIS, Tradition 67-75), unsere Stelle eine an Mal 3,21 angelehnte, eschatologische Deutung erfahren hätte, die sich durch Aenderung eines einzigen Lautes erreichen liess (ירדה-ירדו).

Ich halte allerdings nicht viel von dieser Erklärung. Die Verknüpfung unserer Stelle mit Mal 3,21 ist, soweit ich sehe, vor RASHI (48) nicht zu belegen[226]. Zudem glaube ich nicht, dass den frühjüdischen Höllenforschern die Vorstellung einer Beteiligung der Gerechten an der Folterung der Bösen speziell angenehm war (vgl. YALQUT SHIMEONI zu Mal 3,21!). Eher hat man das Gefühl, die rabbinischen Texte hätten den Satz וירדו בם ישרים לבקר zwar als syntaktisch unvermeidbare Einheit (vgl. וירדו gegen וצורם und neben ישרים) angenommen, mit seinem Sinn jedoch Mühe gehabt und deshalb versucht, ihn abzuschwächen[227].

Dies spricht einerseits für die Beibehaltung von וירדו, andererseits aber vielleicht auch für die hier vorgenommene Sprengung der masoretischen Akzenteinheit.

4.2.6. ישרים לבקר

1. Das Wort ישרים ist den Kommentatoren jeweils besonders willkommen, weil sich daraus schon mit geringfügigen Retouchen ganz unverhoffte Bedeutungen gewinnen lassen:

HERKENNE (183) z.B. liest יאשרם לקבר und sieht, wie der Tod die Menschen ins Grab geleitet. Nach WUTZ (124) wirft er sie vielmehr hinein, denn "auf Grund der alten Schriftgesetze" muss man natürlich וידריכם ישדם לקבר lesen, Satz, der unter Beizug des Syrischen (שדא = "werfen") "einen trefflichen Sinn" ergibt. Glaubt man hingegen DAHOOD (300), so sinken die Men-

---

226. Beide Verse erscheinen zwar in der MASSEKET GEHINNOM, doch in ganz verschiedenen Zusammenhängen und Kapiteln (Ps 49,15 in Kapitel 2, vgl. oben Anm. 225, Mal 3,21 in Kapitel 4, wo der Wind jährlich die zu Asche gewordenen Frevler unter die Füsse der Gerechten weht). Im SEDER OLAM RABBAH (3) stehen die beiden Verse zwar im gleichen Zusammenhang, aber nach dem Zitat von Mal 3,21, das dieselbe Strafe wie in der MASSEKET GEHINNOM belegen soll, wird Ps 49,15 nur zum Beweis für die Ewigkeit der Strafe und nur von וצירם לבלות שאול an zitiert. Aehnlich im babylonischen TALMUD, Rosh haShanah 17a.

227. Nur gerade dem MIDRASH TEHILLIM gelingt es beim zweiten Anlauf, mit einer politischen Interpretation (die freilich dem Kontext völlig fremd bleibt) den ganzen Satz zu retten: כצאן לשאול שתו. אלו אומות העולם שטבחו ישראל כצאן לשאול, להמיתן על קידוש השם. ירעם בגיהנם ויורידם (!) ואז ימשלו בם ישרים בעת שנעשה ערבו של ישראל בוקר (vgl. Weish. 3.8). Die andern Auslegungen mogeln entweder bei ישרים (so MIDRASH GenRabba 26,2 und MASSEKET GEHINNOM 2, die das Wort auf Todes- bzw. Folterengel deuten, vgl. oben Anm. 225) oder bei וירדו (so YALQUT SHIMEONI II תשנב, wo die Gerechten bloss hinuntersteigen, statt zu quälen, vgl. oben Anm. 223 und auch MIDRASH TEHILLIM!) oder bei beiden (so PESIQTA RABBATI 41,6, wo <u>Frevler</u> in die Scheol <u>hinuntersteigen</u>, vgl. Anm. 223).

schen wie Kälber ins Maul des Todes, denn von במישרים kommt man vermittels einer "doubtfull translation" zu "in this gullet (cf Spr 23,31f; Hld 7,10)" und לבקר muss (ל hin oder her) parallel zu כצאן sein, denn "the balance between בקר and צאן is very frequent". Je nach Bedarf lassen sich aber aus den ישרים auch Tote (GRAETZ 341: ופאים לקבר), Ochsen (TORCZYNER 55: כמו שרםי), faulendes Fleisch (GUNKEL 213: בשרם לרקב) oder lachende Aasgeier (PRAETORIUS 335: ירצו בם נשרים)hervorzaubern.

Dass den Exegeten bei all diesen Konjekturen nicht recht wohl ist, sieht man etwa daran, dass GUNKEL (213) das beliebte במישרים "sehr geistreich" findet, dann aber doch nicht dafür optiert, TORCZYNER (55) sich zu seiner eigenen Lösung "kaum entschliessen kann" und PRAETORIUS (335) unter seine Erwägungen die resignierte Bemerkung setzt: "Alles unsicher."

2. Sicher ist tatsächlich nur, beim Text zu bleiben. Dies fällt umso leichter, wenn man wie PAUTREL (533) ישרים als wirkliches Adjektiv versteht. Zur Bestimmung der Bedeutung dieses Adjektivs geht PAUTREL (aaO) aus vom Gegensatz zwischen "une âme enflée et non droite' dans Hab 2,4, d'où je puis approximativement penser que ישר peut signifier quelque chose comme: calme, apaisé. Mandelkern: 'tranquillus'. C'est utilisable. J'en ferai 'dociles'." Das Resultat scheint mir richtig, die Ableitung falsch.

ישר bezeichnet nur das "Gerade" im Gegensatz zum "Krummen" und bezieht sich zunächst (objektiv) auf den Weg, sowohl den materiellen (der auch in der Vertikalen gerade sein kann, d.h. eben) als auch übertragen auf den ethischen. ישר kann aber auch (subjektiv) denjenigen meinen, der den Weg geht: den ישר דרך (Spr 29,27), den ישר הולך (Mi 2,7). Zwar ist hier meist (d.h.: beim Verb bisweilen, beim Adjektiv immer) übertragen der ethische Weg ins Auge gefasst, doch das ursprüngliche Bild des Menschen, der seinen Weg geht, ohne nach rechts oder nach links abzuweichen, ist stets gegenwärtig (vgl. z.B. Spr 9,15!).

So scheint mir auch in unserem Vers das ישרים besagen zu wollen, dass das Vieh stracks den Weg geht, der vom Hirten vorgeschrieben wird, genau wie das die Kühe in 1 Sam 6,12 tun:

> "Die Kühe gingen geraden Weges (וישרנה ... בדרך)
> auf dem Weg nach Bet-Schämäsch, auf der einen
> Hauptstrasse gingen sie und brüllten im Gehen
> und wichen weder zur Rechten noch zur Linken..."

Insofern die ישרים eben ישרי-דרך (Ps 37,14) sind, "Gradausgänger des

Weges", und dies im ursprünglichen, nicht übertragenen Sinn, kann man sie wie PAUTREL unterwürfig und gefolgsam nennen.

Da der ganze v.15, wie der Beginn von v.14 gezeigt hat, eine Beschreibung des Weges der Menschen ist (זה דרכם), passt das so verstandene ישרים hier vorzüglich hinein.

Ob durch den hiesigen Gebrauch des sonst nur als ethische Qualifikation verwendeten Adjektivs bewusst ein ironischer Doppelsinn hervorgerufen wird, ist schwer zu sagen. Immerhin wäre es gut möglich, dass mit den auf dem Weg des Todes trabenden ישרים ("Gerechten") insinuiert werden soll, ethische Geradheit rette so wenig vor dem Tod wie Weisheit (vgl. dagegen Spr 10,2; 11,4), ja im Gegenteil, sie sei ein Mittel, ihm noch schneller und vollständiger zu verfallen.

Auf jeden Fall ist das ישרים eine sehr passende Umschreibung für die Wirkung, die das brutale Weiden durch den Tod auf Seiten der Toten zeitigt: sie können sich nur unterwerfen und gradaus gehen.

Syntaktisch kann man dieses Adjektiv entweder als Apposition zu בם verstehen ("und man unterdrückt sie - die Gefügigen"[228]) oder besser - und der Verseinteilung entsprechender - als Prädikat eines neuen Nominalsatzes: "und man unterdrückt sie, gefügig <sind sie>..." (vgl. die subjektlosen Partizipialsätze in GESENIUS, Grammatik § 116 s und andere elliptische Nominalsätze aaO § 147 e). Im zweiten Fall mag das Fehlen eines pronominalen Subjektes dem Satz den Charakter eines klagenden Ausrufs (vgl. aaO § 147 c) verleihen wollen, der im ersten Fall dem Ausdruck ohnehin eigen ist[229].

3. Keine Probleme bietet לבקר nur für die Exegeten, welche in unserem Vers den Endsieg der Gerechten über die Frevler beibehalten. Wenn sie diesen Endsieg erst im Jenseits annehmen, bedeutet לבקר "das Ende aller Geschichte" und den "Auferstehungsmorgen" (DELITZSCH 339). "Für die ישרים ist der Tod

228. So hat auch der TARG, der in v.15 die Untaten der Gottlosen beschrieben sieht (vgl. oben Anm. 188), die Wendung verstanden, denn er übersetzt וירדו בם ישרים mit וחריציא אלקו, "und sie verprügelten die Gerechten". Dass dies nicht einfach eine aramaisierende Fehlinterpretation (vorausweisendes Objektsuffix!) ist, zeigen die analogen Fälle, die QIMHI (345) in anderem Zusammenhang (קרבם בתימו, v.12a) anführt: 1 Chr 16,42; Jer 9,14; 52,20. Man könnte hier Jer 34,9 ergänzen.

229. Eine zeimlich genaue syntaktische Parallele zu unserer Stelle scheint mir in Spr 19,7 vorzuliegen: wie immer man das Ende des dritten Stichos verstehen will (Q: "er jagt Worten, scil. Versprechen nach, nur sie bekommt er"; K: "er jagt Worten nach, die nicht sind, scil. sich nicht erfüllen", "er jagt Worten nach und bekommt nicht einmal diese", "er bekommt stets dieselbe Antwort: 'Nein, sie, scil. sollen dir helfen'"), sicher nimmt das מרדף das ממנו aus dem vorangehenden Stichos auf.

der anbrechende Morgen eines neuen Tages" (HIRSCH 269), denn "tempus matutinum est illa redemptio et assumptio, translatio ad Deum" (KNABENBAUER 194). Für die, die den Endsieg schon ins Diesseits versetzen, ist לבקר "natürlich nicht der Morgen des neuen Lebens, der auf die Todesnacht folgt - ein Gedanke, der unserm Psalm fernliegt - sondern der Morgen der Befreiund nach der Nacht des Unglücks und der Unterdrückung durch die Gottlosen" (HUPFELD 666, ähnlich BAETHGEN 141, mit Hinweis auf Mal 3,20; Ps 46,6). Diese Befreiung finde gerade am Morgen statt, "weil der Untergang der Gottlosen in der Nacht erfolgt, wodurch das Unvermuthete und Plötzliche desselben ausgedrückt wird" (HENGSTENBERG 465).

Grosse Schwierigkeiten macht לבקר jedoch all jenen, die v.15 leicht korrigiert haben (ויֵרדו). Einige von ihnen beziehen es auf das frühere Leben der Toten. Nach ihnen steigen dann solche hinab, "die am Morgen noch glücklich waren" (PAULUS 252, ähnlich RUPERTI 292), oder früh gestorben sind: "Au matin (très tôt dans leur vie), prématurément, ils s'évanouissent pour toujours!" (GUICHOU 280) Meistens aber wird לבקר in לקבר korrigiert. Auch PAUTREL (531f), dem wir im Halbvers 15c bisher gefolgt sind, liest לְבָקָר, was ihn zwingt, das folgende וצירם in יָצוּרָם zu korrigieren ("dociles in gregem includet eos").

4. Ich sehe keine Notwendigkeit, לבקר zu korrigieren. Wenn der Ausdruck auch oft die ursprüngliche Bedeutung "bis zum Morgen" hat (Ex 34,2.25; Dtn 16,4; evt Zef 3,3; warten auf den Morgen Ps 130,6), so meint er doch meistens "am Morgen, gegen Morgen" (Jer 21,12; Am 4,4; 5,8; Ps 59,17; Esr 3,3 = 2 Chr 2,3). Gesichert ist diese Bedeutung durch Ps 30,6, wo לבקר parallel zu בערב steht. In dieser Bedeutung passt der Ausdruck recht gut in unsern Zusammenhang.

Einmal fügt er sich gut in das Bild des Hirten, "der die Nacht durchwacht, wenn alle Leute schlafen und das Beste für sein Vieh sucht" (3.Lied des grossen Amonhymnus', zit. nach ERMAN, Literatur 355), um dieses dann gleich am Morgen zu besorgen, wie es ein Gebet an Amon gut zeigt:

> "Amun, Hirte, <u>der schon frühmorgens</u> für die Herde sorgt,
> der den Hungrigen zu den Kräutern treibt[230].
> Es treibt der Hirte die Rinder zum Kraute; Amun du treibst
> mich, den Hungrigen zur Speise, denn Amun ist ja ein Hirte,

---

230. ERMAN (Literatur 382) übersetzte, allerdings mit Fragezeichen: "der das Geduldige zum Kraute treibt", wodurch der Text noch näher an unsere Stelle herankäme. Die Uebersetzung scheint sich leider nicht bewährt zu haben.

> ein Hirte, der nicht müssig ist." (Ostrakon British Museum Nr. 5656a, zit. nach BEYERLIN, Textbuch 66)

Das "frühmorgens" ergibt sich m.E. in diesem ägyptischen Text wirklich aus der Tätitkgeit des Hirten ("der nicht müssig ist"), nicht primär aus dem Verständnis Amons als Sonnengott (Sonnenaufgang!). Deshalb kann diese Vorstellung vom Hirten, der schon frühmorgens geschäftig ist, ganz gut auch unserem Vers zugrunde liegen. Hier ist allerdings diese unermüdliche Tätigkeit des Hirten bezeichnenderweise nur am Vieh verdeutlicht, das ohne jede Ruhe schon frühmorgens herumgetrieben wird und sich zu fügen hat. Hier ist לבקר also eine steigernde Näherbestimmung zu ישרים.

Es ist auch möglich, dass לבקר primär nicht zur Bildhälfte der Metapher gehört, sondern, wie IBN ESRA meint, כנגד ילין steht. Jedenfalls kommen beide Ausdrücke vermehrt nebeneinander vor (vgl. Ex 34,25; Dtn 16,4; Ps 30,6; 1 Chr 9,27). So verstanden müsste לבקר auf das Ende der Nacht, die der Mensch nach v.13 nicht übersteht, anspielen. Die Unterdrückung durch den Tod hört mit der Lebensnacht (v.13a) in der Scheolhürde (v.15a) nicht etwa auf, der Morgen bringt vielmehr ihre Vollendung: am Morgen werden die Menschen sterben und so vollends unterjocht und gefügig sein, was in der ersten Strophe drastisch vor Augen geführt wurde.

Da der Morgen (und zumal "לבקר" als Ausdruck des plötzlich und unvermutet Eintreffenden) sonst gerne mit der Hilfe Gottes verknüpft wird (vgl. ZIEGLER, Hilfe, LINDBLOM, Bemerkungen 12f, DELEKAT, Wörterbuch 8) könnte man sich schliesslich fragen, ob sich hier nicht einmal mehr ein böser Sarkasmus verbirgt: am Morgen werden die Menschen keineswegs (wie das die traditionelle Dogmatik meint, vgl. besonders Ps 30,6; 46,6; 59,17; 90,14; 143,8) unfehlbar von Gott gerettet, nein, am "Auferstehungsmorgen" werden sie im Gegenteil schön brav auf dem Weg des Todes weitertraben müssen (vgl. etwa Hos 10,15!) Diese Erklärung scheint weit hergeholt - im Lichte dessen, was folgt, ist sie aber so unwahrscheinlich nicht[230a].

230a. Anmerkungsweise muss ich doch gestehen, dass mich die eben vorgeführte Auslegung von ישרים לבקר nicht unbedingt befriedigt. Sie scheint mir lediglich die vertretbarste der schlechten Lösungen zu sein, die ich mir sonst noch denken kann: Die Uebersetzung "Gerechte <waren sie> im Hinblick auf den Morgen" ist m.E. schlechter als die vorgeschlagene, weil sie syntaktisch ebenso verknackst, aber semantisch (nun bei לבקר statt bei ישרים) noch zweifelhafter ist. Auch die Uebersetzung "Unterwürfig <sind sie> dem Hirten" (vgl. Am 7,14; Ez 34,12) ist schlechter, weil sie eine -wenn auch sehr geringfügige- Korrektur (לַבֹּקֵר) verlangt. Wer allerdings oben ירדו in ירדה korrigiert hat (vgl. 4.2.54), wird konsequenterweise hier mit noch weniger Bedenken eine Korrektur vornehmen können. Vgl. auch unten Anm. 340a.

4.2.7. וצורם

1. "Ultima huius commatis verba וצירם (וצורם) לבלות שאול מזבל לו admodum obscura sunt, et in iis explicandis in longe diversa abeunt interpretes et veteres et recentiores; sed nihil eorum quae tentarunt, prorsus nobis satisfecit." Dieses Urteil sprach RUPERTI (292f) 1801 aus. Etwa 100 Jahre später wiederholte es TORCZYNER (55) auf seine Weise: "Dagegen ist m.W. für die folgenden Buchstaben וצירמלבלותשאולמזבללו noch nichts Befriedigendes in Vorschlag gebracht worden. Sicher ist nur שאול." Leider gilt es heute noch, mit dem einzigen Unterschied, dass die widersprüchlichen Deutungen zahlreicher geworden sind, so dass ZSCHIESCHKEs (30) Bemerkung erst recht zutrifft, dass "iam antiquitus interpretes in hoc verso illustrando desudarunt, et immensum est, diversissimas huius loci afferre interpretationes."

Deshalb wäre es vielleicht besser, hier nur gerade ROSENMUELLER (1073) zu zitieren: "Taceo alias huius loci explicationes, quarum tot fere sunt, quot interpretes.", und dann gleich die letzte und neueste Hypothese aufzustellen, ohne Furcht vor dem "ridicule d'ajouter une tentative à tant d'essais méritoires" (PAUTREL 530)[231].

Immerhin kann man aber doch bei der Betrachtung der bisherigen Lösungsvorschläge die nützliche Feststellung machen, dass alle Exegeten ungefähr vom gleichen Vorurteil ausgehen: "Es wird...das Schicksal derer ausgemalt, die zur Unterwelt herabgefahren sind. Soviel kann man aus dem entstellten Text noch erkennen." (KRAUS 363) So kommen, trotz sehr vieler Abweichungen im Einzelnen, die Exegeten, die den Text übersetzen[232], auch fast alle zu einem der zwei folgenden Resultaten:

231. Bis auf PAUTREL hat kaum ein Exeget etwas von dieser Furcht verspürt, wie etwa die grundsätzliche Ueberlegung von DOEDERLEIN (102) zeigt: "Si cui liberiorem crisin exercuisse videor in hoc commate: is veniam debit coniecturis nostris tanto lubentius, quanto constantius fatentur omnes interpretes, desperatum esse locum, cui nonnisi critica manus mederi queat: neque ego ea omnia dixi ut certa et rata, sed ut probabilia, quae viam interpretationis certae sternere queant."

232. Keineswegs alle tun das, einige werfen resigniert die Flinte ins Korn: "Die folgenden Worte sind augenscheinlich corrumpiert und nicht mehr zu verstehen." (BAETHGEN 141) "...il senso à guasto sì da dover rinunziare a qualsiasi probabile correzione." (MINOCCHI 152) "Eine sachlich fundierte Rekonstruktion ist...unmöglich" (KRAUS 363) und "Vermutungen sind aussichtslos" (KITTEL 196). Kurz: "Dieser Vers ist in der jetzigen Textgestalt selbst durch künstliche und gezwungene Deutereien nur auf einen kaum erträglichen Sinn zu bringen." (MOLL 252). Deshalb: "Man thäte besser einzugestehen, dass hier ein Sinn, den man dem Dichter vernünftigerweise zutrauen dürfte, nicht mehr nachweisbar ist." (OLSHAUSEN 218f)

- "Die Gestalt der Toten zerfällt und die Scheol ist ihre Wohnung." Das מ von מזבול gilt als Präformativ oder wird wegerklärt.
- "Die Gestalt der Toten zerfällt und sie haben keine Wohnung mehr " bzw. "...und sie sind ihrer ehemaligen Wohnung fern." In מזבול findet man irgendwie ein negatives מן.

Schliesslich trösten sich wohl alle mit dem Satz von BAETHGEN (141) "Etwas ähnliches wird der Dichter gesagt haben, aber gewiss hat er sich deutlicher ausgedrückt."

Nun bin ich der Meinung, dass sich der Dichter (im überlieferten MT!) klar genug ausgedrückt hat - jedenfalls wenn man - mit Vorteil am Versende beginnend - den Text liest. Unverständlich ist der Vers höchstens für den, der von vornherein weiss, dass er "une sentence de condamnation irrévocable au séjour infernal" enthält (PODECHARD K I 220) und in ihm deshalb mit Notwendigkeit Leute vorkommen müssen, die "als nackte Schatten in der Oede des Hades umherschweifen" (DELITZSCH 339).

2. Alles entscheidet sich gleich am Wort צירם. Für ציר stehen die Bedeutungen I "Bote", II "Geburtswehen", III "Türzapfenloch", IV "Götzenbild" zur Verfügung. Da keine von ihnen recht passen will (vgl. CLERICUS 308)[233] versucht man stets auf irgendwelche Weise dem Wort einen neuen Sinn zu unterlegen. Meistens identifiziert man es als ציר IV "Götzenbild" (Is 45,16). Von צור III "formen" abgeleitet heisst es dann allgemein "Ein-, Ab- oder Ausgedrücktes, d.h. zunächst sinnlich mit der drückenden Hand (wie beim Töpfer, יצר) oder mit einem drückend oder schneidend eindringenden Werkzeuge Gebildetes, Geformtes. Hier heisst so die Leiblichkeit mit Einschluss der ganzen äusseren Erscheinung..." (DELITZSCH 339), deren Zerfall man nun fast allgemein in diesem Vers beschrieben wähnt[234].

Wer einwendet, ein solcher Zerfall finde normalerweise nicht in der Scheol, sondern im Grab statt (vgl. MOLL 253), bekommt - wenn überhaupt[235]

233. DE DIEU (141) gelingt es zwar, vermittels Allegorese den "Boten" hier einzusetzen: "'et legatus eorum (rectorum) est ad atterendum sepulcrum, ne sit habitaculum ei (sepulcro)'. Legatus rectorum est Christus, qui sepulcrum ita attrivit, ut non sit ei amplius habitaculum in quo rectos detineat." Aehnlich versucht BOETTCHER (Inferi 200) mit Vulgärdeutsch den Götzen zu retten: "Quem ad modum autem ipsa idola, ut immobilia et inanimata מתים et פגרים vocari solent...: ita invicem corpus mortuum, praesertim laute vestitum (cf...Is 30,22; 1 Sam 19,13; Bar 6,20) hominis ampli, qui dum in vivis, idem in honore summo fuerat, gravi cum contemptu dici potuit צירו, 'idolem eius', 'sein Götzenbild' (nobis fere 'sein Pracht-Balg', a pupis similitudine dicta)."

234. Schon ein Teil der alten Versionen hat צירם gelesen und als "Form" gedeutet: AQ übersetzt και χαρακτηρ αυτων, HEBR et fugura eorum, PESH וצורתהון. Aehnlich TARG (גופיהון).

- als Antwort die Präzisierung, ציר heisse wohl das Gebilde, "aber nicht das körperliche, das im Grabe verwest, sondern das geistige" (SCHULTZ 114), es sei hier also der Schatten, der "einer Aufreibung (verfalle) und zwar von Seiten der Scheol, die ihm eine schützende Wohnung sein sollte" (aaO).

Andere (z.B. RASHI 48) deuten mit der frühjüdischen Tradition (vgl. unten Anm. 250) ציר von vornherein als unvergängliche Form, die in der Scheol just nicht zerstört wird, sondern diese zwecks Erduldung ewiger Qualen überlebt.

3. In dieser Sicht wird das Problem des Qere צורם jeweils schnell gelöst: "Dass das Keri צור hier Fels heisse..., lässt sich kaum annehmen, obgleich manche Ausleger...sehr geschmacklose, sogar Christum, der die Hölle zerstört, darin sich findende Auffassungen erkünstelt haben." (STIER 141) Wem es nicht genügt, dieses Qere als "sensu tamen non satis commodo" zu deklarieren (ROSENMUELLER 1071), der kann es mit PODECHARD zur Stützung des Ketib ציר vereinnahmen: "Le kethib צירם ... est exact (cf Is 46,16). Le qere צורם ...ne peut donner un sens convenable, identique à celui du kethib que si on le considère comme une abréviation de צורתם..." (15 mit Hinweis auf GESENIUS, Grammatik § 91 e)[236]. Man kann aber auch dem Wort צור den Sinn "Fels" belassen und dafür sorgen, dass der ganze Satz trotzdem in etwa die gleiche Grundbedeutung behält wie mit ציר: So heisst צור für die Befürworter ewiger Qualen חזקם ותקפם (MEIRI 102) und ist ein "Ausdruck für das der Verwesung nicht verfallende seelische Wesen des Menschen" (HIRSCH 269, ähnlich der Grossteil der alten jüdischen Exegese). Für die Anhänger der Vergänglichkeit alles Irdischen bedeutet es einfach "Hort (= Gott in den Psalmen, hier = Reichtum)" (WUTZ 125, ähnlich MULDER 129) und bezeichnet "la situation en apparence inébranlable du mauvais riche" (PANNIER 291, ähnlich schon die meisten alten christlichen Exegeten)[237].

---

235. DELITZSCH (339) z.B. überspielt die Schwierigkeit mit der geschickten Formulierung, der Leichnam werde eben "im Grabe, dieser Unterweltspforte, zernagt".

236. Aehnlich schon QIMHI (347), vgl. PESH. Bezeichnend ist auch die Wortbestimmung von MUENTINGHE (III 83): " ציר oder צור (denn, wie man auch lese, so bleibt der Sinn der nämliche,) bedeutet wie das Arabische swrh die Gestalt, oder, der äussere Schein einer Sache."

237. Vgl. z.B. AUGUSTINUS (568): "Quod est auxilium eorum? Auxilium de pecunia, auxilium de amicis, auxilium de virtute sua." Gegen ein hebräisches צור in dieser Deutung wendet sich UCHELEN (71) zurecht: "De in de randtekst gegeven en 'te lezen' (qere-) vorm w^{e}ṣuram kan bezwaarlijk verstaan worden in die overdrachtelijke zin, dat voor de rijken vermogen en bezit een 'rots' is waar zij op vertrouwen...; het O.T. kent het gebruik van het woord vor 'rots' in deze zin niet."

Stets aber wird das Qere צור in Funktion des Ketib ציר (bzw. in Funktion eines von ציר her verstandenen Satzes) erklärt - und dabei ist צור so gut wie sicher die ältere und bessere Lesart[238].

Zunächst einmal wird dieses Qere צורם gestützt durch SEPT (και η βοηθεια αυτων), ROM und GAL (et auxilium eorum), SYM (το δε κρατερον αυτων), QUINT (και η ισχυς αυτων) und εβρ (ουσουραμ). Wenn dabei SEPT צור nicht mit dem persönlichen βοητος (vgl. Ps 18,2; 19,14; 78,35; 94,22) wiedergibt, sondern - genau wie in Ps 89,44 - mit dem sachhaften βοηθεια, so zeigt sich darin vielleicht schon jene Tendenz, die später (eventuell über die Deutung von צור als צורה) zur Korrektur ציר geführt hat und der auch alle oben erwähnten Erklärungen von צור verfallen: Man deutet צור als irgendwelche menschliche Wirklichkeit, um die Gottesbezeichnung צור aus dem Weg zu räumen und um so die theologisch gefährliche Frage, die das Ende des Grundpsalmes bildet, unterdrücken zu können[239].

---

238. Völlig unbrauchbar sind die "apriorischen" Lösungen von STENZEL und EERDMANS. Nach STENZEL (153) "(gibt es) wohl wenige poetische Stellen des AT die von den Rechtschaffenen, den Frommen ישרים handeln, ohne dass ihr Aequivalent in Gestalt der צדיקים ihnen beitritt oder gegenübertritt... sollte man da nicht die Vermutung aussprechen, dass das unverständliche צירם an der Stelle eines untergegangenen צדיקים steht?" Nach einer ähnlichen Methode argumentiert EERDMANS (266): "The verb shows that ציר must indicate something that can be overthrown. It refers to the bowels. Unverantwortlich tiefe Eingriffe in den Text nehmen auch diejenigen vor, die aus וצירם ein Verb herausholen: so GRAETZ (342) und PAUTREL (533), die beide יצורם lesen (der Tod wird sie einschliessen). HERKENNE (183) findet hier ein וירִיצם (von רוץ "laufen", vgl. oben 4.2.61). RUPERTI (295) hingegen beginnt mit einer verheissungsvollen Ableitung des וְצוֹרָם (oder וְצָרָם) von einer Wurzel srm = "brennen". Dann muss er aber bekennen: "Radix צרם in lexicis quidem hebraicis non reperitur, sed vulgaris est Arabibus et Aramaeis, eamque etiam aliis locis V.T. deprehendere memini, quos tamen mihi non notavi." Nach MAILLOT (294), der den Text nicht korrigiert, werden die Toten nach Abnützung des Grabsteins in die Scheol umgesiedelt. DOEDERLEIN (102) schliesslich muss den Text verändern weil er צור zu wörtlich nimmt: "et rupes eorum (sepulchrum in rupe excisum Jer 22,16) post longum aevum quaeritur (שאול) ne ibi habitent." HOUBIGANT (64) dagegen hält an ציר fest, weil es ihm eine Korrektur erlaubt: "ושארם לכלות 'et caro earum ad consumendum', earum, inquam, ovium de quibus antea...scriptum fuit. צי pro שא errore solemni, ob soni similitatem." Zu einer ähnlich gefrässigen Erklärung gelangt TROMP (245) ohne Korrektur (צירם = hun lichaam): "De idee doet denken aan het woord 'sarcofaag' (lijkkist), dat eigenlijk vleeseter, carnivoor betekent."

239. Diese "Versachlichung" von צור könnte allerdings auch nur aus der allgemeinen Tendenz zur indirekten Nennung JHWHs zu erklären sein. So übersetzen z.B. die Targume צור mit dem Adjektiv תקיף (stark) oder vereinzelt auch mit dem Substantiv תוקף (Stärke), Macht) vgl. WIEGAND, Gottesname 87f. Der SEPT-Kontext schliesst eine solche Erklärung jedoch aus. Dass hinter βοηθεια ein צור steht, scheint mir sicher zu sein. Die SEPT hat kaum עזרם gelesen, wie im Gefolge von HOUBIGANT (64) etwa

Das Qere צורם ist also lectio difficilior, insofern es ohne weiteres als Gottesbezeichnung gedeutet werden kann und dann theologisch - wie übrigens auch syntaktisch - um einiges befremdender ist als צירם (sobald man dieses als "Gestalt" in den Satz mehr oder weniger gut einbauen zu können glaubt). So ist auch nicht einzusehen, wie die masoretische Tradition auf ein Qere צורם gekommen wäre (mit dem sie ja nicht viel anfangen konnte), wenn es nicht die ältere Lesart ist - wogegen sich צירם ohne weiteres als mildernde Korrektur aus צורם erklären lässt.[240]

So scheinen mir die oben skizzierten traditionellen Auslegungen des letzten Teiles von v.15 richtig, insofern sie Auslegungen dieses vermittels des Ketib צירם entschärften Textes sind. Falsch (d.h. nicht der ursprünglichen Intention des ganzen Psalmtextes entsprechend und diesen an unserer Stelle bis zur Sinnlosigkeit - die man offenbar dem theologisch peinlichen Sinn vorzog - entstellend) ist צירם und insofern sind es auch die bisherigen Auslegungen, die sich alle (auch die, die צור lesen!) auf dieses Ketib stützen. Ich wähle das Qere צורם und verstehe es als Gottesbezeichnung[241].

4. Dass unser Text schliesslich Gott erwähnen würde, war schon lange zu erwarten: gleich zu Beginn der zweiten Strophe hatte der Ausdruck דרך die Behandlung der in der ersten Strophe dargelegten Erfahrungen "sub specie aeternitatis", "vor Gott" in Aussicht gestellt (vgl. auch v.13a), in כסל war den Weisen eine Vertrauensbeziehung zu Gott attestiert worden

---

PRAETORIUS (335) behauptet - um daraus ("ע für צ scheint gesichert") ein עולם zu konstruieren, mit dem er dann doch nichts anzufangen weiss ("was in dem Verse nach ישרים noch folgt, sind Glossen"). Auch wird die SEPT kaum mit βοηθεια im Sinne von "Hilfegeschrei" ein צירים, "Krämpfe" übersetzen wollen, wie es BLAN (Textkritik 728) behauptet. Denn wenn man auch gestehen muss, dass die "siebzig Uebersetzer" mit dem Hebräischen bisweilen - wie wir - Mühe hatten, so sollte man ihnen zumindest zutrauen, dass sie genug Griechisch konnten, um βοη von βοηθεια zu unterscheiden... Doch BLAN geht es ohnehin nur darum, zu zeigen, dass alle früheren Uebersetzungen und Auslegungen noch sinnloser sind als seine eigene Konjektur (וְיָרְדוּ כְּצֹאן לִשְׁאוֹל / שְׁאוֹל מִזְּבוּל לָמוֹ/ שַׁמָּה מָוֶת יִרְעֵם / יְצוּדֵם יְבַלַּע בְּשָׂרָם).

240. Diese Korrektur ist zur Text- und nicht zur Redaktionsgeschichte des Psalmes zu zählen, da mit צירם das Ende des Verses, besonders das לו schon rein sprachlich sinnlos wird.

241. Soweit ich sehe, hat noch nie jemand diese Möglichkeit überhaupt nur in Erwägung gezogen - ausser vielleicht DE DIEU (141), der auch (vgl. oben Anm. 233) das Qere צורם christologisch deutet ("Si autem secundum το קרי velis vertere 'rupes eorum', recte quadrat, nam et illud ad Christum optime pertinet."). Dieselbe Auslegung vertrat nach DELITZSCH (361) auch "der in Jerusalem verschollene Isr. PICK" - und zwar "auf einem fliegenden Blatte der früheren amênischen Gemeinde in München-Gladbach"!

(vgl. auch v.12c), das Verständnis der Scheol als der den Menschen letztlich umgreifenden Wirklichkeit schien in einer gewissen Spannung zu traditionellen Glaubensformulierungen zu stehen, mit der Bezeichnung des Todes als Hirt war implizit auch die Frage nach Gott als dem Hirten angedeutet worden, und diese wurde vielleicht mit לבקר noch verschärft. So ist es nun keineswegs erstaunlich, dass hier explizit gefragt wird: וצורם - "und ihr Fels?".

Dass Gott hier unter der Bezeichnung צור erscheint, ist durchaus angebracht, denn bei צור liegt "das Schwergewicht auf dem Schutzgewähren und der majestätischen Stärke" Gottes (A.S. VAN DER WOUDE, in: JENNI, Handwörterbuch II 542). Genau dieses "Fels-sein" Gottes, seine Macht und sein Rettungswille bei Todesgefahr (vgl. Ps 78,34f), stehen hier aber zur Diskussion, wie das Vorhergehende vermuten lässt und das Folgende bestätigen wird.[242]

5. Syntaktisch sei noch angemerkt, dass zur Einleitung einer Frage ein ו zur Not ausreicht (vgl. GESENIUS, Grammatik § 150 a), zumal wenn sich diese aus dem Vorhergehenden ergibt.

Die zweiteilige Frage, in der zunächst nach dem alleinstehenden Subjekt gefragt wird und dann nach dessen (angezweifelten) Tätigkeit findet sich z.B. auch in Ps 6,4 (ואת יהוה עד מתי) oder Is 48,6 (ואתם הלוא תגידו). Wie in unserem Fall auf zwei Teilverse eines Tristichons verteilt liegt sie in Ps 78,19 vor: וידברו באלהים אמרו היוכל אֿל לערך שלחן במדבר. Hier wird der zweite Teil der Frage sogar gleich eingeleitet wie an unserer Stelle, wobei das לערך allerdings durch יכל vorbereitet ist. Doch ist auch die elliptische Form (ohne Hilfsverb "kann er?" oder vielleicht besser: ohne היה, "ist er da,um?") belegt: ויאמר האלהים אני להמית ולהחיות (2 Kön 5,7).

---

242. Mit einem ganz normal als Gottesbezeichnung verstandenen וצורם entsteht auch eine sinnvolle Einheit (man mag sie "synthetischen Parallelismus" nennen) zwischen v.15b und v.15c: מות ירעם וירדו בם ישרים לבקר וצורם. Am Anfang und Ende des Verses stehen die zwei Protagonisten: der personifizierte Tod und Gott, in der Mitte zwischen beiden die Menschen. In v.1[...] wird die Tätigkeit des Todes, das Weiden, gleich näher bestimmt als brutales Unterdrücken der Menschen, v.15c spinnt den Gedanken weiter und führt uns das entsprechende Erleiden der Menschen vor Augen: das hilflose Unterworfensein, das als sofortiges und unablässiges präzisiert wir[d.] Entsprechend den faktischen Machtverhältnissen in der vom Tod beherrscht[en] Welt verhält sich auch die Länge der Sätze (dem Tod kommen 4 Wörter zu, dem Menschen 2 und Gott nur 1). Der syntaktisch ziemlich zerklüftete Ver[s] wird lautlich zusammengehalten durch die Alliterationen auf י und die Hä[u]fung an ר.

Damit scheint mir die oben (4.2.13) geforderte Parallelität zwische[n] v.15b und v.15c (wenn auch vielleicht mit etwas kabbalistischer Spitzfindigkeit) zur Genüge aufgezeigt.

4.2.8. לבלות שאול

1. Ganz entsprechend zu den letztgenannten Beispielen ist der Infinitivus constructus לבלות anzuschliessen: ausgelassen wurde das selbstverständliche יהיה. Unter den verschiedentlich angeführten Beispielen für diese Konstruktion (STIER 141: Ps 25,14; Hos 9,13; ZSCHIESCHKE 30: Dtn 20,19; vgl. GESENIUS, Grammatik § 114 h-l) kommt wohl Is 38,20 unserer Stelle formal und inhaltlich (es geht um Errettung vom Tode) am nächsten: יהוה להושיעני ונגנותי נגגן, "JHWH (war da um, war bereit) mich zu erretten, deshalb wollen wir musizieren..." An unserer Stelle erscheint das Ganze in Frageform: "Und ihr Fels? Er sollte da sein, um...?" Die zwei letzten Wörter des Verses werden zeigen, dass die hier angebrachte Modalität tatsächlich nicht das "Können" (mächtig genug sein, um: יכל), sondern wie syntaktisch zu erwarten das "Wollen" (bereit sein, zu: היה) ist.[243]

2. Welche Tätigkeit von Gott erwartet wird, geben die zwei ersten Wörter von v.15d an. לבלות שאול kann nur als Infinitivus constructus Piel mit abhängigem Akkusativobjekt verstanden werden (vgl. GESENIUS, Grammatik § 115 a, b).[244] בלה bezeichnet im (intransitiven) Qal die Abnutzung von Kleidern (Jos 9,13; Neh 9,21; Dtn 8,4; 29,4), aber auch übertragen von alten (Gen 18,12) und kranken (Ps 32,3) Menschen oder von Himmel und Erde (Is 51,6; Ps 102,27). Das Piel ist das Kausativ dazu: der Abnutzung werden zugeführt durch Menschen materielle Güter (Is 65,22[245]; Hi 21,13 das Leben), durch

---

243. Wiederum sind es die zwei oben Anm. 241 erwähnten Exegeten, die als einzige die modale Nuance dieser Konstruktion bemerken: DE DIEU (141) meint: "Illud autem לבלות potest etiam verti 'opportet atterere' id enim saepe valet ל infinitivi..." und noch genauer ist PICKs Uebersetzung: "Ihr Fels ist da zu durchreissen das Todtenreich..." (zit. nach DELITZSCH 339).

244. Das kausative Piel wird zwar nur gerade durch AQ (και χαρακτηρ αυτων εις κατατριψαι αιδην), SYM (το δε κρατερον αυτων παλαιωσει αιδης) und PESH (צורתהון תבלא שיול) gestützt. Alle andern Versionen haben hier eine intransitive (ROM, GAL: et auxilium eorum veterescet in inferno) oder passive Form (SEPT και η βοηθεια αυτων παλαιωθησεται εν τω αδη, QUINT και ισχυς αυτων κατατριβησεται εν τωι αιδη , HEBR et fugura eorum conteretur in inferno, TARG מטול הכי גופיהון יהון בלין בגהנם). Ich halte diese Lesart für eine Erleichterung, die sich fast aufdrängte, sobald man צורם (צירם) als menschliche Grösse deutete. Das לכלות weniger Manuskripte stellt eine ähnliche Erleichterung dar (Aenderung der Wurzel statt der Stammform).

245. PAUTREL (534) baut seine ganze Uebersetzung, dergemäss die vom Tod geweideten sich ursprünglich gerühmt hätten (vgl. unten 4.2.91) לבלות שאול, die Scheol zu überleben, auf dieser Stelle auf:"...dans Is 65,22, ce sens de 'voir viellir' est fort: ils useront les oeuvres de leurs mains, cela veut dire: 'ils vieilliront moins vite que'; ou: 'ils sur-

Gott der Mensch (Klgl 3,4). Besonders wichtig zum Verständnis unserer Stelle ist jedoch 1 Chr 17,9, wo בלה Pi einen "Abnützungskrieg" bezeichnet, den gewisse בני-עולה zur Richterzeit gegen Israel führten.

Ein solches Vorgehen erwartet nun unsere Stelle von Gott. Die Vorstellung eines göttlichen Abnützungskrieges gegen die Scheol scheint mir nicht so unmöglich zu sein, wie es z.B. STIER (141, vgl. oben 4.2.73.) und MOLL (253) behaupteten. An unserer Stelle ist die Scheol nämlich nicht primär als Ort verstanden, sondern als feindliche Macht, die dank der Personifikation des Todes als Hirt und Herrscher die politischen Züge eines imperialistischen Toten"reiches" annimmt. Ein Vorgehen Gottes gegen den Tod, der zur Rettung der Menschen wie ein Feind abgenützt werden müsste (vgl. 50,9, wo allerdings rechtliche, nicht militärische Vorstellungen vorliegen), ist durchaus denkbar.

Eine ähnliche Vorstellung liegt jedenfalls in der berühmten Stelle Is 25,8aα vor (vgl. MARTIN-ACHARD, Mort 101-104). Der Tod - interessanterweise durch ein Kleidungsstück, den Trauerschleier, symbolisiert - wird da von Gott "verschlungen" (בלע), d.h. wohl kriegerisch zerstört:[246] "Auf diesem Berge wird er die Oberfläche der Hülle vernichten (בלע), der Hülle, die über allen Völkern liegt, und die Decke, die gedeckt ist über alle Nationen. Er wird den Tod für immer vernichten (בלע)." (Is 25,7-8aα, vgl. auch Hos 13,14b und unten 6.1.54).

"Alles Fleisch nützt sich ab wie ein Kleid, und das ewige Gesetz ist: man muss sterben."(Sir 14,17; vgl. Hi 13,28) Was unsere Stelle eigentlich von Gott erwarten würde, ist nichts weniger als die Umkehrung dieses ewigen Gesetzes: nicht mehr der Mensch soll durch den Tod "abgenützt" werden, sondern der Tod durch Gott. Doch diese Erwartung ist sinnlos. Unser Text formuliert zwar alles als Frage, aber die Antwort ist klar: Gott zerstört den Tod nicht. Warum, sagen die zwei letzten Wörter.

---

vivront à'." Damit ist aber nicht die Bedeutung von בלה Pi gefunden, sondern nur eines ihrer logischen Implikate. Vgl. die frühjüdische Auslegung (unten Anm. 250).

246. WILDBERGER (Jesaia 967) bringt zwar בלע mit der gefrässigen Scheol in Verbindung und meint, hier widerfahre nun "dem Tod selbst genau das, was er sonst dem Menschen antut: Jahwe verschlingt ihn". Doch in allen Stellen, die WILDBERGER anführt (Ex 15,12; Num 16,32ff; 26,10; Dtn 11,6; Ps 69,16; 106,17; Jer 51,34; Jon 2,1) verschlingen die Todesmächte ihre Opfer im Qal. Im Piel kann natürlich die Grundbedeutung "fressen" durchaus noch im Vordergrund stehen (vgl. das hübsche Bild vom Narren, der sich selbst frisst in Qoh 10,12, ähnlich Klgl 2,16), doch kann das Verb auch ganz einfach "vernichten" heissen (Hi 2,3; vgl. Klgl 2,8, wo die Hand "verschlingt"), und zwar besonders in Zusammenhängen, wo es um kriegerische Besiegung und Zerstörung geht (Is 49,19; Klgl 2,2.8 und besonders klar 2,5: היה אדני כאויב בלע ישראל).

4.2.9. מזבל לו

1. Um (d.h. im allgemeinen: gegen) diese zwei Wörter tobt in den Kommentaren der Kampf besonders heftig. Meist ist er auch zum vornherein verloren. Schon das מ ist schwer verständlich, und wer nicht glauben will, dass es "hoc loco vim negandi habet" (ROSENMUELLER 1072), muss es irgendwie zum Verschwinden bringen[247] oder aber zum Wort מזבל seine Zuflucht nehmen. Dieses Wort gibt es zwar im Hebräischen nicht, aber einige hebräische MSS, die glücklicherweise im "Ketib מְזְבֻל" (EERDMANS 266) das dagesh vergessen haben, geben den Anschein, es auch zu kennen.

Doch auch זבל (bzw. dessen fiktives Synonym מזבל) passt ohne negatives מן ("fern von...") nicht in den Zusammenhang, und wer hier nicht glauben will, der Gebrauch dieses Wortes erkläre sich "par l'affectation des termes nobles ou par une dérision ironique à l'égard des méchants" (PODECHARD 15), ist gezwungen, so gut es eben geht, am Text herumzuflicken.

MUENTINGHE (III 83) z.B. liest מְזֻבָּל, "ausgezehrt", PAULUS (252) מְזֻבָּל, "zu wohnen genötigt" (לו = לשאול, in der Scheol). Auch DAHOOD (301) kommt "with noconsonantal changes" aus und gelangt zu einer "uncertain version", die sich, wenn schon nicht durch allzu viel Sinn, so doch durch ganz verblüffende Präzision auszeichnet: "m[e]zē bōle lō, literally 'consumed (cf Dtn 32,24) by the one who devours for himself'". Aehnlich gefrässig geht es bei HERKENNE (183) zu und her: nach ihm weidet und treibt der Tod die Menschen "damit die Unterwelt nutzniesse, was von ihm geschlachtet wurde" (לבלות שאול מזבח לו).

HOUBIGANT (64) ist überzeugt, der Stichos rede von einer Schafhürde, "nam זבל est habitatio communis, quales sunt caulae ovium. Etiam apud veteres linguas זבל est stercus, finatum, quod in caulas convenit." CHOURAQUI (1o7) übersetzt einfach drauflos: "Leur forme est, à corruption d'enfer, leur seul vestige." PAUTREL (535f) findet "le mot rêvé pour boucler le sens de la phrase" im Partizip מתהללים (vgl. Ps 97,7 und oben Anm. 245) und er besitzt sogar, wie er meint, "d'une façon inespérére, des données pour suivre la dégradation dans plusieurs étapes" - bis hin zu מזבל לו[248]! Von

---

247. Die scharfsinnigste Wegerklärung des מ ist BUDDE (Text 188) gelungen. Er nimmt eine Verschreibung durhc Homoiotheloiton an: שאול לעולם זבל למו. Ihm folgt PODECHARD (15).

248. mthllym zerfiel zunächst zu mthlltm ("le substantif tehilla précédé de min et suivi d'un suffixe"), was die SEPT mit δοξα übersetzt. Hier einzuwenden, diese Verschreibung funktioniere nur in der Transskription ist nutzlos, denn: "Une autre corruption, indépendante de la première,

GUNKEL (213) wird man aufgefordert, zwecks Verständnis des Ganzen an das späthebräische זבל ,"düngen" zu denken und יזבל (או)למו, "die Unterwelt düngt ihr Leib" zu lesen. Bedenken sind fehl am Platze, denn: "In solchen grausigen Beschreibungen verträgt hebräischer Geschmack das Stärkste."

Schliesslich ist auch das לו kaum zu halten - wie sollte es auch richtig sein, da seit der Elimination von צור im ganzen Vers nur noch weibliche Singulare stehen. So wird fast allgemein למו gelesen[249]. In dieser Situation versteht man noch heute HERDERs (Geist 373) resignierten Seufzer: "Den Worten מזבל לו wünschte ich eine glückliche Erläuterung."

2. Nun ist nicht einzusehen, warum זבל hier von vornherein einen andern Sinn haben sollte als sonst im AT - zumal es an zwei von den drei Stellen (1 Kön 8,13; Is 63,15; Hab 3,11), an denen es noch belegt ist, genau gleich konstruiert ist wie hier:

In 1 Kön 8,13 = 2 Chr 6,2 folgt auf das זבל ein לך, welches das von Salomo gebaute Haus (בית) als irdischen Wohnsitz (זבל) Gottes kennzeichnet: בנה בניתי בית זבל לך מכון לשבתך עולמים. Ganz ähnlich, nur als Relativsatz ohne Einleitung (אשר לו) ist das לו an unserer Stelle zu verstehen: es geht um "die Wohnung, die er (Gott) hat".[250]

Entscheidend ist nun aber die andere Stelle (Is 63,15), ein Gebet aus tiefer Not, in der Gott nicht hilft:

---

aboutit à mzblm, à rattacher aussi à l'originel mthllym, le groupe bl représentant ll..." Im MT fiel dann das Schluss-m einfach ab, dafür besitzt der MT "dans son étrange llw un vestige de la désinence en -llym - die es allerdings auf der Stufe des mzblm gar nicht mehr geben dürfte, soll das Schema wenn nicht wahr, so zumindest kohärent sein...

249. Ausnahmen sind z.B. ROSENMUELLER (1072), der לו als 'unicuique' versteht, ferner PAULUS (252) und DAHOOD (301, vgl. oben).

250. Nur gerade die alte jüdische Exegese (Babylonischer TALMUD, Rosh haShana 17a = TOSEFTA Sanhedrin 13,5 = MIDRASH GenRabba 26,2 = SEDER OLAM RABBA 3,43) versteht זבול richtig als "göttliche Wohnung". Allerdings deutet sie das מן von מזבול kausativ und braucht den zweiten Teil von v.15, um die ewigen Strafen besonders schwerer Sünder zu beweisen: Sektierer, Apostaten, Verräter, Epikuräer, Gesetzesleugner, Schismatiker, Auferstehungsgegner, Tyrannen vom Kaliber Jerobeams oder Ahabs und (allgemein?) Leute, die ihre Hand nach dem Heiligtum (זבול) ausgestreckt haben (nach traditioneller Auffassung die Gruppe der Judenchristen, vgl. zum Ganzen SALOMONSEN in TOSEFTA-RENGSTORF, ad loc.), werden gemäss Is 66,24 ewig in die Gehenna eingeschlossen. Dort werden sie wegen ihres Verbrechens gegen das Heiligtum (vgl. auch TARG!) sogar nach dem Zerfall der Scheol noch ausharren müssen: שאול בלה והן אינן בלין שני וצורם לבלות שאול.מי גרם להן שפשטו ידיהם בזבול שני מזבול לו ואין זבול אלא בית מקדש שני בנה בניתי בית זבול לך מכון לשבתך עולמים (TOSEFTA aaO, andere erwähnte Stellen fast gleich.)

"Schau vom Himmel her und nimm wahr, von der Wohnung deiner Heiligkeit und deiner Pracht (מזבל קדשך ותפארתך)! Wo ist denn dein Eifer und wo deine Macht? Die rauschende Menge deiner Barmherzigkeit und deines Erbarmens mir gegenüber sind unterdrückt - und doch bist du unser Vater... 'unser Retter' ist seit Ewigkeit dein Name..."

Die Gewissheit, dass JHWH hoch oben im Himmel thront, ist in den Psalmen eine Quelle des Vertrauens (Ps 11), denn es ist noch ziemlich selbstverständlich, dass er den Menschen vom Himmel aus hört (1 Kön 8,30; vgl. Hab 2,20), hinunterschaut (Ps 39,13) und eingreift (Ps 18,10ff; 20,7; 57,4). JHWH ist ein Gott, der "hoch thront und tief schaut" (Ps 138,6; vgl. Ps 113,5; Dan 3,55) - wobei die Höhe seines Thronens Gewähr bietet für seine Macht (Ps 103,19; 115,3), seinen Ueberblick (Ps 33,13) und seine distanzierte und kritische Unbestechlichkeit (Ps 138,6). Dieses kindliche Vertrauen in Gott als den Felsen des Menschen und seinen einzigen Beistand "im Himmel" (Ps 73,25f) scheint nun in Is 63,15ff (vgl. Ps 80,15) schon etwas erschüttert. Gott hat sich in seine heilige und herrliche Wohnung zurückgezogen, der Himmel ist unter ihm verschlossen und er steigt nicht mehr hinunter (Is 63,19). Die Höhe des Thronens Gottes ist nunmehr das Zeichen seiner Ferne.

3. Genau diese Erfahrung findet sich nun m.E. auch an unserer Stelle. Hier tönt sie allerdings um einiges härter - schon weil sie nicht mehr als Bitte in einem Volksklagelied formuliert wird, sondern als <u>Frage</u> in der Sprache der Weisheit.

Hier könnte man natürlich einwenden, der ganze Passus וצורם לבלות שאול מזבל לו liesse sich rein syntaktisch gesehen auch als <u>Aussage</u> verstehen: "Der Tod weidet sie, und sie müssen sich beugen - aber schliesslich ist noch ihr Fels da, der ist allzeit bereit, sie von seiner hohen Wohnung aus zu retten." Da aber eine solche Aussage unbedingt weiter ausgeführt werden müsste, spricht schon die Tatsache, dass der Text des Grundpsalmes hier abbricht, dagegen. Auch der bisher festgestellte pessimistische Ton des Textes und der Refrain v.21 sprechen eindeutig gegen das Verständnis dieser Worte als Vertrauensaussage[251].

Der Sinn der rhetorischen Frage ist dann klar: von der Wohnung, die er hat, aus, ist es schlechthin undenkbar, dass Gott sich um die Scheol kümmert und gegen sie vorgeht, um sich den todverfallenen Menschen gegen-

251. Auch im erweiterten Endzustand des Psalmes, wo v.16 unsern Vers weiterführt, werde ich diese Auslegung beibehalten (vgl. unten 5.3.2 und besonders Anm. 340a).

über als rettender Fels zu erweisen. Die Frage hebt den ganzen traditionellen Glauben an den rettenden Gott aus den Angeln.

Es ist nun sinnlos, weiterhin den Nachkommen zu erzählen, wie der Gott, der ewig bleibt und demgegenüber alles wie ein Kleid sich abnützt "vom Himmel auf die Erde sieht, um das Seufzen der Gefesselten zu hören und die Kinder des Todes zu befreien" (Ps 102,27.19-21). Die neue Erfahrung des Todes hat diesem Erlösungsgedanken jeglichen Boden entzogen. Weil man den Tod wirklich ernst nimmt (v.11f) sieht man nämlich, dass sein Schatten auf das ganze Leben zurückfällt, um es "rückwirkend" als Ganzes zu entwerten und zu vernichten (v.14, vgl. unten Anm. 260). Damit gibt es für die Menschen nur noch eine grundlegende Not, ihre Sterblichkeit (v.15ab),und jede göttliche Rettungstat wird unerheblich, wenn sie ihr schliesslich doch verfallen. Deshalb wäre die einzige Rettung, die diesen Namen verdiente, die Rettung vom Tod überhaupt, die Rettung aus der Sterblichkeit. Alles andere ist nur Symptombehandlung und Leichenkosmetik.

Nun ist es aber offensichtlich, dass alle Menschen sterben, und es ist ebenso offensichtlich, dass Gott das verhindern und die Scheol wie ein Kleid "abtragen" könnte. Denn gerade als hoch oben thronender Himmelsgott, vor dem die Welt sich abnützt, kann er nicht der ohnmächtige Gefangene einer unvollkommenen Weltordnung sein.

Wenn Gott die Menschen sterben lässt, so nur, weil er sie nicht retten <u>will</u>. Der Gott, den die Menschen für ihren Felsen halten, ist in Wirklichkeit gar nicht bereit, sich mit ihnen abzugeben. Dazu wohnt er zu hoch und zu prächtig.

Unter diesen Umständen kann kein vernünftiger Mensch umhin, die Ueberzeugung des Toren aus Ps 14 zu teilen.

Der Tod des Gläubigen ist der Tod des Glaubens.

4. Die Frageform vermag die Kühnheit dieser Aussage von v.15c kaum zu mildern. Nicht einmal Qohelet ist so weit gegangen - er konnte ja stets durch das Lob des Essens und Trinkens den letzten Konsequenzen ausweichen (Qoh 3,21f, vgl. v.RAD, Theologie 471, SCHMID, Weisheit 193). Auch Hiob in seiner Auflehnung gegen einen Gott, der achtlos Sterbende seufzen und Säuglinge schreien lässt (24,12) kommt nur in der Heftigkeit seiner Auflehnung, nicht aber in der Radikalität seiner Frage an unsern Text heran: Hiob stösst sich "nur" am Leiden und <u>frühzeitigen</u> Sterben des Unschuldigen, dem Autor unseres Textes wird der Tod überhaupt zum Aergernis[252]. Die

---

252. Zwar scheint das auch im Hiobbuch bisweilen der Fall zu sein. Den Traum des Eliphas (4,17-21) kann man z.B. sehr wohl als Text verstehen, der

Frage nach der Vereinbarkeit von menschlicher Sterblichkeit und göttlichem Heilswillen trifft man höchstens bei Jesus Sirach - doch er versucht bereits wieder, sie zu unterdrücken:

> "Fürchte dich nicht vor dem Todesurteil, denk an (das gleiche Geschick) deiner Vorgänger und Nachkommen: es ist das Urteil des Höchsten über alles Fleisch, und was willst du dich auflehnen gegen das Wohlgefallen des Höchsten?"
> (Sir 41,3f)

Den Autoren von Ps 49 (Grundtext <u>und</u> Erweiterungen!) kommt das Verdienst zu, der Frage standgehalten zu haben[253].

---

in einem ähnlich skeptischen Ton wie unser Psalm die Sterblichkeit des Menschen überhaupt ins Auge fasst. Da jedoch eine solche Skepsis "dem Denken des Eliphas völlig widerspräche" (FOHRER, Hiob 131) müsste man annehmen, v.17-21 - oder zumindest v.20-21, die in den "Parallelen" 15,14-16 und 25,4-6 (HORST, Hiob 78) fehlen, seien traditionelles Gut, das, im jetzigen Zusammenhang zitiert, bezeichnenderweise nur mehr dazu diente, zu beweisen, dass Gott <u>a priori</u> immer recht hat. Einen skeptischen Text so verwenden könnte aber <u>nur jemand</u>, dem die Sterblichkeit als solche eben noch nicht zum Problem geworden ist.

Nimmt man wenigstens v.20-21 solchermassen als Zitat, so eröffnet sich übrigens ein neues Verständnis für v.21b. Im jetzigen Zusammenhang muss man zwar die Menschen von v.21 wohl oder übel "aus Mangel an Weisheit" sterben lassen, Eliphas kann kaum etwas anderes meinen. Ursprünglich wären aber v.20-21 eine genaue Entsprechung zu unserem Psalm, wobei v.21 tägliche Erfahrung und traditionelle Weisheitslehre konfrontierte! "Vom Morgen zum Abend werden sie zusammengeschlagen (vgl. Ps 49,15bc), ohne dass es einer beachtet, verschwinden sie für immer (vgl. Ps 49,11b. 13b.21b)! Wird nicht ganz offensichtlich ihr Zelt über ihnen abgebrochen? Sie sterben, ohne dass es in der Weisheitslehre <vorgesehen und plausibel> wäre!" (ולא בחכמה, was genau dem לא-בין von Ps 49,21 entspricht, vgl. unten 4.3.24)

253. Am Ende dieser Auslegung der zweiten Strophe können wir nun nochmals die Frage nach dem Aufbau des Grundpsalmes stellen (vgl. oben Anm. 14 und 109). Das Auffälligste ist, dass sich beide Strophen syntaktisch gesehen spiegelbildlich entsprechen:
- v.11ab: Verbalsatz + v.11c: Folge
- v.12ab: Nominalsatz + v.12c: Vorzeitigkeit (Perf.)
- v.14ab: Nominalsatz + v.15a: Vorzeitigkeit (Perf.)
- v.15b(c): Verbalsatz + v.15c: Folge

Andere Entsprechungen zwischen den einzelnen Tristichen sind hingegen weniger eindeutig. Man könnte z.B. v.11abc + 15bcd (Sterben als menschliches Handeln + Sterbenmüssen als Behandelt-werden), v.12abc + v.14ab.v.15a (Totsein statisch: Haus + Sterblichsein dynamisch: Weg) verbinden. Das obige Schema rechtfertigt nun auch formal den Anschluss von v.15a an v.14.

4.3. ERGEBNIS: DIE SITUIERUNG DES TODES (v.21)

4.3.1. ולא-יבין

1. Wenn unsere literargeschichtliche Hypothese stimmt und die Verse 13 und 21 als Refrain zum Grundpsalm gehören (vgl. oben 1.4.32), sollte v.21 nun die zweite Strophe zusammenfassen, wie es v.13 für die erste getan hat (vgl. oben 3.3.51). Genau das scheint nun aber nicht der Fall zu sein.

ולא-יבין kann man, so scheint es, schwerlich anders, denn als zweite Bestimmung zu אדם neben ביקר auffassen. Damit entsteht aber ein Lichtblick, der schlecht zur trostlosen Empörung der zweiten Strophe unseres Grundpsalmes passt: "In dem Schlusssatze ist der gemeine Spruch, dass der Mensch davon muss wie das Vieh, in den höheren verwandelt, dass der Mensch nur dann, wenn er nicht den rechten Verstand des Lebens besitzt, wie das Vieh vergeht" (HUPFELD 669), und "this modification opens to the rich a way out" (EERDMANS 267).

2. Freilich sind sich die Kommentare nicht einig, worin das verderbliche לא-יבין des näheren besteht: Für die einen redet v.21 einfach vom dummen Menschen, "cui contigerit fortuna splendida, nec simul recto judicio praeditus fuerit" (ROSENMUELLER 1076), שלא למד (IBN ESRA) und der "opibus dives, mente vero inops" (GEIER 738) in vollständiger "cécité spirituelle" (MANNATI 142) dahinlebt.

Nach andern ist der Mensch von v.21 eher zu intelligent, und der Psalm ist somit "ein ernstes Wort gegen alle Kulturseligkeit" (WEISER 264). Denn "die Wissenschaft und die eigene Einsicht machen nicht selig nach dem Tode" (SWEDENBORG 112), "nur göttliche Weisheit" (THOLUCK 243) kann den Menschen retten, d.h. "jene Erkenntnis vom Glauben her, dass sein Leben und Sterben in Gottes Hand steht" (WEISER 264).

Wiederum nach andern verhindert eben der Reichtum die wahre Einsicht: "In seiner Pracht nimmt der Reiche...nicht wahr, wie vergänglich er ist" (KRAUS 367), dieser "miserabilis homunico" (CLARIUS 279) <u>will</u> gar nicht einsehen, "quam stultum sit spem ponere in robore, in divitiis, in sui confidentia, in vita luxuriosa" (KNABENBAUER 194), er gehört eben zu den "bei ihrem Reichtum bornierte(n) Menschen" (HERKENNE 183). Diese Blindheit für den "Tod, der alles Irdische seiner Nichtigkeit überführt... also das 'Un-verhältnis' zum Tode - der Gedanke ist fast modern (existenzial-philosophisch!) drückt den Menschen auf die Tierstufe herab." (DEISSLER 33)

In einem sind sich aber doch alle Kommentare einig: dem Menschen von v.21 fehlt letztlich (aus welchen Gründen auch immer) jegliche ethische Einsicht: אינו מבין את הטוב (RASHI 48), er hat "nur ein Thierleben geführt..., (ist) nur den Thieren gleich gewesen, die ja auch nur für sich leben, Genuss suchen, geniessen, sich fortpflanzen, sterben" (HIRSCH 268) oder vielleicht hat er auch nur "seinen Reichthum unverständig gebraucht" (BAETHGEN 142) - er gehört jedenfalls, wie seine κτηνωδης ζωη (THEODORET 1228) zeigt, zu "den irdisch und fleischlich Gesinnten" (DELITZSCH 342), und deshalb wird er, אוחז דרכי הגוף כמו הבהמות (QIMHI 348), auch wie die Tiere verschwinden.

3. Mit dieser gängigen Deutung von v.21 verwickelt man sich aber sehr bald in Widersprüche. Zwar mag man vorsichtshalber wie SCHULTZ (113) beteuern, in v.21 sei "derjenige, von dem nicht v.16 gilt" gemeint, der Einwand, den DUHM (204, ähnlich schon HITZIG 274) gemacht hat, bleibt trotzdem bestehen: "'Ein Mann in Pracht, der aber nicht gescheidt ist' hätte zwar an sich einen guten Sinn, aber nicht in diesem Gedicht, da die Weisen nach v.11 ebensogut sterben wie die Dummen." In der Tat: man mag v.21 drehen und wenden wie man will, nach v.11 kommt jede Einschränkung der Allgemeinheit des Todes zu spät - dies erst recht, wenn v.21 Abschluss nur des Grundpsalmes ist.

4. Nun könnten hier die alten Versionen weiterhelfen. Sie übersetzen nämlich alle, wie wenn sie אדם ביקר <u>לא</u> יבין gelesen hätten[254]. Daraus könnte man schliessen, diese Lesart sei die ursprüngliche und später sei לא in ולא korrigiert worden, um durch den damit entstehenden Konditionalsatz ("und sofern er nicht die rechte Einsicht hat") v.21 zu mildern und so einzuschränken, dass er sich mit dem restlichen Psalm (v.16!) besser vertragen könne.

Man könnte aber auch annehmen, die alten Versionen hätten genau den heutigen MT vor sich gehabt, das <u>waw</u> in ולא als emphatisches <u>waw</u> gedeutet - wie erst Jahrhunderte später wieder DAHOOD (303) - und es deshalb in ihren respektiven Sprachen nicht wiedergegeben[255].

---

254. SEPT übersetzt: ανθρωπος εν τιμη ων <u>ου</u> συνηκεν; ROM: et (vgl. oben Anm. 135) homo cum in honore esset <u>non</u> intellexit; GAL: homo in honore cum esset <u>non</u> intellexit; PESH: ברנשא באיקרה <u>לא</u> אתבין, TARG: גברא חיבא בזמן דאיתוהי ביקרא <u>לא</u> יתבין (Der strafbare Mensch kann, in der Zeit, in der er in Ehren steht, nicht verstehen).

255. Diese Erklärung ist auch für TARG und PESH möglich, da das Aramäische und das Syrische ein emphatisches <u>waw</u> nicht mehr kennen. Allerdings könnte man sich gerade bei diesen zwei Versionen fragen, ob sie nicht das <u>waw</u> von ולא bezeugen: PESH scheint in v.21 (wie in v.13, vgl.

Da für die erste Möglichkeit nebst zwei MSS aus dem 14. Jhd. (KENNICOTT Nr. 156 und 601) nur gerade die argumenta e silentio der Versionen sprechen, entscheide ich mich für die zweite. Es mag zwar erstaunlich sein, dass keine der alten Versionen das emphatische waw von ולא im Sinne ziemlich aller späteren Kommentatoren missverstanden hat. Aber einerseits liegt z.B. in Hi 23,12 (מצות שפתיו ולא אמיש) wenigstens ein Fall vor, wo es sich ganz ähnlich verhält, woraus man folgern darf, dass die Versionen zumindest die Möglichkeit eines emphatischen waw kannten[256]. Andererseits hängt die Wahrnehmung des emphatischen Charakters eines waw ohnehin stark vom Kontext ab, und diese wird nun in Ps 49 insofern gefördert, als hier v.13 die Syntax von v.21 festlegt[257].

Schliesslich spricht auch die poetische Struktur des Kehrverses für die Beibehaltung von ולא, denn der oben (3.3.12) festgestellte spielerische Konsonantentausch zwischen בל-ילין und ולא יבין wird so ergänzt durch einen ähnlichen Tausch zwischen בל...ואדם und ולא...אדם.

4.3.2. Die Unverständlichkeit der Welt

1. Mit der Annahme eines emphatischen waw in ולא יבין werden alle obigen Auslegungen - so richtig sie als Auslegungen eines Konditionalsatzes sein mögen - hinfällig. Möglich wäre es höchstens noch, das Nicht-verstehen als blosse Dummheit auszulegen, die aber dem Menschen überhaupt zugesprochen würde, was diesen Begriff im strengen Sinne sprengt.

Sicher ist, dass wegen des emphatischen waw und des Wortspiels das ganze Gewicht der Aussage auf בין liegen muss und auf dem Zusammenhang

---

oben Anm. 135 die analoge Assimilation des Versanfangs) ein אדם ביקרו לא יבין wiederzugeben (eine Lesart, die WELLHAUSEN für v.21 konjiziert). Auch die im Vergleich zu v.13 (ביקרא) seltsam umständliche Uebersetzung von TARG (בזמן דאיתוהי ביקרא) könnte auf ein ביקרו zurückgehen.

256. Vgl. etwa auch die SEPT zu Hab 2,5, die ein ולא ינוה mit ουδεν μη περανη übersetzt. Man könnte natürlich auch in Hi 23,12 das waw als Dittographie oder als Assimilation an Ps 55,12; 115,7; Jer 17,8 wegerklären. Da aber beide Erklärungen auch in die umgekehrte Richtung funktionieren (das לא vieler Handschriften ist Haplographie oder Assimilation an Ex 13,22; 33,12; Num 14,44; Jos 1,8; Spr 17,13; Is 46,7; 54,10; 59,21; Mi 2,3; Nah 3,1) und ולא zudem ganz bestimmt keine lectio facilior sein kann - wie in Ps 49,21 -, scheint mir der MT in Hi 23,12 ziemlich sicher.

257. An andern von DAHOOD (24) zitierten Stellen zwingt der Kontext ein emphatisches waw nicht auf, weshalb nicht alle Versionen ein solches annehmen (Ps 72,2; Klgl 1,13), oder er legt sogar eine andere Deutung nahe, weshalb DAHOODs Annahme eines emphatischen waws willkürlich erscheint.

zwischen diesem Verstehen und der Vergänglichkeit des Menschen (בל-ילין)

2. Wenn sonst im AT die Menschen (als Individuen oder als Volk) etwas verstehen oder nicht verstehen (vgl. dazu H.H. SCHMID, in: JENNI, Handwörterbuch I 305-308), dann ist das meistens die Wirklichkeit unter dem Gesichtspunkt ihrer letzten Sinnhaftigkeit: des Handelns Gottes (Is 1,3).

Dieses verstandene oder zu verstehende Handeln Gottes umfasst nicht nur seine Werke und rettenden Taten in Natur (z.B. Hi 37,14) und Geschichte (Ps 107,43), sondern auch die Offenbarung seiner Weisung (Ps 119,27 u.ö.) und die Durchsetzung des in dieser Weisung zum Ausdruck gekommenen Ordnungswillens, falls diese nicht "verstanden" und eingehalten worden ist.

Gerade diese letzten Fälle, wo aufgrund des Tun-Ergehen-Zusammenhanges die verheerenden Folgen des Nicht-verstehens der Weisung ihrerseits verstanden werden müssen, scheinen hier besonders einschlägig. Denn immer geht es dabei um ein (weisheitliches) Verstehen von Leiden - und zwar insofern sich dieses als Folge von Sünde ergeben hat oder ergeben wird. Solange der Mensch diesen Zusammenhang zwischen Sünde und Leid nicht verstanden hat, ist er einem Tier zu vergleichen (Ps 73,17.21f) und erst wer ihn einsieht, unterscheidet sich vom Tier (Hi 35,11) und kann sich weise nennen (vgl. z.B. Jer 9,11) - ist doch die Einheit von Tun und Ergehen die grundlegende Einsicht, dank der die altorientalische Weisheit überhaupt die Wirklichkeit als geordnete zu erfassen sucht.

3. Von hier aus ergeben sich zwei mögliche Deutungen unseres Verses.

In einem Text, in welchem der Tun-Ergehen-Zusammenhang als selbstverständlich vorausgesetzt wird und damit die Wirklichkeit als grundsätzlich verstehbar gilt, kann die Feststellung, dass der Mensch nicht versteht (es kann sich dabei nur um vereinzelte Menschen handeln) nur verächtlich gemeint sein und als "missionarische" Polemik die Bekehrung der Uneinsichtigen anstreben. So gelten z.B. in Ps 94,7f die Leute, die sich die Frechheit herausnehmen, in Wort und Tat den Tun-Ergehen-Zusammenhang schlechthin zu leugnen, von vornherein als boshaft, dumm und bekehrungswürdig:

> "Sie sagen: 'JHWH schaut nicht hin, der Gott
> Jakobs beachtet es [das verwerfliche Tun] nicht!'
> Versteht, ihr Toren im Volk (בינו בערים בעם), ihr Narren,
> wann werdet ihr zur Einsicht gelangen?"

Nun enthält ja v.15 nach unserer Auslegung einen ganz ähnlichen Gedanken wie das Frevlerzitat von Ps 94. Wäre es folglich denkbar, dass auch in unserem Psalm v.21 einen solchen verächtlichen und "missionarischen" Klang enthielte? Ja und nein - ja, wenn man v.21 vor dem Hintergrund des <u>ganzen</u>

Psalmes liest (vgl. unten 7.11), nein, wenn man ihn als Abschluss des noch nicht erweiterten Grundpsalmes betrachtet.

4. Am Ende des Grundpsalmes kann das Nicht-verstehen nicht als verachtungswürdige Fehlhaltung erscheinen, denn v.11-15 stellen ja gerade die Verstehbarkeit der Wirklichkeit aufgrund des Tun-Ergehen-Zusammenhanges, ganz arg in Frage.

Wie etwa der Jahwist hat der Autor des Grundpsalmes "ein starkes Gefühl dafür, dass der Tod dem Wesen des Menschen fremd, dass er Unnatur ist" (QUELL, Auffassung 36): es wäre dem hoch oben thronenden Himmelsgott ein Leichtes, den Tod aufzuheben, also wäre eine Welt ohne Tod durchaus möglich. Anders als der Jahwist vermag unser Autor aber nicht mehr, den Tod innerhalb des Tun-Ergehen-Zusammenhangs als Wirkung einer Schuld zu verstehen (Gen 2,17; 3,19[258]), wäre er das, so dürften gerade die, die Vertrauen haben und Weisheit besitzen (v.14) definitionsgemäss nicht sterben.

Der Tod ist also weder naturnotwendig und unbedingt (v.14-15) noch in seiner geschichtlichen Bedingtheit plausibel (v.11-12); er ist im Ganzen der Weltordnung nicht zu situieren. Dies war nicht weiter störend, solange der Tod nur ganz unscharf als akzidentelles Randphänomen der Weltordnung in den Blick kam (vgl.oben 3.1.23). Nun wird er aber plötzlich als das zentrale Phänomen erfahren, das das menschliche Leben als Ganzes letztlich bestimmt (v.15). Damit verlagert sich das gähnende Chaos von der äussersten Grenze der Welt (Hi 28,22) in deren Mitte und zerstört so die Verstehbarkeit des Weltganzen.

Dieser Zusammenbruch der Intelligibilität der Wirklichkeit[259] ist das Fazit, das der modifizierte Kehrvers aus dem Grundpsalm zieht. Weil

258. Zwar hat WOLFF (Anthropologie) in Gen 2f "die feine Unterscheidung von verschuldetem Tod und geschöpflichem Tod" bemerkt (172) und den Tod von Gen 3,19 als rein geschöpflichen Tod hingestellt (Rückgriff auf 2,7, nicht 2,17!). "Und doch gehen bei diesen Erwägungen die Dinge nicht auf!" (v.RAD, Genesis 77) Denn der Tod gehört "thematisch mit einem besonderen Schwergewicht in das Strafwort hinein." (aaO) Es scheint mir klar, dass der Jahwist den Tod zumindest auch auf die Schuld zurückführt (und sei es nur so, dass der geschöpfliche Tod wirksam wird aufgrund dessen, dass der Mensch sündigt, vgl. Röm 5,12!) Doch letztlich ist Gen 3,19 unklar, und diese Unklarheit illustriert ja nur die Folgerung von Ps 49,21: die Ein-ordnung des Todes will nicht gelingen - auch dem Jahwisten nicht.

259. Mit solchen Zusammenbrüchen rechnet das AT explizit, was etwa Is 29,14 klar zeigt. Wie an unserer Stelle wird übrigens dort der Zusammenbruch jeglichen Verstehens direkt auf JHWHs Verhalten zurückgeführt: Unverständlich wird die Wirklichkeit dann, wenn JHWH sich zurückzieht und

der Mensch erfahrungsgemäss nicht besteht (בל-ילין), kann er auch prinzipiell nichts verstehen (לא-יבין), er steht deshalb, seiner angeblichen Herrlichkeit zum Trotz (ביקר) in nichts über den Tieren[260].

Diese radikale Aussage, die nur im Spruch Agurs, Spr 30,2f, ihresgleichen hat, weist uns zurück auf den ersten Vers des Grundpsalmes (v.11ab), der sie implizit schon voll enthielt: Wenn Weise und tierische Toren gleichermassen sterben, kann es mit der Weisheit der Weisen nicht weit her sein. Hiobs ironisches Gespött (Hi 12,2) wird hier zur bitteren Erfahrung: Der Tod der Weisen ist der Tod der Weisheit.

5. Mit dieser radikalen Aussage über die menschliche Unfähigkeit, zu erkennen, kommt auch die Kritik an der Theorie der Gottebenbildlichkeit (vgl. oben 3.3.43ff) zu ihrem Abschluss und wohl auch zu ihrem Höhepunkt.

Zunächst hatte ja v.13a eher zurückhaltend an der menschlichen Gottebenbildlichkeit gerüttelt durch den diskreten Hinweis auf den Widerspruch, der besteht zwischen der Würde des Menschen und seiner Sterblichkeit. In v.13b war die Kritik dank der behaupteten Gleichheit von Mensch und Tier schon unüberhörbar laut geworden, aber noch recht unanschaulich geblieben.

Das wurde in v.15 anders: entgegen ihrem sonstigen Gebrauch (vgl. oben Anm. 211) dienten dort die "Vieh"-Metaphern (Hürde, Hirt) in ihrer ironischen Verzerrung plötzlich dazu, eher die Vertierung des Menschen zu zeigen, als seine Geborgenheit. Zudem konnte man in den Verben שתו und וירדו ein boshaft verzerrtes Echo aus Ps 8,8 (כל שתה תחת-רגליו) und Gen 1,26 (וירדו בדגת הים...) hören.

---

den Zusammenhang von Tun und Ergehen nicht mehr überwacht und garantiert. In Is 29,9-16 zieht sich JHWH zurück, weil er sich zur Bestrafung der praktischen Atheisten von v.15-16 genau an das Bild angleicht, das sie von ihm entwerfen (sodass zumindest die Aufhebung des Tun-Ergehen-Zusammenhangs noch innerhalb des Tut-Ergehen-Zusammenhangs plausibel ist!), in Ps 49,21 zieht sich JHWH zurück, weil die Weltferne seiner göttlichen Natur entspricht oder seiner persönlichen Willkür gefällt. Beide Male stürzt so die Weisheit, ihres "Anfangs" (vgl. Spr 1,7 u.ö.) beraubt, zusammen.

260. Was in לא יבין ausgesagt wird, ist also gerade nicht das aus dem Verfallen an die Welt entstandene "'Unverhältnis' zum Tode" (DEISSLER 33, vgl. oben 4.3.12), sondern im Gegenteil das in der Todverfallenheit begründete "Unverhältnis" zur Welt, kraft dessen das Verstehen nicht mehr möglich ist. Auch diese Idee ist aber modern: "Puisque la mort ne paraît pas sur le fondement de notre liberté, elle ne peut qu'ôter à la vie toute signification... l'ensemble - conduites particulières, attentes, valeurs - tombe d'un coup dans l'absurde. Ainsi la mort n'est jamais ce qui donne son sens à la vie; c'est au contraire ce qui lui ôte par principe toute signification. Si nous devons mourir, notre vie n'a pas de sens parce que ses problèmes ne reçoivent aucune solution et parce que la signification même des problèmes demeure indéterminée." (SARTRE, Etre 623.624)

Wenn deshalb in v.21 das נמשל כבהמות wiederkehrt, so ist es mit der bitteren Stimmung von v.15 belastet. Ja, man konnte sich sogar fragen, ob hier nun die Ableitung von משל II "herrschen" (vgl. oben Anm. 128) nicht zumindest mitzuhören ist, würde doch dadurch das תמשילהו במעשי ידיך von Ps 8,7 bestritten[261].

Der Kritik an der Theorie der Gottebenbildlichkeit verleiht aber v.21 schliesslich ihre volle Schärfe, indem er den Zusammenbruch des menschlichen Verstehens statuiert. Damit erhält diese Theorie den Gnadenstoss, denn aus der Tatsache, dass dieses Element der Kritik ganz am Schluss erscheint, darf man vielleicht schliessen, dass für den Verfasser des Grundpsalmes wie für Jesus Sirach (17,6 vgl. oben Anm. 144) die Gottebenbildlichkeit vornehmlich im spezifisch menschlichen Verstehen der Wirklichkeit als "Werk Gottes" bestand: וסיים דבריו לומ' שהאדם שהוא נברא ביקר ר״ל בשכל ובדעת ולא יבין בעודו בחיים הוא נמשל כבנמות (MEIRI 102)[262].

Auf jeden Fall wird der Autor der Erweiterungen durch Versetzung gerade dieses Verses die Gottebenbildlichkeit des Menschen zu retten suchen (vgl. unten 7.1.).

4.3.3. נדמו oder נדמה ?

1. Es bleibt zum Schluss dieser Auslegung des Grundpsalms noch eine textliche Schwierigkeit zu untersuchen, die inhaltlich zwar keine grosse Bedeutung hat, aber doch eine weitere Einsicht in die poetische Struktur des Kehrverses eröffnen könnte. Es handelt sich um die Unsicherheit der Form נדמו, der ein grosser Teil der Textüberlieferung ein נדמה entgegenstellt.

Zur Beurteilung des Falles gilt es, von vornherein zwei Punkte im Auge zu behalten:

261. Aus den Anklängen an Gen 1,26 und Ps 8,7f würde ich nicht schliessen, dass der Autor des Grundpsalms diese Texte in ihrer heutigen Form gekannt hat und zu ihnen einen "Antitext" dichtete. Im Gegenteil zeigt die Tatsache, dass in Ps 49 zwei verschiedene Texte anklingen, m.E. eher, dass sich Gen 1, Ps 8 und Ps 49 hier lediglich im Bereich derselben Vorstellungen, die offenbar auch in ziemlich konstantem Vokabular tradiert wurden, bewegen.

262. Schon in der Lehre des Anii ist der Mensch insofern ein Ebenbild Gottes, als er verständig und vernünftig ist: "Die Menschen sind Gottes Ebenbilder in ihrer Gewohnheit, einen Mann mit seiner Antwort zu hören. Nicht der Weise allein ist sein Ebenbild, indem die Menge wie lauter Vieh wäre. Nicht der Weise allein ist sein (Gottes) Zögling, indem er allein vernünftig wäre, die ganze Menge dagegen töricht." (Epilog X 7ff, zit. nach BRUNNER, Erziehung 167, vgl. aber SUYS, Ani 105ff). Vgl. auch OVID, Metamorphosen I 76 und 83.

a) Unterschiede zwischen den Kehrversen v.13 und v.21 galten in der Textüberlieferung als störend und wurden allmählich ausgemerzt. Andererseits versuchen die alten Versionen bisweilen auch, die gleichbleibenden Teile des Kehrverses durch Gebrauch von Synonyma zu variieren.[263]

b) Der Plural נדמו ist nach בהמות überraschend. Gleichzeitig wurde er neben dem Singular נמשל bisweilen als störend empfunden (vgl. oben Anm. 130).

2. Man kann die vorhandenen Textzeugen sechs verschiedenen Lesarten zuordnen:

<u>Lesart 1</u>:	v.13 נדמו, v.21 נדמו :	TM (SEPT GAL ROM etc ?)
<u>Lesart 2</u>:	v.13 נדמה, v.21 נדמה :	HEBR (et exaequatus est/et silebitur) PESH (zweimal ואתדמי לה) TARG (zweimal אשתוא ללמא) SAH (er wurde geworfen mit/er wurde verglichen)
<u>Lesart 3</u>:	v.13 נדמה, v.21 נדמה :	einige MSS: KENNICOTT Nr. 228 (=Urbin.1, um 1295 pC), evt. erste Hand von Nr. 125. DE ROSSI erste Hand von Nr.2, 879.
<u>Lesart 4</u>:	v.13 נדמו, v.21 נדמה :	(SEPT GAL ROM etc ?)
<u>Lesart 5</u>:	v.13 נדמו, v.21 unbelegt :	εβρ (νεδμου/ -) AQ (εξωμοιωθησαν/ -) SYM (σιωπηθησονται/ -)
<u>Lesart 6</u>:	v.13 נדמה, v.21 unbelegt :	QUINT (ωμοιωθη/ -)

Aus dieser Zusammenstellung lässt sich sogleich folgendes ersehen:

a) Die Zeugen für Lesart 3 verdienen keine Beachtung. Sie vermögen höchstens zu dokumentieren, wie naheliegend im Kehrvers - jedenfalls wenn man ihn in v.13 zum ersten Mal las - die Form נדמה war.

b) Die Zeugen der Teillesarten 5 und 6 sind leider nur beschränkt verwertbar. Die Zeugen der Lesart 5 gehörten vielleicht zur Lesart 1, vielleicht zur Lesart 4, der Zeuge der Lesart 6 fast sicher zur Lesart 2.

c) Von den Lesarten 1 und 2 verdient erstere trotz der zahlenmässig schwächeren Bezeugung als die schwierigere den Vorzug.

3. Diese bisher klare Situation wird nun aber durch die problematische Uebersetzung der SEPT und ihrer Tochterübersetzungen getrübt.

---

263. So übersetzt die alte SEPT (vgl. unten) das נמשל einmal als συνεβληθη, (v.13), einmal als παρεβληθη (v.21). GAL übersetzt אדם ביקר einmal mit "homo cum in honore esset" (v.13), einmal mit "homo in honore cum esset" (v.21). HEBR variiert noch mehr: "homo in honore... et exaequatus est" (v.13), "homo cum in honore esset...et silebitur" (v.21). Die PESH übersetzt בהמות einmal mit לבעירא (v.13) und einmal mit לחיותא (v.21).

Der <u>textus receptus</u> der SEPT lautet in v.13 und v.21 beide Male gleich (παρασυνεβληθη τοις κτηνεσιν τοις ανοητοις και ωμοιωθη αυτοις). Doch ist dies offensichtlich das Produkt einer allmählichen Zusammenziehung der zwei verschiedenen Uebersetzungen von v.13 und v.21, die in der alten SEPT, bezeugt durch den PAPYRUS BODMER XXIV (vgl. oben Anm. 113), vorgelegen hatten:

v.13: συνεβλη[θη] τοις κτηνεσι τοις ανοητοις

v.21: παρεβληθη τοις κτηνεσι και ωμοιωθη αυτοις

Man kann das Ende dieser zwei Zeilen auf je zwei Arten deuten:

a) τοις ανοητοις von v.13 ist nichts als schmückender Zusatz, der den Vergleichspunkt unterstreichen soll, ähnlich wie in Dt 32,31. In diesem Falle fehlte in der Vorlage der alten SEPT das letzte Wort von v.13. Allerdings kann dieser kurze v.13 nicht Urtext sein, und einen Grund für den mechanischen Ausfall des letzten Wortes gibt es kaum.

b) τοις ανοητοις ist die Uebersetzung des letzten Wortes von v.13. Die Wahrscheinlichkeit ist gross, dass dieses Wort נדמו lautete. Es wäre von דמה II "schweigen" abgeleitet worden und dieses Schweigen hätte man wiederum aufgrund des Kontextes (schon die alte SEPT liest in v.13 wie in v.21 לא-יבין) als Zeichen der Unvernunft verstanden (vgl. auch Ps 22,3 דומיה = ανοια)[264].

c) και ωμοιωθη αυτοις entspricht bestimmt einer Form von דמה (vgl. SEPT zu Ps 83,1; 89,7; 102,7; 144,4 u.ö.). Der Singular ωμοιωθη lässt an נדמה denken, αυτοις wäre dann eine sinngemässe Ergänzung, wie wir sie vielleicht schon in v.12a (οι ταφοι <u>αυτων</u>, doch vgl. oben Anm. 79)

---

264. Im griechischen Raum liegt der Zusammenhang wohl ziemlich auf der Hand, zumal mit dem Aufkommen der Stoa, die dem Tier im Gegensatz zum Menschen nur eine αλογος ψυχη zusprach (vgl. ZELLER, Philosophie III/1, 196), was auch in Jud 10 anklingt. Doch schon ISOKRATES z.B. scheint einen Zusammenhang zwischen Stummheit und Unvernunft vorauszusetzen, wenn er, nach der Feststellung, die Sprache sei das einzige, was den Menschen vom Tier unterscheide, betont: Δια τουτου [scil. λογου] τους τ' ανοητους παιδευομεν και τους φρονιμους δοκιμαζομεν. Το γαρ λεγειν ως δει του φρονειν ευ μεγιστον σημειον ποιουμεθα (Περι της αντιδοσεως XV 255) . Noch bei PLUTARCH (De sollertia animalium) bezichtigt ein Gesprächsteilnehmer die " ιχθυς...τους αμαθεις και ανοητους" (975B) der intellektuellen Unterlegenheit im Bezug auf die sprech- und singbegabten Vögel (973A). So werden die Vögel zu Götterboten, "αλλα κωφα παντα και τυφλα της προνοιας εις τον αθεον και τιτανικον απερριπται τοπον ωσπερ ασεβω χωρον, ου το λογικον και νοερον εγκατεσβεσται της ψυχης... (975C). Zur selben Vorstellung im frühjüdischen Bereich vgl. WEBER, Theologie 210.212, der auf TANHUMA, Emor 15 und die TARG zu Gen 2,7 hinweist.

und sicher in v.12c (επι των γαιων <u>αυτων</u> vgl. oben 3.2.41) angetroffen haben. Die Kritik an der Gottebenbildlichkeit (vgl. oben 4.3.25) würde hier gesichert durch eine semantische Entscheidung (דמה heisst nicht "vernichtet werden" sondern "gleichen") und eine sinngemässe Ergänzung.

d) και ωμοιωθη αυτοις könnte aber auch auf ein נדמו zurückgehen: "sie (scil. Mensch und Tiere) gleichen sich" wäre hier übersetzt worden, als "er (der Mensch) gleicht ihnen (den Tieren)". Wiederum würde so die Kritik an der Gottebenbildlichkeit gesichert, diesmal durch eine semantische Entscheidung und eine syntaktische Operation.

So leicht die Wahl zwischen den Möglichkeiten a und b fällt, so schwierig ist sie zwischen c und d zu treffen. Eines ist aber sicher: Wies die Vorlage der alten SEPT tatsächlich in v.13 ein נדמו, in v.21 ein נדמה auf, wäre dies aufgrund der eingangs festgehaltenen Prinzipien die schwierigste Lesart (die mit der Lesart 3 nicht das geringste zu tun hat, da der leichtere Singular nicht wie dort beim ersten Erscheinen des Kehrverses auftritt!)

4. Trotz ihres recht hypothetischen Charakters möchte ich dieser Lesart 4 eine gewisse Wahrscheinlichkeit nicht absprechen. Zwei Gründe sprechen für sie als ursprünglichstem Text:

a) Sie ist die einzige Lesart, welche die Entstehung der zwei (wenn man von der SEPT - Tradition einmal absieht, fast gleich starken) Lesarten 1 (zweimal נדמו) und 2 (zweimal נדמה) plausibel erklärt[265].

b) Sie vermag das oben (3.3.12) nachgewiesene Wortspiel im Kehrvers noch zu vervollkommnen, so dass es nun eine <u>doppelte</u> Vertauschung aufweist (einerseits der Konsonanten b - l, andererseits der Vokale a - o/u):

```
b a l   y a l i y n  ...  n i d m u w
" *         —                     ::
l o '   y a b i y n  ...  n i d m a h
— ::        "                     *
```

5. Setzt man diese Lesart voraus, muss man das נדמו in v.13 wohl wie die alte SEPT als stumme Unvernunft deuten und erst das נדמה von v.21 als jähen Untergang (auch HEBR gibt den zwei Wörtern zwei verschiedene Bedeutungen, vgl. oben Anm. 263). Damit entsteht - bezieht man das, was oben

---

265. Auch die Tatsache, dass SAH, die doch sehr eng mit der alten SEPT zusammenzusehen ist (vgl. BARTHELEMY, Histoire 175f), hier schon das zweimalige נדמה aufweist, spricht m.E. eher gegen ein doppeltes נדמו in der alten SEPT.

4.3.25 zu נמשל gesagt wurde, mit ein - zwischen den Verben des Kehrverses zusätzlich ein sehr elegantes Wortspiel mit eingebautem Chiasmus ("nicht übernachten - gleichen - stumm sein / nicht verstehen - beherrscht werden - untergehen") und der ganze Grundpsalm erhält mit dem letzten Satz "נדמה" einen so passenden wie brutalen Abschluss.

DER BEKANNTE GOTT

Der Grundpsalm war in seiner Skepsis bis zur ausdrücklichen Anzweiflung des Handelns Gottes vorgestossen (v.15d) und hatte damit Vorstellungen das Wort gesprochen, die (auch) in Israel schon seit der Zeit der vorexilischen Propheten (vgl. v.RAD, Theologie I 467) immer wieder vertreten und bekämpft wurden. Doch der Zweifel am Handeln Gottes entsprang in diesem Text weder einer fahrlässigen Oberflächlichkeit (vgl. Is 5,12; Hi 21,12ff) noch sollte er bloss ethische Liederlichkeit sanktionieren (vgl. Ps 94,6f). Er war vielmehr die notwendige Folge einer neuen und radikalen Art, den Tod zu erfahren. Einmal in seiner nivellierenden Allgemeinheit (v.11f) und "rückwirkenden" Schrecklichkeit (v.14f) erfasst, passte der Tod nicht mehr in die alte Ordnung, wie sie traditionell in und hinter der erfahrbaren Wirklichkeit gedacht und geglaubt wurde (vgl. v.RAD, aaO 440).

In dieser Situation konnte man entweder die neue Erfahrung bestreiten und verdammen, um die traditionelle Ordnung zu retten, oder aber die Ordnungsvorstellungen so weiterdenken, dass die neue Erfahrung in ihnen Platz hatte.

Ps 49 hat sich für das zweite entschieden. Der Grundtext wurde übernommen (vgl. unten Anm. 340a!), doch in einen ganz neuen Rahmen gestellt und so weitergeführt (vgl. Qoh 12,9). Obwohl es durchaus nicht die Regel bildet[266], entspricht dieses Vorgehen als einziges der genuin weisheitlichen

266. Hinweisen könnte man hier etwa auf das zweite Nachwort von Qohelet (12,12-14), wo das ganze Buch in drei Sätzen unter den Teppich gewischt wird oder auf die Elihureden (Hi 32-37), die die neue Frage nach dem Leiden des Unschuldigen unterhöhlen (vgl. SCHMID, Weisheit 195f.178ff).

Haltung: "Wo neue Erfahrungen mittels der bisherigen weisheitlichen Formulierungen nicht geordnet werden können, müssen neue Weisheitssätze entstehen - solange die Weisheit lebendig bleiben soll. Wo die Weisheit dagegen zum Dogma geworden ist, darf der Mensch überhaupt keine grundsätzlich neuen Erfahrungen machen."(SCHMID, Weisheit 181)

Auch der hedonistische Pessimismus des ägyptischen Harfnerliedes wird im Gegenlied aus dem Grab des thebanischen Priesters Nefer-Hotep bloss polemisch verurteilt, nicht aber überschritten: "Ich habe diese Lieder gehört, die in den Gräbern der Vorzeit stehen. Was sie reden, wenn sie das Leben auf Erden grosspreisen und die Totenstadt gering achten - wozu dient es, so gegen das Land der Ewigkeit zu handeln? das rechte und richtige, das ohne Schrecken ist?" (zit. nach ERMAN, Literatur 316).

5. DIE VERDRAENGUNG DES TODES

5.1. DIE IDEE DER TODLOSEN WELT (v.6-7)

5.1.1. Fersentreter und Arglistige

1. Solange man Ps 49 als Einheit betrachtete und mit der Auslegung ganz normal am Anfang des Textes einsetzte, war v.6 (nach der offensichtlichen Einleitung v.2-5) der erste auszulegende Vers des eigentlichen Gedichtes. Er war damit für die Bestimmung der ganzen in Ps 49 vorausgesetzten Problematik von ausschlaggebender Bedeutung, denn "das Motiv des Psalmes liegt in v.6" (SACHS 69)[267].

Umso schwerwiegender ist es deshalb, dass sich gerade in diesem Schlüsselvers die meisten Exegeten Korrekturen erlaubten, so dass schon J.H. MICHAELIS (322) feststellen musste: "Variae hic fiunt et perplexae interpretum sententiae."

Freilich - die Tragweite der Korrekturen, die sie mit einem Seufzer der Erleichterung vornahmen ("So entsteht wenigstens ein befriedigender Sinn." KITTEL 196), war wohl den wenigsten Kommentatoren bewusst. Der einzige, der einsah, wie zweifelhaft es ist, die Auslegung eines ganzen Psalmes auf einen halb verstandenen und halb aufs Geratewohl konjizierten Vers abzustützen, war EHRLICH, der nach seiner Auslegung des Verses bekennt: "Es muss jedoch zugegeben werden, dass diese Erklärung nicht sicher ist.

---

267. Vgl. z.B. ZSCHIESCHKE 10: "carmen ipsum incipit a commate 6, qui vel propterea gravissimus totius psalmi est, quod eius interpretatio universi carminis intellectum regit."

Sie soll daher nur als schwache Vermutung gelten." (109f) Praktisch blieb allerdings auch EHRLICH nichts anderes übrig, als den Psalm von dem Thema her zu deuten, das ihm v.6 anzuschlagen schien.

2. Nun ist v.6 für sich genommen weder sonderlich dunkel noch speziell unsicher überliefert[268]. Wenn ihn trotzdem die meisten Exegeten schrecklich deplaziert finden, so nur, weil sie ihn unbedingt dem Dichter selbst in den Mund legen wollen.

Nach der langen Einleitung v.2-5 erwarten sie nämlich ganz instinktiv, nun endlich die persönliche Meinung des Weisen zu hören, und weil v.6 von sich aus diese Erwartung nicht erfüllt, weiss man nichts Klügeres zu tun, als ihn mit konjektureller Gewalt dazu zu zwingen.

3. Viele Exegeten nehmen das למה zum Ausgangspunkt ihrer Operationen. Für sich allein genommen vermag dieses Wort augenblicklich eine ganze Klageliedatmosphäre herbeizuzaubern (vgl. GUNKEL, Einleitung 127; 217)[269]. Damit steht nicht nur fest, dass "hier...einer (spricht), der Erfahrung hinter sich hat" (BRANDENBURG 182), "den Stachel des Lebensproblems empfunden" hat (MOWINCKEL, Psalmstudien I 128) und deshalb in einem Psalm, der "unmittelbar aus dem Leben für das Leben geschrieben" wurde (WEISER 261), die "am eigenen Leibe schmerzlich erfahrene Lebensproblematik"(DEISSLER 33) erörtern wird. Ebenso sicher ist dann, dass in v.6 irgendwelche Feinde auftreten müssen - ja: "folgt man TM, so ist nicht zu verkennen, dass der Dichter des Ps 49 von Feinden umringt war..." (KRAUS 364), denn "die mit למה eingeleitete Frage teilt eine wirkliche Notlage mit, sie führt mitten hinein in die bange Ratlosigkeit derer, die hilflos den reichen Machthabern ausgeliefert sind" (aaO 366). Setzt man dies voraus, so beschränkt sich die Auslegung

---

268. Einzig εβρ' hat mit der Vokalisierung von v.6b etliche Mühe gehabt (αων ακοββαι ισωββουνι) und PESH nimmt sich einige Freiheiten heraus (die Frage למה wird als Negation לא übersetzt und עקבי als בעלדבבי, "Feinde" gedeutet). Alle andern Versionen (SEPT AQ SYM QUINT ROM GAL HEBR TARG) übersetzen ohne nennenswerte Abweichungen den heutigen MT.

269. MAILLOT (295) z.B. bietet gleich eine lange Erklärung des klagenden למה , die zwar in sich sehr zutreffend ist, aber, wir wir (unten 5.1.21) sehen werden, hier völlig fehl am Platze ist: "On peut voir ici [scil. beim למה] que, sans être une religion rationaliste, c'est-à-dire une religion où n'est vrai que ce qui est compris, la religion israélite était cependant, quoi qu'on en ait dit, rationnelle, c'est-à-dire qu'elle avait besoin de mettre en ordre et en place ce qu'elle croyait. Son Dieu était, certes, au-dessus de la raison, mais son Dieu ne la dispensait pas de raisonner. Le fameux 'lammah', s'il n'est pas seulement le cri d'une raison déchirée, est aussi le cri d'une raison insatisfaite."

von v.6 darauf, in einem Satz, der absolut nicht von Feinden redet, den Feind - wie in einem Vexierbild - dennoch zu finden.

Einige wenige (z.B. GEIER 721, MOLL 251) stellen den Feind schon im ersten Teilvers, indem sie בימי רע gegen den sonstigen Gebrauch nicht als "böse Tage" deuten, sondern als "Tage des Bösen", an denen der Böse wütet (vgl. Ps 37,18; Hi 15,20)[270].

Im allgemeinen lokalisiert man aber den Feind, wie schon PESH (vgl. oben Anm. 268) in עקבי, "meine Fersen".

"Der ungeschickte Ausdruck" (DELITZSCH 336, ähnlich PAULUS 249, PODECHARD 10, HERKENNE 182) עון עקבי ist ja "nicht bloss dem Sinne nach dunkel (denn welche Sünde ist damit gemeint?), sondern auch zweideutig (man würde zunächst an die eigene Sünde denken, was hier gar nicht passt)" (MOLL 251, ähnlich HITZIG 269). Zudem scheint auch syntaktisch klar, dass hier "nihil sane exprimatur, quod cum insequenti (v.7) הבטחים jungi possit orationem necessario continuante" (BOETTCHER, Inferi 193, ähnlich DELITZSCH 336). Darum kommt man meist sehr schnell zum Schluss, dass er "ganz und gar nicht in den Zusammenhang passt, der nicht von der eigenen Sünde des Dichters, sondern von den an ihm begangenen Sünden anderer handelt" (KESSLER 107, ähnlich GUNKEL 211, SCHMIDT 95).

Zur Behandlung von עקבי bieten sich sodann verschiedene Methoden an: Man kann das Wort tiefgreifend verändern[271], man kann es als Partizip עֹקֵב oder als Substantiv bzw. Adjektiv der Form עָקֵב aus dem arabischen <u>^{c}aqaba</u> "(ver)folgen" (vgl. z.B. SCHULZ 207, PAULUS 249) oder aus einer supponierten hebräischen Wurzel ähnlicher Bedeutung herleiten[272]. Man kann schliess-

---

270. LEVEEN (Problems 58) entlockt den "bösen Tagen" die erwünschten Feinde durch Rückgängigmachung einer angeblichen "wrong division of words": לָמָּה אִירָא כִּי מְרֵעִים עֲקֵבוּ יְסֻבֻּנִי

271. GRAETZ (339) etwa korrigiert in das noch dunklere קֹבְעַי , das er einfach als "meine Bedränger" versteht. PRAETORIUS (333) stellt עֹצְבַי oder עֹשְׁקַי zur Auswahl. HERKENNE (182) liest יַעַן עֵקֶב יְבוּסֻנִי, "wegen der Vergeltung derer, die mit Füssen mich treten".

272. Diese Lösung ist bei weitem die beliebteste und wird mit Hinweis auf Gen 27,36; Hos 12,3; Jer 9,3; 17,9 von sehr vielen Autoren vertreten. Solche "Untertreter" (seit LUTHER) oder "Fersentreter" (THALHOFER 296) sind Leute, "qui instar ferocientium equorum contra me suos elevant calcaneos, conati iisdem me penitus concutere aut conquassere" (GEIER 721). Wer das Gefühl hat, diese Bedeutung sei "nur dieser Stelle zuliebe gemacht" (KESSLER 107), kann sich aus den Parallelstellen eine andere Menschengattung aussuchen: "Ränkeschmiede" "KESSLER 108), נכלי אורבים נפשי (SIMONS 30), "Betrüger" (KRAUS 363), "slanderers" (DAHOOD 297)...

lich auch aus den "Fersen" selbst Feinde deduzieren[273] - der Endeffekt ist stets derselbe: Der Dichter bekräftigt seine furchtlose Sicherheit, selbst in bösen Tagen, wenn Feinde mit ihrem עון, ihrer aggressiven Bosheit, ihren Anschlägen und Komplotten, ihn umzingeln.

4. Nun scheitert die eben dargelegte Deutung spätestens an diesem Wort עון.

Denn עון bezeichnet nie die schlechte Handlung, insofern sie ("transitiv") an einem andern geschieht und ihm schadet. עון meint vielmehr die schlechte Handlung insofern sie ("intransitiv") im Täter selbst bleibt und dort den ganzen Mechanismus des Tun-Ergehen-Zusammenhangs in Gang setzt (vgl. z.B. Spr 5,22; Hi 31,28). Der עון eines Menschen könnte andern also höchstens indirekt schaden, wenn die "Schuld" nicht gesühnt wird oder überhand nimmt (vgl. etwa Gen 19,15). Deshalb ist DUHM Recht zu geben, wenn er bemerkt: "Was nun die Schuld, עון, eines andern mit meiner Furcht zu tun hat, das ist, wenigstens in diesem Zusammenhang, nicht einzusehen" (201), zumal das restliche Gedicht "gar nicht von Angriffen auf den Dichter oder seine Gesinnungsgenossen spricht" (aaO 200, ähnlich dann VOLZ 254, PODECHARD 10 und, mit weniger Ueberzeugung, CALES 275[274].

---

273. So steht etwa nach LUTHER (Revisionsprotokoll 49) "'calcanei' pro conculcantibus per synechdochen".

Klassisch ist aber die Deutung von עקבי als genetivus objectivus, d.h. "τo עון accipitur passive, pro injuria, non quam ipsi calcanei aliis inferunt, sed quae calcaneis infertur ab hostibus" (POLUS 815). Damit steht auch fest, dass diese "hinterlistige, von rückwärts nachstellende Bosheit" (SCHEGG 33, ähnlich LESETRE 233), "quae mordet calcaneum" (BUGENHAGEN 118, der hier zwecks Erfüllung von Gen 3,15 an die Ferse Christi und der Christen denkt), notwendig ein nicht genanntes feindseliges Subjekt haben muss. Auch wenn man wie DELITZSCH (336) denkt, hier werde "der genetiven Verbindung Unmögliches zugemuthet", sollte man es nicht unterlassen, die vielseitige Verwendbarkeit dieser Lösung zu bestaunen: MANNATI (138) etwa schreibt: "La malice qui s'attache aux talons, cette formule reste obscure, certes, mais rejoint celle de Ps 89,52 et 41, 10b: il s'agit de pratiques magiques ('malice' est le mot hébreu traduit ailleurs par 'néant') qui tendent à supplanter quelqu'un (visent ses talons)." Und CERONETTI (90) nimmt diesen Faden gierig auf: "La malia stringe, non i calcagni periferici, ma il centro dell' uomo, i suoi genitali. Il testo è di solito corretto dagli interpreti, ma diventa chiaro (anche se non incastra col resto, è un versetto naufrago) se si vede in 'aqevai' un eufemismo (come coscia, gamba, piedi). In Geremia 13,22: 'I tuoi calcagni sono stati violati.'"

Bei J.D. MICHAELIS (Varianten 156) führt die Idee eines "objektiven" עקבי zur Frage, ob man nicht besser עֹוֵן עקבי punktieren sollte: "der auf meine Fersen (d.h. auf meine Tritte) lauert, umgiebt mich von allen Seiten."

274. "Le psalmiste ne se plaint nulle part d'être persécuté par les riches. - A moins précisément qu'il l'insinue ici-même. Tout ce qu'on peut affirmer, c'est qu'il n'y insiste pas dans le psaume, que ce n'est pas cela qu'il tient à mettre en relief." Aus demselben Befund zieht PLOEG

Die Erkenntnis, dass in v.6 aggressive Feinde nicht zu finden sind, führt allerdings nur ausnahmsweise (z.B. SCHULZ 29f, vgl. unten Anm. 287) zum MT zurück, meist ermuntert sie nur zu andersartigen Konjekturen[275].

5. Um v.6 einen "passenden" Sinn zu finden, kann man nämlich statt von למה auch von חדתי (v.5) ausgehen. Dieses Wort taucht den ganzen folgenden Satz sogleich in eine metaphysische Ambiance, in welcher für gewöhnlich Unschuldige und Tugendhafte nicht mehr in der Verfolgung klagen und schreien, sondern in der Anfechtung grübeln und Welträtsel wälzen.

Wie in der vorigen Lösung enthält der Vers so durchaus noch böse Leute, nur sind es nicht mehr angriffslustige Feinde, sondern, auf diesen Unterschied wird grosser Wert gelegt, bloss reiche, geniesserische, flegmatische Frevler. Diese werden, wie in der vorigen Lösung, bald in רע (z.B. KITTEL 197; PODECHARD 10), bald in עקבי[276], und bald implizit hinter ihrem Reichtum geortet (vgl. etwa BIRKELAND, Feinde 275ff[277]).

---

(146) bereits wieder die gegenteiligen Folgerungen: "Il est remarquable que seul le v.6 fait comprendre qu'il s'agit d'adversaires; dans le reste du Psaume il n'est plus question de cette particularité et dans les vv.17-21 elle semble avoir disparu de l'horizon."

275. Noch recht nahe an der obigen Erklärung bleiben dabei BRUNO und SCHMIDT: BRUNO (238) korrigiert עון in עני und übersetzt: "wenn Not mir auf den Fersen ist" (236). Bei SCHMIDT (94) wird עון עקבי zur Gottesbezeichnung עלין/גאון יעקב oder ähnlich "jedenfalls muss der Satz den Grund für die Furchtlosigkeit angeben." Mit diesem Satz zerstreut der Psalmist "das Bedenken, das er sich - schon im Begriffe, zur Sache zu kommen - macht, ob er sich nicht fürchten müsse an Unglückstagen, d.h. doch wohl, ob es nicht vielleicht vorsichtiger sei, zu schweigen." (95)

276. Der Ausdruck wird wiederum als Adjektiv oder als Substantiv der Form עקב gedeutet und bezeichnet - wie bei den vorsichtigeren unter den oben Anm. 272 genannten Exegeten - stets "ceux qui reussissent par la ruse et sans aucun scrupule sur le choix des moyens" (PODECHARD K II 196).
Wegen des Possessivsuffixes von עקבי ist allerdings die Angriffslust dieser "Arglistigen" (BAETHGEN 138, WUTZ 124 u.a.), die keine "Widersacher" sein dürfen, schwer zu unterdrücken und die Erklärer geraten bisweilen in gefährliche Nähe der von ihnen feierlich zurückgewiesenen "Feind-Deutung": "Le mauvais riche...est un être non seulement égoiste, mais de plus malfaisant" (PANNIER 287), und der Psalmist ist "a potential victim of hostile wealth" (SABOURIN 374), "but, as there is no hint that he is actually the victime of their injustice, we should probably read the plural without suffix or singular in collective sense" (KISSANE 215). So wird bisweilen das Possessivsuffix wegerklärt - das י ist dann Dittographie (z.B. PODECHARD 10, MAILLOT 293) oder "abgekürzter Plural...vielleicht auch alte Pluralform" (VOLZ 254, ähnlich DUHM 201 u.a.).

277. Dass sich hinter dem Reichtum tatsächlich Frevler verbergen, schliesst BIRKELAND (276) aus zwei Prämissen: "...erstens muss der Reiche hier

Sind die Bösen einmal gefunden, gilt es noch, Hinweise auf ihren Reichtum und ihr Wohlergehen zu suchen. Bisweilen sieht man welche in בימי, den "Triumphtagen" (vgl. KITTEL 197, PODECHARD 10), oder in עון, ihrer einträglichen Sünde (BAETHGEN 138 u.a.). Meistens aber sichert man sich den Reichtum, indem man עון in און oder הון korrigiert (HOUBIGANT 63 und viele andere nach ihm[278]).

Versteht man schliesslich ירא als "erschüttert werden im Glauben und an allem Glück verzweifeln" (KOENIG 593), so scheint man endlich das langersehnte "Rätsel vom Wohlergehen der Gottlosen" vor sich zu haben: "Wozu soll ich verzweifeln in bösen Tagen/ in den Tagen des Frevlers, wenn die Schuld/ der Reichtum des Arglistigen mich umgibt."

Diesen Satz kann man nun aber drehen und wenden wie man will, stets stört die Vertrauensäusserung למה אירא das Rätsel ganz empfindlich[279]. Daran könnte höchstens die an Ps 73,3 angelehnte Korrektur von אירא in ארא (BAETHGEN 139, u.a.) etwas ändern, wenn sie irgendwie zu begründen wäre...

Zum erstrebten Rätsel kommt man nur, wenn man den Vers seiner "ganz persönlichen, religiösen Stimmung" (MUNCH 44, ähnlich GUNKEL 211) entledigt. Das führt dann sehr schnell zu Sätzen, die mit dem überlieferten Text nur mehr das למה gemeinsam haben: לָמָּה תִּרְאֶה בִּמְתֵי רַע עֵ֫יִן עִקְּבֵי סוֹבְאִים (GUNKEL 211, mit Hinweis auf Ex 32,17 und Spr 23,17; 24,1; Sir 9,11) oder gar לָמָּה אֶתְחַר בַּמְּרֵעִים וַאֲקַנֵּא שְׁלוֹם רְשָׁעִים (CHEYNE 219 mit Hinweis auf Ps 37,1.7; Spr 3,31; 24,19). Ganz offensichtlich ist also das rätselhafte Wohlergehen der Frevler dem Vers noch fremder als deren bedrängende Angriffe.

---

wohl derselbe sein wie in Ps 73 und 37, wo er ausdrücklich raša^{c} usw. benannt wird, nach unserer Auffassung also der fremde Oberherrscher. Zu einer speziellen Deutung für unseren Psalm liegt kein Grund vor... Zweitens haben wir zwei Verse, 6 und 16, wo der Beter sein persönliches Schicksal behandelt...In V.6 muss, wie auch der Text zu verstehen sein mag, liegen, dass eben die im Folgenden genannten Reichen den Beter umstellen..."

278. Bei HOUBIGANT (63) ist die "scriptio mendosa" עון עקבי יסבני über און עקב כי יסבני aus dem ursprünglichen עקב כי און יסבני entstanden. WUTZ (124) stellt zur Auswahl שין "Glück, Zufriedenheit" oder "vielleicht einfacher שאנן=שנן=עון Sorglosigkeit".

279. Beinhaltet der Satz "die Sorge um den Fortbestand der sittlichen Weltordnung, wie sie Kleinglauben eignet" (KESSLER 109), so ist das gläubige למה אירא völlig deplaziert; ist es "der Kampf seines eigenen Innern, den der Sänger singt" (THOLUCK 241), so ist die Versuchung zur Nachahmung der Bösen ganz unsachgemäss formuliert (אירא !); will er "die Betrachtung selbst...sofort mit dem beruhigenden Resultat derselben" beginnen (HUPFELD 661, ähnlich WETTE 340f), so ist das zumindest eine seltsame Art, ein Rätsel darzulegen...

6. Um all den Fallen und Sackgassen der eben dargelegten Auslegungen auszuweichen, scheint es mir an der Zeit, den überlieferten Text selbst zu Wort kommen zu lassen ohne ihm gleich über den Mund zu fahren, um ihm vorzuschreiben, was er sagen müsse.

Erst nachdem man v.6 unkorrigiert angehört hat, sollte man entscheiden, ob er dem Dichter selbst in den Mund passt und ob er ein Rätsel enthalte oder nicht.

5.1.2. Die Furchtlosigkeit der Schuldigen

1. Der Ausdruck למה אירא ist im AT nur hier zu finden. Er erinnert aber stark an das לא אירא von Ps 3,7; 23,4; 56,5.12; 118,6 und 46,3 (נירא). In diesen Passagen steht der Psalmist mitten in höchster Not - er ist von tausenden von Feinden umringt (Ps 3,7; 56,5.12, 118,10f), muss eine finstere Schlucht durchqueren (23,4) oder sieht bei bebender Erde die Berge ins Meer stürzen (46,3) - und doch zweifelt er nicht am Beistand JHWHs. "Ja, das Vertrauen steigert sich bis zum Tone einer fröhlichen und sicheren Gewissheit, die nicht eigentlich mehr um das Erhoffte zu bitten braucht und deshalb die Form des Gebetes, die Anrede der Gottheit, aufgibt." (GUNKEL, Einleitung 232f)

Die Gewissheit, die in der Formel לא אירא liegt, wird bisweilen noch gesteigert: in Ps 56,5.12; 118,6 durch eine beigefügte Frage (מה יעשה בשר/אדם לי), in Ps 27,1 dadurch, dass der Ausdruck selbst in Frageform erscheint: ממי אירא ממי אפחד.

Genau diese gesteigerte Heilsgewissheit scheint mir nun an unserer Stelle ausgedrückt. Das למה pflegt sonst vor einer 1. Person Imperfekt eine Handlung als ganz sinnlose und leicht vermeidbare hinzustellen (vgl. Gen 27,45; 47,15; 1 Sam 19,17; Hld 1,7). Ganz ähnlich zeigt es auch hier an, dass der Sprecher die Furcht nicht nur faktisch nicht kennt, sondern sie auch für völlig unangebracht und sinnlos hielte: "Wozu sollte ich mich denn fürchten?"[280]

2. Diese furchtlose Heilsgewissheit erscheint wie an den andern Psalmstellen gerade in der Not, בימי רע. Dieser Ausdruck bezeichnet recht unbestimmt und allgemein eine schwere Zeit (vgl. עת רעה Ps 37,19; Qoh 9,12; Jer 11,12).

280. Ein klagendes למה ("Wozu muss ich mich fürchten, wie es faktisch der Fall ist?"), das die Feindhypothese automatisch annimmt (vgl. oben 5.1.13) scheint mir in der Konstruktion למה אירא zwar nicht von vornherein unmöglich (auch in Ps 42,10; 43,2 wird nach dem Sinn eines Gemütszustandes, nicht von dessen objektiver Ursache, gefragt), aber angesichts der angeführten Parallelen äusserst unwahrscheinlich.

Er kommt sonst nur in Ps 94,13 vor (להשקיט לו מימי רע) im Zusammenhang mit brutalen Frevlern. In leicht abgewandelter Form meint er das Alter (Qoh 12,1: עד אשר לא-יבאו ימי הרעה), die Armut (Spr 15,15: כל ימי עני רעים) oder allgemein ein hartes Leben (Gen 47,9: מעט ורעים היו ימי שני חיי). Häufiger ist die Singularform יום רעה (Am 6,3 יום רע), die, anders als der durative Plural, vornehmlich (anders Qoh 7,14) eine jähe, katastrophale Vernichtung bezeichnet (Ps 27,5; 41,2; Spr 16,4; Am 6,3; Jer 17,17f; 51,2), doch auch hier im Allgemeinen bleibt.

בימי רע vermag also bestimmt nichts Konkretes über die in v.6 vorausgesetzte Situation auszusagen, und man darf erwarten, dass der folgende Halbvers diesen vagen Ausdruck präzisieren wird.

3. Schon das יסובני (für יְסֻבֵּנִי) weist in diese Richtung: Im Psalter dient סבב Qal meist (Ps 17,11; 18,6; 22,13.17; 88,18; 109,3; anders 48,13; 71,21; 114,3ff) zur Ausmalung bedrängender Situationen - zumal in Ps 118,10ff wo durch viermalige Wiederholung des Verbes die Notsituation evoziert wird, in welcher sich das furchtlose Vertrauen des Psalmisten bewährt (לא אירא 118,6).

Man muss also diesen präzisierenden Stichos durch ein mitzuhörendes Zeitadverb dem למה אירא unterordnen, was die meisten Kommentatoren tun, und was auch nicht sonderlich auffällig ist, denn "für unser Ohr sind solche lose Nebeneinanderstellungen hart, für den Hebräer nicht" (SCHEGG 33).

4. Was nun den Sprecher bedrohlich umringt, ist die Schuld seiner Fersen. Ich vermag nicht einzusehen, weshalb dieser Ausdruck so sinnlos und anstössig sein soll, wie man das immer wieder beklagt hat:

Warum soll Schuld den Menschen nicht wie Krieger oder Jäger umzingeln und einschliessen können, wenn sie schon dem Menschen entgegengehen (1 Sam 28,10), ihn in der Verfolgung einholen (Ps 40,13), treffen (2 Kön 7,9), straucheln lassen (Hos 5,5; 14,2; Ps 31,11), überwältigen (Ps 65,4), in die Hand nehmen (Is 64,6) und fangen (Spr 5,22) kann, um dann wieder von ihm zu weichen (Is 6,7) oder zertreten zu werden (Mi 7,19)[281].

Auch dass diese Schuld den Fersen angelastet wird, scheint mir kein Grund zur Verzweiflung[282]. Denn im AT wird Schuld nicht nur durch deren Subjekt (z.B. "die Schuld der Väter" Ex 20,5 u.ö.) oder Objekt ("die Ver-

---

281. Andere Bilder sind nicht der Jagd oder dem Krieg entnommen: Die Schuld trägt den Menschen fort wie der Wind (Is 64,5), bedroht ihn wie eine fallende Mauer (Is 30,13), steigt ihm wie Wasser über den Kopf (Ps 38,5; Esr 9,6; vgl. aber Ps 88,18 סבוני כמים).

282. Zumal die wenigen Exegeten, welche ihre kategorische Verurteilung des Ausdruckes עון עקבי zu begründen suchen, nicht gerade umwerfende Entdeckungen machen: HITZIG (269) z.B. findet es unmöglich, bei der

schuldung am Heiligtum" Num 18,1 u.ö.), sondern bisweilen auch durch deren Umstände spezifiziert: so redet man von עון הקדשים (Ex 28,38: die Schuld, die den Opfergaben anhaftet), עון פער (Jos 22,17: die Schuld, die am Peor begangen wurde), עונות נעורי (Hi 13,26: die Schuld, die ich in meiner Jugend auf mich lud), ... עון אשר ידע כי (1 Sam 3,13: die Schuld, die darin bestand, dass...), עון קץ (Ez 21,30.34; 35,5: die "'Schuld', die das Ende nach sich zieht, und 'Strafe', die nun am Ende sich vollzieht" [ZIMMERLI, Ezechiel 493]), עון בצעו (Is 57,17: die Schuld, die zu seinem Profit führt oder in ihm besteht), עון חטאתי (Ps 32,5: die Schuld, die sich aus meiner Sünde ergibt). Eine solche Umstandsbestimmung scheint mir auch hier vorzuliegen.

Der Plural von עקב bezeichnet die Spur oder den zurückgelegten Weg, wie dies in Ps 77,20 (die unsichtbare Spur Gottes, parallel zu שביל und דרך), Ps 89,22 (die geschmähte Spur des Gesalbten, sein Weg und Schicksal), Hld 1,8 (die Spur der Schafe, denen die Geliebte nachspürt) und vielleicht auch Ps 56,7 (die "Spur", der Weg, den die Feinde beobachten) der Fall ist. עקבי wäre demnach eine Bezeichnung des Lebensweges[283].

עון עקבי, "die Schuld meiner Spur" (vgl. SYM: η ανομια των ιχνεων μου) ist also die Schuld, die ich in meiner Vergangenheit auf mich geladen habe (vgl. Jos 22,17; Hi 13,26), die sich aus meinem Lebenswandel ergibt (vgl. Ps 32,5) und die meinem Lebensweg anhaftet (vgl. Ex 28,38)[284].

Ferse von "umgeben" zu reden, "wo der Vorderfuss frei bleibt". HOUBIGANT (63) zweifelt nicht an der Korrekturbedürftigkeit des MT, "nam hodiernam scripturam non bonam esse vel id declarat, quod iniquitas attribuitur quidem in codicibus cordi, linguae, manibus, cogitationi, gressibus, nusquam autem calcaneo." Wenn sich jede dieser Zuordnungen belegen liesse (vgl. aber immerhin חטאת נפשי Mi 6,7 und חטאת פימו Ps 59,13), so wäre m.E. an der Richtigkeit des MT erst recht nicht mehr zu zweifeln!

283. Diese Deutung der Fersen als Lebensweg findet sich zu verschiedenen Zeiten wieder: Schon bei Ps-ORIGENES (1444) steht der Satz: "" Ημεραν πονηραν την ημεραν λεγει της κρισεως και πτερναν την οδον και τον βιον. ", was auch THEODORET (1221) erwähnt: την γαρ πτερναν ενιοι μεν του βιου την οδον προσηγορευσαν." Aehnlich denkt NIKLAUS VON LYRA (783): "... hoc habebo timere in iudicio, si iniquitas circumdet me, sicut rete involvens avem captam vel bestiam et ideo dicit calcanei mei, id est operis mei, quia calcaneum facit vestigium in pulvere: opera autem hominum aliquando vocantur in scriptura vestigia eorum." AMAMA (281) schliesslich weist auf die verbale Parallelvorstellung: "Calcaneus meus pro gressu, gressus pro actione vel vita; sic ingredi, ambulare pro vivere." Aehnlich schon DIODOR VON TARSUS (293):'Πτερναν' την οδον καλει απο του τη πτερνη τριβειν την οδον· οδον δε την πραξιν καλει.

284. עון עקבי lässt sich, bei etwa gleichbleibendem Sinn, auch etwas anders deuten. SACHS (71) etwa sieht hier wie in Ps 44,16 "eine Art Attraktion.

5. Damit ist nun der "böse Tag" klar genug umschrieben: er besteht darin, dass die Schuld, die der Sprecher auf seinem vergangenen Lebensweg liegen hat, ja die die einzige verbleibende Spur seines Lebens darstellt (vgl. dagegen Weish 5,9-13!), nun plötzlich nach ihrer Art - als "Anstoss zur Strafe" (R. KNIERIM, in: JENNI, Handwörterbuch II 244) - wirksam wird und sein Leben bedroht (vgl. etwa Jer 31,30; Ez 3,18f = 33,8; 7,13; 18,18 u.o.), "quemadmodum solet contingere peccatori, ut extrema eius scelerato fine claudantur" (CASSIODOR 434)[285].

Damit stellt sich aber die dringende Frage, wer sich denn hier zu Wort meldet. V.6a passt scheinbar nur in den Mund eines tiefgläubigen JHWH-Anhängers - und v.6b kann nur von einem abgebrühten Frevler gesprochen sein[286].

Der st.constr. zieht die logisch ferneren Begriffe zusammen, und da der eigentliche Objektsakkusativ zum Genetiv geworden, ist dem Verbo das Suffixum angehängt..."

Vielleicht unter dem Einfluss von Gen 49,19 scheint LUZZATTO (210) עקב als Bezeichnung des unmittelbar, dicht auf den Fersen Folgenden zu verstehen (vgl. עָקֵב): עון עקבי. העון (העונש, המות) הבא אחרי ובעבותי. Sicher unter dem Eindruck des TARG, der seine Uebersetzung (בסופי) vielleicht auf Jos 8,19 stützte, meint QIMHI (344): ואמר עקבי כלומר לסוף מעשי ימצאני עון ולפי שהעקב הוא סוף כל הגוף נקרא סוף כל דבר עקב
Auch EERDMANS (262) deutet die Fersen als Spuren des Menschen, übertreibt dann aber etwas, wenn er mit Hinweis auf Ps 89,52 behauptet, dass "the footprints were regarded as part of himself". Zur Begründung fügt er bei: "Foot of holy and famous men were and are objects of veneration. The footprints of the Buddha are still revered. The purport of the long trailing dresses, worn by women in Lybia, originally was to erase their footprints in the sand."

285. Diesen Sinn haben zwar mehrere Exegeten sehr rasch gefunden, doch ebenso rasch wieder verworfen: "Apparently this means, when his own false steps and errors of conduct surround him and threaten to prove his ruin. But apart from the strangeness of the expression, this meaning does not suit the context." (KIRKPATRICK 270, ähnlich BRIGGS 407 u.a.)

286. In der Tradition finden sich verschiedene Lösungen dieses Dilemmas, die es alle erlauben, den ganzen Vers dem frommen Psalmisten selbst in den Mund zu legen.

Nach der einen Lösung ist v.6 sozusagen ein "kasuistisches Vertrauenslied": "Was sollte ich mich in bösen Tagen fürchten, es sei denn, die Schuld meiner Fersen schlösse mich ein." (vgl. etwa TARG, QIMHI 344, NIKLAUS VON LYRA 783 u.a.)

Eine andere Lösung bietet denselben Gedankengang im Katechismusstil: Frage: "Unter welchen Umständen muss ich mich fürchten in bösen Tagen?" Antwort: "Wenn die Schuld meiner Fersen mich umringt." (vgl. etwa THEODORET 1221, RASHI 47 u.a.)

Nach einer andern Lösung fragt sich der Psalmist - offenbar um eine entsprechende Versuchung zu bekämpfen - weshalb er aus Angst vor dem Alter (ימי הרעה Qoh 12,1) Geld zusammenraffen und so Schuld auf sich laden sollte. (vgl. etwa YEFET BEN ELI, IBN ESRA, MEIRI 100)

Diese Lösungsversuche scheinen mir schon deshalb schwer vertretbar, weil sie entweder der Bedeutung von למה kaum gerecht werden

5.1.3. V.6 als Zitat

1. Dieser in sich scheinbar so widersprüchliche v.6 wird nun aber mit einem Schlag verständlich, wenn man ihn als Zitat eines Frevlers versteht. Ich schlage deshalb vor, v.6 den in v.7 genannten Leuten in den Mund zu legen[287]. So verstanden drückt v.6 genau das Verhalten aus, das Sir 5,4 beim selbstbewussten Reichen (Sir 5,1.8!) kritisiert:

> "Sage nicht: 'Ich habe gesündigt und was dann?
> Hat er/es mir irgend etwas gemacht?
> Denn Gott ist langmütig!'
> Sage nicht: 'Der Herr ist barmherzig,
> deshalb wird er all meine Schuld wegwischen!'"

(zweite Lösung) oder zwischen beiden Stichos zuviel Unausgesprochenes annehmen (erste Lösung: "ausser wenn", dritte Lösung: "sodass ich durch angstbedingtes Geldraffen").

287. Damit folge ich der Lösung von SACHS (70): "Dieses Vertrauen [scil. der Gottlosen] auf irdisches Gut wird im sechsten Verse als Formel, wie sie jenen machtstrotzigen Reichen wohl in den Mund gelegt werden kann, ausgesprochen: 'Wozu brauche ich mich in böser Zeit zu fürchten? Soll ich Strafe meiner Sünden fürchten? - Ich habe mich ja gegen alles verwehrt! - Dieser letzte, nicht ausgesprochene Zusatz ergibt sich aus dem gleich folgenden Verse...".
Just dieser Lösung, der schon nach WETTE (341) "kein schicklicher Sinn" zukäme, wusste BOETTCHER (Inferi 193) nichts anderes vorzuwerfen, als dass durch sie "nihil sani exprimatur, quod cum insequenti (=7) הבטחים jungi possit...". Dabei vermag doch gerade sie den Zusammenhang von v.6 und v.7 am natürlichsten herzustellen.
Auch TORCZYNER (53) versteht v.6 als Zitat und verteidigt ausnahmsweise einmal den MT mit Hinweis auf Ps 44,16 "gegen allerlei Emendationsversuche". Freilich ist v.6 bei ihm nur eine Zeile im Gesamt der "Ansichten der Gegner", die im Urtext "der Widerlegung durch den Dichter in einer eigenen Strophe gegenüberstanden und...jetzt aus dem Chaos der Verse 6-13, das wir der Unaufmerksamkeit des Kopisten verdanken, erst herausgeschält werden" müssen (aaO 50). (Die "herausgeschälte" Strophe umfasst die v.6+7+12+10+14!)
Für eine ähnliche Lösung entscheidet sich sonst nur noch SCHULZ (Psalmenfragen 30): "Der Weltmensch, mit dem sich der Dichter auseinandersetzen will, hat eine ähnliche Gesinnung wie der Reiche von Lk 12,19. Er meint keinen Grund zur Beunruhigung zu haben: er schwimmt ja im Ueberfluss. Er ist umgeben von dem, was ihm seine Schiebereien eingebracht haben." Kaum möglich ist es allerdings, עון עקבי als "das, was ihm seine Betrügereien eingebracht haben" zu verstehen. Inkonsequent ist zudem SCHULZ' Annahme, die "Weltmenschen" hätten - offenbar in einem letzten Rest von Furcht - dem Psalmisten die Frage v.6 als "Rätselspruch" zur Lösung vorgelegt. Was gibt es in v.6 schon zu erraten oder zu beantworten, wenn man die Zeile verstanden hat? V.6 ist ganz deutlich ein fingiertes Zitat, das der Dichter den Leuten von v.7 in den Mund legt, um ihre Gesinnung zu entlarven (vgl. KEEL, Feinde 179-181).

An unserer Stelle freilich erwähnen die selbstbewussten Sünder Gott nicht. Sie machen sich nicht einmal mehr Gedanken über seine Barmherzigkeit, sondern setzen diese - was noch schlimmer und gotteslästerlicher ist - einfach stillschweigend voraus, indem sie ganz selbstverständlich die Vertrauensäusserung למה אירא im Munde führen.

Diese Formel, die sonst nur im Munde von JHWH speziell verbundenen Betern, die alles nur von ihrem Gott erwarten, zu finden ist, unterstreicht in dieser Deutung das masslose Selbstvertrauen und die anmassende Ueberheblichkeit dieser Leute sehr stark und passt somit ausgezeichnet zu ihrer Charakterisierung in v.7.

2. Dass v.6 im Text nicht als Zitat gekennzeichnet ist, scheint mir kein unüberwindliches Hindernis für die vorgeschlagene Lösung. Zitate ohne Einleitungsformel sind auch sonst belegt[288]. Gerade in streng gebauten Texten ist das Fehlen einer Ein- oder Ausleitungsformel nicht erstaunlich und in Ps 49 übrigens auch nicht sonderlich unangenehm. Da nämlich v.6 durch seine Stellung am Anfang der Strophe eine Art Gegenstück zum Credo von v.16 bildet, kann er schon so als zitiertes "Gegencredo" erkennbar werden.

3. Schliesslich wird, wenn v.6 Zitat der Leute von v.7 ist, auch der stets als schwierig empfundene Uebergang zwischen den beiden Versen - zwar nicht weniger abrupt, aber doch in seiner Abruptheit erträglicher.

Man ist nun nicht mehr gezwungen, unter Annahme einer ganz unhebräischen Satzperiode, הבטחים als Objekt zu למה אירא zu betrachten (z.B. SAADYA vgl. EWALD, Sprachgelehrte 39, u.a.) oder aber als Relativsatz, bzw. Apposition zu den feindlichen עקבי (z.B. GEIER 722 und später viele andere mit einem immer wiederkehrenden Hinweis auf GESENIUS, Grammatik § 126 b, mit dem man wohl 138 i meinte). Man muss auch nicht mehr v.7 vom - dann ganz isolierten - v.6 losreissen, um ihn als "logisches Subjekt zum folgenden" (EHRLICH 110) oder als Anrede der Bösen (MEIRI 100, wohl schon THEODORET 1224) mit v.8 zu verbinden.

---

288. WOLFF (Zitat 47) gibt dafür die Beispiele Is 22,13; 28,9ff; Hos 9,7; Nah 2,9. Besonders auffällig ist die Stelle Mi 2,6ff, wo nach etlichen nicht eingeleiteten Zitaten (ישפון führt kein Zitat ein, sondern gehört wie לא ישפו in den Mund der aufgebrachten und wild durcheinanderschreienden Zuhörer: "Keifert nicht!" - "Die keifern aber wirklich!" - "Die sollen nicht über solche Dinge keifern!") in v.8 ohne weiteres die Antwort des Propheten einsetzt.

Unserer Stelle am nächsten kommt aber Jer 49,4, wo ein nicht eingeleitetes Zitat das durch finites הלל und בטח- Partizip umschriebene Vertrauen verbalisiert.

Man kann nun v.7 als selbständigen Hauptsatz ansehen, der (ähnlich wie v.17) die praktische Konsequenz des Zitates erläutert ("Sie verharren im Vertrauen auf ihr Vermögen..."). Man kann aber auch dem Artikel von הבטחים eine demonstrative Bedeutung geben (vgl. GESENIUS, Grammatik § 126 b) und in Anlehnung an Ps 73,12 (הנה-אלה רשעים) übersetzen: "Das sind die, die ihrem Vermögen trauen...". Man kann sich schliesslich auch vor הבטחים ein יאמרו hinzudenken ("...sagen die, die auf ihr Vermögen vertrauen...", vgl. SCHULZ, Psalmenfragen 20)[289].

5.1.4. Die Absurdität der todlosen Welt

1. Nach ihrer erschöpfenden Jagd auf Feinde und Sünder in v.6 wissen die Kommentatoren zu v.7 im allgemeinen kaum etwas zu sagen[290]. Deshalb begnügen sie sich meist damit, mit stets wiederkehrendem Hinweis auf GESENIUS, Grammatik § 116 x, den "Absprung von der Partic.-Konstr. ins Verb. fin." (HUPFELD 661) festzustellen und den Vers kurz nachzuerzählen.

Diese einhellige Ratlosigkeit ist nicht zufällig. V.7 gehört (mit v.17f) zu jenen seltenen Zeilen des Psalmes, die so klar sind, dass sie auf dem dunklen Hintergrund des restlichen Textes leicht nichssagend wirken.

2. Der Vers enthält ein bekanntes Motiv der weisheitlichen und prophetischen Schriften. Wiederholt redet das AT vom ausschliesslichen Vertrauen auf Reichtum (Ps 52,9; 62,11; Hi 22,24; Spr 11,28; 18,11; Sir 5,1ff; Jer 9,22; 48,7; 49,4; Ez 28,4f u.a.) und andere menschliche Grössen[291]. In seiner Ausschliesslichkeit besagt dieses Vertrauen jeweils automatisch eine Absage an JHWH[292].

---

289. Auch einige Kommentatoren, die v.6 nicht als Zitat verstehen, greifen zu Ergänzungen, die mir aber viel weniger auf der Hand zu liegen scheinen. SCHMIDT (94) findet es "am einfachsten", am Anfang הוי zu ergänzen, wie es schon der TARG tat. LUZZATTO (210) denkt sich in Anlehnung an Ps 1,4 gar ein לא כן hinzu.
Zum Numeruswechsel zwischen v.6 und v.7 vgl. unten Anm. 381.

290. So findet man etwa bei DAHOOD (298) als einzige Bemerkung zu v.7 den Satz "Note the superb example of chiasm: A+B // B+A." Andere verlieren sich in allgemeinen Erwägungen, die mehr Licht werfen auf die Gesinnung der Exegeten als auf den Sinn des Textes: "Was eigentlich die Verwirrung in das Innere des Menschen bringt, ist weit weniger die Ungleichheit der Vertheilung irdischer Güter als der ungestrafte Missbrauch derselben in den Händen ihrer Besitzer, die Unterdrückung der Armen und Machtlosen." (SCHEGG 34)

291. Menschen: Ps 118,8f; 146,3; Jer 9,3; 17,5; 42,25; Mi 7,5; militärisches Potential: Ps 20,8; 33,16; 147,10f; Dtn 28,52; Is 31,1; Jer 5,17; Hos 10,13; eigene Weisheit: Spr 28,26; 35,7; Is 10,13; eigene Kraft: Dtn 8,17; Hab 1,11 usw.

292. Auch in ägyptischen Weisheitstexten kommt dieses Motiv ansatzweise vor; so z.B. in der Lehre des Amenemope (VII 9/10): "Hänge dein Herz nicht

Wer sich allerdings dieser Fehlhaltung schuldig macht (Feinde des Individuums, reiche Ausbeuter, ängstliche Politiker, ausländische Potentaten, wohlhabende Gläubige, überhebliche Intellektuelle) sagt immer nur der Kontext. Aus den zahlreichen Parallelstellen erhalten wir also keine Auskunft über die nähere Identität der selbstsicheren Leute von v.7.

Gleichzeitig ist nun aber mit dem Ausscheiden der aggressiven Feinde oder betrügerischen Bösewichte aus v.6 auch unser hiesiger Kontext diesbezüglich nicht mehr sehr redselig. Aus ihm erfahren wir nur, dass die Leute von v.7 schwere Sünder sind.

Schliesslich ist auch das Vokabular von v.7 so abgegriffen und vage, dass eine präzise Wortanalyse hier kaum weiterhilft. Sie ergibt nur, dass sich diese Sünder auf ihren beträchtlichen Reichtum, als der Quelle und der Frucht ihrer Kraft[293] absolut verlassen, und dass dieses Vertrauen für sie

---

an Schätze: es gibt keinen, der Bestimmung und Geschick kennt! Wirf dein Herz nicht hinter Aeusserlichkeiten her: jedermann hat seine (ihm bestimmte) Stunde." (zit. nach BEYERLIN, Textbuch 80, vgl. PRITCHARD, Texts 422) Auch der "beredte Bauer" schleudert dem Beamten entgegen: "Sei du nicht hochfahrend, weil du stark bist, dass nicht einst das Böse (auch) zu dir komme." (4.Klage, zit. nach ERMAN, Literatur 169, vgl. GARDINER, Peasant 16) Ebenso steht in den "Sprüchen des Ptah-hotep" die Mahnung: "Sei nicht stolz auf dein Wissen und vertraue nicht darauf, dass du ein Gelehrter bist." (zit. nach ERMAN, aaO 88, vgl. PRITCHARD, Texts 412). Dass wohl auch in der ägyptischen Weisheit das Vertrauen auf irdische Güter das Verhältnis zur Gottheit belastet, zeigt vielleicht das "Gebet an Amon im Gericht" (PAPYRUS ANASTASI II, 8,5f, zit. nach ERMAN aaO 381): "... ich habe nicht mein ...unter die Kraft eines Menschen gesetzt - mein Herr ist (mein) Beschützer." Hierzu gehört vielleicht auch der Rat des Ptah-hotep: "Verlasse (?) dich nicht auf deine Schätze, die dir als Gabe des Gottes zuteil geworden sind." zit. nach ERMAN aaO 95, anders PRITCHARD, Texts 414)

293. Der Reichtum, עשר , erscheint im AT in gut der Hälfte der Fälle in einem schiefen Licht. In vielen weisheitlichen Texten führt er den Menschen in eine Scheinsicherheit, die ihn dann umso schneller und härter stürzen lässt (Jer 9,22; 17,11; Ps 52,9; Spr 11,28; Qoh 5,12f), isoliert ihn vom Mitmenschen (Spr 22,1; Qoh 4,8) und führt automatisch zum Atheismus (Spr 30,8). Zudem ist Reichtum sinnlos: Vielfach ist er just gut genug, um die bei seinem Erwerb begangenen Sünden auszubügeln (Spr 13,8), vielfach stirbt sein Besitzer, bevor er ihn geniessen konnte (Qoh 6,2). Man muss schon ein Weiser sein, um trotz des Reichtums nicht zu scheitern (Spr 14,24). Sogar in erzählenden Texten, die sonst dem Reichtum neutral (Gen 31,16; Est 1,4) oder positiv (1 Sam 17,25; 1 Kön 10,23; 1 Chr 29,12.28; 2 Chr 9,22; 17,5; 32,27) gegenüberstehen, finden wir ihn bisweilen am Anfang eines spektakulären Sturzes (Est 5,11; Dan 11,2; 2 Chr 18,1). Etliche Weise wussten allerdings den Reichtum als relativen Wert zu schätzen (Ps 112,3; Spr 3,16; 8,18; 11,16; 22,4; 1 Kön 3,11ff= 2 Chr 1,11f) oder sich ihn als solchen zumindest einzureden (Qoh 5,18; cf 6,2).

Das Wort חיל, das "in allen semitischen Sprachen eine grosse Bedeutungsbreite" besitzt (H.E. EISING, in: BOTTERWECK Wörterbuch II 903), muss an unserer Stelle wegen v.11c wohl als strenges Synonym zu עשר

"einen existenzbegründenden Vorgang" (E. GERSTENBERGER, in: JENNI, Handwörterbuch I 303) darstellt[294].

3. Die Charakterisierung der reichen, selbstsicheren Sünder bleibt also wie mir scheint, eigentümlich knapp, farblos und abstrakt. Weder die Höhe ihrer Schuld, noch die Schuldhaftigkeit ihres Reichtums, noch die Masslosigkeit ihrer Ueberhebung werden irgendwie ausgeführt. Offenbar liegt unserem Text gar nicht daran, konkrete Zustände zu evozieren, wie dies Prophetensprüche, Klagelieder oder Lehrreden - wenn auch mit stilisierter, typisierender Sprache - tun.

Infolgedessen kann man schon jetzt vermuten, dass der Autor der Erweiterungen (v.6-10 und 16-20) auf dem gleich hohen Abstraktionsniveau redet wie der Autor des Grundtextes. Hier schüttet kein Leidender sein Herz aus, hier tröstet kein Seelsorger einen Verzweifelten, hier versucht kein Schulmeister seinem Zögling ein bestimmtes Verhalten einzubläuen - hier will wohl ein Denker ganz grundsätzlich zum Problem von Schuld und Stärke Stellung nehmen - und zwar in Auseinandersetzung mit den Positionen des Grundpsalmes.

Dieser Antwortcharakter der Erweiterungen muss m.E. in der Auslegung unbedingt berücksichtigt werden, will man die Intention des Textes und damit seinen Sinn nicht vollständig verfehlen[295].

---

verstanden werden. Seiner Grundbedeutung entsprechend hebt dieses Wort hier allerdings den mit dem Reichsein gegebenen (qualitativen) Aspekt der Kraft, der Stärke, der Macht hervor ("Vermögen"), wogegen der Parallelvers eher (quantitativ) Ausmass und Grösse des Reichtums im Auge hat (רב !)

294. Die Absolutheit und Radikalität dieses Vertrauens ergibt sich daraus, dass בטח und הלל beide sehr oft Gott zum Bezugspunkt haben.
Allerdings kann בטח auch ganz ohne Emphase verschiedene rein psychologische Vorgänge menschlichen Vertrauens (Ri 9,26) und Sicherseins (Ri 18,7.10.27; Am 6,1; Is 32,9; Spr 28,1) bezeichnen. Doch oft meint es offenbar, wie an unserer Stelle, ein radikales Vertrauen in eine Wirklichkeit, die dieses Vertrauen nicht verdient: Befestigungsanlagen (Dtn 28,52; Jer 5,17), Bundesgenossen (2 Kön 18,19ff; Jer 48,7; 49,4; Ps 52,9; Spr 11,28), Menschen (Jer 17,5; Mi 7,5; Ps 118,8f; 146,3) Götzen (Is 42,17; Hab 2,18; Ps 115,8; 135,18; vgl. Jer 7,14!), Lüge und Gewalt (Is 30,12; 59,4; Jer 7,4; 28,15; Ps 62,11).
Aehnlich stehn es mit הלל Hit. Meist ist Gott der Anlass des Jubels, manchmal ist es, ganz unemphatisch, eine menschliche Grösse (Spr 20,14 ein günstiger Kauf; Spr 31,30 eine gottesfürchtige Frau), und etliche Male wird, wie an unserer Stelle, über eine ganz unwürdige Sache "göttlich" gejubelt: über Weisheit, Kraft und Reichtum (Jer 9,22), Fruchtbarkeit (Jer 49,4 mit בטח), Götzen (Ps 97,7), Lüge (Spr 25,14), Bosheit (Ps 52,3) oder eine, doch ungewisse, Zukunft (1 Kön 20,11; Spr 27,1)

295. In der Gesamtkomposition freilich antwortet der Grundpsalm auf die erste Strophe der Erweiterungen. Wie er das tut, werden wir deshalb

4. Rein für sich genommen ist jedenfalls der Anfang der Strophe v.6-10 nicht weltbewegend: irgendwelche nicht näher umschriebene Leute brüsten sich in massloser Selbstüberschätzung und werden anschliessend über drei Zeilen hinweg mit Hinweis auf ihren Tod zurechtgewiesen. Das ist wohl tatsächlich "so trivial wie möglich" (DUHM 204)[296].

Liest man diese Zeilen aber als Antwort auf den Grundpsalm, so gewinnen sie sogleich, als Elemente eines übergreifenden Gedankenganges, mehr Gewicht und Profil: Im Grundpsalm war zunächst der faktische Tod der Weisen festgestellt worden. Daraus hatte man Schritt für Schritt auf die Zerstörung des Tun-Ergehen-Zusammenhanges, auf die Untätigkeit Gottes und damit auf den Zusammenbruch der Intelligibilität der Wirklichkeit schliessen müssen. Demgegenüber setzen die Erweiterungen an beim denkbaren Ueberleben der Sünder, welches seinerseits eine Zerstörung des Tun-Ergehen-Zusammenhangs (v.6) und eine Missachtung Gottes (v.7) einschliesst.

Es geht also nicht, wie beim חכמים ימותו von v.11, um die Fixierung einer Erfahrungstatsache, sondern um die Anführung einer blossen Möglichkeit. Das Zitat v.6 lädt zu einer Art Gedankenexperiment ein. Nachdem im Grundpsalm die Sinnlosigkeit der bestehenden Welt statuiert wurde, soll nun offenbar nach der Sinnhaftigkeit denkbarer Alternativen zu dieser Welt gefragt werden.

Eine dieser möglichen Welten, die schon am Ende des Grundpsalmes in den Blick gekommen war, ist die todlose Welt, die Welt, in der die Scheol "abgetragen" wäre (v.15) und das Sterben aufhörte. Diese Welt wird in v.6f vorgeführt anhand der Leute, die sie für die wirkliche halten und sie deshalb am besten vertreten.

Sie sind es aber auch, die auch gleich am klarsten die Absurdität dieser möglichen Welt zeigen - genau wie es die sterbenden Weisen für die be-

---

unten (5.3.2) zu bedenken haben. Um dies aber tun zu können, müssen wir v.6-10 so zu verstehen suchen, wie sie der Autor, unser literargeschichtlichen Hypothese gemäss (vgl. oben 1.4.3) verstanden wissen wollte: als "These", die, vom Grundpsalm her, so konzipiert ist, dass dieser Grundpsalm zu ihr eine "Antithese" bildet. Der offensichtliche Zirkel im Werdegang des Verstehens ist dann zulässig, wenn am Ende der Auslegung der ganze Text als sinnvolle Einheit verständlich ist.

296. Die wenigen interessanten Bemerkungen zu v.7 stammen von Autoren, die sich erlaubten, den auszulegenden Text zu vergessen, wie etwa MAILLOT (296), wenn er den Reichen beschreibt: "Il est sûr de lui. Lui ne se pose aucun problème, il n'y a pas de pourquoi dans sa bouche et dans son coeur. Sa richesse répond à tout... Le riche est un homme clos, muet, imperméable. Son absence d'inquiétude est ambiguë. C'est un privilège, mais c'est aussi le privilège des morts. Pour le riche, ni Dieu, nie les autres...n'existent plus réellement."

stehende Welt getan hatten: In der todlosen Welt würde nämlich auch der Sünder überleben[297]. Damit hätte der Tun-Ergehen-Zusammenhang wiederum keine universale Gültigkeit - genau wie in der Welt des Todes. Er würde lediglich von einer andern Seite her durchlöchert: statt dass die Weisen trotz ihrer Weisheit stürben, würden nun die Sünder trotz ihrer Sünde leben. Und da sie dann ihr Leben als ihr eigenes Vermögen und ihren persönlichen Erfolg betrachteten, wäre Gott ebensowenig wie in der Welt des Todes der Fels des Menschen, nicht auf ihn würden sie bauen und nicht ihn preisen - dies allerdings, nicht weil der unverständliche Tod ihn entstellte, sondern weil das selbstverständliche Leben ihn verdeckte.

Der todlosen Welt kämen Sinnlosigkeit und Beliebigkeit zu, so gut wie der Welt des Todes - allerdings nicht vom Rand und vom Ende der Wirklichkeit her, sondern aus der Mitte des Seins und der Fülle des Lebens.

5.2. DIE UNSINNIGKEIT DIESER IDEE (v.8-9)

In v.8f werden die Unsterblichkeitshoffnungen der selbstsicheren Reichen von v.7 und damit die todlose Welt, die sie evozierten, zunächst einmal auf gewissermassen theoretischer Ebene widerlegt. Die Möglichkeit einer todlosen Welt ist gar keine reelle Möglichkeit, die Idee eines ewigen Lebens ist, schon rein in sich betrachtet, widersprüchlich, sie gibt gar keinen Sinn. "Der Dichter will betonen, dass kein Mensch imstande ist, die Erlösung vom Tode herbeizuführen." (SCHULZ, Psalmen-Fragen 31) Soviel ist also klar und soweit sind sich auch alle einig. Streit entsteht aber, sobald man versucht, die beiden Verse näher zu erläutern.

5.2.1. Die Unklarheiten von v.8

1. Im Einzelnen ist schon v.8, dieser "wunderliche Satz" (GUNKEL 211) mit den zwei Personen (אח und איש), die offenbar in ihm auftreten, nach der Aussage von v.6f völlig undurchsichtig. "Man erwartet den Gedanken, dass der Reiche sich selbst nicht vom Tode loskaufen könne. Statt dessen

297. Um das <u>Ueberleben</u> des Sünders geht es in v.6f, und nicht um sein Wohlergehen, wie es alle Kommentatoren mit Hinweis auf Ps 37 und 73 immer wieder behaupten. Ein faktisches und erfahrenes Wohlergehen der Sünder, wie es in Ps 37,35; 73,3 zum Ausdruck kommt, wird in Ps 49,6f natürlich als bekannt vorausgesetzt. Doch nicht der unbehelligte Sünder als solcher ist hier das Problem. Dieser wird nur eingeführt, um in der Diskussion eines andern Problems, der Frage nach dem Tod, die Unmöglichkeit einer der denkbaren Lösungen, das Modell der todlosen Welt, zu veranschaulichen.

heisst es, dass kein Mensch den andern vom Tode loskaufen könne" (DELITZSCH 336) - und auch das ist alles andere als eindeutig. Jedenfalls haben diejenigen, die "auf den zunächst zu erwartenden Gedanken verzichten" (DELITZSCH 336) und in v.8 die zwei Personen stehen lassen, weil sie finden, der"(MT biete) keinen ernsten Anstoss" (KITTEL 196), grosse Mühe, einen grammatisch und logisch annehmbaren Satz zu bekommen.

2. Grammatische Schwierigkeiten ergeben sich aus der Wahl des Subjektes von v.8. Am natürlichsten bietet sich אח als Subjekt an. Doch angesichts der formalen Parallelen in v.3 und v.17 scheint mir diese Möglichkeit äusserst bedenklich.

Ist nun aber folgerichtig איש Subjekt, so bleibt völlig undurchsichtig, warum das Objekt אח so betont wird (vgl. JOUON, Grammaire § 155 o) und zudem kein Suffix aufweist, wie es bei Voranstellung des אח erst recht nötig ist (vgl. in Jer 34,9 die schwere Form איש אחיהו)[298].

Viel gravierender als die grammatischen sind aber die inhaltlichen Probleme. Ob man nun אח oder איש zum Subjekt macht, in beiden Fällen ist "völlig unerklärlich, weswegen der Bruder genannt ist" (BAETHGEN 139). Natürlich könnte v.8 einfach nur v.16 vorbereiten wollen (vgl. MOLL 251, indem er - akzeptiert man den einmaligen Ausdruck פדה אח (vgl. unten Anm. 312) - betonte, "kein Mensch (könne) den andern, nur Elohim (könne) den andern erlösen" (DELITZSCH 336f). Nur wäre diese Idee seltsam umständlich ausgedrückt und besonders: sie liesse sich im Kontext der Strophe v.6-10 trotz grosser Anstrengungen nicht mehr unterbringen. Keine logische Akrobatik[299] und keine ethische Kasuistik[300] vermögen nämlich einsichtig zu ma-

---

298. Nach KESSLER (107) "(markiert) das Fehlen des Suffixes bei אח (אחיו) ... sicherlich, dass es sich nicht um die übliche Redensart איש-אחיו in dem abgeschwächten Sinne alter-alterum handle; vgl. auch Mi 7,6; Mal 1,6". Der "zusammenfassende Plural" (MOLL 251)נפשם beweist aber für den MT just das Gegenteil.

299. KOENIG (594) etwa sieht in v.8 eine Art vollständiger Induktion: "Denn indem verneint wird, dass ein Reicher (A) den Andern (B) loskaufen könne, wird zugleich verneint, dass der Reiche A durch den Reichen B - und folglich überhaupt jemand - losgekauft werden könne." Die vielen Exegeten, die im Vers die allgemeine Aussage finden, kein Mensch könne den andern erlösen, nehmen offenbar stillschweigend einen solchen Induktionsbeweis an. Andere versuchen (wohl unter dem Einfluss der SEPT, vgl. unten 5.2.32) eine Argumentation a maiori zu konstruieren: "Er kann mit allem seinem Reichtum nicht einmal einen andern, geschweige denn sich selbst erlösen" (HENGSTENBERG 461). Wer diesen Satz schlüssig findet, muss dann allerdings zugeben, dass der Text auch andere, ähnliche Deduktionen zuliesse: "Die betonte Stellung des אח am Anfang des Satzes" könnte z.B., wie BAETHGEN (139) bemerkt, auch "den absurden Gedanken involviren, dass der Mann

chen, weshalb dem Selbstbewusstsein und der Selbstsicherheit der Reichen von v.6f (und v.19!) mit einem Hinweis auf die Unmöglichkeit zwischenmenschlicher Hilfeleistung begegnet wird.

3. Deshalb versteht man, dass viele Exegeten versuchen, den "Bruder" loszuwerden. Die meisten holen dabei Hilfe bei einigen Handschriften, die für את ein אך oder אף lesen[301], denn "nichts scheint so klar, als dass את nur andere Schreibart (wie Ez 18,10; 21,20) oder vielmehr falsche Lesart für אך ist"(EWALD 253). Diese Lösung scheint mir ganz unmöglich - nicht weil "der so gewonnene Sinn... viel matter" wäre (KESSLER 107), sondern weil diese Angleichung an v.16 eine offensichtliche lectio facilior darstellt. Textkritisch ist das את unanfechtbar[302].

(der Reiche) einen andern als seinen Bruder allerdings erlösen (könnte)". Ueberhaupt entpuppen sich logische Figuren als ein ungemein praktisches exegetisches Instrument, das jede beliebige Aussage bereitstellt und das zudem jedem Exegeten gestattet, seinen geheimen Hang zur Spitzfindigkeit ungestraft auszuleben. Zu diesem Zwecke kann er etwa wie GROSS (68) v.8 mit einem überinterpretierten v.3 (vgl. unten 7.2.23) verknüpfen, und dann deduktiv schliessen, "nicht einmal ein Adliger, also ein Mann von Vermögen und Ansehen (sei) im Stande, für seinen Bruder ein Lösegeld zu zahlen, geschweige denn jemand aus dem gewöhnlichen Volk." Oder er kann PANNIER (287) in sein induktives Gestolper nachfolgen: dann bedeutet v.8, dass "de deux frères riches, l'un ne peut pas racheter l'autre, ou, plus généralement, selon le sens du contexte, que le riche ne peut pas se racheter lui-même".

300. SACHS (70) etwa sieht in v.8 gewissermassen eine Anmerkung zu v.7, die erklärt, die Reichen "würden, wenn sie mit ihrem Geld den Bruder (im Hebräischen absichtlich und energisch vorangestellt!) lösen könnten, es nicht thun", damit "sie desto mehr für ihr eigenes Leben bieten können! ... Anderes können sie doch wohl nicht wollen, als für sich sparen." Aehnlich wendet sich bei HIRSCH (267f) der Vers gegen Leute, "deren Hiersein nur in selbstsüchtiges Gewinnen und Geniessen aufgegangen, ohne durch, dem Vermögen, dem Können entsprechende Förderung des Nächstenheils den Tribut des Daseins zu zollen". Vielleicht auch "(setzt der Satz) den Fall, dass sich ein Reicher da, wo er sich nicht mehr selber helfen kann, etwa in den letzten schweren Augenblicken, auf einen Bruder verlässt" (SCHULZ 113), der für ihn heldenhaft zu sterben (v.8a) oder wenigstens zu zahlen (v.8b) bereit wäre (SCHEGG 35), was sich allerdings als völlig nutzlos erwiese.

301. אך lesen die MSS KENNICOTT Nr. 148 171 224 235, ROSSI Nr. 371, אף ROSSI Nr. 670 683. Es handelt sich dabei durchwegs um späte MSS (12.-14. Jhd.) ohne jedes textkritische Gewicht.

302. Anders entledigen sich des Bruders BOETTCHER (Inferi 194), der את als Verschreibung von אֹנוֹ betrachtet (in Aehrenlese 250 zugunsten von אך aufgegeben), BRIGGS (413), der das את kurzerhand als Glosse streicht und BRUNO (238), der gar das את לא פדה zu אפחדה umbaut und das Verb als Nachsatz zu v.7 und als Parallele zu אירא dem למה von v.6 unterordnet!!

Nun könnte man ohne jede Textveränderung die zweite Person aus dem Vers entfernen. Man müsste nur אח als poetische Umschreibung der Seele selbst ansehen, wie wir sie in ägyptischen Texten finden[303]. So hätte man eine genaue (sachliche) Parallele zwischen dem (grammatisch reflexiven) יתן כפרו, "er gibt das Lösegeld für sich" und dem (grammatisch transitiven) פדה אח, "er löst den Bruder (= die Seele = sich selbst)". Leider ist die Bezeichnung der Seele als Bruder dem AT fremd. Unvereinbar mit dem atl. נפש-Begriff wäre sie wohl nicht, denn immerhin kann auch im AT die Seele eines Menschen mit einem entwöhnten Kind auf dem Schoss seiner Mutter verglichen werden (Ps 131,2) und ein Zwiegespräch mit der Seele ist möglich (Ps 42,6.12 + 43,5; evt. Ps 57,9) - ja, gerade unser Psalm bietet in v.19 ein solches Gespräch, das, bei aller spürbar intendierten Identität zwischen Seele und Mensch doch auf der Bildebene eine klare Unterschiedenheit voraussetzt (vgl. unten 6.1.33 und 6.3.14). Und doch, so willkommen diese Deutung wäre, scheint sie mir zu gewagt: Ein hebräischer Dichter hätte sich kaum damit begnügt, אח und כפרו in פדיון נפשו (v.9a vgl. unten 5.2.44) zu wiederholen, um die übertragene Bedeutung von אח herauszustellen.

4. So bleibt eine letzte Möglichkeit[304]: אח als Interjektion zu deuten.

Diese Lösung erfreut sich zwar in der Exegesegeschichte nicht allzu grosser Beliebtheit, denn neben dem MIDRASH TEHILLIM[305] haben sich für sie

---

303. Z.B. im "Gespräch des Lebensmüden mit seiner Seele": "Sei so freundlich, du meine Seele und mein Bruder, und werde du mein Erbe, der da opfern und am Grabe stehen wird am Tage des Begräbnisses." (50ff, zit. nach ERMAN, Literatur 124f, vgl. PRITCHARD, Texts 405)) und: "Das ist es, was meine Seele zu mir sagte: 'Lass das Jammern beiseite, du mein Angehöriger, mein Bruder..." (145ff, zit. nach ERMAN aaO 130, vgl. PRITCHARD, Texts 407).

304. Wenn im Bezug auf אח etliche jüdische Exegeten אמרו בו שהוא בענין אחד מחסר ממנו (ABULWALID,Shorashim 20 zu אח), so taten sie das wie mir scheint aus purer Verzweiflung. Bezeichnend ist jedenfalls, dass etwa ABULWALID (aaO) diese aus der Konfrontation von Ps 49.8 und Ez 18.10 geborene Notlösung für unsere Stelle anpreist und für Ez 18.10 verwirft, wogegen QIMHI (Shorashim 9 zu אח IV) die Dinge genau umgekehrt sieht. In unserem Vers würde die Deutung von אח als אחד die erwähnten Schwierigkeiten ohnehin in nichts mindern.

305. Auch innerhalb der Midrashim steht allerdings der MIDRASH TEHILLIM mit seiner Bemerkung אח האח להם, שירדו הם וכל אשר להם חיים שאולה ziemlich einsam da. An anderen Stellen, wo unser Vers zitiert wird, ist die Deutung אח = Bruder ausdrücklich vorausgesetzt (so in PIRQE R. ELIEZER 34 = YALQUT SCHIMᶜONI II תצד = II תתלד , wo ein Sterbender vergeblich auf die Hilfe seiner Verwandten hofft und in SIPHRE האזינו 32,39 = YALQUT SCHIMᶜONI I תתקמו = II תשנא = II תשנח (ad loc.), wo der Nutzen verdienstvoller Werke für andere beschrieben wird.) Wieder an anderen Stellen (MECHILTA משפטים 21,30; TANCHUMA נשא 11;

soweit ich sehe nur gerade RUPERTI (284), PAULUS (250) und neuerdings DAHOOD (298) erwärmen können. Sie scheint mir trotzdem die gangbarste zu sein.

Dass es eine Interjektion אח gibt, wird von niemandem bestritten. An den meisten Stellen, wo sie m.E. vorkommt (Ez 6,11; 18,10.18; 21,20; Spr 18,9.19; Ps 49,8), versucht man aber, sie irgendwie loszuwerden. Das will nur in Ez 6,11 keinem gelingen: ואמר-אח אל כל-תועבות רעות בית ישראל. Diese Stelle ist denn auch besonders aufschlussreich, um die Bedeutung bzw. den Gebrauch von אח festzustellen: אח ist jene Interjektion, die man braucht, wenn man angesichts eines "Greuels", einer durch und durch unhaltbaren und verwerflichen Sache, deren Verwerflichkeit ausdrücken und deren Verurteilung einleiten will.

Genau so wird nun die Partikel אח auch an unserer Stelle gebraucht: Sie drückt die vehemente Verwerfung der in v.6f dargelegten Anschauung aus und leitet die Antwort ein, die der Psalmist ihren Vertretern entgegenhält (v.8f)[306]. Die Interjektion אח passt also, trotz gegenteiliger Behauptun-

---

TANCHUMA BUBER נשא 18 = MIDRASH NumRabba 12,3; YALQUT SCHIM^{c}ONI I שמא ; I שסה) wird auf das אח selbst gar kein Bezug genommen, es scheint aber meistens eher die Interjektion אח vorausgesetzt zu sein. Im MIDRASH TEHILLIM 46,8f schliesslich werden beide Interpretationen verbunden.

306. Vielleicht sollte man auch in Spr 18,9 die Interjektion אח voraussetzen. Sie würde dann gleich verwendet, wie an unserer Stelle: "Wer lässig ist bei seiner Arbeit - Weh, der gehört dem Herrn der Zerstörung." Sicherer als in diesem Spruch, dafür etwas anders als an unserer Stelle ist der Gebrauch von אח anderswo. In Ez 21,20 wird die Interjektion אח , substantiviert und verdinglicht (vgl. etwa הוי in Spr 23,29), zum Inbegriff des malum poenae: "Ueber all ihre Tore sende ich das Glitzern (?) des Schwertes: ein 'Weh!', umgebaut zum Blitz und gekleidet zum Abschlachten." An den restlichen Stellen kann man sehen, wie אח durch Uebertragung von der verurteilenden Interjektion zur Bezeichnung des Verurteilten wird: Ez 18,18 (wo allerdings auch der "Bruder" passen würde) redet von einem גזל-אח , von einer "Ach-Ausbeutung", einer besonders schlimmen Art von Ausbeutung also, der man nur mehr das verdammende אח entgegenschleudern kann. Von da aus kann man verstehen, dass schliesslich אח allein den "Ach-Tatbestand", die durch und durch verwerfliche Tat bezeichnet. So setzt in Ez 18,10 der missratene Sohn einen "Ach-Tatbestand" (עשה אח) und fällt in eine völlig perverse Situation - vielleicht indem er von einem Laster ausgehend zu immer mehr Lastern greift (מאחד מאלה) und am Ende in allen steckt (גם v.11). Schliesslich wird mit dieser Bedeutung von אח vielleicht auch der verzweifelte Spruch Spr 18,19 etwas klarer. Er hält sehr zu Recht fest, dass die in grossem Rahmen betriebene Sünde eine entsprechende "Infrastruktur" voraussetzt: "Eine schreckliche Tat wird begangen (אח נפשע) von einer festen Stadt aus, und die Streitigkeiten sind gemäss dem Riegel des Palastes."

gen[307], bedeutungsmässig sehr gut an unsere Stelle. Auch formal wird mit dieser Deutung von אח die Parallele zwischen v.8 (אח לא...לא) und v.18 (כי לא...לא) dank der emphatischen Wörter am Versanfang noch enger.

5. Freilich verlangt diese Deutung von אח in v.8 eine Umvokalisierung des יִפְדֶּה in ein יְפָדֶה und die Lesung נפשו statt נפשם in v.9. Letzteres lässt sich textkritisch begründen, Ersteres dagegen muss man leider als Konjektur bezeichnen[308]. Ich nehme beide Korrekturen vor, wobei ich mir bewusst bin, mit der ersten den Bereich der internen Textkritik (vgl. oben Anm. 52) einmal mehr zu verlassen und einen hypothetischen Urtext zu postulieren, an den man allerhöchstens glauben kann. Für einmal scheint mir aber der mögliche Urtext besser vertretbar als der sichere, aber hinkende ältestbezeugte Text, zumal sich dieser - m.E. ziemlich plausibel - aus jenem erklären lässt (vgl. unten 5.2.32).

5.2.2. Unmögliche Selbsterlösung

1. Nimmt man die Korrektur in יְפָדֶה vor, so wird v.8 in sich stimmig, passt vollkommen in den Kontext der Strophe v.6-10 und bereitet v.16 genau so gut vor wie der v.8 des MT.

איש ist nun Subjekt des ganzen Satzes und bezieht sich (wie der Singular im Zitat v.6) distributiv auf jeden Einzelnen der selbstsicheren Leute von v.7. Einen ähnlichen Numeruswechsel zeigt die verwandte Stelle Ex 30,12 (ונתנו איש כפר נפשו).

2. Von den Reichen, die auf ihren Reichtum bauen, ist nun jeder einzelne, trotz seiner gegenteiligen Hoffnung (v.6) ganz unfähig, sich selbst freizukaufen.

---

307. BOETTCHER (Inferi 194) z.B. meint: "Interjectio autem illa nec suo more posita, et in universali sententia ab Hebraismo alienissima est." Für OLSHAUSEN (212) hingegen ist der beklagte Sachverhalt just zu wenig universell: die Interjektion אח "wäre an dieser Stelle durchaus unpassend, da es sich gar nicht um die beklagenswerte Hinfälligkeit des Menschen überhaupt handelt, sondern lediglich um den Tod des Reichen, in dessen dereinstigem Eintreten der Dichter grade seine Beruhigung findet."

308. Die oben (Anm. 301) erwähnten Handschriften, die zu Beginn des Verses אך oder אף lesen bilden für diese Korrektur keine ernstzunehmende Grundlage. Das ιεφαε der zweiten Kolumne der Hexapla ist bestimmt über eine Verwechslung von Δ und Α aus ιεφδε entstanden (vgl. MERCATI, Reliquiae II 386; SPEISER, Pronunciation 352) und nicht über eine Haplographie (vgl. v.3 ιααΔσιρ !) aus ιεφαδε, zumal יְפָדֶה eher als ιφφαδε transskribiert würde.

Das Niphal von פדה ist hier nicht passiv (vgl. Lev 19,20; 27,29), sondern reflexiv (vgl. Is 1,27[309]), wie es nicht nur dem Kontext, sondern der Grundbedeutung des Niphal überhaupt entspricht (vgl. GESENIUS, Grammatik § 51 c, JOUON, Grammaire § 51 c). Dies wird durch den Parallelvers eigens präzisiert und sichergestellt. Dass der Qal-Infinitiv פדה nach der Korrektur nun ein verbum finitum im Niphal verstärkt, ist zu oft belegt (vgl. GESENIUS, Grammatik § 113 w), um störend zu sein. "Sehr ungewöhnlich" (OLSHAUSEN 212) ist hier nicht das פדה, sondern höchstens die Stellung des לא vor dem absoluten Infinitiv. Sie soll wohl, wie in den immer wieder zitierten Stellen Gen 3,4; Am 9,8 (vgl. GESENIUS aaO) der Verneinung besonderen Nachdruck verleihen. In diese Richtung weist jedenfalls in unserem Text auch die viermalige (v.8a.8b.18a.18b) Stellung des לא am Satzanfang (v.8b.18b), bzw. nach den emphatischen Ausdrücken כי (18a) und אח (8a)[310].

---

309. In ציון במשפט תפדה wird das Niphal von פדה zwar meist passivisch verstanden, denn in diesem angeblich nachexilischen Zusatz weiss man von vornherein, dass nur der Gott der Römerbriefes das logische Subjekt der Erlösung sein kann, da "der Begriff der δικαιοσυνη ... hier wie Hos 2,21 auf neutestamentlichem Wege (ist)" (DELITZSCH, Jesaia 66). Dass משפט und צדקה hier göttliche Eigenschaften sein sollen, scheint mir sehr unwahrscheinlich. Ein passives Niphal kann man deshalb höchstens dann annehmen, wenn man, wie etwa VERMEYLEN (Prophète I 106), gestützt auf Ps 55,19 "Sion est rachetée 'en vue' de la justice et du droit" übersetzt. Ich ziehe es vor, beim ב pretii zu bleiben und das Niphal von פדה reflexiv zu verstehen, was nach v.26 auch durchaus sinnvoll ist: "Zion wird sich loskaufen können durch Rechttun und die Bekehrten in ihr (vgl. ואשיבה v.26) durch Rechtschaffenheit." Durch ihre gerechte Herrschaft werden also die Machthaber nicht nur den guten Ruf der Stadt wiederherstellen (v.26b), sondern sogar das vergangene Unrecht wiedergutmachen - und das bleibt, jedenfalls in der Formulierung תפדה , trotz allem ziemlich auffällig, was die passivischen Missdeutungen wenn nicht richtig, so doch verständlich macht.

310. Umständlicher ist AMAMAs (282) Erklärung: "Situm negationis diligenter hic esse advertendum. Si praecedat utrumque verbum negatio, tum neque certe neque universe rem negari, sed potius quodammodo, ut certitudo tantum negetur, ut Gen 3,4 לא מות תמותון 'non utique moriemini, non plane moriemini, vel non adeo certe moriemini', ut non ex diametro pugnet cum verbis Dei 2,17. Sed neget mortis certitudinem, non utique moriemini, non est certum vos morituros. Sed ut dixi, illud hic loci non quadrat. Et contra Jer 46,28 in altera dispositione verborum ונקה לא אנקך non quadrat universalis negatio."
Vielleicht wirft AMAMA die Flinte zu schnell ins Korn. Der absolute Infinitiv verstärkt ja auch die Modalitäten des Imperfekts ("müssen", "dürfen" und zumal "können" Gen 43,7; vgl. JOUON, Grammaire § 123 h). Wenn nun die Voranstellung des לא dementsprechend das Verb nicht in seiner Inhaltlichkeit überhaupt (vgl. HITZIG 270), sondern "quodammodo", in seiner Modalität, negiert, so könnte das gerade hier sehr gut passen: "Ach, einer kann sich sicher nicht loskaufen..." Damit würde durch die Inversion von פדה לא in לא פדה sowohl die Negation als auch die im Verb ausgedrückte Modalität verstärkt (vgl. unten 6.2.31).

3. Ganz ähnlich wie der zweite Stichos die Handlungsart von פדה festlegt, so präzisiert er auch dessen Bedeutung. Einerseits spezifiziert der Ausdruck נתן כפר die allgemeine Bedeutung "lösen, loslassen, befreien", die פדה zunächst einmal hat, indem es dessen handelsrechtliche Sonderbedeutung "auslösen (durch Stellung eines Gegenwertes)" (vgl. J.J. STAMM, in: JENNI, Handwörterbuch II 397) hervorhebt. Dadurch wird die von den Reichen erhoffte Ueberwindung des Todes, dieser handelsrechtlichen Bedeutung von פדה entsprechend, als eine rein finanzielle Transaktion gekennzeichnet, in deren Umschreibung "das Gewicht auf der Erlegung des Lösegeldes liegt und nicht auf den am Rechtsvorgang beteiligten Personen" (aaO 396)[311]. Das passt sehr gut zu v.6f, wo Gott, wie wir (oben 5.1.31) festgestellt haben, für die Reichen überhaupt nicht mehr ins Blickfeld kommt.
4. Auf der andern Seite macht der zweite Halbvers deutlich, dass es hier nicht, wie im Sklavenrecht oder in der Kultgesetzgebung, um Befreiung aus einer subjektiv (vgl. 1 Sam 14,45!) unverschuldeten Gebundenheit geht (Sklaverei, Erstgeburt usw.), sondern um Ueberwindung einer Schuld[312]. In v.8b ist nun aber nicht sicher auszumachen, ob man כפר mit den meisten Exegeten als "Lösegeld" verstehen soll, das für bestimmte Fälle von Rechts wegen vorgesehen war (vgl. Ex 21,30; 30,12, Verbot Num 35,31f; als Bild Is 43,3; Spr 21,18; Hi 33,24), oder aber als "Bestechungsgeschenk", mit dem man dem Unrecht zum Durchbruch zu helfen suchte[313].

---

311. In Hos 13,14 scheint mir in ähnlichem Kontext eine gegenläufige Behandlung von פדה vorzuliegen: dort wird das Verb unter Ausblendung seiner handelsrechtlichen Nüance in seiner allgemeinen Bedeutung belassen, indem es durch das personalisierende גאל weitergeführt wird: damit wird die Befreiung vom Tode als interpersonaler Vorgang dargestellt, der eine Neubesinnung (v.14a) und einen Einsatz der Person Gottes (v.14b) voraussetzt.

312. Das ist nach v.6f nicht überraschend, etwas erstaunlich ist in diesem Zusammenhang lediglich das Verb פדה selbst; sonst steht es nur gerade in Ps 130,8 in einem Kontext, der nicht bloss von Not, sondern auch ausdrücklich von Schuld redet (vgl. J.J.STAMM in JENNI, Handwörterbuch II 400). Das zeigt - bei allem Zusammenhang zwischen Not und Schuld -, dass sonst in פדה "dem Erlösungsgedanken die Beziehung auf die Sünde" fehlt (PROCKSCH, in KITTEL, Wörterbuch IV 334).

313. Dass ursprünglich beide Bedeutungen ineins fielen, insofern die Bestechung darin bestand, dass bei gewissen bessergestellten Verurteilten Lösegeld angeboten und auch angenommen wurde, wo dies rechtlich nicht erlaubt war (A. SCHENKER, mündlich), scheint mir sehr wahrscheinlich (vgl. dazu das Verbot Num 35,31f). Daraus hat sich aber eine eigenständige Bedeutung "Bestechungsgeschenk" entwickelt, die heute an einigen Stellen des AT unabdingbar ist: schon in Am 5,12 scheinen die לקחי כפר von den Reichen Bestechungsgeschenke anzunehmen und anschlies-

Beide Bedeutungen passen gut in den Zusammenhang und beleuchten lediglich von zwei verschiedenen Seiten die Arroganz der Leute von v.7: wollen sie Gott ein Lösegeld geben, so zeigt das, wie leichtfertig sie ihre Schuld minimalisieren, indem sie von vornherein für sich mildernde Umstände in Anspruch nehmen. Wollen sie Gott mit Bestechungsgeschenken übertölpeln, so zeigt das wie niedrig sie von ihm denken, indem sie glauben, den Garanten der gerechten Weltordnung zum Hampelmann ihrer Willkür machen zu können.

5.2.3. Textliche Glättungen in v.8

1. Damit wird m.E. deutlich, dass der Autor in v.8 nicht nur den Leuten von v.7 heftig (אח) widerspricht, sondern - wie schon durch das Zitat v.6 - ihre eigenen, krausen Vorstellungen von Schuld und Sühne aufnimmt, um diese Punkt für Punkt (לא....לא) zu anathematisieren.

Weil also die Vorstellungen in v.8 von Haus aus "häretisch" sind, tönen sie auch einigermassen paradox: aus Schuld ist einfacher Loskauf möglich (seltenes Vorkommen von פדה in Schuldkontext), loskaufen kann man sich selbst (seltenes reflexives *Niphal* von פדה), es gibt nur "lässliche" Sünden (ein Lösegeld ist immer möglich), bzw. Gott lässt sich bestechen (man kann ihm Bestechungsgeschenke anbieten). Diese bizarren Vorstellungen können schon für sich genommen als ebensoviele Einladungen zur Korrektur aufgenommen werden.

Nun kann (muss aber keineswegs!) die erste Vershälfte gleichzeitig auch rein äusserlich Anstoss bieten: durch die seltene Interjektion אח, die verbreitete aber unlogische Verstärkung eines *Niphal* durch einen *Qal*-Infinitiv, die besondere Stellung der Negation und den Uebergang vom Plural (v.7) in den Singular (v.8).

---

send die Armen, die mit diesen prozessieren und Geschenke nicht geben können, zu benachteiligen (ואביונים בשער הטו). Freilich könnte man hier noch behaupten, es gehe natürlich um illegale Annahme von Lösegeld für todeswürdige Vergehen, obwohl das nicht ausdrücklich gesagt werde, und die anschliessend erwähnte Unterdrückung der Armen habe sachlich damit nichts zu tun. Doch spätenstens in 1 Sam 12,3; Sir 46,19 ist diese Ausflucht nicht mehr möglich: was Samuel nie angenommen hat, ist "Bestechungsgeld oder < auch nur > Sandalen" (1 Sam 12,3 SEPT; [Sir 46,19 griechisch]), "Bestechungsgeld oder überhaupt etwas Verborgenes" (Sir 46,19 hebräisch), oder "Bestechungsgeld, *um dann* in Bezug auf den Geber ein Auge zuzudrücken" (1 Sam 12,3 MT). Auch in der - allerdings unklaren - Stelle Hi 36,18, wo die Grösse des כפר den Angeredeten geneigt machen könnte, wird es wohl eher um ein Bestechungsgeschenk als um Lösegeld gehen. In Spr 6,35 schliesslich scheint כפר noch unspezifischer, wie das parallele שחד , irgendein Besänftigungsgeschenk zu meinen (vgl. Spr 21,14).

So ist es nicht erstaunlich, dass v.8a in seiner ursprünglichen Form (nach unserer Hypothese) in allen Traditionen geglättet wurde.

2. Den kleineren Eingriff nahm die masoretische Tradition vor, zu der sich TARG und HEBR gesellen. Hier wurde אח als "Bruder" gedeutet[314] und zum Objekt eines transitiv vokalisierten יפדה gemacht: "Den Bruder erlöst einer bestimmt nicht"[315]. So verschwanden die seltene Interjektion אח, die scheinbar unangebrachte Spannung zwischen dem Niphal יפדה und dem Qal פדה sowie der Uebergang vom Plural von v.7 zum Singular von v.8. Zudem wurde v.8a syntaktisch an v.16a angeglichen. Das schwierige אח ohne Suffix am Satzanfang sowie die nach wie vor seltsame Stellung der Negation nahm man dafür in Kauf.

Die erste dieser Schwierigkeiten wurde nun in PESH auf denkbar einfache (wenn auch in Ps 49 völlig widersinnige, vgl. v.3.17) Weise behoben, indem איש kurzerhand zum zweiten Teilvers gezogen wurde: אחא לא פרק וגברא לא יהב לאלהא פורקנה (Ein Bruder erlöst nicht, und ein Mann gibt nicht Gott sein Lösegeld).

Gleich beide Schwierigkeiten verschwanden schliesslich in der SEPT-Tradition, der GAL, SYM und QUINT folgen. Hier wurde v.8a in zwei Sätze

---

314. Die Versuchung zu dieser Deutung ist im engeren und weiteren Kontext von v.8 sehr gross: פדה erinnert dank seines spärlichen sklavenrechtlichen Gebrauchs (Ex 21,8; Lev 19,20; vgl. Hi 6,22) an die Texte über die Freilassung von Sklaven, wo - freilich neben גאל - der Bruder אח zentral ist (Lev 25,25; 47ff). In Dt 15,12-18 begründet zudem die göttliche Befreiung aus Aegypten (פדה v.15) die Bestimmungen über die Freilassung (שלח חפשי) des Bruders (v.12). So scheint der Halbvers einen wohlbekannten Vorgang zu beschreiben: "Familieleden ('broeders') hadden de plicht in gevangenschap of slavernij geraakte bloedverwanten vrij te kopen (in de veronderstelling dat zij er de middelen voor hadden)." (PLOEG K 304) Auch der weitere Kontext des Todes kann zur Deutung "Bruder" verleiten: in der Totenklage wird der Verstorbene als "Bruder" angesprochen (vgl. z.B. 1 Kön 13,30; Jer 22,18; 2 Sam 1,26) und GUNKEL (211) zitiert eine arabische Leichenklage, in der die Lösung des Verwandten erwogen wird: "Ach, wenn er doch zu lösen wäre! / Wahrlich, ich zahlte das Lösegeld! / Löst mich, teure Blutsverwandte, / mit feingliedrigen Rossen..." Ganz ähnlich wie an unserer Stelle bildete vielleicht auch in Ez 18,18 der Kontext (אב, עמיו) eine Versuchung, die Interjektion אח als "Bruder" misszuverstehen. Dieser Versuchung wären fast alle alten Versionen (οι γ' TARG, VULG, PESH) erlegen. Nur die SEPT übersetzt das Wort nicht, was zeigen könnte, dass sie zwar אח nicht wirklich verstand, ab er immerhin merkte, dass ein Bruder im Zusammenhang fehl am Platze war.

315. Im MT selbst ist zwar das Subjekt wie gesagt nicht sicher auszumachen. Doch HEBR (fratrem redimens non redimet vir) und wohl auch TARG (אחוהי דאשתבא מפרק יפרוק גבר מנכסוי, seinen (?) Bruder, der gefangen weggeführt wurde, wird ein (?) Mann aus seinem Besitz nicht erlösen können) sprechen eher für איש als Subjekt.

aufgespalten, was wohl eine Umvokalisierung von פָּדֹה in das erstaunliche Perfekt פָּדָה zur Folge hatte: "Der Bruder erlöste nicht - wird der Mensch erlösen?"[316].

Angesichts dieser Reihe von Textformen (hypothetischer Urtext - MT - PESH - SEPT), von denen jede die vorhergehende unter Inkaufnahme neuer Schwierigkeiten glättet, scheint mir der rekonstruierte härteste und zugleich inhaltlich befriedigendste "Urtext" sehr wahrscheinlich.

3. Wer diese Meinung nicht teilt und beim MT bleiben will, tut vielleicht besser daran, wenigstens den grammatischen Problemen auszuweichen und, bei allen formalen Bedenken, אח zum Subjekt zu machen: "Ein Bruder wird jemanden bestimmt nicht auslösen können und Gott das Lösegeld für ihn geben."

Hier wird es wohl auch richtig sein, auf alle syllogistischen Tricks zu verzichten und dem holprigen Satz keine allzu subtile und logisch einwandfreie Aussage abringen zu wollen.

Der Vers entlarvt dann bei den Leuten von v.7f nicht so sehr das individuelle Bewusstsein, das in v.6 zur Sprache gekommen war, sondern gewissermassen ihr "Klassenbewusstsein", dessen Skizzierung man zur Not in v.7 sehen kann: Diese Leute sind jeder für sich so furchtlos und arrogant (v.6), weil sie auf die Macht und den Reichtum vertrauen, den die herrschende und besitzende Klasse, der sie angehören gesamthaft ihr eigen nennt (v.7). Doch ihre Zuversicht trügt, denn kein "Klassenbruder" wird je fähig sein, ihnen das Sterben zu ersparen (v.8).

Diese Deutung, die unsern Psalmisten zu einem frühmarxistischen Sozialkritiker befördert, scheint mir eher vertretbar, als die gängigen syllogistischen Bockssprünge. Viel besser als beides scheint mir hier freilich die Konjektur.

---

316. Die Deutung des zweiten Satzes als Frage bleibt in SEPT (λυτρωσεται ανδρωπος), GAL (redimet homo), AQ und QUINT (λυτρωσεται ανηρ) in der Schwebe. Die negative Formulierung, die - seltsamerweise - schon der PAPYRUS BODMER XXIV bietet (ου λυτρωσεται $\overline{\text{ανος}}$), legt sie nahe, der Finalsatz von SYM (ινα λυτρωσηται ανηρ) verbietet sie. In beiden Fällen kann man sich aber nach Herzenslust christologischen Syllogismen hingeben: bald werden die Gottlosen von Christus, ihrem Bruder, fallen gelassen - und folglich erst recht von irgendeinem Menschen (vgl. z.B. BUGENHAGEN 119), bald werden Gerechte von ihrem Bruder, dem menschlichen Gesetz, nicht erlöst, aufdass sie umso eher von dem Menschen erlöst würden, der auch Gott war (vgl. z.B. LESETRE 234)

5.2.4. ויקר פדיון נפשם

1. Viele Kommentatoren gehen davon aus, dass v.8b in v.10 (den sie als Folgesatz deuten) seine Fortsetzung findet (vgl. unten 5.3.11). V.9 wird so zum überflüssigen, ja lästigen Fremdkörper, den es loszuwerden gilt. Dazu gibt es verschiedene Methoden: Will man nicht kurzerhand die Versfolge umstellen (v.8 - 10 - 9, vgl. z.B. OLSHAUSEN 212, KISSANE 216 u.a.), so kann man dem Vers den "Charakter des eingeschobenen Stossseufzers" (SCHMIDT 94) verleihen und ihn als Klammerbemerkung stehen lassen (vgl. z.B. ROSENMUELLER 1064, WETTE 341 u.a.). Noch ungefährlicher wird er, wenn man ihn "als sekundär eingeschaltete Parenthese" (KRAUS 363) versteht. Ehrlicher ist es dann freilich, den Vers gleich als Glosse abzutun. Dies tun z.B. BRIGGS (408), OESTERLEY (266) und BUTTENWIESER (648), der in v.9a eine Marginalglosse zu v.8 und in v.9b eine solche zu v.11 sieht[317]. Andere ziehen es vor, nur v.9a preiszugeben, um v.9b irgendwie in v.10 aufzulösen[318].

Alle diese "Lösungen" können wir beiseite schieben, da sie auf eine Schwierigkeit eingehen, die ein Teil der Exegeten selbst durch die Verbindung von v.8 mit v.10 auf völlig willkürliche Art und Weise erst geschaffen haben. Richtig verstanden lässt sich v.9 ohne weiteres an v.8 anschliessen - ja, das Wort פדיון, das hier wie in Ex 21,30 auf כפר folgt, zeigt überdeutlich, dass v.8 in v.9 seine natürliche Fortsetzung findet. Wie sich v.9 seinerseits zu v.10 verhält, steht hier noch gar nicht zur Diskussion.

2. Das Verb[319] יקר heisst im <u>Qal</u> "kostbar, wertvoll sein". Es bezieht sich stets auf Personen (Is 43,4; Sach 11,13 Gott) oder personale Grössen (1 Sam 26,21; 2 Kön 1,13-14 die נפש; Ps 72,14 das Blut; 1 Sam 18,30 der Name;

---

317. PRAETORIUS, für den v.9 und v.10 natürlich "eine Reihe von Glossen" (333) sind, kann es nicht unterlassen, auch hier noch zu korrigieren: ויקר wird zu קבר ("wo immer wir das letztere Wort in diesem Psalm finden, ist es verschrieben" - ein tragischer Sachverhalt, der nach ihm ausser in v.12a noch in v.15.13a.21a vorliegt) und חדל wird zu חדר, was den ganz unheimlich profunden Satz ergibt: "Und das Grab ist das Lösegeld ihrer Seele... und die Grabkammer für die Ewigkeit." (334) Nun: "Für manche Unsicherheit muss uns, wie oft, die sichere Erkenntnis entschädigen, dass sekundärer Text vorliegt." (334)

318. V.9b wird bei KITTEL (180) zu ויחי לעולם ועד, bei GUNKEL (211) zu חלדו עולם ויחי עוד, bei HERKENNE (182) zu מחדל עולם, "sodass er nicht für immer vergehe, sondern..." Für WUTZ (124), der v.9a als Klammerbemerkung beibehält, sind וחדל לעולם und ויחי עוד zwei alte Dittographien für ויחי לעולם.

319. Die Vokalisierung וְיֵקַר ist durch die Parallele Ps 72,14 (allerdings <u>plene</u>: וְיֵיקַר) gesichert, wie auch immer man sie im Einzelnen erklären will: BAUER - LEANDER, Grammatik § 55 c') denkt an eine "Kompromissform zwischen *יִיקַר und *יֵקַר". Bis auf TARG (ויהי יקיר) und

Ps 139,17 der Wille, vgl. aber unten) und bezeichnet den Wert, den diese nicht in sich, sondern in den Augen anderer haben[320].

Trotz dieses klaren Befundes pflegt man das Verb an unserer Stelle durchwegs anders zu übersetzen[321]: "יקר hat für gewöhnlich die Bedeutung 'kostbar, teuer sein', doch ist in diesem Zusammenhang die Bedeutung 'zu teuer, unerschwinglich sein' unzweifelhaft" (BLAN, Textkritik 726). Da diese Auffassung kaum je offen angegriffen worden ist[322], hat man sie auch selten anders begründet als durch den Kontext. Die wenigen, die ausnahmsweise diese "unzweifelhafte" Sonderbedeutung herzuleiten suchen, berufen sich auf das Hiphil הוקיר "wertvoll, d.h. selten machen" in Jer 13,12; Spr 25,17 (vgl. etwa RASHI 47), auf das Adjektiv יקר in der Sonderbedeutung "wertvoll = selten" in 1 Sam 3,1 (vgl. etwa QIMHI 344) oder, da dies alles ja nicht weiterhilft[323], ganz einfach auf eine "stärkere Emphase", die der Wurzel den "Begriff des Unerschwinglichen" beilegen soll (WETTE 341). Das ist nicht gerade überzeugend.

Die einzige wirkliche Alternativbedeutung zu "wertvoll sein" liesse sich höchstens aus Ps 139,17 ableiten. Dort pflegt man יקר als "schwer, schwierig sein" zu verstehen. Diese Bedeutung, die vielleicht die ursprüngliche Bedeutung der Wurzel ist und sich z.B. im Aramäischen klar erhalten hat (vgl. Dan 2,11), ist auch im Hebräischen durchaus denkbar. Nur kommt man im Zusammenhang von Ps 139 (vgl. nicht nur v.6, sondern auch v.14) auch mit der normalen hebräischen Bedeutung "wertvoll sein" ohne weiteres durch...

PESH (יקיר הו) haben denn auch alle alten Versionen hier das Sustantiv יקר gelesen in der Bedeutung "Preis" (SEPT, AQ, SYM, QUINT: τιμην, GAL, HEBR: pretium) und folglich פדיון dann als "Akt der Erlösung" (λυτρωσις, redemptio) verstanden. Dieses Verständnis von ויקר scheint mir eine lectio facilior zu sein: sie gleicht v.9 an v.13/21 an und führt zu einer syntaktischen Erleichterung (ויקר kann als zweites Objekt neben כפרו dem לא-יתן untergeordnet werden).

320. Ausser in 1 Sam 18,30, wo dieser subjektive Aspekt schon im Begriff "Name, Ruf" gegeben ist, wird יקר stets von einem Zusatz begleitet: "für mich" (Ps 139,17), "ihrerseits" (Sach 11,13), "in den Augen von" (restliche Stellen).

321. In der kleinen Herde der Verteidiger der gewöhnlichen Bedeutung "kostbar sein" sehe ich nur gerade SFORNO und DOEDERLEIN (101).

322. Nur gerade BOETTCHER (Inferi 194) widersetzt sich ihr ausdrücklich: "Fefellit omnes...ויקר, quod non est 'zu theuer, so theuer' (unde hoc?)...

323. Der Uebergang von "wertvoll" zu "selten" ist aufgrund der allgemeinen Erfahrung von der Seltenheit wertvoller Dinge, bzw. des Wertes seltener Dinge recht naheliegend. Mitnichten erklärt er aber eine ökonomische Sonderbedeutung "teuer, unerschwinglich".

Es wird hier wohl am vorsichtigsten sein, wieder einmal die Entscheidung zwischen beiden Bedeutungen aufzuschieben und von der Fortsetzung Klarheit zu erhoffen.

3. Das Wort פדיון kommt sonst nur gerade in Ex 21,30 vor. Man pflegt seine Bedeutung bald mit "Lösepreis", bald einfach mit "Erlösung" anzugeben und eine begründete Wahl zwischen diesen Bedeutungen ist aufgrund der Seltenheit des Wortes nicht möglich. Damit hilft uns פדיון in der endgültigen Deutung von יקר nicht weiter.

Umgekehrt aber hilft uns das zweideutige יקר, die Bedeutungen von פדיון enger zu umreissen: Wenn יקר "schwer, schwierig sein" bedeutet, muss פדיון mit "Erlösung" übersetzt werden. Heisst aber יקר "wertvoll sein", so kommt als Bedeutung für פדיון weder "Lösegeld" noch "Lösepreis" in Frage (was eine Tautologie bzw. einen Unsinn ergäbe), sondern nur das Abstraktum "Lösemittel", das auch in Ex 21,30 sehr gut passen würde: "Wenn man ihm ein Sühnegeld (כפר) auferlegt, so gebe er das Lösemittel für sein Leben gemäss allem, was ihm auferlegt wurde." In Ex 21,30 und Ps 49 würden demnach כפר und פדיון nicht einfach zwei variierende Wörter für dieselbe Sache sein, sondern פדיון würde den formalen Gesichtspunkt präzisieren, unter dem der כפר gegeben wird bzw. würde[324]. Ob nun freilich v.9a vom Wert des Lösemittels oder von der Schwierigkeit der Erlösung redet, wird erst in v.9b zu erfahren sein.

4. Vorerst bleibt aber noch ein textkritisches Problem zu erläutern (gelöst haben wir es praktisch schon in v.8!): das Pluralsuffix des masoretischen נפשם findet sich nur in PESH (דנפשהון), HEBR (animae eorum) und der ersten hexaplarischen Kolumne (νεφσαμ) wieder. Die ganze SEPT-Tradition bietet hingegen ein Singularsuffix (SEPT ψυχης αυτου, SYM, QUINT ψυχης εαυτου , gewiss auch ROM,GAL animae suae) und auch TARG (פורקניה) scheint ein solches vorauszusetzen[325].

---

324. Ich habe mit Bedacht Num 3,49 hier nicht berücksichtigt. Das seltsame פדיום scheint mir textkritisch zu wenig sicher: vielleicht ist es tatsächlich ein פדיון , dessen Auslaut aus euphonischen Gründen an den Anlaut des nachfolgenden מאת angeglichen wurde (vgl. GESENIUS, Grammatik § 85 t). Vielleicht ist es aber lediglich eine "Notvokalisierung", die ein verschriebenes Wort (Metathese פדוים - פדיום) retten will. Gegebenenfalls passen in Num 3,49 ohnehin beide Bedeutungen von פדיון , da Mose sowohl "das Geld der Erlösung" als auch "Geld als Lösemittel" nehmen kann (wobei letzteres im Falle eines ursprünglichen פדיום vielleicht etwas wahrscheinlicher ist, da man nicht einsähe, weshalb "Erlösung" fünfmal mit פדוים und ein einziges Mal mit פדיום ausgedrückt würde).

325. Leider ist AQ just in diesem Punkt unleserlich (vgl. MERCATI, Reliquiae II 388).

Auf den ersten Blick scheint dieser Singular נפשו eine eindeutige lectio facilior zu sein: mit נפשו wird die Verbindung mit dem Vorhergehenden (כפרו) und dem Nachfolgenden (וחדל) viel einfacher; zudem ist auch das einzige andere פדיון in Ex 21,30 vom Wort נפשו gefolgt.

Aber man darf wohl weder die Härte des Pluralsuffixes noch den Einfluss der Parallelstelle überschätzen[326]. Das נפשם passt ja ganz gut zu den Reichen von v.7 und zu den zwei Personen von v.8a, die sich - nach der gängigen Deutung - gegenseitig nicht erlösen können (vgl. etwa HENGSTENBERG 461). Deshalb wäre es durchaus denkbar, dass man schon recht früh in der masoretischen Tradition ein ursprüngliches נפשו, das zumindest in der SEPT-Tradition erhalten wäre, bewusst in ein נפשם verändert hätte, um eine distributive Deutung der Singulare in v.8-10 zu erzwingen und die zwei Personen in v.8a zu sichern. So hätte der Plural von v.7 bis zu v.11 durchgehalten werden können und man hätte den ganzen Abschnitt v.7-15 leichter auf die bösen, selbstsicheren Frevler von v.7 beziehen können[327].

Aufgrund der in v.8 vorgenommenen Korrektur gebe ich hier der Lesung נפשו den Vorzug. Wer in v.8 dem MT gefolgt ist (vgl. oben 5.2.33) mag ihn auch hier beibehalten, das Pluralsuffix zusammenfassend auf die Leute von v.7 (vgl. etwa BOETTCHER, Aehrenlese 249) und von v.8 (vgl. etwa HENGSTENBERG 461) beziehen und die Singulare distributiv von jedem Einzelnen von ihnen verstehen.

5.2.5. וחדל לעולם

1. Dass die recht häufige Wurzel חדל im Hebräischen wie in andern semitischen Sprachen die Bedeutung "aufhören, ablassen, unterlassen" hat, ist ganz unzweifelhaft[328]. An verschiedenen berühmten Stellen (z.B. Is 38,11;

326. Das Pluralsuffix hat man etwa durch Rückbezug auf ein kollektives אח (vgl. z.B. ROSENMUELLER 1064) oder איש (vgl. z.B. BAETHGEN 139) ganz wacker verteidigen können und der angenommene Einfluss der Parallele Ex 21,30 ist in den Textzeugen fast nicht nachzuweisen: in der hebräischen Ueberlieferung bieten zwar 2 MSS gegen die masoretische Notiz das פדיון wie in Ex 2,30 in defektiver Schreibung, aber kein einziges MS liest ein נפשו . In TARG und SEPT (die hexaplarischen Versionen, die in Ps 49,9 ein Singularsuffix haben, fehlen in Ex 21,30) werden die zwei פדיון נפשו von Ps 49 und Ex 21 verschieden übersetzt.

327. Die schon von KNAPP (100, ähnlich z.B. HERKENNE, 182, CASTELLINO 823) geäusserte Vermutung, נפשם וחדל sei durch Metathese aus נפשו מחדל entstanden, scheint mir hingegen recht gesucht. Ungemein praktisch für Leute mit entsprechendem lumen fidei ist hingegen DAHOODs (298) Erklärung von נפשם als "napšo-m with enclitic mem".

328. Vgl. dazu die genaue Analyse von Winton THOMAS (Observations 8-11).

Hi 10,20; 14,6; Ps 39,5; 1 Sam 2,5) findet man aber öfters diese Bedeutung unpassend und man glaubt, eine andere konstruieren zu müssen. So wurde auch an unserer Stelle versucht, dem Verb חדל die Bedeutung des Bleibens und Weiterbestehens abzuringen, um v.10 problemlos anschliessen zu können[329]. Dabei deutet man חדל regelmässig als Metathese der Wurzel חלד "fest sein" und führt stets die Beispiele כשב/כבש und שלמה/שמלה (vgl. GESENIUS, Grammatik § 19 n) als "Beweise" an. Mir scheint das völlig absurd: aus zwei Beispielen von semantisch folgenlosen Metathesen in abgeleiteten Nomina zu behaupten, dass es auf der Ebene der Wurzeln selbst Metathesen gebe - und erst noch solche, die von einer bestimmten Wurzel (hier חלד) in das semantische Feld einer andern bestehenden Wurzel (hier חדל) führen und dort Aequivokationen verursachen, ist logisch unhaltbar und lexikographisch geradezu suizidär[330].

Es ist für mich ganz klar, dass חדל an unserer Stelle mit "aufhören" übersetzt werden muss[331].

2. Weniger klar ist freilich, <u>was</u> aufhört. Die meisten Exegeten beziehen חדל auf das Vorhergehende. Der Halbvers bedeutet dann, dass der Mensch von v.8 für immer "desistet ab hoc suo conatu, animam redimendi" (ROSENMUELLER 1064, ähnlich schon RASHI 47, IBN ESRA und viele andere)[332]. Diese Uebersetzung ist zwar denkbar, aber unwahrscheinlich, da bei חדל das, was man unterlässt bzw. unterlassen soll nur dann implizit bleibt, wenn es sich aus dem Kontext heraus eindeutig ergänzen lässt (vgl. 1 Kön 22,15; Jer 40,4; Ez 2,5-7; 3,11.27; Am 7,5; Sach 11,12; 2 Chr 25,16). An unserer Stelle ist das offensichtlich nicht der Fall. Viele Exegeten verstehen nämlich חדל

---

329. Vgl. etwa MICHAELIS, Varianten 157; SACHS 70; ABBOT, Arrangement 293; GORDIS, Roots 38-41; BONKAMP 236 u.a.

330. Bezeichnend ist, dass z.B. ZORELL als Lexikograph die Bedeutung "weiterleben" anders begründet. Nach Darlegung der gängigen Bedeutungen "aufhören, ablassen" usw. fährt er fort: "... porro (ut <u>ḫaḏala</u> dicitur de ove et similia quae, grege procedente vel abeunte, <u>retro manet</u>, et ea dicitur <u>ḫâdil</u>) fortasse, ex contextu: aliquis, aliis morientibus, <u>in vivis remanet, vivere pergit</u>" (Lexicon 223 b), woraus dann חדל an unserer Stelle und in Ps 39,5 zu verstehen wäre. Die Argumentation überzeugt mich zwar keineswegs, aber ich finde sie zumindest methodisch vertretbar.

331. Das ist auch die einhellige Meinung der alten Versionen, welche hier alle ein Aufhören (SEPT, THEOD, QUINT: και εκοπιασεν, AQ: και επαυσατο SYM: αλλα παυσαμενος, HEBR: sed quiescet; TARG: ויפסוק) oder zumindest ein Nachlassen bezeugen (PESH: לאי ; GAL: et laboravit).

332. Bisweilen wird das Auslösen selbst zum Subjekt von חדל gemacht, vgl. etwa PAULUS (250): "Dieses Kaufen fehlt ewig, ist nicht möglich." Für eine solche Deutung könnte man höchstens Spr 10,19 ins Feld führen.

"nicht vom Zahlen des Lösegeldes, wie man meist erklärt, als wäre v.9 eine Parenthese und enthielte den närrischen Gedanken: der Reiche pflegt zwar ein Lösegeld anzubieten, muss aber auf den Abschluss des Handels verzichten, weil Gott zu viel fordert. Kommt denn dergleichen vor?" (DUHM 201)[333]. So beziehen viele Exegeten וחדל לעולם auf das Folgende: פרושו דבק עם הפסוק אשר לאחריו כלומר חדל זה הדבר לעולם כי הוא דבר שאי אפשר שיחיה עוד לנצח ולא יראה השחת זה דבר נמנע הוא (QIMHI 344 und recht viele andere nach ihm). Wie aber schon QIMHIs gewundene Formulierung zeigt, ist dies Lösung syntaktisch äusserst fragwürdig[334].

Hingegen wird die m.E. nächstliegende Lösung nur ausnahmsweise (etwa von OLSHAUSEN 213, EERDMANS 262 u.a.) vertreten: חדל wird nämlich auch absolut gebraucht und bezeichnet nicht nur das zeitliche Aufhören von Vorgängen (Niederschläge Ex 9,23-24; Jubel Is 24,8; Leben Hi 10,20) und das örtliche Aufhören von Dingen (Wege Ri 5,6f). Auch Personen "hören auf": die Armen als Arme (Dtn 15,11), die Hungernden als Hungernde (1 Sam 2,5), die Nächsten als besorgte Mitmenschen (Hi 19,14) oder eben der Mensch als solcher; auch er kann verschwinden, und zwar, im Gegensatz zur Pflanze, endgültig, wenn Gott sich von ihm abwendet: שעה מעליו ויחדל עד ...כי יש לעץ תקוה אם יכרת ועוד יחליף וינקתו לא תחדל...וגבר ימות ויחלש ויגוע אדם ואיו (Hi 14,6-10)[335].

In unserem Vers finde ich dieselbe gedrückte Stimmung und dieselbe fatalistische Aussage wie in dieser Hiobstelle: der Mensch hört auf für

---

333. Dergleichen kommt tatsächlich vor als eine Phase im Prozess des Sterbens (vgl. KUEBLER-ROSS, Interviews 54-56: "Die dritte Phase: Verhandeln"). Fraglich bleibt aber, ob diese Lösung hier die naheliegendste ist.

334. Von חדל hängen zwar Infinitive mit ל, Infinitive mit מן oder Infinitive ohne Präposition ab, aber ein imperfectum consecutivum darf man wohl mit OLSHAUSEN (213) "gradezu als eine sprachliche Unmöglichkeit" bezeichnen. Daran ändert die Erklärung von PODECHARD (11) herzlich wenig: "La construction est dure et peut-être ne devrait-elle pas être supposée chez un autre auteur. Mais celui-ci affecte les tournures idiomatiques et tend à les exagérer (cf. v.6b, 11a, 13b, 14a et b, 15c, 20b): לחיות עוד (cf. Ps 36,4) lui aura paru trop ordinaire..."

335. Der Halbvers Hi 14,6b ist schwierig und hat zu allerlei Umdeutungen von חדל von v.6a Anlass gegeben. Dass ויחדל hier aber "und er hört auf" heissen muss, scheint mir das תחדל in v.7 genügend klar zu zeigen. Ich bin allerdings versucht, hier wie auch in 1 Sam 2,5 und Ri 5,7 das עד adverbiell zu verstehen (vgl. שכן עד Is 57,15 und die Formel עולם ועד) und zu ויחדל zu ziehen: "schaue nur von ihm weg, und er verschwindet endgültig: erfreut sich wie ein Lohnarbeiter an seinem Tag." Die Tage (bzw. Jahre) des Lohnarbeiters galten offenbar als beschwerlich und besonders als kurz (vgl. Hi 7,1 bzw. Is 16,14, wo die שנים כשני שכיר nach dem Zusammenhang kurze, schnell verfliessende Jahre sein müssen - königliche Masse sind grösser, proletarische kleiner als normal!).

immer, er verschwindet endgültig. Die auffällige Kürze von v.9b, die immer wieder zu Umstellungen Anlass gab (vgl. oben Anm. 318), ist hier sehr passend: das plötzliche Aufhören des Stichos stellt das plötzliche Aufhören des Lebens auch äusserlich dar[336].

3. Von hier aus müssen wir nun wieder auf v.9a zurückkommen. Zur Auswahl stehen ja zwei Uebersetzungen: "und das Lösemittel seines Lebens ist wertvoll" oder - semantisch weniger sicher - "und die Erlösung seines Lebens ist schwierig".

Leider passen immer noch beide Uebersetzungen in den Zusammenhang - die erste allerdings nur, wenn man das ויקר mit POLUS (818) und DOEDERLEIN (101) konzessiv versteht und an das Vorhergehende anschliesst, was zwar möglich (vgl. KOENIG, Lehrgebäude III/2 § 363 c, § 193 a-b), aber doch etwas schwierig ist. Damit haben wir zu wählen zwischen einem syntaktischen und einem semantischen Wagnis. Ich entscheide mich für das erste, weil es mir kleiner scheint und weil so ein Satz entsteht, der doch etwas Neues bringt und das Vorhergehende steigert: der Mensch "kann Gott sein Lösegeld nicht geben, und sei das Lösemittel für sein Leben noch so wertvoll - und so hört er auf für immer."

5.3. DIE BEDEUTUNGSLOSIGKEIT DER IDEE (v.10.11-15)

Nachdem in v.8f die "theoretische" Unsinnigkeit der Idee von der todlosen Welt aufgezeigt wurde, geht in v.10 der Psalmist nun daran, deren "praktische" Bedeutungslosigkeit nachzuweisen: Die Hoffnungen der Reichen von v.6f sind nicht nur in sich widersprüchlich, sie widersprechen auch völlig der Erfahrung und zielen deshalb ins Leere.

5.3.1. Idee und Erfahrung (v.10)

1. Die Kommentare sind im allgemeinen kaum darauf bedacht, v.10 auszulegen. Sie begnügen sich meist damit, ihn auf möglichst scharfsinnige Weise an irgend einen übergeordneten Satz anzuschliessen.

Einer alten Lösung gemäss wäre v.10 als Objektsatz v.9b unterzuordnen (vgl. oben 5.2.52). Moderner ist es allerdings, ihn als Konsekutivsatz zu

336. Ein gutes Beispiel dafür, dass ein Dichter ein solches Ausdrucksmittel bewusst einsetzen kann, ist in der deutschen Literatur "der römische Brunnen" von C.F. MEYER. Dort wird die dem Versmass des Gedichtes entsprechende vierhebige Schlusszeile "und alles strömt und alles ruht" in der endgültigen Fassung zwecks Darstellung der Ruhe, die den Brunnen als Ganzen charakterisiert, auf zwei Hebungen verkürzt: "und strömt und ruht" (vgl. MEYER, Werke III 248f).

v.8b zu ziehen und die "Parenthese" von v.9 in Kauf zu nehmen (vgl. oben 5.2.41). Eine zeitlang recht beliebt war es auch, v.10 als Konzessivsatz dem כי יראה von v.11 unterzuordnen[337].

Bei all diesen Lösungen aber "bleiben die Worte ein holpriges Gestammel; so hätte auch ein schwacher Dichter nicht geschrieben" (KITTEL 196).

2. Daher ist es vielleicht doch angebracht, zuzugeben, dass die syntaktische Domestikation von v.10 nicht gelingen will und dass man diesen Vers besser als selbständigen Satz verstehen sollte: "Difficulter satis hic versus cum praecedentibus conjungitur, arbitror interrogative recte sumi posse..." (DE DIEU 141, ähnlich schon IBN ESRA, MEIRI 101 u.a.).

So jedenfalls wird zunächst einmal die Situation syntaktisch einigermassen durchsichtig: die Frage wird mit ו eingeleitet, was - zumal in der Poesie - nicht sonderlich auffällig ist (vgl. GESENIUS, Grammatik § 150 a). Das Apokopat יחי drückt wie überall die "erwartungsvoll vorwärtseilende Regung des Seelenlebens" (KOENIG, Lehrgebäude II/2 § 189) aus, hier freilich innerhalb einer Frage, was - auch im Deutschen - genau der inneren Struktur des Dubitativs entspricht: "Er <u>sollte</u> immerfort weiterleben, würde das Grab nicht sehen?"

Zudem erhält v.10 so auch eine genau angebbare Funktion. Er ist nicht einfach ein rhetorisch verschnörkeltes Füllsel[338], sondern ein wohlüberlegtes Zwischenstück, eine Art Scharnier, das die Strophe v.6-10 mit dem Grundpsalm v.11-15 verbindet. Wie jedes Scharnier besteht v.10 aus zwei Stücken: ein Stück, v.10aα, ist fest mit dem Vorhergehenden verbunden und schaut zusammenfassend darauf zurück, ein Stück, v.10aβ, kündigt schon den folgenden Grundpsalm an und nimmt ihn, ebenfalls zusammenfassend, voraus.

3. Der erste Teilvers fasst die Vorstellungen der Reichen von v.6f sehr präzis zusammen: Sie möchten bis in alle Ewigkeit (לנצח) immer weiter und weiter leben (עוד[339]). Doch diese Vorstellung wird jetzt nicht mehr mit

---

337. PAULUS (250) z.B. übersetzt: "Und mag er auch noch für lange Zeit leben und noch nicht die Todtenkluft sehen - so wird er sie doch sehen." Aehnlich schon GEIER 725, POLUS 818, MICHAELIS 324. EERDMANS (259) übersetzt: "May he still live always, he will not see the grave..." Da das Ganze für ihn nach v.6 das zweite Rätsel sein soll (262f) ist die Unsinnigkeit des Satzes durchaus willkommen.

338. Vgl. etwa AMAMA (282): "Solent Ebraei ubi aliquid posuerunt, illud repetere cum negatione contrarii."

339. עוד umfasst zwar von sich aus sowohl die Bedeutung der "Fortdauer" als auch die der "Wiederholung" und nach dem חדל von v.9 - zumal wenn man dieses vor dem Hintergrund von Hi 14,7 liest - könnte man

überheblicher Sicherheit vorgetragen wie in v.6, sondern als zweifelnde Frage. Zweifel und Frage sind hier bestimmt ein Echo der kritischen Verse 8 und 9. Gleichzeitig aber ergeben sie sich auch aus dem Parallelvers.

4. Im zweiten Teilvers kommt nämlich erstmals in Ps 49 die konkrete Erfahrung des Todes ins Blickfeld: das "Schauen der Grube".

Der Streit, der besonders in Ps 16,10 um das Wort שחת lautstark ausgetragen wird, ist auch an unserer Stelle bisweilen noch schwach zu hören. Mir scheint er aber - wie alle ideologischen Raufereien - völlig unergiebig. Grammatisch kann das Wort שחת sowohl als "Grube" zum Hapaxlegomenon שוח, "sinken" (Spr 2,18), als auch als "Verderben" zum häufigen שחת, "verderben" gezogen werden, wie das immer wieder angeführte Parallelbeispiel נחת (1. "Ruhe" von נוח, 2. "Herabkommen" von נחת) zeigt. Dass nun שחת meistens "Grube, Grab" bedeutet, scheint mir sicher und dass es bisweilen das "Verderben" bezeichnet (vgl. etwa Ps 55,24) scheint mir wahrscheinlich. Nur sind die beiden Bedeutungen wohl kaum so klar zu trennen: wo vom "Grab" die Rede ist, klingt wohl auch die andere Bedeutung mit und die "Grube" wird so zum

---

hier (wie im עוד לנצח von Jer 50,39) עוד eher auf ein erneutes Aufleben deuten. Aber die Parallele, die in diesem Fall von einem zweiten Tod reden müsste, scheint mir entschieden dagegen zu sprechen. So verstehe ich עוד mit MICHAELIS (324) als "porro et constanter" (vgl. Ps 84,5).

Auf diesem Wort baut VOLZ seine ganze "textkritische" Konstruktion auf (vgl. oben 3.1.21). Er geht aus von einem Text des KLEMENS VON ALEXANDRIEN (Stromata I/X, 473): Παντος γαρ μαλλον αληθης ο ψαλμος εκεινος ο δικαιος ζησεται εις τελος, οτι ουκ οψεται καταφθοραν, οταν ιδη σοφους αποθνησκοντας. Dieser Satz entspricht von ζησεται an wörtlich der SEPT-Uebersetzung unseres Verses und es wäre eigentlich naheliegend, anzunehmen, KLEMENS habe einfach einen in der SEPT unklaren und in der Luft hängenden Vers auf den δικαιος angewandt. Nach VOLZ darf man aber ganz im Gegenteil "mit Wahrscheinlichkeit, fast mit Gewissheit rechnen, dass Clemens einen alten Text vor sich hatte, der einen positiven Satz über das ewige Los der Frommen enthielt" (257). Und dieser alte (griechische) Text ging auf den ursprünglichen hebräischen Text zurück: ויחי הענו לנצח (259). Die abenteuerliche Textgeschichte, die VOLZ (257f) konstruieren muss, um zu erklären, weshalb dieser Urtext erst bei Klemens wieder greifbar wird, vermag aber offenbar nicht einmal er selbst zu glauben. Darum beteuert er: "Auf jeden Fall ist das Zitat des Clemens ein sehr bedeutsamer, ja meiner Ansicht nach entscheidender Fingerzeig, nicht bloss für die Textaufhellung von v.10, sondern für das Verständnis des ganzen Psalms..." (258) Zwischen der "Textaufhellung von v.10" und dem "Verständnis des ganzen Psalms" (ob zeitlich nach der Aufhellung und vor dem Verständnis oder nach dem Verständnis und vor der Aufhellung bleibe dahingestellt) kommt allerdings VOLZs eigentliche Arbeit zu liegen: die Neudichtung des Psalmes unter der Bedingung, dass eine "positive Botschaft" (263) herausschaut.

Sammelbecken aller vorstellbaren Verwüstungen, Vernichtungen und Zerstörungen[340].

So verstanden wäre שחת jedenfalls besonders geeignet, um die zwei Strophen des Grundpsalmes zusammenzufassen: die eigentliche Bedeutung "Grube" wiese besonders auf die konkrete Erfahrung des Sterbens, die in der ersten Strophe (v.11-12) zur Sprache kommt, das mitzuhörende "Verderben" evozierte die ganze Sphäre der Vernichtung und des Todes, deren allmächtige Präsenz im menschlichen Leben die zweite Strophe (v.14-15) ausmalt.

Wie dem auch sei, das "Sehen der Grube" wird in v.10a β verneint, doch diese Verneinung wird gleichzeitig in Frage gestellt: die Idee der todlosen Welt (v.10a α) zieht die Verdrängung und Leugnung der konkreten Todeserfahrung nach sich. Doch diese Verdrängung ist, wie jede Verdrängung, angesichts der erfahrenen Wirklichkeit fragwürdig und ihre Fragwürdigkeit springt über auf die Idee, aus der die Verdrängung entsprang.

5. So halten sich die beiden Fragesätze von v.10a gegenseitig in Schwebe. Die in Frage gestellte Idee und die in Frage gestellte Verdrängung der Erfahrung bilden miteinander ein labiles System grösster Unbestimmtheit, gewissermassen ein "Gleichgewicht des Zweifels".

Wie ein Fallbeil macht der Satz כי יראה (v.10b) diesem Gleichgewicht ein Ende, indem er die Fragen einseitig und brutal zugunsten der Erfahrung entscheidet und so den ganzen Grundpsalm mit seinem illusionslosen, dunklen Realismus einläutet: der Mensch sieht die Grube, wie die tägliche Erfahrung lehrt. Das ist nicht zu leugnen oder auch nur zu übersehen, und wer dies trotzdem tut, verdient nicht, erst genommen zu werden.

5.3.2. Von der Naivität der Skepsis (v.6-15)

1. Bisher wurde die Strophe v.6-10 ganz vom Grundpsalm her verstanden. Das entspricht unserer literargeschichtlichen Theorie und ist m.E. auch die sicherste Art, die einzelnen Sätze richtig zu verstehen (vgl. oben 5.1.44 und Anm. 295). Es genügt aber nicht, um den Text unabhängig von seiner Genese so, wie er jetzt vorliegt, zu erfassen. Deshalb scheint es mir jetzt

340. Dass שחת nicht allgemein ein "Verderben" bezeichne, sondern präzise das Verfaulen von Menschenfleisch, ist m.E. die Behauptung einer dogmatisch irregeleiteten Vernunft. Diese Behauptung schien bisweilen nötig, um aus Ps 16,10 eine materialistisch verstandene Auferstehung "beweisen" zu können. Jedenfalls dürfte das neutestamentliche ουτε η σαρξ αυτου ειδεν διαφθοραν (Apg 2,31; vgl. 13,35f) schwerlich eine chemische Aussage sein, sondern die Vernichtung (διαφθορα) der konkreten, hinfälligen Person (σαρξ) im Auge haben.

an der Zeit, die ganze bisherige Auslegung von v.11-15 und v.6-10, ohne sie im Einzelnen zu verändern, "vom Kopf auf die Füsse" zu stellen. Schliesslich kann es ja nicht zufällig sein, dass der Grundpsalm nicht als Einleitung, sondern als Mittelstück der Erweiterungen verwendet wurde[340a].

2. Vom Grundpsalm aus betrachtet schienen v.6-10 eine Idee zu enthalten, die der Autor anführt, nicht so sehr, weil gewisse Leute danach leben, sondern weil sie ihn aus einer denkerischen Aporie heraushelfen könnte - was sie allerdings nicht tut, da sie keine kohärente Welt ergibt (v.6-7), in sich widersprüchlich ist (v.8-9) und an der Erfahrung völlig vorbeiläuft (v.10).

Nimmt man nun aber v.6-10 für sich und versteht sie nicht primär als Antwort auf den Grundpsalm, sondern wirklich als Anfang des eigentlichen Gedichtes, so verändert sich an der Auslegung im Einzelnen nichts. Einzig die Tatsache, dass die todlose Welt nicht nur ein systematisch willkommenes "Gedankenexperiment" ist, sondern auch die Welt, die konkrete Leute für die wirkliche halten, wird nun besser sichtbar und erhält mehr Gewicht.

3. Damit gewinnt wieder die Frage nach der Identität der Leute von v.7 an Bedeutung (vgl. oben 5.1.42). Ist hier wirklich die Oberklasse anvisiert, sodass die ganze Strophe gegen eine bestimmte Klassenideologie polemisierte, wie das alle Kommentare fraglos voraussetzen? Oder steht hier der Reiche als Symbol für den Menschen überhaupt, insofern er "reich" ist? Damit sprächen v.6-10 von jenem spontanen Lebensgefühl, in dem jeder Mensch dahinlebt, solange seine ursprüngliche, unproblematische und naive Einheit mit der Welt nicht zerbrochen ist.

Die Alternative ist grundlegend für das Verständnis des ganzen Psalmes: ist Ps 49 ein "prophetischer" Psalm, der in einem politisch-sozialkritischen Diskurs über (d.h. gegen) den Reichtum auch den Tod erwähnt, oder ist Ps 49

340a. Ich gehe hier von der Voraussetzung aus, dass der Autor der Erweiterungen den Grundpsalm nicht nur in seinem materiellen Bestand übernommen hat, sondern ihn auch in seiner ursprünglichen Intention verstanden wissen wollte und dass er erst in v.16 seine eigene Antwort darauf gibt. Diese Voraussetzung scheint mir insofern berechtigt, als sie die Auslegung vereinfacht (v.11-15 bedeuten im ursprünglichen und im erweiterten Zustand dasselbe, vgl. auch oben Anm. 295). Sie ist jedoch willkürlich und nicht weiter begründbar. So wäre es denn auch durchaus möglich, dass der Autor der Erweiterungen die zweite Strophe des Grundpsalmes bewusst missverstanden hätte, um mit seiner tröstlichen Antwort auf das Todesproblem schon in v.14 einzusetzen. In diesem Fall müsste im Rahmen des ganzen Psalmes der verborgene zweite Sinn von v.14 (vgl. oben 4.1.72) wegfallen und der ganze v.15 verlöre seinen bitteren Ton (vgl. oben 4.2.46): "Das ist (allem Schein zum Trotz) der Weg derer, die Vertrauen haben und über deren Worte man sich nach ihrem ein "weisheitlicher" Psalm, der in einem psychologisch-anthropologischen Diskurs über den Tod auch den Reichtum erwähnt?

Diese grundlegende Frage kann erst später wirklich beantwortet werden (vgl. unten 6.2.25 und Anm. 389). Vorläufig bin ich aber nur imstande, v.6-15 als gedankliche Einheit zu verstehen, falls der zweite Teil der Alternative zutrifft.

4. Dann meldet sich nämlich in v.6-7 durch den Mund des Reichen der Mensch zu Wort, der, ganz in der Welt aufgehend und von Schuld und Leid völlig unberührt, immer fort und fort vor sich hinlebt ohne in diesem Lebensfluss eine Grenze zu sehen. Doch dieser Mensch wird noch seine Grubenerfahrungen machen müssen und für immer verschwinden! Bei v.10 angelangt atmet der Leser ob dieser Aussicht erleichtert auf: ohne den Tod wäre alles absurd, der Mensch wäre kein echter Mensch, sondern - wie Gilgamesch vor dem Tod des Enkidu - ein brutaler Kraftprotz, der, unbeachtet und ungestraft, "jenseits von Gut und Bös", in völliger Beliebigkeit daherschreiten könnte und Gott wäre nichts als ein erbärmlicher, bestechlicher Götze.

In v.10 scheint die Welt wieder in Ordnung: der Tod gibt dem Leben seinen Wert, er erniedrigt den rücksichtslosen Uebermenschen zum Menschen und erhöht den manipulierbaren Götzen zum Gott.

Doch von v.11 an schlägt das Pendel plötzlich auf die andere Seite aus und es zeigt sich, dass der Tod alles, was er ermöglicht, auch gleich vernichtet. In der Strophe v.11-15 tritt ja mit dem Weisen der eigentliche Mensch auf, der, in kritischer Distanz zur Welt, die Grenzen von Schuld, Leid und Tod sieht, sie aber durch bewusste Setzung seines Lebens zu meiden sucht. Doch dieser Mensch erweist sich als erbärmlicher, hilfloser Schwächling, der in all seiner Weisheit und Tugend, unbeachtet und unbelohnt, "jenseits von Gut und Bös", in völliger Beliebigkeit dahingetrieben wird, und Gott ist hier nichts als ein weltabgewandter, brutaler Kraftprotz.

Tod noch freut: wie (Hürden)Vieh sind sie in der Scheol geborgen, der Tod, der weidet sie, und wenn man sie auch unterdrückt - sie sind ja Gerechte, die auf den Erlösungsmorgen harren, und so ist auch ihr Fels da, um die Scheol zu zerstören, von seinem Hochsitz aus. Ja, Gott wird meine Seele retten...". Sprachlich ist diese Uebersetzung akzeptabel - ausser vielleicht die notwendige konzessive Deutung von וירדו בם. Doch hier könnte man nun wieder die masoretische Akzenteinheit וירדו בם ישרים לבקר hervorkramen und annehmen, der Autor der Erweiterungen habe -unter Zerstörung der metrischen Struktur seiner Vorlage- frei nach Ps 149,6-9 (vgl. Weish 3,7f; 6,20) die Vorstellung eines eschatologischen Friedensreiches unter Philosophenkönigen hier hineingeflickt. Ich persönlich traue zwar einem so talentierten Dichter wie dem Autor der Erweiterungen soviel poetischen Vandalismus nicht zu - aber letztlich ist das eine Ermessensfrage!

In v.15 liegt die Welt wieder in Trümmern: Der Tod nimmt dem Leben jeden Wert, er erniedrigt den Menschen zum Tier und erhöht Gott zum blasierten Zyniker.

6. DIE ANNAHME DES TODES

Die zwei Strophen v.6-10 und v.11-15 haben den Leser in eine vollkommene Aporie geführt, aus der es scheinbar kein Entrinnen gibt: ob mit, ob ohne Tod, der Tun-Ergehen-Zusammenhang spielt nicht und damit wird das menschliche Leben zur sinnlosen Posse und Gott zum Zerrbild seiner selbst.

Dieser ganze Gedankengang von v.6-15 mag das in v.5 angekündigte Rätsel sein (vgl. unten 7.2.53) und man kann nun gespannt sein, ob es dem Autor in den verbleibenden paar Zeilen tatsächlich noch gelingen wird, den gordischen Knoten, den er mit soviel Scharfsinn geknüpft hat, wirklich zu "öffnen".

6.1. DES RAETSELS RAETSELHAFTE LOESUNG (v.16)

Als Hauptelement in der Lösung des Rätsels von Ps 49 gilt ganz allgemein und m.E. sehr zu Recht v.16. Dieser Vers steht bei allen Kommentatoren - auch bei denen, die sein theologisches Gewicht möglichst herunterspielen möchten - im Zentrum der Aufmerksamkeit. Deshalb ist er auch der meistkommentierte und der meistumstrittene Vers des Psalmes: "C'est le verset-clef du Psaume, et en même temps une 'crux interpretum'" (PLOEG 156).

6.1.1. Der Stellungskrieg in den Kommentaren

1. Im grossen Kampf um v.16 steht auf der einen Seite die kleine Partei derjenigen, die im Satz nur eine <u>Errettung vor einem vorzeitigen Tod</u>, eine Bewahrung vor der "summarischen Katastrophe" (LINDBLOM 25ff) sehen[341].

---

341 Der erste, der diese Deutung klar vertreten hat, scheint mir CLERICUS (309) zu sein. Er findet nur bedingt Gefolgschaft, so z.B. bei RUPERTI

Sofern sie nicht überhaupt finden, das sei "natürlich" ganz evident (vgl. etwa WETTE 343, HITZIG 273) und bedürfe keiner Begründung, können sie sich für diese Auslegung auf die meisten ähnlich lautenden Stellen des Psalters stützen (Ps 9,14; 13,4; 30,4; 33,19; 56,14; 68,21; 86,13; 103,4; 116,8; 118,17-18 usw.; vgl. Hi 33,27; Sir 51,2). Dort gilt stets die Faustregel: "'Vom Tode erretten' heisst vom bösen Tode erretten" (BARTH, Errettung 152) - warum sollte es hier anders sein, zumal v.19 doch zu sagen scheint, dass "the man, who was saved from the Sheol, was praised by the people for his earthly welfare" (EERDMANS 266) und wir aus den vorhergehenden Versen doch zur Genüge wissen, dass früher oder später jeder für immer vom Tode ereilt wird (vgl. KISSANE 217, REUSS 139 u.a.).

2. Auf der andern Seite stehen die viel zahlreicheren Exegeten, welche dem Vers die im Alten Testament sehr seltene Botschaft von der Errettung vom Tode überhaupt entnehmen.

Auch diese Deutung scheint einigen "offenkundig" (SACHS 71, vgl. OLSHAUSEN 213) und an eine andere Lösung kann nach ihnen "nur denken, wer den ganzen Psalm nicht verstehen will" (STIER 143). Meistens sucht man aber doch nach Gründen. Man findet sie etwa - spärlich genug - in den ebenfalls unsicheren Psalmstellen 16,10 und 73,24 oder in der feierlichen Lehreröffnung (v.2-5), die doch nur dann gerechtfertigt ist, wenn eine ganz besondere Botschaft folgt. Dem wäre wohl die kaum beachtete, doch im Vokabular unserem Vers recht nahestehende Stelle Ps 89,49 anzufügen, wo der Kontext (מי גבר יחיה ולא יראה-מות) zeigt, dass ימלט נפשו מיד-שאול die (hier allerdings als unmöglich dargestellte) Errettung vom Tod überhaupt anpeilt.

Problematischer als die Begründung scheint allerdings die genaue Auslegung des so gedeuteten Verses (vgl. unten 6.1.42): Soll man mit einigen hier tatsächlich eine Entrückung sehen, die "nicht erst nach dem Sterben, sondern schon vor demselben" (SCHULTZ 114) stattfindet? לקח wäre dann "ein terminus technicus für entrücken, in den Himmel oder ins Paradies versetzen" (DUHM 203, vgl. Gen 5,24; 2 Kön 2,3ff). Oder soll man mit einigen anderen Exegeten annehmen, dass der Beter von v.16 "in tegenstelling met het uitzonderlijke lot van een Henoch of Elia" (BOEHL 85) von Gott erst nach seinem Tod "genommen" werde und dass somit in unserem Vers "eine wirkliche Auferstehungshoffnung geäussert" werde (KRAUS 367), wie "in der unwiderleglichen Stelle Ps 17,15" (STIER 143)? Oder soll man schliesslich wie die

---

297, ROSENMUELLER 1073, WETTE 343, STUHLMANN 137, PAULUS 240, HITZIG 273, GUNKEL 210, EERDMANS 266, LINDBLOM 25ff, KISSANE 217, BARTH, Errettung 159f, WAECHTER, Tod 196.

meisten Exegeten hier ganz allgemein vom "Evangelium eines Ausgleichs in der Ewigkeit" (SCHMIDT 95) reden ohne gross zu fragen, wie sich der Autor das genau vorstellte, denn "il ne le savait probablement pas lui-même d'une manière très précise. Le fait seulement est certain" (CALES 279)?

3. Diese zweite Deutung von v.16 scheint also auf recht schwachen Füssen zu stehen, obwohl sie von der grossen Mehrheit der Exegeten vertreten wird. Dass die Gegenpartei behauptet, v.16 stehe "abrupt und isoliert" (GRAETZ 342) da, macht sie nicht glaubwürdiger - ja, sogar von Seiten der Mehrheit muss man hören, dass der Gedanke von v.16 "nur in einem Distichon" (DUHM 203) zum Ausdruck komme "as a parenthetical thought" (BUTTENWIESER 646), der "auf den weiteren Gang des Liedes keinen Einfluss ausgeübt (habe), was bei der Grösse des Gedankens von v.16 befremdlich erscheinen muss" (KITTEL 196)[342].

Das hat einige Vertreter der Mehrheit so beeindruckt, dass sie zum Schluss gekommen sind, v.16 lasse sich "aus dem Zusammenhang des Liedes herausnehmen, ohne dass eine Lücke bleibt" und sei deshalb "lediglich Randnotiz eines frommen Lesers" (STAERK 249, ähnlich GUNKEL 210), eines Herausgebers, "wishing to make the Psalm more useful for public worship" (BRIGGS 411) oder eines Kopisten (vgl. OESTERLEY 266f)[343]. Doch abgesehen davon, dass die Echtheit von v.16 ganz indiskutabel ist (vgl. oben 1.3.3), würde ohne diesen Vers überhaupt der ganze Psalm von vornherein ins Leere schiessen, und es könnte "dem Dichter der Vorwurf nicht erspart bleiben, dass seine Lösung des Rätsels lange nicht dem entspricht, was die Einleitung erwarten liess" (KITTEL 196, ähnlich STAERK 249 selbst, PODECHARD K I 220 u.a.).

4. Auf der andern Seite trifft nun aber derselbe Vorwurf den Dichter, wenn v.16 nur die Errettung vom vorzeitigen Tod meinen sollte. "Ein solcher Umstand würde für den behandelten Gegenstand von gar keiner Bedeutung sein" (OLSHAUSEN 219); denn "dans le contexte du psaume et étant donné la façon très générale dont il pose la question de la rétribution..., il ne saurait

342. Vgl. auch PODECHARD (17): "On est surpris de voir une doctrine de cette importance et évidemment nouvelle... si brièvement formulée." Aehnlich OLSHAUSEN (219): "Wenn... des Dichters Meinung sein soll, dass er (und etwa die übrigen Frommen) überhaupt dem Tode nicht verfallen werde, so hätte man, auch abgesehen vom Widerspruche mit v.11, bei einer solchen Ueberzeugung erwarten dürfen, dass das ganze Gedicht eine durchaus andere Gestalt gewonnen hätte."

343. Nach MUNCH (Problem 44) ist der sekundäre Charakter von v.16 (wie von v.6) gar eine Evidenz: "Schon aus stilistischen Gründen ergibt sich das. Wenn man das Gedicht ohne vorgefasste Meinung durchgeht, so fällt sogleich auf, dass diese zwei Verse Fremdkörper sind. Der durchaus nüchterne und weltliche Ton des Gedichts bricht hier ab, um einer ganz persönlichen religiösen Stimmung zu weichen."

pas plus s'agir pour le psalmiste d'échapper à un danger actuel de mort, dont l'existence n'est d'ailleurs pas indiquée, qu'il ne s'agit pour les méchants de succomber à une mort prématurée." (PODECHARD 16, ähnlich PLOEG 163f).

5. Die Situation ist in den Kommentaren also recht verfahren. Beide möglichen Deutungen werden je mit umso mehr Vehemenz verteidigt, desto weniger sichere Gründe man für sie anführen kann (wie man sich ja in jedem Stellungskrieg umso tiefer in die Schützengräben verbohrt, je weniger Mittel man hat, voranzukommen) und beide Deutungen scheinen schlecht: Die bescheidenere Deutung, die von den Parallelstellen her besser abgedeckt ist, scheint inhaltlich absolut ungenügend und die spektakulärere Deutung, die inhaltlich auf der Höhe der Fragestellung wäre, sieht äusserst fragwürdig aus.

6. Um aus diesem Dilemma herauszukommen, haben einige Exegeten versucht, im Niemandsland zwischen den zwei verhärteten Fronten eine Lösung zu finden, indem sie beide Deutungen kombinierten. Sie gehen davon aus, dass "nach dem Zusammenhang und Gegensatze...die Erlösung der Seele des Gerechten aus der Hölle zunächst nur die Errettung aus dringender Lebensgefahr bezeichnen (kann)" (HENGSTENBERG 465). Dabei halten sie aber fest, dass "Gott den Psalmisten so vor dem drohenden Tod erlöst, dass er zu den Redlichen gehört, die am Morgen der anbrechenden Heilszeit als Sieger über die Reichen dieser Welt triumphieren" (HUPFELD 667), d.h. die Erlösung vom bösen Tod "verbürgt zugleich die Erlösung aus dem wirklich eingetretenen Tode" (HENGSTENBERG 465, ähnlich vielleicht ROSENMUELLER 1073).

Diese Auslegungen mögen nun freilich recht unklar und kompliziert erscheinen. Sie entspringen aber einer guten Absicht, der Absicht, die zwei gängigen Deutungen von v.16 zu verbinden. Es geht nun darum, diese gute Absicht besser zu verwirklichen. Zu diesem Zwecke stelle ich die nun folgende Arbeitshypothese auf.

6.1.2. Zwei alte Antworten im Horizont einer neuen Frage

1. Die beiden Deutungen von v.16 - die bescheidene Deutung der Minderheit ("Rettung vom bösen Tod") und die spektakuläre Deutung der Mehrheit ("Rettung vom Tod überhaupt") - sind m.E. einfach zu addieren: die Minderheit erklärt v.16a richtig, die Mehrheit legt v.16b korrekt aus. Im Einzelnen heisst das folgendes:

2. Die angeführten Parallelen (vgl. oben 6.1.11) zeigen m.E. klar genug, dass in v.16a zunächst einmal genau das traditionelle Glaubensbekenntnis

aus dem Klagelied angeführt wird. Darin ist der Minderheit recht zu geben.

Ebenso zutreffend ist aber der gegnerische Einwand, dass dieses Glaubensbekenntnis als Antwort auf v.6-15 absolut ungenügend ist. In einem Psalm, in dem der Tod als solcher Gott (v.15d) und Mensch (v.13.21) derart in Frage stellt, in dem bereits das Leben so vollständig von der Todesmacht "unterwandert" und ausgehölt ist (v.14-15c) und in dem die Alternative höchstens "ewiges Leben oder ewiges Totsein" heissen könnte (v.10.12), vermögen Erwägungen über den Zeitpunkt des Sterbens in der Tat nicht mehr viel auszurichten. Höchstens als taktische Abweisung der kritischen Anfrage und als billige Vertröstung des unbefriedigten Fragestellers wären sie vielleicht zu gebrauchen. Doch vom Autor der Erweiterungen, der auf die radikale Kritik des Grundpsalms so gelassen und so genau eingeht (ansonsten er diesen Text ja kaum zum Herzstück seines Psalmes gemacht hätte), erwartet man alles, nur nicht die Unterdrückung des begonnenen Gesprächs.

3. In Wirklichkeit scheint mir der Autor der Erweiterungen das Ungenügen des traditionellen Credos durchaus gesehen zu haben. Deshalb geht er sogleich daran, es neu zu interpretieren - vielleicht schon durch die Formulierung מיד שאול (vgl. unten 6.1.34), sicher aber durch die Weiterführung in v.16b. Zu diesem Zwecke greift er auf die ebenfalls traditionelle Vorstellung der Entrückung zurück (vgl. unten 6.1.42), wie einige Vertreter der "Mehrheitsexegese" richtig gesehen haben. Diese alte Vorstellung wird allerdings durch die Verbindung mit der Frage, die beantwortet und dem Credo, das interpretiert werden soll, "demokratisiert" und damit entscheidend verändert, was die meisten Vertreter der "Mehrheit", die es ja vermeiden, von "Entrückung" zu reden, richtig, wenn auch unbewusst, gespürt haben.

4. Der Autor der Erweiterungen antwortet also auf das Problem des Grundpsalmes mit dem ganz traditionellen Credo von der Erlösung aus dem vorzeitigen Tod[344]. Er bringt dieses jedoch auf die Höhe der neuen Frage-

344. Diese Verbindung von Altem und Neuem wurde von einigen Exegeten wahrgenommen, doch m.E. etwas einseitig als im engsten Sinne des Wortes gattungskritisches Problem behandelt. So sagt man etwa, der Autor von Ps 49 drücke sich "mit Hilfe einer festgeprägten Sprache" aus, stehe "unter dem Einfluss überpersönlicher Stilkräfte" (SCHMITT, Entrückung 205) und "(stütze sich stark) auf bestehende Literaturgattungen" (aaO 243), doch es gelinge ihm, "trotz dieser engen Verquickung mit der Tradition...in Neuland vorzustossen" (aaO, vgl. MULDER 133). Das ist zwar alles richtig, aber die Ausdrucksweise legt doch nahe, hier gehe es um ein bloss formales und letztlich sekundäres Problem. Das, was in Wirklichkeit ein freier, d.h. bewusster und schöpferischer Umgang

stellung, indem er es mit einer andern traditionellen Vorstellung, die der "Entrückung", verknüpft, die sich dadurch ihrerseits verändert. Was das inhaltlich genau heisst, wird noch zu überlegen sein (vgl. unten 6.1.3-6). Formal können wir aber jetzt schon zwei Dinge festhalten:

5. Auf der einen Seite fällt auf, dass v.16 in seiner seltsamen masoretischen Akzentuierung, die beibehalten werden kann (vgl. unten 6.1.32) ein genaues metrisches und logisches Gegenstück zum (korrigierten) v.10 ist. In beiden Versen folgt auf einen extrem langen Teilvers fraglichen Inhalts ein extrem kurzer Teilvers, der die Frage löst: Nachdem in v.10 die Idee der todlosen Welt der Erfahrung gegenüber in ihrer Fraglichkeit erschien, brachte das כי יראה die Entscheidung - zugunsten der unmittelbaren Erfahrung. Nachdem nun in v.16 das Credo vom lebenserhaltenden Gott sich derselben (nun in v.11-15 ausgeführten) Erfahrung gegenüber in seiner ganzen Unzulänglichkeit zeigt, bringt das kurze כי יקחני die Entscheidung - gegen die unmittelbare Erfahrung.

6. Auf der andern Seite zeigt sich, dass das כי יקחני (genau wie das כי יראה, das mit grosser Vehemenz die ganze Strophe v.6-10 liquidiert) aus metrischen Gründen sehr exponiert ist. Darin liegt eine gewisse Entkräftung des Argumentes, v.16 sei zu isoliert und zu diskret plaziert, um neue und spektakuläre Ideen zu enthalten (vgl. oben 6.1.13). Ganz abgesehen davon, dass die Vorstellung der Entrückung gar nicht unbekannt ist, wird sie in geballter Kürze an einem neuralgischen Punkt des Textes zum Ausdruck gebracht. Der dadurch entstehende Zusammenstoss mit dem Kontext ist wuchtig genug, um die Aufmerksamkeit des Lesers auf die dadurch intendierte Lösung des Rätsels zu lenken (vgl. unten 6.1.32)[345].

---

mit der Tradition ist, läuft so Gefahr, nur noch als halbbewusste Verfallenheit an antiquierte Denkformen oder als unverbindliche Spielerei mit Traditionsbrocken in den Blick zu kommen. Dass es aber um bedeutend mehr geht, nämlich um das stets wieder aktuelle Problem, alte Ueberlieferungen und neue Fragestellungen aussöhnen zu müssen, hat A. ROBERT selbst, der ja als erster auf diese "anthologische" Arbeitsweise hingewiesen hat, am klarsten ausgedrückt: "Du point de vue psychologique, la constatation la plus instructive et la plus émouvante que nous puissions faire est l'obstination des écrivains sacrés...à se retourner vers leurs prédécesseurs...Loin de douter des Ecritures, c'est vers elles qu'on se retourne: on les scrute, on y découvre des profondeurs et une actualité; de là les convictions nouvelles qui s'expriment dans les productions si nombreuses et si remarquables du judaïsme. Le procédé anthologique prend à cette lumière sa plénitude de signification: il atteste en même temps la continuité de la tradition doctrinale et ses étonnants progrès." (ROBERT, Genres 417, vgl. auch SAMAIN 29)

345. Auf analoge Weise suchte schon KESSLER (108) die Schwierigkeit zu lösen: "Der Satz ist deutlich parallel dem ebenso kurzen מות ירעם in v.15:

6.1.3. Das traditionelle Credo

V.16 bietet neben der enormen Schwierigkeit, seine globale Bedeutung richtig zu erfassen, zunächst einmal auch sprachlich einige kleinere Probleme.

1. Zunächst einmal kann die genaue Bedeutung von אך zu einigem Zögern Anlass geben. Man hat zunächst die Wahl zwischen einer hervorhebenden ("fürwahr" vgl. z.B. Ps 73,1) und einer einschränkenden Bedeutung. Wählt man letztere, so bleiben immer noch drei Möglichkeiten: das einschränkende אך bezieht sich entweder auf den ganzen Satz und stellt zwischen v.16 und dem Vorhergehenden einen Gegensatz her ("aber:...") oder es bezieht sich auf ein einzelnes Wort des Verses, sei es אלהים ("Gott aber...", d.h. nur Gott, im Gegensatz zum supponierten Bruder von v.8), sei es נפשי ("mich aber...", d.h. nur mich, im Gegensatz zu den supponierten Verdammten von v.15, vgl. etwa DELITZSCH 340). Die zwei letzten Uebersetzungen können sogleich ausscheiden, da sie von Auslegungen abhängen, die wir verworfen haben. Eine Entscheidung zwischen den beiden andern Möglichkeiten fällt sehr schwer, ist aber m.E. auch gar nicht nötig. Warum sollten hier nicht beide Funktionen von אך voll zum Tragen kommen, sowohl die Absetzung des Folgenden vom Vorhergehenden als auch und in einem die Hervorhebung des Abgesetzten ("Doch fürwahr...")? Jedenfalls scheinen mir nach der rhetorischen Frage von v.15 beide Funktionen unabdingbar: durch die Absetzung wird der Antwortcharakter des Verses unterstrichen, durch die Hervorhebung die Heftigkeit des Widerspruchs, die bei der Beantwortung rhetorischer Fragen stets nötig ist.
2. Auch metrisch bleibt eine Schwierigkeit zu lösen[346]: Der MT, gefolgt von allen erhaltenen alten Versionen (TARG, SEPT, GAL, ROM, HEBR) ausser PESH, zieht in seiner Akzentuierung den Ausdruck מיד-שאול zum ersten Versteil. Damit entsteht ein recht erstaunliches metrisches Gebilde, bestehend aus einer extrem langen und einer extrem kurzen Vers"hälfte".

Das ist vielen neueren Exegeten unerträglich und sie "normalisieren" die Zeile durch Versetzung des atnaḥ unter נפשי. Als Begründung für diesen Eingriff führt man neben dem gängigen Postulat der metrischen Monotonie[347]

---

jene weidet der Tod, mich fasst die Hand Gottes." Leider ist diese Parallelität kaum so "deutlich", wie sie KESSLER erschien.

346. Als letzter und sehr ausführlich hat SCHMITT (Entrückung 218-224) dazu Stellung genommen.

347. Vgl. z.B. SCHMITT (Entrückung 221): "Wenn auch die Frage nach dem Metrum innerhalb der Psalmenforschung noch ein ungelöstes Problem darstellt, so erweist sich doch unverkennbar der Doppeldreier in Ps 49

die Ueberlegung ins Feld, die überlieferte Akzentuierung beruhe auf einer Verkennung des hier vorliegenden emphatischen Charakters von כי durch alte Uebersetzer und Masoreten. Abgesehen davon, dass mir diese Ignoranz der Alten keineswegs einleuchtet[348], ist die Annahme eines emphatischen כי in v.16 ein notwendiger, keineswegs aber ein hinreichender Grund für die Versetzung des atnaḥ - auch ein emphatisches כי kann ja am Satzanfang stehen. Auch die Beobachtung, dass פדה in v.8 ohne מן, לקח dagegen in 2 Kön 2, 3.5.9.10 mit מן konstruiert wird, dürfte kaum genügen, um die Korrektur zu rechtfertigen, zumal in Gen 5,24 לקח absolut gebraucht wird und in Hos 13,14 פדה in anderer syntaktischer Fügung[349] (מיד-שאול אפדם) gleich konstruiert wird wie an unserer Stelle.

Ich bleibe also bei der masoretischen Akzentuierung, die v.16 ein besonderes Gewicht verleiht (vgl. oben 6.1.26), und sehe in der Verseinteilung von PESH ein frühes Zeugnis metrischer Phantasielosigkeit[350].

als dominierendes metrisches Prinzip, so dass mit guten Gründen dieses Metrum auch für v.16 angenommen werden kann." Sogar wenn man das angeblich unverkennbare Prinzip akzeptiert, ist der Schluss unhaltbar. Eine Abweichung vom "dominierenden metrischen Prinzip" kann nämlich gerade ein sehr geeignetes Mittel sein, den aufmerksamen Leser auf die Bedeutung eines Verses aufmerksam zu machen. So bemerkte schon HIERONYMUS zu Recht: "Interdum quoque rhytmus ipse dulcis et tinnulus fertur numeris lege solutis, quod metrici magis quam simplex lector intelligunt." (Vorwort zu Hiob, zit. bei BARNES, Metre 375)

348. Wenn den Tradenten des hebräischen Textes aus welchen Gründen auch immer die Kenntnis einer emphatischen Bedeutung von כי irgendwann abhanden gekommen wäre, muss man sich wirklich fragen, ob sie diese nicht auch an Stellen wie Ps 60,4; 118,10-12; 120,7; Hi 12,2 hätten ausschliessen müssen, sei es durch andere Akzentuierung, sei es durch gewichtigere Textmanipulationen, wie sie DAHOOD (Psalms III 403) noch und noch glaubt feststellen zu können. Im TARG wäre eine Unkenntnis des emphatischen כי erstaunlich, da ארי/ארום, das häufigste Aequivalent von כי, durchaus auch emphatisch gebraucht wird. Auch scheint es mir reichlich übereilt, wie SCHMITT (Entrückung 223f) aus der blossen Tatsache, dass die SEPT ein emphatisches כי in Gen 18,20; Ps 118, 10-12; 128,2; Is 10,13 nicht übersetzt, schliessen zu wollen, sie hätte nur die kausative Bedeutung von כי gekannt. Ein einziger Blick auf den Index von CAMILO DOS SANTOS genügt, um schlagend das Gegenteil zu beweisen. Schliesslich finde ich auch für die VULG das argumentum e silentio alles andere als überzeugend.

349. Wodurch (gegen SCHMITT, Entrückung 224) die Wahrscheinlichkeit der Assimilation von Ps 49,16 MT an Hos 13,14 stark reduziert wird und nicht viel grösser sein dürfte, als die Wahrscheinlichkeit einer Assimilation von Ps 49,16 PESH an die auffällige Wortstellung (Verb nach der Umstandsbestimmung מיד-שאול, vgl. dagegen Ps 89,49) der Hoseastelle.

350. Inhaltlich halte ich die hier getroffene Entscheidung für völlig folgenlos. Zwar behauptet SCHMITT (Entrückung 219, 233 zerstört er aller-

3. Aufgrund dieser masoretischen Akzentuierung wird nun sichtbar, dass das traditionelle Vertrauensmotiv vom Gott, der aus dem Tode rettet, hier so formuliert wird, dass es sehr genau den zwei vorausgegangenen Einheiten (v.6-10.11-15) widerspricht: In v.6-10 wurde die Unmöglichkeit der Befreiung statuiert, die der Mensch von sich aus einem willfährigen und bestechlichen Gott gegenüber organisieren könnte. Im Gegensatz dazu verspricht v.16aα im Vokabular von v.8f (אלהים, פדה, נפשי) die Befreiung, freilich nicht als menschliche, sondern als göttliche Tat. Dementsprechend ist, im Gegensatz zu v.8, nicht von der Entrichtung eines Gegenwertes die Rede (vgl. J.J. STAMM, in: JENNI, Handwörterbuch II 398). Wie in Hos 13,14 (vgl. oben Anm. 311) behält damit פדה seine allgemeine Bedeutung des "Befreiens", sodass auch hier die Parallele (כי יקחני) am Vorgang den personalen Aspekt hervortreten lassen kann. Die Bemerkung, dass "נפשי ponitur pro me" (AMAMA 284), was "durch die Tatsache erhärtet (werde), dass diesem Nomen im zweiten Halbvers das Suffix ני ('mich') entspricht" (SCHMITT, Entrückung 229), ist nur richtig, wenn man hinzufügt, dass durch נפשי neben einem Rückverweis auf v.9 eine ganz bestimmne "Färbung" der Selbstbezeichnung bewirkt wird: gerade angesichts des Todes wird nämlich so das Ich gekennzeichnet als ein Lebewesen, "das das Leben weder aus sich selbst genommen hat noch erhalten kann, sondern das in vitalem Begehren auf Leben aus ist" (WOLFF, Anthropologie 47)[351].

Auch dem Grundpsalm gegenüber meldet v.16 seinen Widerspruch an. Der Grundpsalm (v.11-15) hatte ja auf das vollständige und unüberwindliche "Sein zum Tode" hingewiesen, das den Menschen wegen des Desinteresses und der Passivität Gottes schon in diesem Leben zeichnet. Im Gegensatz dazu verkündet nun v.16aβ mit unüberhörbarem Anklang an v.15 (מיד-שאול) die Be-

---

dings die Grundlage dieser Behauptung!), sie habe "weittragende Konsequenzen" und "grosse Bedeutung für die Uebersetzung", da man aufgrund der unterschiedlichen Abtrennung der beiden Vershälften zu abweichenden Ergebnissen" komme. Doch ich vermag mit bestem Willen nicht einzusehen, warum die masoretische Akzentuierung eine "Eintragung einer Anspielung auf die Auferstehung" (WAECHTER, Tod 196) darstellen soll und deshalb nach vorgenommener Korrektur "die Aussage...nun nichts mehr von einer Entrückung ahnen (lasse), sondern... sich in die Reihe ähnlicher Psalmstellen (füge), die von einer Bewahrung vor dem bösen und frühen Tode sprechen" (aaO), wie etwa Ps 18,17. Sachlich gehört das מיד-שאול ohnehin zu beiden Versteilen und dass לקח auch in der Bedeutung "entrücken" mit מן konstruiert werden kann, zeigt wie gesagt 2 Kön 2,3ff.

351. Dieser Aspekt der bedürftigen Abhängigkeit und gierigen Erwartung kommt etwa in Ps 34,23 (פדה יהוה נפש עבדיו, vgl. Ps 123) besonders schön zum Ausdruck.

freiung des Lebens aus der Verfallenheit an die totalitäre Todesmacht durch einen aktiven Gott.

4. Da שאול hier genau wie in v.15 (vgl. oben 4.1.84 und 4.2.82) nicht als Ort, sondern als gewissermassen politischer Herrschaftsbereich zu verstehen ist, bietet der Ausdruck יד kaum Probleme: man ist nicht mehr genötigt, einen undurchsichtigen Zusammenhang mit dem personifizierten Tod zu konstruieren, um das Wort wörtlich zu übersetzen und muss auch nicht mehr fürchten "to obscure the image rendering it 'power'" (DAHOOD 301). יד bezeichnet wie öfters[352], zumal in der präpositionellen Wendung מיד[353] den kraftvollen "Zugriff" und die "umgreifende" Gewalt einer feindlichen Macht.

Wenn nun aber שאול wegen des Kontextes (v.15) abstrakt die Todesmacht und יד deswegen deren "umgreifenden Zugriff" heissen muss, könnte man sich fragen, ob nicht der Ausdruck מיד-שאול als solcher signalisieren soll, dass es hier um eine Befreiung "nicht bloss aus einer einzelnen Todesgefahr..., sondern aus der ganzen Machtsphäre des Todes" (KESSLER 108) geht. Auffällig ist jedenfalls, dass an den zwei einzigen Stellen, wo dieser umfassende Ausdruck sonst auftaucht (Ps 89,49; Hos 13,14) m.E. auch nicht eine bloss vorübergehende und partikuläre Rettung vom "bösen" Tod gemeint ist[354].

Auch wer meint, damit verlange man von מיד-שאול zuviel, wird kaum leugnen, dass dank dieser Wendung das traditionelle Credo in seiner Formulierung ganz auf seine Weiterinterpretation in v.16b hin angelegt ist[355].

5. Damit wird auf jeden Fall die weiterführende Präzisierung in v.16b nicht etwa überflüssig, sondern erst recht notwendig - zumal der Widerspruch, den v.16a im Namen der Tradition den v.6-15 entgegenschleudert, vorläufig noch nicht viel mehr ist als eine blosse Behauptung, eine verbale Widerlegung, eine kontrafaktische Proklamation. Damit will sich aber unser Autor (im Gegensatz zu den meisten Gralshütern der Tradition) nicht begnügen. Er geht sogleich daran, das überlieferte Vertrauensmotiv, das er schon im

352. Im Psalter vgl. etwa Ps 63,11 על-ידי-חרב; 78,61 ביד-צר; 89,26 ושמתי בים ידו.

353. Vgl. etwa Ps 22,21 מיד-כלב; 31,16 מיד-אויבי; 82,4; 97,10 מיד-רשעים; 107,2 מיד-צר; 144,7.11 מיד-בני-נכר.

354. So würde man vielleicht auch besser verstehen, wieso der Autor das Wort יד, das als einziges Wort von v.16 in den vorhergehenden v.6-15 nicht vorkommt, hier überhaupt verwendet.

355. Ganz ähnlich kündigte sich auch in v.10 die Antwort schon in der Formulierung des ersten, langen Versteiles an (יראה, vgl. oben 6.1.25).

Gefolge der neuen Fragestellung neu formuliert hat, nun auch im Hinblick auf dieselbe Frage explizit neu zu deuten.

6.1.4. כי יקחני

1. Im Streit um die theologische Bedeutung von v.16 war nicht selten das Wörtchen כי das Zünglein an der Waage, dank dem man die Gesamtdeutung beeinflussen konnte. Hier können wir nun die Bedeutung dieser Partikel ganz ohne Hintergedanken und Nebenabsichten erwägen.

Drei Deutungen werden für כי zur Auswahl gestellt: die temporale, die kausale und die emphatische. Alle drei Deutungen finden sich schon in den alten Versionen: die temporale in SEPT (οταν λαμβανη με), ROM (dum acceperit me) und sicher auch GAL (cum acceperit me) und HEBR (cum adsumpserit me); die kausale im TARG (ארום ילפנני אוריתיה לעלמין) und die emphatische wohl in der PESH, die das Wort einfach übergeht und den Vers umakzentuiert, ohne die Emphase weiter zum Ausdruck zu bringen (ומן אידא דשיול נסכני)[356].

Ich sehe weder die Möglichkeit noch die Notwendigkeit, unter diesen drei Bedeutungen und den subtilen logischen Nuancen, die sie darstellen mögen, eine klare und ausschliessliche Wahl zu treffen[357]. Wie der Gebrauch es zeigt, liegen im Wort כי offensichtlich alle drei Bedeutungen (und noch

356. Glaubt man allerdings DAHOOD (301), so haben erst die Texte von Ugarit in unserem Vers die beseligende Schau dieser emphatischen Bedeutung von כי ermöglicht: "the correct stichometric division is owed to the Ugaritic specialists, who identified in ki yiqqaheni the emphasizing particle ki which often causes the postposition of the verb." Vgl. aber oben Anm. 348.

357. Ein Uebersetzer wird diese Wahl zwar treffen müssen, das heisst jedoch nicht, dass der Ausleger ihm hier folgen soll. PLOEG (158) bemerkt diesbezüglich zurecht: "Pour nous, ces traductions différentes supposent des sens différents du texte, mais je suis persuadé que pour l'ancien Israélite, ces 'sens' étaient moins différents l'un de l'autre que pour nous." Ueberhaupt scheint mir im Bereich der Funktionswörter - also der Wörter, "die im Gegensatz zu sogenannten Vollwörtern keine (oder eine nur sehr schwer erfassbare) lexikalische Bedeutung tragen, sondern rein strukturelle Funktionen erfüllen, indem sie syntagmatische, syntaktische und textuale Beziehungen herstellen" (LEWANDOWSKI, Lexikon I 216) - eine Abgrenzung verschiedener "Bedeutungen" eines gleichen Wortes äusserst problematisch: wie soll ein gleiches Funktionswort zu verschiedenen Bedeutungen kommen, da doch bei ihm eine "übertragene" Anwendung von einem bedeuteten Gegenstand (z.B. נפש - Gurgel) auf einen andern (z.B. נפש - Leben) auf Grund einer Beziehung zwischen den Gegenständen (z.B. der Atem) ausgeschlossen ist? Innerhalb derselben Sprache ist ein Funktionswort wohl die völlig univoke Darstellung einer Funktion - in der freilich eine andere Sprache verschiedene Teilfunktionen unterscheiden kann. Dadurch entsteht ein Problem der Uebersetzung, das zu keinem Problem der Auslegung werden darf.

etliche andere). Deshalb lässt sich auch an unserer Stelle keine ausschliessen. Wahrscheinlich hat man aber hier doch, ähnlich wie im כי יראה von v.10/11aα und in Entsprechung zum אך am Versanfang (vgl. MORODER, Translation 259), die emphatische Note der Konjunktion besonders herauszuhören[358].

2. Bei der Auslegung von לקח stellen sich bald einmal zwei Fragen - erstens: enthält diese "espressione enigmatica" (MINOCCHI 152) eine Anspielung auf die berühmten Entrückungen von Henoch (Gen 5,24; vgl. Sir 44,16; 49,14) und Elia (2 Kön 2,1ff; vgl. Sir 48,9.12; 1 Makk 2,58) - und zweitens: wenn ja, wie ist diese Vorstellung an unserer Stelle zu verstehen?

Die Kommentatoren, die aus unserer Stelle eine Rettung vom Tode überhaupt herauslesen (die andern kommen hier ohnehin nicht in Betracht) sind mit der Bejahung der ersten Frage äusserst zurückhaltend[359]. Meistens gehen sie überhaupt nicht auf sie ein oder lassen sie offen[360] - dies wohl, weil sie deren Wichtigkeit unterschätzen oder aber die zweite Frage, die der ersten auf dem Fuss folgt, fürchten.

Nun geht es aber hier darum, zu wissen, in welchen Vorstellungen sich die Idee einer Ueberwindung des Todes artikuliert, und dieses Problem scheint mir zu wichtig, als dass man sich in der Beantwortung der damit zusammenhängenden Fragen die geringste Nachlässigkeit erlauben könnte.

3. Die erste Frage möchte ich durchaus bejahen, denn es scheint mir ziemlich sicher, dass an unserer Stelle das Verb לקח die Vorstellung der Entrückung evozieren soll[361]. Der Gebrauch (d.h. in einem Syntax und Kontext) legt dies nahe.

---

358. Eine andere Frage ist natürlich, ob man sich diese Emphase so wild-bacchantisch vorzustellen hat wie VOLZ (263), der zu כי bemerkt: "Es ist das 'Ja' der Bekräftigung, ... man muss sich die Lieder mündlich vorgetragen denken und muss annehmen, dass so ein Wort wie כי mit Aufjauchzen, in anderen Fällen mit Händeklatschen, Aufstampfen des Fusses und dgl. begleitet war..."

359. Ausnahmen sind etwa DELITZSCH 341, SCHULTZ 114, DUHM 203, BRIGGS 411, DAHOOD 301.

360. So meint etwa PLOEG (159), לקח sei "un verbe trop commun pour qu'on puisse facilement en expliquer l'usage dans le Ps 49 en faisant appel à des textes où il signifie un enlèvement surnaturel. Il est évidemment possible que l'auteur de notre psaume énigmatique ait en vue une pareille chose, mais il ne le dit pas expressément et il faut donc que cela soit prouvé. Tant qu'il ne l'est pas, on peut seulement dire que le psalmiste exprime sa conviction que Dieu ne l'abandonnera pas au pouvoir du shéol..."

361. Ich verstehe hier unter "Entrückung" vorderhand den "leiblichen Uebergang eines menschlichen Wesens aus diesem Leben in die andere Welt, ohne dass der Tod dazwischen tritt" (F.R. WALTON, in RELIGION IN GESCHICHTE UND GEGENWART II 499). Durch diese fünf Bestimmungsstücke lässt sich die

Die syntaktische Fügung, in der Gott Subjekt und der Mensch Objekt ist, kommt nicht sehr oft vor (35 Fälle von 939 Belegen für לקח im Qal). Wie sonst wird לקח auch in dieser Fügung meist "sehr unspezifisch gebraucht und dient - gefolgt von einem zweiten Verbum - lediglich zur Vorbereitung einer anderen, wichtigeren Handlung." (H.H. SCHMID, in: JENNI, Handwörterbuch I 877)[362]. Einzig in Jer 15,15 (אל-לארך אפך תקחני) und 44,12 (ולקחתי את-שארית יהודה, vgl. Is 52,5) scheint לקח eine spezifischere Bedeutung

---

Entrückung von verwandten Vorstellungen unterscheiden: a) "leiblicher Uebergang" setzt sie ab von den "Himmelsreisen der Seele" der klassischen Antike (vgl. LOHFINK, Himmelfahrt 32-34) oder der "Aufnahme der Seele" der frühjüdischen Literatur (vgl. aaO 53f), b) "menschliches Wesen" unterscheidet sie von den "Himmelfahrten", durch die Götter oder göttliche Wesen automatisch an ihren "natürlichen Ort" zurückkehren (vgl. aaO 70-72 und SCHMITT, Entrückung 3,36-40, 325-338), c) "aus diesem Leben" verdeutlicht den endgültigen Charakter der Entrückung als Abschluss des Lebens, im Gegensatz zu den zeitweiligen "ekstatischen Reisen" des klassischen (vgl. LOHFINK, Himmelfahrt 33f), altorientalischen (vgl. SCHMITT, Entrückung 24-35) oder jüdischen Altertums (vgl. LOHFINK, Himmelfahrt 51-53), d) "in die andere Welt" schliesst zeitweilige Dislokationen aus, wie sie in 1 Kön 18,12; 2 Kön 2,16; Dan 14,34ff; Ez 3,12ff u.ö. (vgl. SCHMITT, Entrückung 310-24; LOHFINK, Himmelfahrt 55) erwähnt werden, e) "ohne dass der Tod dazwischen tritt" ist im biblischen Bereich ein sehr wichtiges Bestimmungsstück, um Entrückung, die den Tod ausschliesst, und Auferstehung, die den Tod voraussetzt, auseinanderzuhalten (vgl. LOHFINK, Himmelfahrt 74, die dort und 59 angeführten Ausnahmen betreffen nicht den Begriff der Entrückung, sondern nur dessen Verwendung). In der klassischen Antike, wo auch Sterbende und Tote "entrückt" werden (vgl. LOHFINK, Himmelfahrt 39f; G. STRECKER, in REALLEXIKON FUER ANTIKE UND CHRISTENTUM V 465), würde dieses Bestimmungsstück den Entrückungsbegriff unziemlich einschränken.

Worauf die so umrissene Entrückungsvorstellung in Wirklichkeit hinweisen könnte ist durch diese "Nominaldefinition" freilich noch nicht gesagt (vgl. unten 6.1.5), dass sie aber in dieser Form in der atl. Literatur vorausgesetzt werden darf, zeigt die Erzählung 2 Kön 2,1-18 (vgl. unten Anm.363).

362. Fälle, wo לקח in einer ganzen Verbfolge steht sind Gen 2,15 (לקח - הניח), Dt 30,4-5 (קבץ - לקח - הביא), Jer 3,14 (בעל - לקח - הביא), Jer 25,9 (שלח - לקח - הביא), Jer 43,10 (שלח - לקח - שום), Ez 36,24; 37,21 (לקח - קבץ - הביא), Ps 18,17 = 2 Sam 22,17 (שלח - לקח - משה), vgl. Ez 3,14; 8,3. Auch in den recht häufigen Fällen, wo לקח in einem Kontext der Erwählung steht, wird das Verb nicht eigentlich spezifisch "im Sinne von 'erwählen'" (H.H. SCHMID, aaO 878) verwendet. Bisweilen bereitet es auch hier nur ein anderes Verb vor (Dt 4,20; Jos 24,3; Hag 2,23), bisweilen liegt eine Opferterminologie vor ("annehmen" Num 3,12; 8,16.18; 18,6; vgl. Ri 13,23; Ps 50,9; 68,19; Hi 35,7), bisweilen betont לקח den Aspekt der Trennung und Isolation, der zur göttlichen Erwählung gehört ("wegnehmen": Gen 24,7; 2 Sam 7,8 = 1 Chr 17,7; Am 7,15). Nur in Ex 6,7 (ולקחתי אתכם לי לעם) 1 Kön 11,37 (ואתך אקח ומלכת) und Is 66,21 (וגם מהם אקח לכהנים ללוים) scheint wirklich "für sich nehmen, auswählen" zu bedeuten.

zuzukommen: "jäh wegnehmen, d.h. im Tod plötzlich wegraffen". Ez 33,6 legt es nahe, in diesem absoluten לקה eine Kurzfassung der Formel לקה נפש (1 Kön 19,4; Jon 4,3; Ps 31,14) zu sehen. Da diese Art von jähem Untergang in Gen 5,24 und 2 Kön 2,3.5.9.10 bestimmt nicht gemeint ist, kann das absolut gebrauchte לקח in seiner Prägnanz an diesen Stellen nur als terminus technicus für "entrücken" verstanden werden[363].

Vor diesem Hintergrund ist m.E. eines ziemlich klar: wenn wir in Ps 49,16 unsere Auslegung auf Parallelen abstützen, d.h. begründen wollen, so haben wir für das absolut gebrauchte יקחני aus syntaktischen Gründen nur die Wahl zwischen den Bedeutungen "jäh wegraffen" und "entrücken"[364]. Der Kontext nun schliesst, wie in Gen 5,24 und 2 Kön 2,3ff die Bedeutung "wegraffen" aus, denn nach v.16a ist mit einem jähen Untergang, dem Gott den Beter zuführte, wirklich nichts anzufangen[365].

---

363. Die Annahme von zwei verschiedenen Bedeutungen "jäh wegraffen" und "entrücken" für das absolut gebrauchte לקח drängt sich auf angesichts der ganz verschiedenen Kontexte, in denen dieses Verb steht. Ob diese beiden Sonderbedeutungen von לקח sich unabhängig voneinander aus der Grundbedeutung "nehmen" entwickelt haben, oder ob die eine aus der andern hervorgegangen ist (etwa dadurch, dass bei bestimmten Fällen von plötzlichem Tod auch Entrückungsgeschichten erzählt wurden, in denen dann allmählich לקח zum terminus technicus für "entrücken" wurde) wage ich nicht zu entscheiden. Eine Entscheidung ist hier aber auch gar nicht nötig, da לקח an unserer Stelle wie auch in Gen 5,24 (und 2 Kön 2,1ff) m.E. ein gängiger terminus technicus sein muss - ansonsten ein so allgemeines Verb ja niemals so prägnant und absolut gebraucht werden könnte. Ein solcher Terminus nun verfügt nur mehr über einen verengten Sinn (vgl. LEWANDOWSKI, Lexikon 966), für deren Bestimmung weder die Etymologie noch sonstige (nicht terminologische) Anwendungsarten des Wortes massgebend sind, sondern einzig eine Definition. Da eine solche Definition des Terminus' לקח im AT selbst nicht vorliegt, muss man sie aus der Erzählung 2 Kön 2,1-18 rekonstruieren (vgl. oben Anm. 361).

364. Die "Parallelen" Dtn 4,20; Hag 2,23 und besonders Ps 18,17, die gelegentlich angeführt werden, um dem לקח die Bedeutung irgendeiner allgemeinen Befreiung abzuringen (vgl. etwa ROSENMUELLER 1074, RUPERTI 297, SCHULZ 211), sind gar nicht einschlägig, da in ihnen לקח nicht absolut, sondern als "Hilfsverb" (vgl. oben Anm. 362) gebraucht wird.

365. Der Widerspruch zwischen v.16a und v.16b liesse sich nämlich (anders als in v.10) nicht dadurch lösen, dass man v.16a als zynische Frage fasste: "Wird vielleicht Gott meine Seele aus der Gewalt der Scheol retten?" Denn auf diese Frage wäre die Antwort: לא יקחני, "Nein, er wird mich dahinraffen!" Die Bedeutung "wegraffen" käme höchstens dann in Frage, wenn man die שאול oder deren יד als Subjekt des יקחני nähme (Gott rettet mich "aus der Faust der Scheol, wenn sie nach mir greift" SCHMIDT 93). Das zweite ist syntaktisch gesehen nicht unmöglich, da das feminine יד bisweilen auch männlich gebraucht wird (vgl. ALBRECHT, Geschlecht 74), scheint mir aber an unserer Stelle wegen der

Damit ist wohl deutlich genug aufgezeigt, dass לקח in unserem Vers aus Gründen der Syntax und des Kontextes nichts anderes als "entrücken" heissen kann[366].

6.1.5. Entrückung als Interpretament

Steht nun einmal fest, dass durch לקח in v.16 die Vorstellung der Entrükkung evoziert wird, muss man sich fragen, was diese Vorstellung hier des näheren bedeuten mag. Mit dieser - zweiten - Frage beginnen die wirklichen Schwierigkeiten.

1. Viele Exegeten scheinen v.16b gegenüber von vornherein gleich zu urteilen wie DEISSLER (Dennoch 14): "An eine Entrückung wie bei Henoch (Gen 5,24) und Elias (2 Kön 2,3) wird der Psalmist wegen der Einzigartigkeit des Ereignisses sicher nicht denken. Es bleibt dann nur noch die Möglichkeit, dass er an ein doppeltes Los der Verstorbenen im Jenseits glaubt oder - was nach der Offenbarungsentfaltung der Spätzeit des Alten Testaments wahrscheinlicher ist - an die Auferstehung der Gerechten zur unvergänglichen Lebensfülle in Gott (Is 26,19; Dan 12,2)."

Nähe des andern möglichen Subjektes אלהים äusserst unwahrscheinlich - ganz abgesehen davon, dass dieser Satz "ja etwas ganz Ueberflüssiges aussagen" würde (KOENIG 601).

366. Die alten Uebersetzungen legen diesem Verständnis zumindest nichts in den Weg: Die SEPT übersetzt οταν λαμβανη με, wodurch zwar nicht wie in Gen 5,24 (vgl. Sir 44,16) der griechische terminus technicus für "entrücken", μεθισταναι (vgl. LOHFINK, Himmelfahrt 41f) gebraucht wird, aber immerhin dieselbe, wörtliche Wiedergabe vorliegt, wie in 2 Kön 2,3.5 (vgl. 2,9.10.11; Sir 48,9; 49,14; 1 Makk 2,58: αναλαμβανομαι). Die PESH übersetzt wie in Gen 5,24; 2 Kön 2,3.5 wörtlich mit נסב . Mit der Uebersetzung "cum adsumpserit me" gibt HEBR die Stelle zwar anders wieder als die Entrückungen in Gen 5,24; 2 Kön 3.5.9.10 (tollere), Sir 48,9; 49,16 (recipere), Sir 44,16; Weish 4,10 (transferre), doch gleich wie die Entrückung des Esra in IV Esr 8,20 (und auch wie die Himmelfahrt Jesu in Apg 1,2.11.22; 1 Tim 3,16). Sogar aus der TARG-Paraphrase, die mit dem MT nicht mehr viel zu tun hat (ארום ילפנני אוריתיה לעלמין "denn er lehrt mich sein Gesetz auf immer"), könnte man vermuten, dass der Uebersetzer die Entrückungsvorstellung in unserem Vers ganz selbstverständlich erkannt und sodann bewusst ausgemerzt hat. Dies entspräche genau der allgemeinen Tendenz der frühjüdischen Literatur (vgl. LOHFINK, Himmelfahrt 72 und GINZBERG, Legends V 156,163), die denn auch unsern Vers nie zitiert und z.B. auch die Entrückung des Henoch Gen 5,24 wegerklärt (MIDRASH GenRab 25,1 = YALQUT SHIMONI I מ״ב) oder ignoriert (MIDRASH LevRab 29,11 = YALQUT SHIMONI I רעייו, TANHUMA במדבר 26 = TANHUMA- BUBER במדבר 12, MIDRASH NumRab 5,3 = YALQUT SHIMONI I תרצה - alle diese Stellen berücksichtigen nur die Tugendhaftigkeit Henochs und sogar im ZOHAR I 56 = II 10 ist die Entrückung lediglich ein Mittel, ihm diese zu erhalten!) vgl. schon Weish 4,10f.

Die Entrückungsvorstellung wird also überhaupt nicht ernst genommen. Man nimmt sich nicht erst die Mühe, auf sie einzugehen, sondern versucht gleich, an ihr vorbei den Text mit denjenigen Kategorien in den Griff zu bekommen, die uns heute geläufig sind: die Unsterblichkeit der Seele oder die Auferstehung[367].

Noch verbreiteter, weil ungefährlicher ist es, die Entrückungsvorstellung anders zu umgehen: Man behauptet einfach, unser Vers beinhalte zwar ein klares Bekenntnis zur Ueberwindung des Todes, jedoch nicht die geringste Spur einer Vorstellung über die Art und Weise, wie diese vor sich gehen sollte. In dieser Sicht genügt es dann dem Psalmisten, "die Gewissheit zu haben, <u>dass</u> Gott sich des Menschen nach seinem Tode annimmt und ihn nicht der Macht der Unterwelt überlässt. Es ist darum ein vergebliches und wenig textgemässes und sachentsprechendes Bemühen der Ausleger, das den eigentlichen Intentionen des Dichters nicht gerecht wird, die Frage, wie sich der Psalmist die Erlösung vom Tode vorstelle, in den Mittelpunkt des Interesses rücken zu wollen, wenn der Dichter selbst das nicht tut." (WEISER 263)[368].

---

367. Ganz selbstverständlich findet SACHS (71, ähnlich etwa HERKENNE 182, SABOURIN 376 u.a.) hier "deutlich und offenkundig das Bewusstseyn von der Unsterblichkeit ausgesprochen" und PANNIER (291) ist überzeugt, dass "ce texte exprime moins l'idée de la résurrection des corps que celle d'une union plus intime de l'âme immortelle avec Dieu". Auch nach PLOEG (168-72) kann der Autor nur an Unsterblichkeit der Seele oder an Auferstehung gedacht haben, wobei ihm aber aus geistesgeschichtlichen Gründen das letztere wahrscheinlicher scheint.

368. Dem hat PLOEG (171) zu Recht entgegengehalten, aus einem blossen Schweigen des Textes über das "Wie" der Erlösung dürfe man nicht schliessen, "que l'auteur n'en avait aucune idée précise; cela aurait été étranger à la mentalité israélite, qui se <u>représentait</u> d'une façon <u>concrète</u> ce qu'elle espérait". Doch dient diese richtige Feststellung bei PLOEG nur dazu, die Auslegung von v.16 mit Kategorien der Auferstehung oder Unsterblichkeit zu rechtfertigen: "Waarin het 'wegnemen' zal bestaan, wordt niet gezegd; men kan aan de verrijzenis denken, maar ook aan een gelukkig bestaan in het hiernamaals..." (K 305, ähnlich schon 171f). Noch krasser liegen die Dinge bei DELITZSCH (341): auf der einen Seite kann er in seiner philologischen Akribie gar nicht leugnen, dass hier von Entrückung die Rede ist: "Die Entrückungen Henochs und Elia's waren Fingerzeige, die über die trostlose Vorstellung von dem Wege aller Menschen in die Tiefe des Hades hinauswiesen. Auf diese himmelan Entrückten hinblickend spricht der Dichter..." Dann geht er aber sogleich daran, die Entrückungsvorstellung wegzuargumentieren, da infolge "eines göttlichen Erziehungsplanes" das Alte Testament bezüglich der letzten Dinge in ein "nur allmählich sich aufhellende(s) Dunkel" gehüllt bleiben muss: "Es ist eine Hoffnung, die kein direktes Gotteswort hat, auf das sie sich stützen könnte; sie ist vorjetzt nur ein 'kühner Aufschwung' des Glaubens. Wir dürfen eben deshalb

2. Hier scheint es mir nun wichtig, sowohl den Text in seinem Wortlaut, als auch die Schwierigkeiten und Fluchtversuche der Exegeten ernst zu nehmen. Das bedeutet zweierlei:

Einerseits ist es ganz klar, dass sich der Psalmist mit der "Wahl des überaus gefüllten Zeitwortes 'entrücken' "(DEISSLER, Dennoch 14) notwendigerweise auch die Ueberwindung des Todes als Entrückung vorgestellt hat. Daran lässt sich nicht rütteln, und es ist unzulässig, diese Tatsache zu ignorieren oder zu leugnen.

"Andererseits wäre die Erwartung, dass Gott ihn wie Henoch hinwegnehmen wird..., doch zu kühn" (BAETHGEN 141), "nam psalmista non potest absurde supponere, se iri a morte praeservatum" (KNABENBAUER 194). Das haben die Exegeten sehr richtig gespürt. Die Schlüsse, die sie daraus ziehen, sind freilich falsch. Man kann nämlich ohne weiteres die richtigen Bedenken der Exegeten teilen, ohne den Wortlaut des Textes zu opfern. Man muss zu diesem Zweck nur annehmen, dass der Psalmist im כי יקחני nicht ein erwartetes Faktum seiner persönlichen Biographie beschreiben wollte, sondern seiner tiefsten Hoffnung bildlich Ausdruck verlieh. In diesem Fall ist die Entrückungsvorstellung ein "Interpretament" - d.h. ein Ausdruck, der nicht ein empirisches Datum abbildet, sondern eine transzendentale Erfahrung kategorial zur Sprache bringt und interpretiert, und deshalb bei der Lektüre seinerseits gewissermassen "zurück"-interpretiert werden muss, um richtig (d.h. als kategorialer Ausdruck einer nicht kategorialen, sondern transzendentalen Erfahrung) verstanden zu werden[369].

---

auch nicht bestimmen wollen, wie sich der Dichter jene Erlösung, jene Hinnahme dachte; er hat darüber selbst kein entfaltetes Wissen, seine Hoffnung hat zu ihrem Inhalt nur eine dunkle Ahnung." (aaO)

369. Ich wähle hier mit Bedacht den Begriff "Interpretament", der durch die Diskussion um die Auferstehung Jesu so vorbelastet ist: nicht nur, weil es m.E. beide Male um dasselbe Problem geht, sondern weil durch diese Diskussion im atl. Bereich womöglich auch die denkbar heiklere Lage im Neuen Testament etwas geklärt werden könnte.

Leider versteht unter "Interpretament" kein Autor genau dasselbe wie der andere. Ich meine damit wie MARXSEN "das Ergebnis eines Schlussverfahrens" (Auferstehung 14). "Der offensichtlich in Analogie zu 'Prädikament' gebildete Begriff des Interpretaments" (BISER, Sprachtheorie 295) soll dabei in meinem Verständnis verdeutlichen, dass das Objekt der Interpretation nicht einfach ein "Widerfahrnis" ist, wie der missverständliche Ausdruck bei MARXSEN (aaO passim) lautet, sondern eine transzendentale Erfahrung, die allerdings durch das Interpretament bildlich und damit kategorial vorgestellt wird, was das Verständnis natürlich erschweren kann und an unserer Stelle auch wirklich erschwert hat, aber andererseits die einzige Möglichkeit ist, eine transzendentale (d.h. ungegenständliche) Erfahrung durch Sprache (die in ihrem Wesen gegenständlich ist) auszudrücken.

3. Die transzendentale Erfahrung, die im כי יקחני zur Sprache kommt, könnte man etwa mit den Worten von RAHNER umschreiben als "die im Akt verantwortlicher Freiheit gegebene und transzendental notwendige Hoffnung auf Endgültigkeit der Freiheitsgeschichte eines Menschen" (Jesu Auferstehung 344)[370]. Es ist jene Erfahrung, die in jedem wirklich freien menschlichen Akt als solchem notwendig immer schon mitgegeben ist aufgrund der "Endgültigkeit, mit der das freie Gute, die personale Liebe, die radikale, unbelohnte Verantwortlichkeit sich selber setzt. Eine solche sittliche Tat kann sich nicht selber, ohne dass sie sich in ihrer absoluten Geforderheit aufheben würde, als radikal vergänglich denken; ihre Absolutheit würde sich selbst aufheben, wenn sie das Verenden als das ihr Gebührende anerkennen und zum Moment ihres eigenen Wesens machen würde." (Zu einer Theologie des Todes 195)
4. Diese transzendentale Erfahrung ist nun im Alten Testament durch verschiedene Interpretamente ausgedrückt und zur Sprache gebracht worden[371]. Das erfolgreichste, das sich später so allgemein durchgesetzt hat, dass man heute vielfach meint, es sei das einzig mögliche, ist natürlich die Auferstehung (in ihren verschiedenen Spielarten, vgl. MARXSEN, Auferstehung 136f). Auf sie stösst man in Is 26,19, Dan 12,2f und 2 Makk 7,9ff (14,46). Das nicht minder erfolgreiche Interpretament der Unsterblichkeit

---

Ich verstehe "transzendentale Erfahrung" im Sinn von Karl RAHNER als "das subjekthafte, unthematische und in jedwedem geistigem Erkenntnisakt mitgegebene, notwendige und unaufgebbare Mitbewusstsein des erkennenden Subjekts und seine Entschränktheit auf die unbegrenzte Weite aller möglichen Wirklichkeit" (Grundkurs 31). "Kategorial" sind dementsprechend die gegenstandsbezogenen Einzelerfahrungen des Erkennens und des Strebens, die innerhalb des durch jenen apriorischen "Vorgriff auf die ursprüngliche Ganzheit möglicher Wirklichkeit überhaupt" (Wörterbuch 332) eröffneten, ungegenständlichen "Horizontes" erst möglich werden. Ich wende diese Unterscheidung von kategorialer und transzendentaler Erfahrung hier ohne Bedenken an, denn ich halte sie für eine adäquate Beschreibung der notwendigen Struktur jeder menschlichen Erfahrung als solcher, unabhängig von allen kulturellen Prägungen und historischen Bedingtheiten.

370. Ich bin mir durchaus bewusst, wie problematisch es ist, in einem so alten Text wie Ps 49 mit einem so modernen Vokabular zu operieren. Aber ich behaupte im Folgenden ja nicht, dass der Psalmist dasselbe dachte und sagte wie RAHNER in der zitierten Passage, sondern nur, dass er vergleichbare Erfahrungen (die doch unabhängig von einer konkreten Verbalisierung und vor ihr bestehen müssen) meinen könnte.

371. Die folgende Aufzählung zeigt, dass die Vielfalt der Interpretamente keineswegs nur in der Verschiedenheit der Anthropologien ihren Grund hat, wie es noch bei MARXSEN, Problem 29f den Anschein hat (anders Auferstehung 136ff und Sache 106ff).

der Seele findet man im griechisch beeinflussten Weisheitsbuch (2,23)[371a]. Kaum je beachtet hat man das Interpretament der Zerstörung des Todes, das in Is 25,8; Hos 13,14[372] und im v.15 unseres Psalmes erscheint. Ebensowenig hat man schliesslich - wie die oben referierten Positionen zeigen - die demokratisierte Entrückung in Ps 49,16 (und evt. Ps 73,24) als ein Interpretament der transzendentalen Hoffnung des Menschen erkannt.

371a. Dass es hier um Unsterblichkeit der Seele geht, scheint mir aus dem Kontext klar hervorzugehen. Die Verse 23f sind ja Teil der Antwort an "jüdische Freigeister, die die Geistigkeit der Seele (2,2-3) und damit ihr Fortbestehen nach dem Tode abstreiten" (BUECKERS, Unsterblichkeitslehre 11), sie erläutern das γερας των ψυχων αμωμων (v.22) und münden in den Satz: Δικαιων δε ψυχαι εν χειρι θεου(3,1). Freilich unterscheidet sich die Unsterblichkeitsvorstellung des Weisheitsbuches insofern von der griechischen, als sie ethisiert wird: Unvergänglich ist die Seele nicht aufgrund ihres eigenen metaphysischen Wesens, sondern dank ihrer ethischen Vollkommenheit. Der Mensch (bzw. seine Seele) wird nie direkt "unsterblich" genannt (vgl. REESE, Influence 64), er ist nur επ' αφθαρσια, auf Unvergänglichkeit gegründet (2,23), diese bleibt für ihn eine ihm äusserliche, erhoffte Grösse (3,4). Er muss sie sich aneignen, indem er durch Halten des Gesetzes (6,18), dessen Licht unvergänglich ist (18,4), zur Erkenntnis Gottes kommt (15,3), dessen unvergänglicher Geist in allem ist (12,1). Als Abbild der göttlichen Ewigkeit (2,23) ist der Mensch nur dann unzerstörbar, wenn er, εν συγγενεια σοφιας (8,17), sich diese Ewigkeit aneignet, indem er sich zum Bilde Gottes macht (vgl. unten 7.12!). Deshalb wäre es vielleicht richtiger, in Weish nicht von der "Unsterblichkeit der Seele", sondern von der "Unvergänglichkeit des gerechten Tuns" zu reden (vgl. 1,15: Δικαιοσυνη γαρ αθανατος εστιν), denn die erstere scheint lediglich die modisch-hellenistische Einkleidung der letzteren zu sein. Auf jeden Fall entspricht die Vorstellung einer Unvergänglichkeit der gerechten Tat viel besser sowohl der Art und Weise, wie sich in der atl. Tradition das Todesproblem (als Frage nach der "Vergeltung", vgl. oben 3.1.42) stellte, als auch der atl. Anthropologie.
So ist es auch nicht erstaunlich, dass etwa in Qumran die Zukunftshoffnung nicht auf der Vorstellung einer unsterblichen Seele gründet, sondern m.E. auf der Vorstellung einer Unzerstörbarkeit des gerechten Tuns, bzw. der Menschen insofern und in dem Masse, wie sie gerecht handeln: ובדרכיהן יתהלכו וכול פעולת מעשיהם...לפי נחלת איש...לכול קצי עלמים (1 QS IV 15f, vgl. XI 4f, ferner CD III 20, 1 QH VII 6-10, XV 15 und evt. IV 1-4). Daraus entsteht jene seltsame "präsentische Eschatologie", dergemäss die Versammlung der Auserwählten auf geheimnisvolle, unsichtbare Weise schon jetzt verbunden ist mit den "Söhnen des Himmels" (den Engeln) לעצת יחד וסוד מבנית קודש למטעת עולם עם כול קץ נהיה (1 QS XI 8f, ähnlich 1 QH III 19-23 [vgl. dazu PLOEG, Immortalité] und, das Bild der Pflanzung ausführend, 1 QH VIII 4-14).

372. Genau wie in Ps 49,16 wird da übrigens der Satz מיד שאול אפדם ממות אנחלם der traditionell eine Rettung aus Todesgefahr umschreibt, durch ein nachfolgendes Interpretament, in diesem Fall das der "Zerstörung des Todes", so umgedeutet, dass er nur noch eine Rettung vom Tod überhaupt bezeichnen kann.

5. Dabei scheint mir nun gerade die demokratisierte Entrückungsvorstellung[373] als Interpretament dieser Hoffnung ganz besonders gut geeignet, und dies in dreifacher Hinsicht: Bei all ihrer Bildhaftigkeit umschreibt sie den Inhalt der transzendentalen Erfahrung, die sie als Interpretament konkretisieren soll, erstaunlich gut, sie schliesst viele Missverständnisse aus und besonders: sie gibt sich sogleich als blosses Interpretament zu erkennen.

Zum Ersten: Das Bild vom Gott, der den Menschen "nimmt" illustriert in der Tat kurz, einprägsam und genau den Grund der transzendentalen Hoffnung, den man sonst nur äusserst umständlich und abstrakt umschreiben kann als: "die dem bisherigen Zeitraum und der bisherigen Raumzeit radikal entnommene und Raum und Zeit schlechthin disparate Endgültigkeit und Unmittelbarkeit-vor-Gott des hier in Freiheit ein für allemal getanen Lebens, die Endgültigkeit der Geschichte, die in ihr selbst vollzogen worden ist" oder als: "die radikale und zu sich selbst befreite Inseitigkeit unserer Freiheitsgeschichte, die wir jetzt leben, und die, im Tode ganz geboren, sich nicht mehr verlieren kann, nur noch in die liebende Unmittelbarkeit zum letzten Geheimnis des Daseins, Gott genannt, sich hinein verliert und dadurch sich selbst gefunden hat" (RAHNER, Theologie des Todes 186.187).

Dass es dabei um Endgültigkeit des Lebens geht, insofern es in Freiheit und Verantwortung vollzogen wurde und durchaus nicht um "Versteinerung seiner...Banalität und Fragwürdigkeit" (aaO 187), ist freilich aus dem Bild der Entrückung nicht ohne weiteres ersichtlich. Deshalb wird dies auch am Schluss des Psalmes eigens präzisiert (vgl. unten 6.2.34).

---

373. Zwar scheint das GILGAMESCH-Epos (XI 193-96) im Vergleich zum sumerischen Sintflutbericht (254-60, vgl. PRITCHARD, Texts 44) eine schwache Tendenz zur Demokratisierung der entrückungsähnlichen Vorstellung aufzuweisen (der einfache Bürger Utnapishtim wird mit seiner Frau umgesiedelt, vgl. SCHMITT, Entrückung 17). Doch von wirklicher Demokratisierung der Entrückung im strengen Sinne des Wortes kann man nur in Ps 49,16 (und 73,24, vgl. Anm. 414) sprechen. Ich halte diese Demokratisierung für eine eigenständige Leistung des Autors von Ps 49 (Erweiterungen), bzw. seiner Schule. Damit legt er ein sehr umsichtiges und differenziertes Verständnis der alten Entrückungstraditionen an den Tag - genau wie die hellenistischen Gebildeten, die sie spiritualisierten (vgl. LOHFINK, Himmelfahrt 49f) oder die frühjüdischen Autoren, die aus ihnen die Vorstellung von der "Aufnahme der Seele" entwickelten (vgl. aaO 53f und Weish 4,10). Das zeigt m.E., dass - auch ohne theoretische Durchdringung - der praktische Sinn für das, was wir hier ein "Interpretament" genannt haben, zumindest bei den Gebildeten, durchaus kein Vorrecht der neuesten Zeit ist, wie es sogar MARXSEN (Problem 8-10, 19) im Bezug auf die Auferstehung als "selbstverständlich" ansieht.

Zum Zweiten: Die Entrückungsvorstellung schliesst viele Missverständnisse aus, die sich aus den Vorstellungen von "Auferstehung" oder "Unsterblichkeit der Seele" fast zwangsläufig ergeben: Unmöglich ist es hier, an eine bloss physische, materielle Reanimation des Leibes zu denken, wie es oft bei der Auferstehung geschieht, schwierig, an ein automatisches, in unbegrenzte Zeiträume sich erstreckendes "Weiter"leben "nach" dem Tod, wie es die Unsterblichkeit der Seele nahelegt. Viel kleiner ist damit auch und besonders die Versuchung, mit Blick auf ein "Jenseits" den Tod zu bagatellisieren und das Leben vor dem Tode zu entwerten. Denn die Entrückungsvorstellung macht bald einmal klar, dass es das "diesseitige" Leben ist, das, im Tode ganz geworden, durch Gott "genommen" wird, um in ihm verendgültigt zu werden[374].

Zum Dritten schliesslich: Die Entrückungsvorstellung ist, sobald sie demokratisiert auf jeden Menschen angewendet wird (vgl. aber unten Anm. 376), dermassen kontrafaktisch, dass sie sich von selbst als Interpretament zu erkennen gibt und niemand die Lust verspürt, dieses zu historisieren[375].

6. Gerade diese Vorzüge des Interpretamentes "Entrückung", die es heute so modern machen, waren vielleicht ebensoviele Gründe, warum es sich nie durchzusetzen vermochte: Es erinnert den Menschen zu sehr an seine absolu-

374. In diesem Sinn darf man vielleicht den Schluss von 4 Esr (12 [14], 9f) verstehen, wo nach der Erwähnung der Entrückung von Esra ("und Esra ward entrückt und an den Ort zu seinesgleichen aufgenommen, nachdem er alles das geschrieben hatte") der Satz steht: "Er heisst für immer: Der Schreiber der Wissenschaft des Höchsten." (vgl. LOHFINK, Himmelfahrt 60)

375. Das mag paradoxerweise der Grund sein, warum so wenig Exegeten an unserer Stelle die Entrückungsvorstellung verstanden haben: der lange Umgang mit dem leicht historisierbaren - und im Christentum aus dogmatischen Gründen auch historisierten - Interpretament "Auferstehung" hat ihnen offenbar jegliches Gespür geraubt für die ein Interpretament charakterisierende Differenz zwischen dem Vorstellungsmodell und dem damit gemeinten (vgl. RAHNER, Theologie des Todes 183-85). Deswegen sind sie (im Gegensatz zu den biblischen Denkern selbst, vgl. oben Anm. 373) gänzlich unfähig, ein Interpretament, das ihnen diese Differenz aufzwingt, ernst zu nehmen. Auffällig ist jedenfalls, dass die jüdischen Exegeten in der Regel mit der Entrückung in v.16 durchaus etwas anzufangen wissen: RASHI (48, ähnlich SFORNO) treibt vielleicht (wie in Gen 5,24, vgl. oben Anm. 366, letzte Deutung) die Moralisierung etwas weit, kann aber dafür MT und TARG erklären (אלהים יפדה נפשי שלא אלך אל שאול כי יקחני בחיי ללכת דרכיו). IBN ESRA, QIMHI (347) und MEZUDAT DAVID deuten die Stelle als Aufnahme der vom Körper entkleideten Seele (vgl. oben Anm. 373). MEIRIs (102) Erklärung schliesslich liest sich fast wie eine Kurzfassung der hier vorgelegten Auslegung: מיד שאול בשעה שיקחני סלה ר"ל שיקחני קיחת עולם והוא ענין יום המות כענין לקח אותו אלהים (בראי ה כד).

te Verantwortung im "Diesseits" und entlastet ihn nicht, indem es ihn durch blendende Jenseitsspekulationen von der Gegenwart ablenkt[376]. Die Entrükkungsvorstellung ist ja nichts als ein Wegweiser zu einer Hoffnung, die immer schon in jedem verantwortlichen Menschen als solchem lebt: dass seine gerade auch in zeitlicher Hinsicht endliche Existenz endgültig vor Gott bleibt und in ihm "aufgehoben" wird. Die Entrückungsvorstellung schweigt sich aber - wenn sie richtig, d.h. als Interpretament einer transzendentalen Hoffnung, verstanden wird, und sie kann wie gesagt kaum falsch verstanden werden - beharrlich aus über die Art und Weise, wie diese erhoffte Endgültigkeit gegebenenenfalls realisiert ist. Das ist freilich durchaus verständlich, ist doch "gerade der Tod, ohne den diese Endgültigkeit unmöglich bleibt, der wesentliche Verzicht und die radikale Entsagung gegenüber jedem Vorstellungsmodell des 'wie' solcher Endgültigkeit" (RAHNER, Jesu Auferstehung 349)[377].

6.1.6. Ein Ausweg aus der Aporie

An dieser Stelle wird nun sichtbar, dass der Autor der Erweiterungen den Leser in v.16 nicht nur verbal (v.16a, vgl. oben 6.1.35), sondern dank der Entrückungsvorstellung auch denkerisch aus der Aporie hinausführt, in die er ihn in den Abschnitten v.6-10 und v.11-15 hineingeführt hatte (vgl. oben 5.3.24, 6.0.).

Im Abschnitt v.6-10 war das naive Vertrauen der "Reichen", vor den Augen eines ohnmächtigen Gottes immer weiter und weiter dahinzuleben, mit Hinweis auf die Erfahrung zurückgewiesen worden (vgl. oben 6.1.25): der Tod gibt dem Menschen seine Endlichkeit wieder, und dem unendlichen Gott seine Grösse.

---

376. Ich rede hier natürlich nur von der Entrückungsvorstellung in ihrer demokratisierten Form. In ihrer ursprünglichen Form konnte diese Vorstellung leicht zu allerlei Spekulationen Anlass geben, wie besonders die Henochliteratur zeigt. Damit war sie aber wohl auch gründlich missverstanden, denn schon die Entrückungen der Frühzeit waren "nur" Interpretamente für die Ehrfurcht der Gruppe vor den ersten grossen individuellen Persönlichkeiten. Deshalb auch konnte die Vorstellung demokratisiert werden, in dem Masse als der Einzelne sich von der Gruppe löste und zum Individuum wurde (vgl. oben 3.1.42).

377. Hier könnte es so aussehen, als ob die oben (6.1.61) kritisierten Exegeten schliesslich doch Recht behielten. Aber sie bestreiten ja gerade nicht die prinzipielle Möglichkeit, zu wissen, wie die Ueberwindung des Todes "technisch" vor sich geht. Sie bestreiten vielmehr für unsere Stelle das Vorhandensein irgendeiner diesbezüglichen Vorstellung und zwar m.E. weil sie von anderswoher (nämlich aus der christlichen Dogmatik) zu wissen glauben, dass die Ueberwindung des Todes in Form von "Auferstehung" ablaufen wird.

Daran ändert v.16 nichts. Im Bild der Entrückung behalten der sterbende Mensch seine Endlichkeit und der tätige Gott seine Grösse.

Im Abschnitt v.11-15 hatte nun aber die Erfahrung, konsequent weitergedacht, zu einer völlig absurden Welt geführt. Stirbt der "Weise", also der Mensch, der durch sein Handeln dem Tod zu entrinnen sucht (vgl. oben 5.3.24) und so im Bewusstsein seiner Endlichkeit die Verantwortung gelernt hat, so wird nachträglich und "rückwirkend" sein gesamtes Leben vernichtet: der Tod nimmt dem endlichen Menschen seinen gesamten Lebenssinn und dem grossen Gott seine letzte Güte.

Hier nun werden im Bild der Entrückung die Dinge zurechtgerückt: Die Erfahrung wird natürlich nicht negiert, aber doch auf ihre Möglichkeitsbedingungen hin hinterfragt und so gewissermassen transzendental unterwandert. So findet der todverfallene Mensch gerade im Akt der Kritik, der Auflehnung gegen den Tod und der Verzweiflung als dessen innere Ermöglichung jene hintergründige Hoffnung, in der ihm unmittelbar sein Gott gegeben ist als der, der alles Werdende als Endgültiges setzt, alles Vergängliche als Bleibendes und alles Endliche als Vollendetes.

6.2. HABEN (v.17-18)

6.2.1. Ein überflüssiger Schluss?

1. "De reliquis versibus pauca satis est" - mit dieser Bemerkung fasst BOETTCHER (De Inferis 202) gut zusammen, was sich an dieser Stelle alle Exegeten im Geheimen sagen: nachdem sie in v.16 den Gipfel des Psalmes gestürmt haben, lassen ihre Kräfte plötzlich nach und sie scheinen ganz froh zu sein, in v.17-20 "eine Rekapitulation und Schlussversicherung" zu finden, "die von den in Hölle und Himmel blickenden Aufschlüssen des Geistes, dessen Schauen gleichsam mit der Sprache rang, in ruhigere, populärere Sentenzen einlenkt" (STIER 143). Viele sind aber gleichzeitig von dieser "Nutzanwendung" (KALT 180), die "aus dem lyrischen Tone wieder in den gnomisch-didaktischen" (DELITZSCH 341) abfällt sichtlich enttäuscht: "Ohne von den inhaltsschweren Gedanken des letzten Verses weitere Anwendung zu machen, kehrt der Dichter...zu der werthlosen Betrachtung zurück, dass der Reiche doch seine Habe beim Tode zurücklassen müsse " - das stellt OLSHAUSEN (220) kopfschüttelnd fest, und DUHM (199) spottet verärgert: "Fühlt man sich nicht wesentlich weiser werden, wenn man das erfährt? das hat man doch vorher nicht gewusst?" Aber eben, so meint PODECHARD (K I 221) vorwurfsvoll, "il était plus facile à l'auteur

de reproduire les lieux communs de la littérature sapientielle sur la fin des heureux de ce monde que de développer au sujet du sort futur des justes une espérance qui gardait quelque chose de mystérieux et d'obscur quant au mode de sa réalisation" - immerhin: "l'essentiel était de l'avoir affirmée." Allgemein scheint man nur deshalb bereit zu sein, dem Psalmisten v.17-20 nachzusehen, weil er der Autor von v.16 ist[378]. So sucht man denn auch verbissen nach Entschuldigungsgründen: "Ce qui suit n'a pas la même force et aurait pu manquer sans que le psaume en fût appauvri. Ces versets permettent toutefois à l'action du verset 16 de s'exercer plus longtemps." (MANNATI 141, ähnlich etwa ZSCHIESCHKE 33).

2. Wie mir scheint verdienen v.17-20 keineswegs soviel Verachtung, auch wenn sie weniger spektakulär sein mögen als die vorhergehenden Zeilen. Denn immerhin gelingt es diesen vier Versen, die gesamte vorherige Denkbewegung gleich zweimal unter verschiedenen Gesichtspunkten zusammenzufassen (vgl. unten 6.3.25), die immer noch offene Frage nach der eigentlichen Intention des Gedichtes (vgl. oben 5.3.23) endgültig zu klären (vgl. unten 6.2.25) und die durch die Entrückungsvorstellung evozierte "Lösung" des Todesproblems zu differenzieren (vgl. unten 6.2.34). Gleichzeitig wird in diesen letzten Zeilen das Vorhergehende "in die Form einer 'adhortatio' gekleidet" (KRAUS 368): unüberhörbar ergeht hier an den Leser die eindringliche Aufforderung, sein Leben so zu gestalten, dass es "entrückungsfähig" wird. Damit lenkt der Schluss des Psalmes (der neu plazierte v.21 eingeschlossen) genau wie die Entrückungsvorstellung, die er entfaltet, den Blick resolut auf das 'diesseitige' Leben, das das einzige ist (v.20): auf die Endlichkeit, die ihm auch zeitlich anhaftet, auf die Endgültigkeit, die ihm von Gott her zukommt und auf die absolute Verantwortung, in der es deshalb gelebt werden muss.

6.2.2. Die Furcht der Besitzlosen (v.17)

1. Die scheinbar so problemlosen Schlusszeilen unseres Psalmes beginnen gleich mit einer doppelten Schwierigkeit: das אל-תירא ist hier nach Inhalt und Form überraschend, "denn zu fürchten, wenn jemand reich wird, klingt sonderbar" (GRAETZ 342) und die angeredete Einzelperson wirkt, verglichen mit der angeblich immensen Zuhörerschaft von v.2f, leicht deplaziert. Die Exegeten, die es ja seit v.16 eilig haben, warten hier mit

378. Sogar das ist gewissen Exegeten zuviel. Für sie sind v.17-20 möglicherweise (OESTERLEY 267) oder gar wahrscheinlich (SNAITH,Sela 46) eine spätere Zutat.

zwei raschen Lösungen auf (sofern sie sich überhaupt Zeit nehmen, auf die zwei Schwierigkeiten einzugehen): der MT ist in אל-תֵּרָא zu korrigieren[379] und die Anrede (zumindest <u>auch</u>) als Selbstanrede zu verstehen[380]. Nun ist aber die Korrektur völlig willkürlich (wie schon der entsprechende Eingriff in v.6, vgl. oben 5.1.15) und die recht häufige Wendung אל-תירא ist sonst nirgends Selbstanrede. Wir müssen uns also nach andern Lösungen umsehen.

2. Dass an unserer Stelle überhaupt eine Anrede erscheint, ist nicht sonderlich auffällig: das gehört zum weisheitlichen Stil (vgl. GUNKEL, Einleitung 390f) und schliesslich sind wir schon in v.8 mit der Interjektion אח auf eine Art Anrede gestossen (vgl. oben 5.2.14 und unten 6.3.3).

Doch auch die Form der Anrede lässt sich durchaus vertreten, sie ist sogar recht aufschlussreich: Dass hier die weisheitliche Mahnung nicht im Plural gesamthaft an alle in v.2f Angeredeten ergeht, unterstreicht vielleicht einen Umstand, der schon durch die erste Person in v.16 angedeutet wird: die Hoffnung, um die es hier geht und in der auch das אל-תירא wurzelt, stützt sich nicht auf offensichtliche Tatsachen oder allgemeine Vorgänge, die alle Menschen in ihrer täglichen Erfahrung unmittelbar und problemlos einsehen und über die man auch in allgemeingültigen und objektiven Sätzen reden kann (wie etwa die Allgemeinheit und Unausweichlichkeit des Todes, v.8-15, 18-20). Die Hoffnung, um die es hier geht, eröffnet sich jedem nur in der Reflexion über seine je eigene Existenz und über die grundlegende ("transzendentale") Bedingung der konkreten in ihr gesetzten freien und verantwortlichen Akte. Deshalb kann man von dieser transzendentalen Hoffnung zunächst eigentlich immer nur "existenziell", d.h. als Einzelner für sich reden (v.16) und man kann die andern nur als Einzelne einladen, ihr individuell nachzuspüren[381].

---

379. So etwa GRAETZ 342, DUHM 204, HALEVY 145, EHRLICH 111, GUNKEL 210, DAHOOD 202. Das ראה wird entweder als blosses hinsehen und beachten oder als gieriges mustern und beneiden gedeutet.

380. So schon IBN ESRA. Ihm folgen etwa LUZZATTO 211, BAETHGEN 142, KIRKPATRICK 275, ANDERSON 380.

381. Ein ähnlicher Numerusunterschied wie zwischen den Anreden von v.2 und v.17 findet sich zwischen v.6 und v.7; auch da lässt er sich vielleicht erklären: eine erste Person Plural (למה נירא) würde in v.6 gewiss besser zum Plural von v.7 passen, doch der Singular unterstreicht demgegenüber, wie subjektiv die Illusion der todlosen Welt ist und wie selbstsicher und borniert die Leute von v.7 sind, die nicht einmal glauben, ihre Ueberzeugung sozial absichern zu müssen.

3. Hat man sich einmal mit der Form der Anrede abgefunden, so bietet deren Inhalt kaum mehr Probleme, dazu ist das אל-תירא zu banal. Diese Wendung wird in ganz verschiedenen Situationen verwendet, wenn es darum geht, dem "der Herzklopfen hat", "die schlaffen Hände zu stärken und die schlotternden Knie fest zu machen" (Is 35,3f). Es ist eine Formel der Aufmunterung, die alle möglichen Formen von Angst überwinden soll, von der blossen Schwellenangst (z.B. Ri 4,18) und der Schüchternheit (z.B. Is 40,9) über den Mangel an Zivilcourage (z.B. Jer 1,8) oder an Kampfeslust (z.B. Jos 8,1) bis hin zur völligen Verzweiflung (z.B. Gen 21,17) und höchsten Todesangst (z.B. Ri 6,23)[382]. Welche Angst jeweils im Spiele ist, ergibt sich gewöhnlich aus dem Kontext - auch bei objektlosem אל-תירא ist es keineswegs immer "die absolute Furcht..., deren Gegenstand nicht erst angegeben werden muss" (KOEHLER, Offenbarungsformel 36). Nur an zwei Stellen wird der Grund der Angst eigens umschrieben: in 1 Sam 22,23 und an unserer Stelle. Beide Male wird in einem ersten כי -Satz (der in Ps 49,17 aus Gründen des Parallelismus zweigliedrig ist) der Grund der Angst umschrieben und erst in einem zweiten כי -Satz (hier v.18) folgt die gängige Erklärung, warum man sich nicht zu fürchten brauche[383].

382. Es scheint mir arg übertrieben, wie GRESSMANN (Analyse 187-9), KOEHLER (Offenbarungsformel), BEGRICH (Heilsorakel), BECKER (Gottesfurcht 50-55) oder DEROUSSEAUX (Crainte 90-97) in der Wendung eine spezifisch theologische Formel sehen zu wollen, die daneben "auch dem Alltag angehört" (KOEHLER, aaO 37). Das Gegenteil scheint mir zuzutreffen: (ו)אל-תירא ist im AT eine banale Allerweltsfloskel, die unter anderem auch Gott im Munde führt, wenn er dem - aus welchen Gründen auch immer - verängsteten Menschen Mut einflössen will. Dass die Wendung als solche trotz ihres häufigen Vorkommens in kriegerischem Kontext kein "Kriegsorakel" ist (H.-P. STAEHLI, in JENNI, Handwörterbuch I 773 und zurückhaltender BECKER, aaO 54), sondern eine gewöhnliche Aufmunterung vor dem Gemetzel, zeigt z.B. ihre Verwendung in 2 Sam 13,28, wo Absalom kaum ein Orakel bemüht haben wird, um seine Gesellen auf Amnon zu hetzen. Und wenn die Wendung tatsächlich Element eines rekonstruierbaren priesterlichen Heilsorakels gewesen wäre, könnte BEGRICH (aaO) wohl mehr als die dürftigen "zwei Psalmstellen" (aaO 81) Ps 35,3 (wo die Wendung überhaupt nicht vorkommt) und Klgl 3,57 (wo die Wendung mitten in Bildern aus Jagd und Rechtsprechung steht) anführen. Ueberhaupt entsprechen die nach BEGRICH gattungsspezifischen Elemente des Heilsorakels (אל-תירא, Bezeichnung des Angeredeten, Zusicherung des Beistandes, Hinweis auf bevorstehende und frühere Lösungen) genau dem, was jedermann sagt, wenn er einem Verzagten Mut machen will. Völlig rätselhaft ist mir schliesslich, wie DEROUSSEAUX (aaO 95) allein aus der Stelle Klgl 3,57 schliessen kann, dass a) "la forme 'oracle de salut' a existé en Israel bien avant l'exil, comme en témoigne explicitement Lm 3,57" und b) "avant l'exil l'oracle de salut était déjà démocratisé (cf. Lm 3,57)"!

383. Im schwierigen Vers 1 Sam 22,23(שבה אתי אל-תירא כי אשר יבקש את-נפשי יבקש את-נפשך כי-משמרת אתה עמדי)der schon der SEPT sichtlich Mühe be-

4. Der Grund der Angst wird in unserem Vers mit einem recht allgemeinen und abgeschliffenen Vokabular umschrieben, das ganz an v.7 erinnert. Auf diesen Vers wird hier auch Bezug genommen: das dortige וברב עשרם taucht hier in den ziemlich blassen Verben יעשר und ירבה wieder auf[384]. Nur gerade das Wort כבוד fällt etwas auf. Wir werden es aber nur bei seinem zweiten Erscheinen in v.18 zu bedenken haben. Hier bezeichnet es wie auch anderswo (Gen 31,1; Is 10,3; 61,6; 66,12 u.a. vgl. das Verb כבד in Gen 13,2) das ökonomische "Gewicht" eines Menschen, seinen imponierenden Reichtum (vgl. Est 1,4 עשר-כבוד; 5,11 כבוד עשרו). Der Genetiv בית, der sonst nur in Is 22,24 (Gewicht des Clans) und Hag 2,9 (Prunk des Tempels) bei כבוד steht (vgl. PLOEG 159f), mag hier in seiner Unschärfe zu verstehen geben, dass sich dieser Reichtum im "Haus", in der "Familie", im "Haushalt" - kurz: "an einer Fülle von Phänomenen (zeigt)" (C.WESTERMANN, in: JENNI, Handwörterbuch I 799), wie dies auch in den Konstruktionen כבוד ישראל (Mi 1,15 u.a.), כבוד מואב (Is 16,14 u.a.) der Fall ist (vgl. aaO).

Im grossen und ganzen bleibt aber, wie in v.7 (vgl. oben 5.1.43), die Erwähnung der immer reicher werdenden Reichen auch hier eigentümlich blass und formelhaft. Man kann also auch hier wiederum (vgl. oben 5.3.23) vermuten, der Text interessiere sich nicht für die Reichen als solche, sondern für die Reichen als typische Vertreter einer menschlichen Haltung, die eigentlich anvisiert wird: die Illusion von der todlosen Welt.

V.17 erlaubt es nun, diese Vermutung nicht nur zu wiederholen, sondern auch, sie zu bestätigen.

---

reitet, kann der erste כי -Satz unmöglich den Grund der Furchtlosigkeit angeben wollen, wie es zunächst aussieht. נפשי und נפשך auszutauschen, wie man es seit WELLHAUSEN (Text 126) versuchte, ist textkritisch völlig unhaltbar. Alles geht auf, wenn im ersten כי-Satz der Grund der Furcht umschrieben wird ("Fürchte dich nicht, wenn der, der mir nach dem Leben trachtet, nun auch dir nach dem Leben trachtet") und erst der zweite כי - Satz angibt, warum die Furcht doch nicht am Platz ist ("denn mit mir bist du in Sicherheit").

384. רבה, "viel werden", ist ein völlig neutrales Verb. Wo es, wie dies oft der Fall ist, die Vermehrung von Menschen und Tieren bezeichnet, muss es durch ein zweites Verb (z.B. פרה) verstärkt werden, was zeigt, dass רבה allein ein rein quantitativer Ausdruck ist. Nur in Dt 8,13 (und Qoh 5,10) wird es im Zusammenhang mit Geld und Besitz verwendet.
עשר Hi ist ambivalent, wie der Reichtum selbst (vgl. oben Anm. 293). "Reich (gemacht) werden" erscheint bald als Belohnung des Guten und Tüchtigen (transitiv: Gen 14,23; 1 Sam 2,7; 17,25; Ps 65,10; Spr 10,4.22; intransitiv: Spr 21,17; Qal Hi 15,29), bald als Wurzel oder als Symptom von Dummheit und Sünde (transitiv vielleicht Ez 27,33; intransitiv: Jer 5,27; Sach 11,5; Spr 23,4; 28,20; Dan 11,2; Qal Hos 12,9).

5. Gerade in v.17 wird nämlich überdeutlich, dass die Illusion von der todlosen Welt nicht klassenbedingt ist (auch wenn sie bei der wohlhabenden Schicht am klarsten zum Ausdruck kommt). In v.17 wendet sich ja der Dichter an jemanden, der bestimmt nicht reich ist, aber trotzdem genau gleich denkt, wie die Reichen von v.6f: das Ueberleben ist eine Frage des Besitzes, das Haben ist der "nervus rerum", deshalb kann nur der Besitzende angstfrei leben; der Arme hingegen lebt in ständiger "Besorgnis, seine eigentliche Lebensbestimmung zu verfehlen, die ihm durch die Wahrnehmung angeregt (ist), dass von den äusseren materiellen Gütern, in deren Erstreben und Erringen Andere ihr ganzes Lebensziel und ihren ganzen Lebenswerth erblicken, ihm nur ein so kümmerlicher Antheil zugemessen (ist)" (HIRSCH 266).

Diese Furcht des Besitzlosen entspringt genau derselben Illusion wie die Furchtlosigkeit des Besitzenden in v.6. Furcht und Furchtlosigkeit sind hier zwei klassenbedingte Manifestationen derselben menschlichen Haltung.

Wenn der Psalmist nun im אל-תירא daran geht, die Furcht des Besitzlosen zurückzuweisen, genau wie er in v.8f die Furchtlosigkeit des Besitzenden blossstellte, zeigt er damit, dass es ihm in seinem Psalm zunächst um diese menschliche Grundhaltung geht und nicht um den sozialen Status ihrer Träger. Daran, dass in v.17 nach dem Reichen von v.6-9 nun auch der Arme entlarvt wird, zeigt sich, dass Ps 49, wie wir oben (5.3.23) vermuteten, ein anthropologisches Interesse verfolgt, und nicht ein sozialkritisches: hier wird nicht die konkrete Ausgestaltung der Besitzverhältnisse untersucht, um deren Veränderung zu fordern; hier wird viel grundsätzlicher nach dem menschlichen Besitzen, dem Haben als solchem gefragt, und nach dessen Verhältnis zur Sterblichkeit[385].

6. Die menschliche Grundhaltung, die in der Illusion einer todlosen Welt impliziert ist und die sich beim Besitzenden als Furchtlosigkeit, beim Besitzlosen aber als Furcht manifestiert, könnte man mit FROMM (Haben 73 u.ö.) als den "Habenmodus der Existenz" bezeichnen[386].

---

385. Paradoxerweise hat man aber verschiedentlich gerade aus v.17 die soziale Position des Psalmisten zu bestimmen versucht und ihn so stillschweigend zum Sozialkritiker befördert. SCHMIDT (95) etwa meint, es werde "hier sehr deutlich, dass der Dichter selbst zu den 'Leuten aus dem Volk' gehört, dass er den Reichtum von aussen betrachtet." GUNKEL (210) weiss auch gleich, warum der Dichter "im Kreise der Armen zu suchen sein wird": es muss "im Altertume die Dichtkunst ihren Mann schlecht genug ernährt haben". Solche soziologische Analysen scheinen mir so unmöglich wie verfehlt.

386. Auch hier will ich natürlich nicht behaupten, der Psalmist habe FROMMs Unterscheidung von Haben- und Seinsmodus der Existenz vorweggenommen.

Dieser Existenzmodus lässt sich besonders an den Reichen exemplifizieren (obwohl nicht nur sie ihm verfallen), denn: "Der Habenmodus der Existenz leitet sich vom Charakter des Privateigentums ab. In dieser Existenzform zählt einzig und allein die Aneignung und mein uneingeschränktes Recht, das Erworbene zu behalten." (aaO 80) Allein der Besitz des Objektes definiert das Subjekt: "Das Subjekt bin nicht *ich*, sondern *ich bin, was ich habe*. Mein Eigentum konstituiert mich und meine Identität." (aaO)

Von daher wird auch der Zusammenhang zwischen Habenmodus und Unsterblichkeitsillusion einsichtig: "Wenn sich mein *Selbst* durch die Dinge konstituiert, die ich besitze, dann bin ich unsterblich, wenn diese unzerstörbar sind." (aaO 85).

Von dieser menschlichen Haltung her ist die Angst des in v.17 Angeredeten völlig verständlich: ohne Besitz sieht er sich auch um seine Identität betrogen. Und wenn der Psalmist hier seine Angst beschwichtigt, kämpft er damit gegen den "Habenmodus der Existenz" und erhebt so eine Forderung, die "eines der Hauptthemen des Alten Testamentes ist: Verlasse, was du hast, befreie dich von allen Fesseln, *sei*!" (FROMM, Haben 55)

6.2.3. Der Tod als Vernichtung des Habens (v.18)

1. Was in v.18 die Exegeten am nachhaltigsten bewegt hat, ist die Verneinungspartikel לא . Zwar kann der Vers kaum etwas anderes meinen, als dass der Reiche von seinem in v.17 eben erwähnten Reichtum gar nichts mitnehmen kann, wenn er stirbt - v.18b ist nicht anders zu deuten. Doch v.18a kann man mit etwas schlechtem Willen durchaus falsch verstehen: Man kann sich daran stossen, dass das לא regelwidrig (vgl. GESENIUS, Grammatik § 152 e, JOUON, Grammaire § 160 e) vom Verb getrennt ist und auf einer Textkorrektur כי במותו לא יקח הכל beharren (vgl. etwa GUNKEL 213, PODECHARD K II 201). Man kann sogar weiter gehen und wie EHRLICH (111) das הכל als archimedischen Punkt wählend, den ganzen Vers aus den Angeln heben: "הכל kann im Unterschied von כל nur kollektiv, nicht distributiv, verstanden werden. Etwas nimmt der Tote schon mit, das Leichentuch, seine Waffen und wohl auch manchen Schmuck; hier kommt es darauf an, dass er nicht alles mitnimmt, was ihm gehört."

Ich finde beide Probleme ziemlich künstlich und gesucht. Die Stellung des לא lässt sich durchaus rechtfertigen. Genau wie in v.8 (לא-פדה statt פדה לא, vgl. oben 5.2.22) wird durch die Inversion (לא-במותו statt במותו

Ich vermute nur, dass er von analogen Erfahrungen ausging (vgl. oben Anm. 370)

לא) eine starke Betonung erreicht, einmal des vorgezogenen לא und zum andern auch des nachfolgenden במותו (vgl. GESENIUS, Grammatik § 152 e): "denn bei seinem Tod - da wird er bestimmt nicht..."[387]. Das הכל ist hier völlig regelmässig, der Artikel markiert eine bestimmte Gesamtheit und hat zudem, wie meistens in diesem Ausdruck (vgl. Ex 29,24; Lev 1,9.13; 8,27; Dt 2,36; Jos 11,19 u.ö.) einen demonstrativen Sinn: "das alles", was eben in v.17 erwähnt wurde. Dass לא in Verbindung mit כל eine absolute Negation ausdrückt, ist im Hebräischen selbstverständlich (vgl. GESENIUS, Grammatik § 152 b und schon QIMHI 347)[388].

Damit scheint mir auch v.18a ganz unmissverständlich zu sagen, der Reiche von v.17 könne im Sterben nichts mitnehmen.

2. Die vielen Exegeten, die - wenn auch nach einigem Zögern - zu diesem Schluss gekommen sind, haben sich sogleich daran gemacht, mit Bienenfleiss allerhand Sinnparallelen zu dieser Aussage zusammenzutragen.

So findet man in den Kommentaren immer wieder Hinweise auf Qoh 5,14, auf Hi 1,21 oder auf den berühmten Refrain des ägyptischen Harfnerliedes: "Make holiday, and weary not therein! Behold, it is not given to a man to take his property with him..." (zit. nach PRITCHARD, Texts 467). Aus dem NEUEN TESTAMENT wird 1 Tim 6,7 zitiert, aus dem babylonischen TALMUD Aboth 6,10, aus der griechischen Literatur werden die Totengespräche (besonders X) des LUKIAN angeführt und aus der römischen Dichtung der Vers von PROPERZ (Elegien III 5,13-14): "Haud ullas portabis opes Acherontis ad undas:/ Nudus ad infernas, stulte, vehere rate."

Nützlich sind solche Parallelen, die sich sicher in noch grösserer Anzahl anführen liessen, nur dann, wenn man darob nicht den zu kommentierenden Text in seiner Spezifizität vergisst. So müsste eigentlich gerade im Vergleich mit den paar angeführten Parallelen auffallen, dass an unserer Stelle der Topos von der Unmöglichkeit, im Tod etwas mitzunehmen, ein ganz anderes Gewicht hat als in den meisten dieser Texte (ausser Aboth 6,10): weder steht er als beiläufiger Hinweis in einer ausführlichen Polemik gegen den Reichtum (1 Tim 6,7) noch dient er als Illustration in einer resignierten Klage über die Vergänglichkeit (Hi 1,21), bzw. in ei-

387. Ausser in Ps 6,6; Lev 11,31f (2 Sam 1,23) und dort, wo es präpositionales Objekt eines Verbs ist (Ez 18,32; 33,11), ist במות stets Zeitbestimmung.

388. AMAMA (285) betont ganz richtig, hier handle es sich eben um eine "Phrasis hebraica: 'non omne', i.e. 'nihil'... Apud latinos aliter est. Ibi enim non contradicunt sibi haec duo 'omnis' et 'non omnis', sed sunt subalterna, nam 'non omnis' est 'aliquis'."

nem pessismistischen Aufruf, zu geniessen, solange es noch Zeit ist (restliche Stellen). In unserem Psalm ist dieser Topos die endgültige Antwort auf die gestellte Frage nach dem Haben als solchem und nach dessen Verhältnis zur Sterblichkeit (vgl. oben 6.2.25). Damit erhält er (ähnlich wie in der Talmudstelle) bedeutend mehr Gewicht und Eigenständigkeit. Was anderswo eine etwas abgegriffene Floskel sein mag, wird hier zu einem harten, entlarvenden Urteil: der Besitz ist angesichts des Todes völlig wertlos, das Haben und die darauf gegründete Existenzform sind deshalb aufs Ganze gesehen völlig sinnlos und damit wird auch die Angst des Besitzlosen aus v.17 völlig grundlos[389].

3. Wenn nun aber v.18 mehr ist als ein beiläufig zitierter Gemeinplatz, drängt sich die Frage auf, ob nicht auch in der konkreten Formulierung dieses Verses zwei Wörter, לקח und כבוד, bedeutungsträchtiger sind, als es zunächst aussieht. Für לקח hat PLOEG (160) die Frage bereits verneint: "Je ne crois pas qu'il y ait opposition consciente entre le mot 'yiqqah' de ce verset et celui du v.16, comme si le psalmiste eût voulu dire: le riche ne 'prendra' rien dans son tombeau, mais le dévot sera 'pris' par Dieu; le verbe 'laqah', en effet est d'un emploi trop commun pour qu'on puisse établir avec probabilité une telle opposition. Le texte dit simplement, que le riche ne pourra pas emmener ses possessions au moment de sa mort..."

Ich bin überzeugt, dass dem nicht so ist: in einem so kunstvoll gebauten Gedicht wie Ps 49 ist doch wohl jedes Wort 'bewusst' gesetzt - zumal in den Erweiterungen, wo die Wiederholung ein Stilmittel ist. Zudem kann ich mir schwer vorstellen, dass der Psalmist sein spektakuläres כי יקחני von v.16 in v.18 schon vergessen hätte. Und schliesslich: wie Qoh 5,14 zeigt, hatte der Autor hier die Wahl zwischen לקח und נשא ; dass er ersteres gewählt hat, zeigt m.E., dass er die Anspielung auf v.16 zumindest nicht ausschliessen wollte. Damit besteht der von PLOEG geleugnete Gegensatz tatsächlich - und zwar nicht als blosse Spielerei ohne Bedeutung, sondern als Quelle eines diffusen Doppelsinnes: Besitz wird im Tod nicht "genommen", was auch heissen kann: das Haben ist nicht "entrückungsfähig", weil es nicht untrennbar zum Ich gehört.

---

389. Dieses vernichtende Urteil, das v.18 über den Besitz ausspricht, wäre eine durchaus solide Grundlage für eine umfassende Sozialkritik. Unser Text ist jedoch an einer solchen offensichtlich nicht interessiert. Man vergleiche aber dazu etwa die Nachdichtung von CARDENAL (Psalmen 126f).

Bei כבוד ist die Frage schon viel schwerer zu beantworten - ja, es braucht schon fast kabbalistische Kühnheit, um sie überhaupt zu stellen! Denn, im Text wird durch nichts wirklich angezeigt, dass כבוד mehr meinen könnte als "Glanz und Reichtum", wie in v.17. Einzig die seltsame, nach dem zusammenfassenden הכל eher überraschende Insistenz auf diesem Wort und die m.E. plumpe Wiederholung im Abstand von einem Vers, die damit in Kauf genommen wurde, gibt mir in diesem kunstvollen Gedicht zu denken. Sollte כבודו vielleicht doch an das יקר von v.13 und 21 erinnern wollen, wie das ויקר von v.9, der unserem Vers in der konzentrischen Struktur der Erweiterungen entspricht (vgl. unten 6.3.3)? Das würde die Lehre von der Gottebenbildlichkeit diskret weiterentwickeln und differenzieren, sodass sie auch angesichts des Todes vertretbar würde: "Der Mensch in seiner Grösse besteht nur dann nicht", wenn er diese Grösse bloss <u>hat</u>, wenn sie von ihm abtrennbar ist, wenn sie ihm nicht nachfolgt - dann kann sie nicht verhindern, dass er "für immer aufhört".

Dürfte man im כבודו von v.18 diese Anspielung auf die Gottebenbildlichkeit annehmen - was mir so waghalsig wie anziehend scheint - würde v.18 zum Schlüsselvers der Erweiterungen. Hier würden nämlich die Entrükkungsvorstellungen aus v.16 und die Theorie der Gottebenbildlichkeit aus dem Refrain des Grundpsalmes, also die tragenden Vorstellungen aus den beiden literarischen Schichten, miteinander verknüpft, parallelisiert und weiterentwickelt. Dadurch erst würden Stellung und Bedeutung von v.21 am Ende des ganzen Psalmes wirklich einsichtig (vgl. unten 7.12).

4. Wie dem auch sei, dass im לקח von v.18 die Entrückung von v.16 leise nach klingt, scheint mir ziemlich sicher. Damit wird m.E. schon rein äusserlich signalisiert, dass die Schlussstrophe von Ps 49 das Haben als fundamentale anthropologische Dimension nicht nur thematisiert, um den allein darauf gegründeten Existenzmodus zu kritisieren, sondern auch und besonders, um durch die Kritik dieses Existenzmodus' die Entrückungsvorstellung (und womöglich auch die Theorie der Gottebenbildlichkeit) genauer zu fassen, was umgekehrt wieder der Kritik mehr Brisanz verleiht.

In v.17-18 (und wie wir sehen werden, auch in v.19-20) wird durch die Darstellung vom kläglichen Ende des Reichen stillschweigend ein Gegensatz geschaffen zwischen diesem und dem "Ich", das in v.16 entrückt wird. Aus dieser impliziten Gegenüberstellung muss man wohl oder übel schliessen, der Reiche, der nur auf seinen Besitz vertraut und sich nur durch ihn definiert, werde, im Gegensatz zum freien, d.h. dem Besitz entnommenen

Ich, das im כי יקחני zu Worte kommt, nicht entrückt (was ja auch ganz dem durch das Wortspiel um לקח entstehenden Doppelsinn entspricht)[390].

Damit wird die Vorstellung der Entrückung ganz im Sinne der transzendentalen Erfahrung, die sie interpretieren soll, präzisiert (vgl. dagegen oben 6.1.55):Gott "nimmt" den Menschen nur, insofern er wirklich Mensch ist, d.h. der Habgier und dem blinden Vertrauen auf Besitz enthoben sein endliches Leben in Freiheit und Verantwortung setzt. Die Endgültigkeit der menschlichen Existenz besagt damit nicht deren Erstarrung in all ihren Vollzügen. Wie man sich allerdings diese "Aufgehobenheit" des wahren Menschseins im Einzelnen denken soll -so weit man dies überhaupt kann-, ist eine philosophische Frage, auf die hier nicht eingegangen werden kann [390a].

390. Man kann also auch ohne wie VOLZ (vgl. oben Anm. 339) den Text zu malträtieren zum Schluss kommen, "dass der Psalmist nicht von der durch den Tod eintretenden Gleichheit, sondern im Gegenteil von der durch den Tod eintretenden Verschiedenheit rede, dass er von einem doppelten Geschick nach dem Tode wisse." Nur scheint sich der Psalmist dieses doppelte Geschick bedeutend weniger plump zu denken als VOLZ und viele andere vor und nach ihm...

390a. Mir scheint, Denker wie etwa PARMENIDES, MEISTER ECKHART, SPINOZA,KIERKEGAARD, G.MARCEL oder A.N.WHITEHEAD hätten diese Frage auf befriedigende Weise zu beantworten versucht. Als Beispiel sei lediglich ein Abschnitt aus KIERKEGAARD (Entweder/Oder II 218f) angeführt, der sich stellenweise anhört wie eine Paraphrase zur Schlussstrophe unseres Psalmes: "Aller menschliche Stolz ist nur eine gebrechliche Sicherheit. Siehst Du, lieber junger Freund, dies Leben ist Verzweiflung, verbirg es vor andern, vor Dir selbst kannst Du es nicht verbergen, es ist Verzweiflung. Dennoch, in einem andern Sinn ist dies Leben nicht Verzweiflung....Was fürchtest Du also?...Indes, ich weiss es wohl, es ist ein Ernst darin, welcher die ganze Seele erschüttert; seiner sich bewusst werden in seiner ewigen Giltigkeit ist ein Augenblick, der bedeutungsvoller ist denn alles sonst in der Welt. Es ist, als ob Du gefangen würdest und verstrickt und nun niemals mehr, weder in Zeit noch in Ewigkeit, entwischen könntest; es ist, als ob Du dich selbst verlörest, als ob Du aufhörtest zu sein... Es ist ein ernster und bedeutungsschwerer Augenblick, wenn man für eine Ewigkeit sich bindet an eine ewige Macht, wenn man sich selbst empfängt als den, dessen Andenken keine Zeit austilgen wird, wenn man seiner in ewigem und untrüglichem Sinne sich bewusst wird als der, der man ist."

6.3. SCHEINEN (v.19-20)

6.3.1. Ein autistischer Hymnus (v.19)

1. V.19 ist die einzige Zeile der Schlussstrophe, die unklar genug ist, um das Interesse der Exegeten zu wecken. Die SEPT-Tradition weicht hier vom MT ab, und viele wissen diese Gelegenheit zu nutzen, um sich ein letztes Mal in diesem Psalm "textkritisch" auszutoben.

Es scheint mir allerdings ziemlich klar, dass die SEPT hier den MT nicht ernsthaft in Frage stellen kann. Sie hat infolge eines naheliegenden Missverständnisses die v.19-20 glätten müssen und dadurch auch die PESH zu Glättungen ermutigt.

Wurzel der Schwierigkeiten war wohl das ויודך, aus dem man mit guten Gründen (vgl. unten 6.3.15) glaubte schliessen zu dürfen, die Personalpronomina der zweiten Person seien auf Gott zu beziehen. Unter dieser Voraussetzung konnte nur der TARG dank kühner Paraphrasen den MT unverändert wiedergeben[391], SEPT und PESH mussten ihn zurechtbiegen[392]. Der MT ist nur in SYM und HEBR genau wiedergegeben[393]. Diese beiden Ue-

391. In v.17-18 hatte nach dem TARG David den Mose angesprochen: "Ueber Korah und seine Rotte prophezeihte er: 'Fürchte Dich nicht, Mose, wenn Korah, der streitsüchtige Mensch, reich wird, wenn... etc." In den v.19-20 wechselt die Optik plötzlich, und David wendet sich an Gott: "Denn Moses Seele preist Dich in seinem Leben, und die Gerechten verherrlichen Dich, denn Du tust Gutes an denen, die dienen vor Dir."

392. Die SEPT wendet das יברך ins Passiv (יְבֹרַךְ, was auch die MSS KENNICOTT 74 und 97 lesen), übersetzt וְיוֹדֻךָ und יראו singularisch (als וְיוֹדֶה und יראה, letzteres wie im MS KENNICOTT 37 und vielleicht 130), ändert לך in לו und wohl auch תבוא in יבוא. So reden die Verse schliesslich von einem in allen Dingen (von Gott) gesegneten Reichen, der für immer untergeht, weil er Gott aus rein utilitaristischen Gründen verherrlichte: Οτι ψυχη αυτου εν τη ζωη αυτου ευλογηθησεται εξομολογησεται σοι, οταν αγαθυνης αυτω. Εισελευσεται εως γενεας πατερων αυτου, εως αιωνος ουκ οψεται φως. Die PESH behält die Idee der SEPT bei, vergrössert aber die Schuld des Reichen, der sich nun wie im MT selbst rühmt (יברך aktiv), und unterstreicht die Souveränität Gottes, der nun persönlich den Frevler in den Untergang schickt (aus תבוא des MT wird nicht יבוא sondern תביא)

393. Die restlichen hexaplarischen Versionen neben SYM sind leider nur sehr fragmentarisch erhalten. Was bleibt, stützt in v.19-20 den MT - bis auf die QUINT - Lesart ουκ οψεται, die mit der SEPT übereinstimmt, was an sich durchaus nicht erstaunlich ist (vgl. VENETZ, Quinta 13ff). Allerdings könnte man sich angesichts des beigefügten Exzerptes "AQ SYM SEXT SEPT ουκ οψονται" (vgl. FIELD, Hexapla II 172) fragen, ob nicht einfach ein Kopist die Bezeichnungen für QUINT und SEPT versehentlich vertauscht hat, da sonst für SEPT ein ουκ οψονται nicht belegt ist.

bersetzer sehen in den Pronomina der zweiten Person in v.19b eine Selbstanrede des Reichen und verstehen somit den ganzen Halbvers als Zitat in seinem Mund, was sie in der Uebersetzung durch einen Einschub hervorheben. SYM übersetzt demnach: Αλλα την ψυχην αυτου εν τω ζην αυτον ευλογησει, λεγων εν εαυτω, επαινεσουσι σε εαν καλως ποιησης σεαυτω. Ganz ähnlich ist die Lösung von HEBR: "Quia animae suae in vita sua benedicet, laudabunt inquient te cum benefeceris tibi."[394]

Wie wir sehen werden, lässt sich dieses Verständnis von v.19 sehr gut begründen. Vorläufig belegt es jedenfalls die Vertrauenswürdigkeit des MT.

2. In v.19a stellt sich gleich mit dem ersten Wort, כי, die Frage nach dem Anschluss der Zeile an das Vorhergehende. In den Kommentaren findet man zwei Antworten: Bald wird v.19 vermittels eines kausal verstandenen כי an v.18 angeschlossen und enthält damit die Begründung der in v.18 beschriebenen Strafe, bald wird v.19 von v.18 gelöst und dank eines konzessiv verstendenen כי mit v.20 verknüpft ("Mag er auch..., so geht er doch...").

Nach der ersten Erklärung wird der Text unsäglich plump (v.18 ist ja Begründung von אל-תירא, v.19 wird dann zur Begründung der Begründung) und auch inhaltlich zweifelhaft.

Die zweite Erklärung scheint mir bedeutend natürlicher, besonders wenn man das כי nicht unbedingt konzessiv, sondern ganz einfach bekräftigend versteht: "Ja, fürwahr, er preist..." So wiederholt sich in v.19-20 genau die Struktur von v.17-18: die in der ersten Zeile für den Reichen scheinbar günstige Lage (v.17.19) wird in der zweiten Zeile in ihrer ganzen Haltlosigkeit demaskiert (v.18.20)[395].

---

394. Das völlig singuläre (vgl. THESAURUS LINGUAE LATINAE VII/1, 1764, 20) "inquient" kann - soll es nicht völlig sinnlos sein - nur den Reichen von v.19a zum Subjekt haben. Deshalb ist die rätselhafte Form entweder eine frühe, durch den Plural "laudabunt" nahegelegte Verschreibung aus dem recht häufigen (vgl. aaO 1775, 60ff, für die VULG 1 Chron 22,18) "inquiens" oder aber HEBR wollte in v.19b bewusst eine Mehrzahl, nämlich den Reichen und seine Seele in gegenseitiger Ermunterung, zu Wort kommen lassen, um so auf subtile (vielleicht zu subtile) Art der etwas erstaunlichen zweiten Person maskulinum, mit der der Reiche seine weibliche נפש fehlerhaft anredet, gerecht zu werden (vgl. unten Anm. 404)

395. Damit hängen v.19-20 auf ganz gleiche Weise von אל-תירא ab, wie v.17a-18, jedenfalls vom logischen Gesichtspunkt aus betrachtet. Syntaktisch muss wohl wie erwähnt das כי von v.19 einen Neueinsatz markieren, da eine Periode v.17-20 im Hebräischen kaum denkbar ist.

3. Damit wird auch das בחיו syntaktisch und semantisch klar: weder ist der Ausdruck präpositionales Objekt zu יברך (so z.B. EHRLICH 111, seltsamerweise mit Hinweis auf Gen 24,1), noch hat er die "Bedeutung von dem äusserlichen, weltlichen Leben" (HUPFELD 668 mit Hinweis auf Ps 17,14) oder ist mit "when being in good health" zu übersetzen (EERDMANS 266 mit Hinweis auf Spr 4,22; 14,30). בחיו heisst "'in this life-time', in antithesis to his death-time, v.18" (BRIGGS 412) und ist als Zeitbestimmung dem במותו (v.18) gegenüberzustellen, wie in Ri 16,30 und 2 Sam 1,23[396].

בחיו "zeitlebens" fungiert allerdings nicht nur als Antithese zu במותו, die hinter v.18 zurückblendet, sondern auch als Verstärkung von יברך. Wie in Ps 63,5 (כן אברכך בחיי); 104,33; 146,2 dient es hier dazu, die Hingabe und Beharrlichkeit zu unterstreichen, mit der etwas getan wird.

4. Was an unserer Stelle mit soviel Hingabe getan wird, ist ziemlich klar: Das Piel von ברך mit Menschen als Subjekt und als Objekt wird im Alltag gebraucht und bedeutet "jemandem 'bārūk' sagen" (C.A. KELLER, in: JENNI, Handwörterbuch I 359, ähnlich schon JENNI, Piel 217), ihn "glücklich" nennen. Je nach Situation heisst das des näheren (vgl. dazu KELLER aaO) "grüssen" (Gen 47,7; 1 Sam 13,10; 25,14; 2 Sam 6,20; 2 Kön 4,29; 10,15; Spr 27,14; 1 Chr 16,43), "(sich) verabschieden" (Gen 24,60; 28,1; 32,1; 47,10; Jos 22,6; 2 Sam 13,25; 19,40), "danken" (Dtn 24,13; 2 Sam 14,22; Hi 31,20) oder auch "beglückwünschen, gratulieren" (Ex 39,43; 2 Sam 8,10 = 1 Chr 18,10; 1 Kön 1,47; Neh 11,2). Diese letzte Bedeutung drängt sich an unserer Stelle auf: der Reiche verbringt sein Leben damit, seine Seele, also sich selbst (vgl. oben 6.1.33) in einem fort zu loben und zu beglückwünschen.[397]

---

396. Ausser in Gen 27,46; Hi 10,1; Dtn 28,66 hat חיים mit ב und Pronominalsuffix stets die Bedeutung "zeitlebens", vgl. 2 Sam 18,18; Ps 63,5; 104,33; 146,2; Qoh 3,12; 9,3.

397. So verstehen die meisten Exegeten den Halbvers. Nach einigen freilich redet (schon, vgl. unten Anm. 405) v.19a vom "Realsegen des Essens und Trinkens" (MOLL 253); ברך heisst dann "animam beare durch Essen und Trinken" (HITZIG 274). Wenn man נפש eng genug fasst, liegt auch die an Phil 3,19 angelehnte Uebersetzung "he worshiped his appetite" (DAHOOD 302) in Greifnähe. Natürlich muss man annehmen, dass ein Reicher bisweilen seiner Seele "durch Wollustpflege schmeichelt" (DELITZSCH 341), nur ist davon in v.19a nicht die Rede... Noch abwegiger ist es, wie EERDMANS (267) ברך nach Hi 1,5.11; 2,5.9 als "forsake, take leave of" zu deuten, um dem Vers eine Aussage über den plötzlichen Tod des Reichen aufzuzwingen: "for he will lose his life in its fullness" (aaO 259, vgl. oben 6.3.13 zu בחיו).

Es fällt freilich sogleich auf, dass ברך Pi sonst nie mit נפש konstruiert wird und dass für reflexives Piel bei ברך das Hitpael zur Verfügung stünde, wie die unserer Zeile sehr ähnliche Stelle Dtn 29,18 zeigt[398]. Offenbar soll das Piel, zumal dank des verstärkenden בחיו, die Widergöttlichkeit des Selbstruhmes hervorheben; sonst pflegt man nämlich nur Gott ein Leben lang zu "segnen" (vgl. Ps 63,5; Is 38,20 usw.), nicht seine נפש, d.h. sich selbst als "Mängelwesen". In diesem Sinn passt die Wendung נפשו יברך vorzüglich zum יודך, das folgt.

5. ידה Hi bezeichnet stets das Loben Gottes. Die wenigen Ausnahmen (Gen 49,8; Ps 45,18; vgl. Hi 40,14) bestätigen nur diese Regel[399]. Es scheint also von daher ganz unzweifelhaft, dass ויודך auch in unserem Vers das Gotteslob meint. Gleichzeitig aber ist eine Anrede an Gott hier völlig undenkbar - zumal Gott bisher (sogar in v.16!) nie angeredet, sondern bloss - in der dritten Person - erwähnt wurde.

Aus diesem Dilemma erklären sich die Schwierigkeiten der alten Uebersetzungen (vgl. oben 6.3.11) und wohl auch die völlige Verwirrung, die unter den Exegeten herrscht: einige folgen einfach der SEPT (vgl. HENFLER 90, SCHMIDT 94, GRAETZ 342 u.a.), etliche vermuten hinter der zweiten Person eine Anrede des Psalmisten an den Hörer von v.17[400] oder an den Reichen

398. An den anderen Stellen (Gen 22,18; 26,4; Jer 4,2; Ps 72,17 und wohl auch Is 65,16) hat das Hitpael dagegen eher reziproke Bedeutung (gegen WEHMEIER, Segen 180-186).

399. In Gen 49,8 dient das Verb lediglich zur - je nachdem volkstümlich-ironischen oder höfisch-hyperbolischen - Erklärung des Namens יהודה In Ps 45,18 fügt sich der Ausdruck als letzte Steigerung ganz am Ende des Psalmes durchaus in den Rahmen der Königsideologie der Psalmen (vgl. KEEL, Bildsymbolik 223). Die sarkastische Verwendung in Hi 40,14 schliesslich setzt voraus, dass man ein Wesen im Sinne von ידה nur dann "preisen" kann, wenn es sich als Gott erwiesen hat.

400. So etwa ŞALMON BEN YERUCHAM, YEFET BEN ELI, RASHI 48, MEIRI 102, MEZUDAT DAVID, SCHULZ 114, BUDDE 60, NOETSCHER 112. EWALD (255) meint dazu: "Es thut ganz wohl dass der dichter gegen das ende seines lehrwortes hin v.19b einmal die gewöhnliche ruhe der lehrhaften rede unterbrechend den zuhörer auch selbst anredet: das kommt ihm wie im eifer der rede so einmahl an..." Dank der kleinen Korrekturen וְיוֹדָה und יראה (v.20) und etwas Märchenstoff gelingt es EHRLICH (111) gar, den Rest des Psalmes ins klassische Dunkel der homerischen Nekuyia zu tauchen: "Dabei muss daran erinnert werden, dass der Verstorbene von dem hier die Rede ist, nicht ein im Reichtum geborener war... Er war ein Sohn armer Eltern und wurde nachher reich. Im Scheol nun beneidet er jeden Armen auf Erden, der es nicht weiter gebracht, als seine eigenen Eltern." Diesen Neureichen beschreibt nun der Psalmist seinem armen Schüler, frei nach HOMER (Odysse XI, 489f): "Ja, er würde sich mit dem blossen Leben glücklich schätzen und dich glücklich

selbst[401], viele eliminieren kurzerhand die zweite Person aus dem ganzen Halbvers, indem sie die Korrekturen ויודה und לה vornehmen[402].

Die schon von SYM und HEBR vertretene Deutung, dergemäss v.19b Zitat im Mund des Reichen ist (vgl. oben 6.3.11), findet dagegen nur wenig Anklang[403], obwohl sie sich nach v.19a geradezu aufdrängt. Das widergöttliche Selbstlob, von dem in v.19a die Rede war, muss geradezu so tönen, wie es uns in v.19b entgegentritt: Der Reiche, der sich selbst in v.19a wie einen Gott pries, sieht sich auch von den andern wie ein Gott angebetet. Dies drückt er in einem Satz aus, der nichts anderes ist, als die Parodie auf einen Hymnus. In Aufbau (Verb des Lobens, mit כי eingeleitete Begründung) und Wortwahl (ידה Hi, Wurzel טוב) von v.19b klingt m.E. - grotesk verzerrt - das "הודו ליהוה כי טוב" (vgl. Ps 106,1; 107,1; 118,1.29; 136,1; 1 Chr 16,34; abgewandelt 2 Chr 7,3; Esr 3,11; Ps 54,8) nach. Wie alle Völker (Ps 67,4.6), alle Könige (Ps 138,4) oder alle Geschöpfe (Ps 145,10) Gott oder seinen königlichen Statthalter (Ps 45,18) preisen, preist "man" den Reichen[404], und man tut dies paradoxerweise, weil er nicht etwa - wie

---

preisen, dass du dir gütlich tust, dass du es so weit gebracht wie das Geschlecht seiner Väter, während er nimmer das Licht erblickt."

401. Diese Deutung wird allerdings meist ohne grosse Ueberzeugung vorgetragen. So stellt etwa STIER (143) resigniert fest: "Es bleibt nur übrig, eine plötzliche Apostrophe an den bisher geschilderten Lebemann anzunehmen..." und OLSHAUSEN (220) bemerkt kleinlaut: "Uebrigens bleibt der plötzliche Uebergang in die Anrede in unsern Augen unter allen Umständen hart." Nur ganz wenige können sich für die "Lebendigkeit des Gedankenfortschritts" (SACHS 71) bzw. der "Anschauung" (KESSLER 109) begeistern, die in der so gedeuteten zweiten Person angeblich zum Ausdruck kommen soll.

402. Das ist die "Lösung", die sich seit 1900 in den "kritischen" Kommentaren fast allgemein durchgesetzt hat und die von DUHM (Psalmen, 1. Auflage 1899, 141) bis KRAUS (Psalmen, 5. Auflage 1978, 518) mit derselben Treuherzigkeit gepredigt wird.

403. Man findet sie etwa bei DOEDERLEIN 102, HENGSTENBERG 466, LUZZATTO 211, HIRSCH 270, PLOEG 160, HERKENNE 183 und auch bei HALEVY (146) in einer Anmerkung - in seiner (allerdings sehr freien) Uebersetzung steht er schon nicht mehr dazu... BOETTCHER (Aehrenlese 250) glaubt, "Gedanken-ausdruck des יברך, als stünde לאמר dahinter" könne nur ein יודך ohne waw sein, weswegen er letzteres mit Berufung auf die SEPT streicht. Ich halte im Gegenteil dieses hervorhebende waw ("Ja, man lobt dich...") für eine der Möglichkeiten, mit der man eine direkte Rede markieren und einleiten kann (vgl. etwa Hi 41,2; Mal 3,1 u.a.).

404. Ich vermute, dass die zweite Person maskulinum diese Anspielung auf den Hymnus verdeutlichen soll. Normal wäre ja in einem Gespräch mit der Seele das Femininum (vgl. etwa Ps 35,3; 42,6.12; 43,5; 116,7;

Gott - zu andern, sondern zu sich selbst "gut" ist[405]. So sieht es jedenfalls der Reiche in seinem zitierten Selbstgespräch...

Dieses Zitat bedeutet zudem verglichen mit dem ersten in v.6 eine Steigerung. Dort ignorierte zwar der Reiche Gott, doch eine Schuld und damit eine gewisse (wenn auch nach ihm völlig unwirkliche) Bedrohung konnte er noch wahrnehmen. Hier ist diese Bedrohung ganz verschwunden, dafür fühlt sich der Reiche so gut und so gütig (Ps 119,68) wie Gott selbst. Weiter kann man den Autismus kaum treiben...

V.20 geht nun daran, diese heile Scheinwelt des Reichen zu zerschlagen.

6.3.2. Der Tod als Vernichtung des Scheinens (v.20)

1. Das erste Wort von v.20 ist just noch seltsam genug, um das durch die scheinbaren Schwierigkeiten von v.19 geweckte Interesse der Exegeten noch eine Zeit lang wach zu halten. Denn ob man nun תבוא als zweite Person maskulinum oder als dritte Person femininum deutet, die Spannung zum Suffix von אבותיו ist nicht zu vermeiden. So greifen denn die Ungeduldigeren kurzerhand zur Konjektur und stellen durch ein אבותיך bzw. ein יבוא die Harmonie wieder her. Dies ist freilich völlig willkürlich[406].

146,1). Doch im Satz וְיוֹדֻךָ כִּי תֵיטִיבִי לָךְ (den etwa PRAETORIUS 336 als Urtext vorschlägt), wäre die Anspielung auf das häufige יודוּךָ der Psalmen weniger klar. Dass das Maskulinum nicht unmöglich ist - zumal wenn נפש wie hier klar Reflexivpronomen ist - zeigt Ps 3,3.

405. יטב/טוב Hi ist ein sehr allgemeines Wort (vgl. etwa das adverbiell gebrauchte היטיב!). Deshalb ist es nicht gerechtfertigt, das תיטיב לך aufs Gastronomische einzuschränken, wie es viele Exegeten - unbewusst wohl von Lk 12,19 beeinflusst - zu tun scheinen. Zwar erscheinen einmal in Ri 19,22 Esser als מיטיבים את-לבם, doch beschreibt der Ausdruck nicht das eigentliche Essen und Trinken, das vorher (v.21) zur Sprache kommt, sondern die friedliche Atmosphäre der Tischgesellschaft, kurz bevor sie in die Katastrophe schlittert. In unserem Vers bezeichnet היטיב die Schaffung eines sehr allgemeinen und umfassenden Wohlbefindens, die sonst Gott zum Subjekt hat (vgl. Ps 51,20; 119,68; 125,4 u.o.).

406. אבותיך konjizieren z.B. WELLHAUSEN (Edition 85), PANNIER (291) und vielleicht schon WETTE (340). DAHOOD dagegen versteht es natürlich, sein "your fathers" (296) "with no change of consonants" herbeizuzaubern: er zieht das ו von אבותיו zum Folgenden und lässt das Suffix von יודך (v.19!) weiterwirken auf das verbleibende "'abōtī, the oblique plural as in Ugaritic" (303)! Viel verbreiteter als אבותיך, aber nicht minder willkürlich - die einzige "Variante" zu תבוא, das mutmassliche תביא der PESH, stützt gerade das ת - ist יבוא. Seit sie HOUBIGANT (64) vorschlug (allerdings in der Form von ויבוא, denn nach ihm war das ת eine Verlesung aus וי), findet sie immer wieder

Andere (etwa ROSENMUELLER 1076, CAHEN 110 und vielleicht WETTE 340) versuchen den MT zu retten, indem sie אבותיו als Enallage von אבותיך anpreisen, was STIER (144) wohl zu Recht für "unmöglich und beispiellos" hält.

Nun schliesst unsere Auslegung von v.19a תבוא als zweite Person aus, denn v.20a kann ganz unmöglich zum zitierten Selbstruhm des Reichen gehören. So bleibt nichts anderes übrig, als in תבוא eine dritte Person femininum zu sehen: שב אל נפשו של העשיר (IBN ESRA). Das ist unter den Exegeten, die am MT festhalten, ohnehin die beliebtere Lösung. Sie nimmt nämlich zwischen נפשו und אבותיו eine Spannung an, die "sich als 'enallage generis' viel eher vertragen" lässt (STIER 144) als die Enallage der Personen[407] - ja vielleicht gar keine Enallage mehr ist, "da die Väter dem איש מעשיר, ganz und auch dem Leibe nach, nicht bloss seiner Seele zugehören" (STIER 144).

2. Man mag es nun wie OLSHAUSEN (220) "sehr unbequem" finden, "das Subjekt aus dem ziemlich entfernten נפשו zu entnehmen", widersinnig ist es deshalb noch lange nicht - ganz im Gegenteil: Ein יבוא würde nämlich nur gerade die Sterblichkeit des Reichen festhalten. Demgegenüber unterstreicht der etwas umständliche und deshalb auffällige Rückbezug auf נפשו, dass der Reiche gerade unter dem Aspekt, den er an sich besonders göttlich findet, vergänglich ist. Gerade insofern er sich glücklich preist, weil er besitzt, ist er schon immer unterwegs zum toten Geschlecht seiner Väter, gerade dadurch, dass er hat und <u>scheint</u>, ist er nicht.

Ferner entsteht dank des תבוא ein Gegensatz zwischen dem Leben, das Gott aus der Sphäre der Vergänglichkeit heraushält (v.16) und dem Leben, das automatisch darin untergeht (vgl. etwa Ps 1,6!). Wie das לקח von v.18 (vgl. oben 6.2.33) weist also auch das תבוא an unserer Stelle diskret auf

---

Anhänger, so etwa KNAPP, MUENTHINGE, STUHLMANN, HUPFELD, THALHOFER, DUHM, WELLHAUSEN (Translation), GUNKEL, BRUNO, SCHMIDT, BUTTENWIESER, OESTERLEY, BOEHL, WEISER, KISSANE, McCOLLOUGH, CASTELLINO, NOETSCHER, LAMPARTER, KRAUS, MAILLOT, DEISSLER, ANDERSON, PERDUE (Wisdom 316).

407. BOETTCHER (De Inferis 202) freilich versucht die Spannung zwischen den Genera möglichst zu dramatisieren: "ac ne animae quidem convenit illud, in quo multi offendunt, יו_ ad אבות affixum, quod debebat esse יה_." Anschliessend versucht er die Spannung zwischen den Personen herunterzuspielen: "At in illo אבותיו suff. יו_ restitit ex tristissimis נאסף אל אי, בוא אל אבותיו in tertia plurimum persona usitatis, sicut idem ו_ vel ם_ etiam cum aliis personis mansit in יחדו et כלם." Wer diese Erklärung annimt (vgl. dafür Ri 2,10, dagegen aber Gen 15,15; 47,30; 49,29 u.a.), kann allerdings nicht umhin, sie erst recht für die '<u>ennallage generis</u>' gelten zu lassen.

v.16 zurück. Damit wird nochmals (vgl. oben 6.2.34) angedeutet, dass Gott nur den Menschen nimmt, der wirklich Mensch ist, und nicht den, der es bloss, aufgrund dessen, was er hat, zu sein scheint.

3. Anders als in v.18 wird nun aber in v.20 das Ergehen dessen, der nicht "genommen" wird, erläutert: er ist unterwegs zum Geschlecht seiner Väter[408]. Der Psalmist greift damit eine alte Vorstellung auf, die sonst nur im Zusammenhang mit den Patriarchen der Genesis oder mit Königen - sofern sie eines natürlichen Todes starben - gebraucht wird. Man verband also offensichtlich mit dieser Vorstellung "non seulement une certaine solennité, mais encore un certain calme, une quiétude" (ALFRINK, שכב 110). "Zu den Vätern gehen, versammelt werden oder sich legen" hiess soviel wie "mit sich und der Welt versöhnt, nach einem langen, erfüllten Leben den Tod willig annehmen" (vgl. dazu etwa WAECHTER, Tod 71). Genau das wird dem Abrahem als Teil seines "sehr grossen Lohnes" verheissen: ואתה תבוא אל-אבתיך בשלום תקבר בשינה טובה.

4. An unserer Stelle wird nun diese, wenn nicht gerade idyllische, so doch einigermassen tröstliche Vorstellung in der zweiten Vershälfte ganz bös entstellt. Gewiss, "der Gedanke, dass die Verstorbenen in der Unterwelt das Licht entbehren müssen, ist aus der Literatur des Alten Orients hinreichend bekannt" (SCHMITT, Entrückung 238) und die Kommentare sind auch nicht um Parallelen verlegen[409]. Was sie aber kaum beachten, ist, dass

---

408. Seltsamerweise hat das Wort דור hier bisweilen Anstoss erregt und man glaubte die aus Is 38,12 gewonnene Bedeutung "Wohnung" sei "certainly preferable, indicating the abode of the dead where the forefathers already are" (ACKROYD, Meaning 4, ähnlich schon KNAPP 103, WETTE 340, STIER 144, DUHM 204 UCHELEN 71 u.a.). Doch seit NEUBERG auf "an unrecognized meaning of hebrew dor" hingewiesen hat, fand man, dass "'assembly' appears even better in this context" (ACKROYD aaO, ähnlich z.B. MAILLOT 306, DAHOOD 303, SCHMITT, Entrückung 238). Mir scheint das ganze Problem ziemlich künstlich. Ich sehe nicht ein, welche Vorteile hier die "Wohnung" bringen soll, auch wenn sie in Is 38,12 am Platze ist (obwohl ich sogar da gewisse Zweifel hege: der Vergleich mit dem Hirtenzelt ist viel sprechender, wenn דורי "meine Zeitgenossen" bedeutet, die ja in v.11 erwähnt werden und von denen sich der Beter trennen muss, weil sie wie Zelte zusammengerollt werden und auf ihrem Lebensweg weitergehen, dieweil er als Sterbender stehen bleibt). Auch die "Versammlung" der Väter drängt sich an unserer Stelle nicht auf. Es scheint mir klar, dass דור, dem ursprünglichen Sinn der Wurzel entsprechend einen "Personenkreis" meint, der bald zeitlich ("Generation"), bald räumlich ("Versammlung") abgehoben und definiert werden kann. In der Formel דור אבות scheint mir die zeitlich definierte Bedeutungsvariante viel naheliegender.

409. Aus dem Alten Testament führt man etwa an Ps 36,10; 58,9; 97,11; Hi 3,16; 3,20; 18,18; Qoh 6,4f. Für die altorientalischen Parallelen vgl. KEEL, Bildsymbolik 55-57, 67f und SCHMITT, Entrückung 239.

dieser Gedanke hier eingesetzt ist, um die Vorstellung vom "Gang zu den Vätern" zu torpedieren. Wie in v.16 wird eine traditionelle Vorstellung durch die Verknüpfung mit einer andern traditionellen Vorstellung grundlegend verändert, hier allerdings im Sinne einer unfeinen Entlarvung, die ganz an die Kritik des בית עולם in v.12 erinnert[410].

So kehrt am Ende des Gedichtes - gerade vor der Wiederholung des Refrains - die dunkle Atmosphäre des Grundpsalmes wieder. In ihr zerrinnt die heile und prunkvolle Scheinwelt von v.19 allmählich durch etappenweisen Abbau ins Nichts: Sie wird zunächst in v.20a durch die friedliche und leicht beschönigende Vorstellung vom "Gang zu den Vätern" recht mild und nachsichtig in Frage gestellt, um dann in v.20b an der nunmehr unverblümt dargestellten Schrecklichkeit des Todes brutal zu zerschellen[411].

5. In v.20 als Ganzem wird also die heile Scheinwelt von v.19 zerschlagen, genau wie in v.18 der כבוד des Besitzenden von v.17 am Tod zerbrach. Damit wiederholen die beiden Verspaare v.17f und v.19f jeder für sich unter zwei verschiedenen Gesichtspunkten, dem des Habens und dem des Scheinens, die Denkbewegung des "Rätsels" von v.6-15: das problemlose Vertrauen in das eigene Leben (v.6-10) zerbricht an der Erfahrung des Todes (v.11-15), angesichts des Todes sind der Besitz (v.17f) und die Selbsteinschätzung, die er begründet (v.19f), völlig wertlos. Das Sterben ist die grosse Demaskierung von jedem Haben und von jedem Scheinen, und damit auch die grosse Einladung zu <u>sein</u>. Diese Einladung wird v.21 ausdrücklich vorbringen.

---

410. Wie unangenehm diese Ironisierung des 'Ganges zu den Vätern' für damalige Ohren sein musste, lässt sich noch am TARG ablesen, der sie aufhebt, indem er v.20a auf die Gerechten und v.20b auf die Frevler bezieht: תעול דוכרנהון דצדיקיא עד דר אבהתהון ורשיעיא לעלמי עלמיא לא יחמון נהורא, "Das <u>Andenken der Gerechten</u> wird eingehen zum Geschlecht ihrer Väter, doch <u>die Frevler</u> werden auf immer und ewig das Licht nicht sehen."

411. Damit verhalten sich v.20a und v.20b zueinander ähnlich wie v.10a und 10b (vgl. oben 5.3.15).
Es ist übrigens beachtenswert, wie sich in der Strophe v.16-20 der allmähliche Wiedereinbrauch der drückenden Atmosphäre des Grundpsalmes auch lautlich bemerkbar macht: Während in den v.16 und 17 die hellen i-Laute vorherrschen, machen sich allmählich die dunklen o- und a-Laute breit, die in v.20 schliesslich das Feld fast ganz beherrschen.

6.3.3. Zum Aufbau der Erweiterungen

Nach dieser Auslegung der Erweiterungen drängt sich nochmals ein kurzer Vergleich zwischen v.6-10 und v.17-20 auf. Wenn man nämlich an diesen zwei Strophen nicht bloss das Aeusserlichste und Formalste Berücksichtigt, wie dies oben (1.3.3) geschehen musste, ergeben sich in Ergänzung der dort bereits aufgezeigten "mechanischen" Entsprechungen, weitere Entsprechungen zwischen beiden Strophen.

Schon während der Auslegung zeigten sich Aehnlichkeiten

- zwischen v.10 und v.16, in denen auf einen sehr langen und unbestimmten Teilvers ein kurzer Teilvers folgt, der die Unbestimmtheit aufhebt (vgl. oben 6.1.25);
- zwischen v.8 und v.17, die beide mit einer (Art) Anrede einsetzen (vgl. oben 6.2.22);
- zwischen v.6 und v.19, die beide ein Zitat enthalten (vgl. oben 6.3.15).

Daraus kann man schliessen, dass beide Strophen in je drei Teile zerfallen, die spiegelbildlich angeordnet sind, sodass die Erweiterungen eine dreifache Inclusio zum Grundpsalm darstellen:

v.6-7: Selbstvertrauen: überhebliches Zitat und erklärender Nachsatz

v.8-9: Besitz: Anrede und Darlegung der Nutzlosigkeit des Reichtums

v.1o: Ueberwindung des Todes: Verneinung durch Hinweis auf die Erfahrung (כי יראה)

v.11-15: Grundpsalm

v.16: Ueberwindung des Todes: Bejahung durch Hinweis auf die transzendentale Bedingung der Erfahrung (כי יקחני)

v.17-18: Besitz: Anrede und Darlegung der Nutzlosigkeit des Reichtums

v.19-2o: Selbstvertrauen: überhebliches Zitat und verurteilender Nachsatz

Im Psalm 49 überlagern sich damit drei verschiedene Systeme von Bezügen:

- auf der Ebene der "äusseren Form" die oben 1.3.3 dargelegten Entsprechungen, vornehmlich zwischen gleichen Lexemen und syntaktischen Fügungen vor und nach dem Grundpsalm;
- auf der Ebene der "inneren Form" die eben skizzierte, vornehmlich durch die angeschlagenen Themen gebildete, dreifache Inclusio des Grundpsalmes;
- auf der Ebene des Inhaltes die oben 6.3.25 angedeutete zweimalige Zusammenfassung des Gedankenganges der v.6-15 in den v.17-18 und v.19-20.

Angesichts dieser hochkomplexen Form ist der denkerische Tiefgang des Psalmes erst recht erstaunlich und bewundernswert.

Dieses äusserst subtile Kunstwerk ist auch entsprechend eingerahmt durch den versetzten Kehrvers (v.21) und die Lehreröffnung (v.2-5), auf die jetzt einzugehen ist.

7. ZUM RAHMEN DES PSALMES

7.1. EINLADUNG ZUM SEIN

1. Für sich allein genommen lässt v.21 wie wir oben (4.3.23) sahen, zwei grundlegend verschiedene Deutungen zu: er kann entweder als resignierter Seufzer ein skeptisches Menschenbild skizzieren, oder als polemischer Ausruf gewisse uneinsichtige Leute zur Vernunft bringen wollen.

Im Rahmen des Grundpsalmes schien die erste Deutung die naheliegendste zu sein (vgl. oben 4.3.24). Vor dem Hintergrund des ganzen Gedichtes ist sie nun kaum mehr möglich. Denn es ist ja wenig wahrscheinlich, dass der Autor der Erweiterungen seinen Leser am Ende des Psalmes wieder in den resignierten Skeptizismus des Grundpsalmes zurückstossen will, aus dem er ihn vorher mit so viel Scharfsinn herausgeführt hat. Wenn der Autor der Erweiterungen den Kehrvers bei seinem zweiten Erscheinen an das Ende des ganzen Gedichtes versetzt, so tut er es wohl, weil er dessen Doppeldeutigkeit bemerkt hat und durch die Versetzung dessen zweite Deutung sicherstellen will.

Solchermassen als "missionarische Polemik" verstanden, gewinnt der versetzte v.21 bei gleich bleibendem Sinn eine andere Bedeutung: der Widerspruch zwischen der Herrlichkeit des Menschen (אדם ביקר) und seiner tierischen Verständnislosigkeit (ולא בין) bleibt zwar bestehen, aber er weist jetzt nicht mehr hin auf einen <u>prinzipiellen</u>, unverrückbaren Sachverhalt, an dem man verzweifeln müsste, sondern auf einen <u>faktischen</u> Missstand, der sich verändern lässt. Als Hinweis auf einen Missstand ist nun v.21 durchaus auch eine diskrete Aufforderung, diesen Missstand aufzuheben[412].

2. Damit wird die Theorie der Gottebenbildlichkeit weitergedacht und differenziert: die Gottebenbildlichkeit ist nun nicht mehr eine anthropologische Bestandesaufnahme, die man zur Kenntnis nehmen kann bzw. die man verwerfen muss, wenn sie den Fakten widerspricht, sondern die Gottebenbildlichkeit wird hier zur ethischen Norm, die es zu realisieren gilt. Nicht jeder Mensch ist einfach von vornherein Gottes Ebenbild. Gottes Ebenbild ist der Mensch nur insofern er seinen Tod nicht verdrängt, sondern zu seiner Endlichkeit steht und so die Scheinwelt des Habens durchschaut und überwindet. Nur so _ist_ der Mensch wirklich Mensch, nur so ist er Gottes Ebenbild und nur so kann er auch verstehen. "Verstehen" heisst hier, wie wir oben (4.3.22) gesehen haben: die Wirklichkeit in ihrer Bedingtheit als Tat Gottes erkennen - und das wiederum kann nach v.16 nur heissen: als Tat dessen, der allem Bedingten seine unbedingte Gültigkeit verleiht (vgl. oben 6.1.6). Das Verstehen, das kraft der Gottebenbildlichkeit möglich ist und wohl auch deren eigentlichen Inhalt konstituiert (vgl. oben 4.3.25) fusst also in nichts anderem als in jener hintergründigen, "transzendentalen" Erfahrung, die in v.16 im Interpretament der Entrückung zur Sprache kam[413]. Weil Gott, dieser Erfahrung zu glauben, den Menschen "nehmen" kann, bleibt der Tun-Ergehen-Zusammenhang schliesslich doch gewahrt und die Wirklichkeit lässt sich wieder verstehen. Am Schluss des ganzen Psalmes sagt v.21 also ziem-

---

412. Unter den neueren Exegeten (vgl. aber unten Anm. 413) hat einzig MAILLOT (300) bemerkt, dass im versetzten v.21 der Autor der Erweiterungen dem Unverständigen, gewissermassen kopfschüttelnd über soviel Unverstand, ins Gewissen redet, nur beachtet er m.E. zu wenig, dass dieses Reden nicht einfach ein lyrischer Erguss ist, sondern durchaus der Belehrung und Bekehrung dient, wenn er sagt: "Et c'est la reprise du refrain, mais cette fois avec une certaine tristesse du poête: j'ai beau parler, le riche ne comprendra pas (Lk 16,31)! Rien n'y fera, seule la mort lui dessilera les yeux."

413. Die alten Exegeten, die im Gegensatz zu den modernen in v.21 durchaus eine Aufforderung zum Verstehen sahen, verbanden diese allerdings nicht mit v.16, da sie Ps 49 in der Fassung von SEPT oder GAL lasen und deshalb den Wortlaut von v.21 schon in v.13 vorfanden und auslegen mussten. Der Gegenstand des Verstehens war deshalb für sie die Gottebenbildlichkeit selbst (vgl. APOLLINARIS 32, Ps-HIERONYMUS 967, THOMAS v. AQUIN 367, NIKLAUS v. LYRA 785 vgl. oben Anm. 141 , ähnlich THEODORET 1225, AUGUSTINUS 574 u.a.). Der Unterschied zur hier vorgeschlagenen Deutung ist aber praktisch bedeutungslos, insofern in meinem Verständnis die Erfahrung der eigenen Gottähnlichkeit eben jene transzendentale Erfahrung ist, in der das Verstehen der Wirklichkeit gegeben ist.

lich genau das Gegenteil von dem, was er am Schluss des Grundpsalmes sagte (vgl. oben 4.3.24): Weil der Mensch erfahrungsgemäss nicht besteht (בל-ילין), ist er prinzipiell überhaupt fähig, den Schleier des Habens und Scheinens zu durchschauen und zu verstehen. Er steht deshalb seiner faktischen Uneinsichtigkeit (ולא-יבין) zum Trotz durchaus über den Tieren - wenn er sich nur entschliesst, wirklich Mensch zu sein (ביקר).

3. So verbinden sich in v.21 die ethisierte Theorie der Gottebenbildlichkeit und die ethisierte Vorstellung der Entrückung (vgl. oben 6.2.34)[414],

---

414. Ich vermute eine ganz ähnliche Verbindung von Entrückung und Gottebenbildlichkeit auch in Ps 73, den man traditionell in die Nähe von Ps 49 rückt. Wie die Denker in Ps 49 ist der Beter in Ps 73 am offensichtlich nicht funktionierenden Zusammenhang zwischen Tun und Ergehen irre geworden. Für ihn ist allerdings nicht der Tod der Weisen, sondern - etwas konventioneller - das Ueberleben der Schuldigen (vgl. Ps 49, 6-10) der Stein des Anstosses (v.2-16). Dann aber findet er Zugang zu Gottes heiligen Ordnungen (v.17, מקדש, "mit Heiligkeit Behaftetes" meint nicht immer einen Tempel, was Stellen wie Num 18,29; Is 8,14; Jer 51,51; Ez 11,16; 45,46 zeigen). Was er dabei versteht, drückt er m.E. mit den Vorstellungen von Entrückung und Gottebenbildlichkeit aus: Die Bösen verschwinden wie ein Traum am Morgen, d.h. Gott "hebt" sie nicht "auf", denn zeitlebens sind sie eigentlich gar nichts und ihr Bild (צלם, vgl. Gen 1,26f) kann Gott nur verachten (v.20). Anders der Gerechte: auch wenn er vor lauter Verzweiflung (v.21) wie der Autor unseres Grundpsalmes (Ps 49,11-15.21) zum Schluss kommt, er sei nichts als ein unverständiges Tier (v.22 abα , ואני-בער ולא אדע בהמות "und ich: auch als Tor, auch als einer, der nichts versteht, als Tier...", vgl. MANNATI, Avec toi 61f) ist er doch schon immer und für immer mit Gott (v.22 bβ - 23a הייתי עמך ואני תמיד עמך), ist von ihm bei der Hand erfasst und geleitet (v.23b-24a), geniesst seine Nähe und steht bereits in ihm (v.28, שתי, vgl. Ps 49,15!). Mitten in diesen Aussagen, die alle um Entrückung und Gottebenbildlichkeit zu kreisen scheinen, fallen nun m.E. in v.24b auch die zwei Schlüsselbegriffe zu diesen beiden Vorstellungen: לקח und כבוד. Für תקחני ist die Deutung auf die Entrückung ziemlich verbreitet, hingegen ist die Verknüpfung von כבוד mit der Gottebenbildlichkeit an unserer Stelle eher selten. SFORNO etwa sagt zum Satz אחר כבוד תקחני: ואחר שאשיג צלם אלהים אשר בו כבוד שלמותי תקחני ותאספני אליך. Ich schliesse mich dieser Deutung an und übersetze (gegen die masoretische Akzentuierung) den berüchtigten Stichos mit: "Du nimmst mich nach, d.h. gemäss der Herrlichkeit." Für אחר nun plötzlich die Bedeutung "gemäss" zu postulieren, scheint mir insofern nicht völlig willkürlich, als die Sinnverschiebung von "nach" zu "gemäss", die in etlichen (allerdings nichtsemitischen) Sprachen anzutreffen ist, im Hebräischen in der Formel הלך אחר bisweilen (vgl. z.B. 2 Kön 13,2; Is 65,2; Ez 13,3) fast erreicht wird und vielleicht in Rt 2,2 ("je nach dem") und Neh 5,15 ("im Wert von") vorliegt. Mit dieser Bedeutung von אחר wird die ebenfalls berüchtigte Parallele in Sach 2,12 zumindest nicht schwieriger. Im Relativsatz אחר כבוד שלחני bestimmt nun אחר כבוד, "gemäss <seiner> Herrlichkeit" das שלחני näher, ähnlich wie ברוחו in Sach 7,12. Dank eines so gedeuteten אחר כבוד würde nun Ps 73,24b genau wie unser Kehrvers ethisierte Gottähnlichkeit und ethisierte Entrückung kurz und prägnant verbinden: "genommen" wird

um den Hörer und Leser einzuladen, das zu sein, was er sein kann: ein Mensch, der im Bewusstsein seines Todes (v.11-15) die Welt des Habens und des Scheins durchbricht (v.6-10.17-20) und der im Aufstand gegen seine Sterblichkeit (v.11-15) Jenen erahnt, der ihn in seinem todverfallenen Leben "nehmen" kann, weil er der ist, der jedes Sein und alle Endlichkeit "unendlich sanft in seinen Händen hält".

7.2. EINLADUNG ZUM HOEREN

7.2.1. Ueberdimensioniertes Blendwerk?

1. Die "feierlich gehaltene, im Verhältnis zu dem Ganzen etwas breit angelegte Vorrede (v.2-5)" (KESSLER 109) wurde in den Kommentaren immer wieder zum Gegenstand eines mehr oder weniger verhaltenen Spottes. Man fand diesen "gewaltigen Posaunenstoss am Anfang" (DUHM 204) "ein bisschen feierlich" (REUSS 138). Diese "der Kunstpoesie geläufig gewordene Floskel" (OLSHAUSEN 211) schien gewiss "volltönend, aber ganz und gar nicht originell" (STAERK 248). Man sah in dieser "feierlichen, etwas zu viel versprechenden Ankündigung" (WETTE 339), die "cum quadam magniloquentia effertur" (KNABENBAUER 191), nichts als ein wortreiches (PAULUS 248, WEISER 260), "umständliches" (KOENIG 592) und "hochtönendes" (HERKENNE 182) "artificium rhetoricum" (POLUS 814), das höchstens als "Probe der damaligen literarischen Mode, der ruhmredigen Vortragsweise der 'Weisen'" (DUHM 199) Beachtung verdiene.
2. Nun bilden diese "hohen Worte" (GUNKEL 209), aus denen gewisse Exegeten ein "beachtenswertes...Selbstgefühl des Dichters" (BUDDE 112) glaubten herauslesen zu dürfen, einen der zahlreichen "Lehreröffnungsrufe" des AT[415]. Insofern kann man in ihnen tatsächlich eine "der Kunstpoesie geläufig ge-

---

der Mensch nur insofern und in dem Masse er sich als Bild Gottes konstituiert hat, er bleibt in dem Masse er seinsmässig "Gewicht" hat. Eine recht ähnliche Auffassung -freilich im Rahmen eines andern Interpretamentes- liegt m.E. in der oben (Anm. 371a) zitierten Stelle 1 QS IV 15f (womöglich verknüpft mit der Theorie der Gottebenbildlichkeit in CD III 20; 1 QH XV 17) vor.

415. Neben den Situationen, wo sie sich ganz natürlich ergibt (vgl. Ri 9,7; 2 Sam 20,16; 2 Kön 18,18 = Is 36,13), begegnet die Aufforderung zum Hören schon in alten Liedern wie Ri 5,3 oder Gen 4,23. Gehäuft findet man sie aber erst in der Weisheitsliteratur (vgl. Spr 1,8; 4,1; 4,10; 5,7; 7,24; 8,6; 8,32f; 19,20; 23,19; Hi 13,6; 13,17; 15,17; 21,2; 32,6ff; 34,2; 34,10; 37,2; Sir 3,1; 6,23; 16,24; 31,22; 33,18; Weish 6,1ff; Ps 34,12; 78,1). Wohl von da her hat sie die prophetischen Schriften überflutet (vgl. Is 1,2; Jer 2,4; Ez 6,3; Hos 4,1; Joel 1,2; Am 3,1; Mi 1,2 u.o.). Vgl. zum Ganzen WOLFF, Hosea 122f.

wordene Floskel" sehen. Damit ist aber noch nicht erklärt, was diese Aufforderung zum Hören überhaupt bedeutet und warum sie in unserem Psalm so breit ausgefallen ist. Nur die wenigsten Exegeten gehen auf diese Fragen ein.

3. Statt einer Antwort auf die erste Frage findet man lediglich in einigen Kommentaren scharfsinnige Spekulationen über den Unterschied von שמעו und האזינו[416]. Die Fragestellung scheint mir nicht sehr ergiebig, da die beiden Verben wie die meisten Ausdrücke im synonymen Parallelismus nur dazu dienen, "einen bestimmten Sinnbereich zu umstecken" (RAD, Weisheit 47, vgl. 25-27)[417].

Das Hören ist schon in der ägyptischen Weisheit ein zentraler Begriff: "Nützlich ist das Hören für einen gehorsamen Sohn, denn das Hören dringt ein in den Hörer und so wird der Zuhörer zu einem Gehorsamen." (Lehre des Ptahotep 34ff, zit. nach SCHMID, Weisheit 31, vgl. PRITCHARD, Texts 414). Das "Hören" meint also sowohl das aufmerksame Aufnehmen des Gesagten, als auch das verstehende Eindringen in den Sachverhalt und das gehorsame Tun aus der so geborenen Einsicht[418]. Aehnlich verhält es sich im AT: שמע-אתה בני וחכם ואשר בדרך לבך (Spr 23,19). Die Einladung zum Hören der Weisheitsrede ist somit auch eine Einladung zur Auseinandersetzung mit der Sache und zum sachgerechten Handeln.

4. Von daher kann man verstehen, weshalb die "Lehreröffnung" in unserem Psalm so breit ausgefallen ist[419]. Die wenigen Exegeten, die diese Frage einer Antwort für würdig halten, drücken sich sehr vorsichtig aus. LAMPARTER (250) etwa beteuert: "Diese weit ausgreifende Anrede ist kein Aus-

---

416. HIRSCH (265) z.B. sieht ihn so: "Während שמעו die Aufforderung enthält, unser Ohr Dem nicht zu verschliessen, was dieser Gesang zu beherzigen geben will, fordert האזינו, aus dem Gefühle des Bedürfnisses durch Hinneigen des Ohres der Aufnahme der dargebotenen Lehre entgegenzukommen." Noch verzweifelter ringt PLOEG (140) um eine scharfe Distinktion: "L'impératif <u>šimᶜu</u> est employé par ceux qui ont quelque chose à dire à d'autres, prophètes et sages... Le mot plus solennel <u>haᵓazinu</u> se retrouve principalement chez les prophètes..."

417. Bald stehen שמעו und האזינו parallel (Ri 5,3; Is 1,2.10; 28,23a; 32,9; Jer 13,15; Joel 1,2; Hi 34,2; vgl. Gen 4,23), bald שמעו und הקשיבו (Mi 1,2 u.ö.), bald האזינו und הקשיבו (Is 51,4), vgl. WOLFF, Hosea 122f.

418. Vgl. dazu SCHMID, Weisheit 31-33. BRUNNER, Erziehung 131-134 betont dagegen viel stärker den Aspekt des <u>blinden</u> Gehorsams, der das Hören in andern ägyptischen Texten kennzeichnet.

419. Sehr lange Lehreröffnungen sind auch in Hi 32,6-33, 7 und Weish 6,1-11 zu finden.

druck einer anmassenden Selbstüberschätzung des Verfassers. Er will damit nur das Gewicht der Frage verdeutlichen, die in seinem Lied aufgeworfen wird." PAULUS (248) ist noch vorsichtiger: nach ihm zeigt "der wortreiche Eingang" bloss, "wie wichtig und feierlich (mystisch) damals noch Einsichten genommen werden mussten, die nach und nach Kinderwahrheiten geworden sind." SEILER (270) schliesslich bezweifelt, dass sich der Inhalt von Ps 49 je als besonders spektakulär darbot - "aber wie viele Menschen sind denn wohl, welche diese wichtigen Wahrheiten und Erfahrungen wohl überlegen?"

Mit scheint besonders diese letzte Bemerkung die Sache zu treffen. Gewiss ist die in Ps 49 aufgeworfene Frage bedeutsam und auch die vorgetragene Antwort scheint mir künstlerisch und denkerisch so eindrücklich, dass sie durchaus erhöhte Aufmerksamkeit beanspruchen darf. Richtig ist wohl auch, dass der Versuch, dem Tod "entgegenzudenken" heute weniger neu und spektakulär sein mag als zur Zeit des Psalmisten. Doch das liegt nun vielleicht gerade daran, dass heute noch weniger Menschen als damals die Erfahrung des Todes in seiner Schrecklichkeit und Unannehmbarkeit unverdrängt aushalten und "wohl überlegen". Und da liegt nun primär der Punkt, wo die ausführliche Einleitung - bis heute - ihre Rechtfertigung findet: sie lädt den oberflächlichen Hörer und Leser ein, dem Psalm seine volle Aufmerksamkeit zu schenken, nicht nur, um den komplizierten Text in seiner ganzen Subtilität erfassen zu können, sondern auch und besonders, um sich durch ihn seine eigenen verschütteten Erfahrungen freilegen und aufschlüsseln zu lassen.

Die Einleitung v.2-5 will also, wie jede "Lehreröffnung", den Hörer in erster Linie nicht informieren, sondern motivieren, damit er sich ganz dem Gesagten, und durch das Gesagte hindurch ganz sich selbst zuwende und so, "unterwegs zur Sache", von einem Zuhörer zu einem Gehorsamen werde.

5. Gleichwohl gibt aber die Einleitung von Ps 49, besonders in den Teilen, in denen sie vom üblichen Schema abweicht (v.2b.3b.5a) auch schon wichtige Hinweise für das Verständnis des Psalmes - Hinweise freilich, die wir heute z.T. erst nach der Lektüre des Gedichtes verstehen...

7.2.2. Das Zielpublikum (v.2-3)

1. Was die Kommentatoren in v.2 am meisten beschäftigt, ist der Ausdruck כל-העמים, der "in seiner exklusiven Universalität nicht seinesgleichen im AT" habe (DEISSLER 33). Das ist zwar stark übertrieben, da spätestens mit den Propheten des 8. Jahrhunderts "alle Völker" immer häufiger in den Blick kommen (vgl. schon 1 Kön 22,28, später Mi 1,2 u.ö.; im Psalter vgl.

Ps 47,2; 67,4.6; 96,3; 97,6; 99,2; 117,1; 148,11) - allerdings in ganz anderen Zusammenhängen (des Gerichtes, des hymnischen Lobes usw.). Im weisheitlichen Kontext ist dieser ausdrückliche Universalismus tatsächlich einmalig, denn "les sages ne s'adressent jamais explicitement au monde entier" (PLOEG 141)[420]. An unserer Stelle ist deshalb das כל-העמים wohl weniger ein Ausdruck der "perspectives universelles de la sagesse" (PANNIER 287), als vielmehr ein - dem prophetischen Stil entlehntes - Mittel, das "auf die hohe Wichtigkeit der Belehrung aufmerksam machen" soll (HENGSTENBERG 458). "On a donc l'impression, que l'auteur du Ps 49 se sert consciemment d'une expression prophétique pour donner plus de poids à ses paroles." (PLOEG 141)[421].

2. Aufschlussreicher als "alle Völker" scheinen mir die ישבי-חלד zu sein.

Dass חלד "een zeldzaam, dicherlijk woord" ist (PLOEG K 302), dürfte wohl den meisten Exegeten klar sein, doch über seine Bedeutung werden trotzdem kaum je Zweifel wach.

Einige nehmen für חלד, gestützt auf das arabische ḫuld (von ḫalada, [ewig] dauern) die Bedeutung "ewige Dauer, Ewigkeit" in Anspruch, die sich an unserer Stelle zur Bedeutung "Welt" weiterentwickelt hätte. "Cette évolution du sens du mot est analogue à celle de עולם en néo-hébreu et en araméen, elle est peut-être un indice de basse-époque." (PODECHARD 7)

Andere möchten schon hier einen Zusammenhang mit dem Tod finden. Deshalb kanalisieren sie die Bedeutung "dauern" in eine etwas andere Richtung; dann heisst חלד "zunächst die unbemerkt hingleitende Zeitlichkeit, dann die zeitlich vergehende Welt selbst", "die 'Zeitwelt'" (DELITZSCH 335.334; ähnlich KIRKPATRICK 269 u.a.), "le monde considéré du point de vue de sa fragilité" (LESETRE 233), die "dem 'Rost' hinfällige Welt", die "unaufhör-

---

420. Höchstens in Weish 1,1; 6,1-11.21.25 finden sich vergleichbare Anreden an die Könige und "Richter" der Erde. Da aber gebraucht sie der Autor wohl, "um die den zeitgenössischen Lesern wohlverständliche Fiktion, es spreche in der Schrift der König Salomo, durchzuführen" (HEINISCH, Weisheit 3, ähnlich FELDMANN, Weisheit 25). Der ideale Schriftgelehrte von Sir 39,4 reist εν γη αλλοτριων εθνων umher, um Erfahrungen zu sammeln und seinen Horizont zu erweitern, nicht um dort zu predigen, obwohl er angesichts von Sir 24,6-8 allen Grund dazu hätte.

421. Bei ROSENMUELLER (1061) hat die Anrede ihren Grund in der allgemeinen Lasterhaftigkeit der Menschen, "quod rari admodum sint, quos divitiarum aut speratarum cupiditas non alliciat, aut habitarum fiducia non insolentes efficiat." Noch origineller ist die Begründung von KOENIG (591): "Der Dichter wendete sich an ein weltweites Auditorium... weil er nicht so kurzsichtig war, dass er nicht gewusst hätte, dass die pessimistische Stimmung weithin ein Gebrechen der Menschheit bildete, soweit sie 'von des Gedankens Blässe angekränkelt war'."

lich dem Zahne der Vergänglichkeit" erliegt (HIRSCH 265). Wer anthropologische Begriffe vorzieht, wird in dieser Sicht חלד mit "Zeitlichkeit" (STIER 131, HUPFELD 268 u.a., vgl. MEZUDAT ZION), "in der Zeit verlaufende Existenz" (MOLL 251), "Vergänglichkeit" (SACHS 68, TORCZYNER 53 u.a.), "Sterblichkeit" (vgl. SIMONS 30) übersetzen.

Beide Lösungen scheinen mir unbefriedigend zu sein: Die erste, weil חלד in der Bedeutung "Welt" an den andern Stellen, wo das Wort vorkommt (Ps 17,14; 39,6; 89,48; Hi 11,17), nicht recht passen will; die zweite, weil der Beiklang des "Vergänglichen" schlecht zu vereinbaren ist mit der Grundbedeutung "ewig dauern, beständig sein", die im Arabischen noch sichtbar ist[422]. Ich schlage vor, möglichst nahe an dieser Grundbedeutung zu bleiben und חלד mit "das Sichere, das Beständige, das Feste" wiederzugeben. Diese Bedeutung passt an allen alttestamentlichen Belegstellen vorzüglich[423], und sie entspricht genau der υποστασις der SEPT und der <u>substantia</u> des GAL in Ps 39,6; 89,48.

422. In seiner langen Untersuchung zu חלד an unserer Stelle stellt BOETTCHER (Inferi 138) sehr zu Recht fest: "Fragilitatis notio voci חלד ubique adjuncta et hoc loco percommoda est: Sed unde nascatur illa in subobscuro nomine חלד fragilitatis significatio, ambiguunt Grammatici... Itaque ipse eam quaestionem aggressus rursus dedici, magnopere erratum esse relictis veterum interpretum vestigiis, quae sectatus equidem, collatis et paucis hebraici חלד exemplis...hoc invenisse mihi videor: חלד neque temporis (propter Ps 39,6) neque loci proprie (ob יושבי) sed materiae nomen fuisse." Ich komme zum selben Schluss wie BOETTCHER, möchte aber חלד weniger konkret übersetzen, als er es (aaO 139) tut ("Staub, Dreck", was für Ps 89,48 מה-חלד, "welch ein Dreck" ergibt!).

423. Aus allen Belegen scheint mir klar hervorzugehen, dass חלד die Bezeichnung für die (scheinbar) feste äussere Existenzgrundlage des Menschen ist.

In Ps 17,14 bittet der Beter Gott, ihn ממתים מחלד, "von den Leuten aus dem חלד", zu retten. Die חלד -Leute werden dann beschrieben: sie besitzen ihren Anteil im Leben, sind wohlbewahrt, haben einen vollen Bauch, satte Kinder und sogar ihre Enkel profitieren noch von ihnen. חלד ist also jene Existenzgrundlage, die dem Einzelnen Sicherheit und Bestand gibt und sogar den Tod überdauern kann, insofern sie auf die Erben übergeht.

In Ps 39,6 wird das Wort ganz gleich gebraucht. Zwar übersetzt man es hier meistens mit "Lebensdauer", doch eine Beachtung des Aufbaus der direkten Rede v.5-7 zeigt, dass dies falsch ist:

v.5a "Lass mich mein <u>Ende</u> wissen, JHWH,
b und welches das <u>Mass meiner Tage</u> sei,
c ich muss wissen, <u>wie vergänglich</u> ich bin.
v.6a Sieh, als eine <u>Spanne hast</u> du <u>meine Tage</u> gegeben,
b und mein <u>חלד</u> ist wie <u>Nichts vor dir</u>.
v.6a Ja, ganz <u>Hauch ist</u> jeder <u>Mensch, der</u> steht,
v.7a ja, im <u>Traum ist</u> der Mensch der geht,

In dieser Bedeutung ist חלד an unserer Stelle (auch klanglich!) ein vorzüglicher Ersatz für תבל, "das Festland", das man hier eigentlich erwartete (vgl. Is 18,3; 26,9.18; Neh 1,5; Ps 24,1; 33,8; 98,7; Klgl 4,12)[424]. Anders als תבל gibt aber חלד zu verstehen, dass hier nicht einfach die Bewohner des Festlandes als solche angesprochen sind, sondern jene, die allgemein und in jeder Hinsicht im Festen, Sicheren und Unverrückbaren zu existieren glauben, weil sie sind, was sie haben und sich ganz von ihrem חלד, von ihrer (scheinbar) festen äusseren Existenzgrundlage her definieren.

Im Ausdruck ישבי-חלד sind also genau die angeredet, die im Psalm entlarvt werden. Mit dem Wort חלד wird damit die Lehreröffnungsformel bereits auf den Gehalt des nachfolgenden Textes hin modifiziert[425].

3. Viel Kopfzerbrechen und Haarspaltereien hat das גם-בני-אדם גם בני-איש von v.3 verursacht. Die allermeisten Exegeten sehen in den בני-אדם "den grossen Haufen, den gemeinen Pöbel" (THALHOFER 298), während mit בני-איש "wahrscheinlich die Angehörigen der 'regimentsfähigen' Geschlechter, des Patriziates" (DUHM 199) gemeint wären. Man pflegt zugunsten dieser Unterscheidung vier Gründe anzuführen: Einige glauben, aus dem Wortsinn von אדם und איש herauslesen zu können, dass בני אדם für "Kinder gemeiner Leute, welche Menschen sind und sonst nichts Auszeichnendes haben" (DELITZSCH 335) steht, dieweil בני-איש auf "Abstammung von einem ausgezeichneten Manne" (HIRSCH 266) hinwiese[426]. Andere bemühen die Etymologie, nach welcher אדם

---

b ja, als Hauch rauscht er herum.
c Er häuft an, und weiss nicht, wer es erhält."

Es ist klar, dass in v.6a-b der Uebergang von der Feststellung der zeitlichen Inkonsistenz des Menschen zu der Feststellung seiner seinsmässigen Inkonsistenz stattfindet, wobei v.6b deutlich zur letzteren gehört. חלד ist demnach auch hier die äussere, materielle Sicherheit, die "vor Gott" nichts gilt und durch Zeit und Tod gefährdet wird (v.7c).

Auch in Ps 89,48 heisst חלד nicht "Lebenszeit" (v.47-49 enthalten keine zeitlichen Aussagen), sondern bezeichnet die scheinbar feste Existenzgrundlage, die in Wirklichkeit sehr unstabil ist, weil Gott den Menschen auf "Nichts" gegründet hat, was sich daran zeigt, dass er nicht die Kraft hat, dem Tod zu widerstehen.

Die gleiche Bedeutung ist auch in Hi 11,17 sinnvoll. In der beliebten Korrektur von Is 38,11 ist sie bezeichnenderweise unbrauchbar.

424. GRAETZ (339) scheint denn auch, gestützt auf das οικουμενη der SEPT das "unverständliche" חלד in ein תבל zurückführen zu wollen, denn der MT "verwechselt ת mit ח und ב mit ד und versetzt ל "!

425. Es ist auch wahrscheinlich, dass im וחדל לעולם von v.9b das חלד aufgegriffen wird: gerade die, die im (vermeintlich) Sicheren und Festen wohnen, müssen für immer aufhören und vergehen.

426. Zum gleichen Resultat führt übrigens auch die - methodisch geradewegs umwerfende! - Begriffsbestimmung BOETTCHERs (De Inferi 193): "Adver-

nichts anderes meinen könne, als "les hommes ordinaires, dont le nom Adam rappelle qu'ils sont faits de terre" (MANNATI 137). Den meisten scheint die Unterscheidung aber aus syntaktischen Gründen unausweichlich: "das doppelte גם muss hier deutlich Gegensätze gleichstellen und kann hier nicht so einfach, bloss rednerisch wiederholt seyn wie Ri 5,4; Hi 15,10." (EWALD 253) Für einige ist schliesslich auch der Parallelvers v.3b wichtig: "l'opposition entre 'riche' et 'pauvre' dans le second stique indique qu'il y a également opposition entre les deux termes du premier." (JOUON, Notes 313)

Einige wenige Exegeten sind allerdings anderer Meinung: "בני אדם und בני איש sind schwerlich mehr als gleichbedeutende Ausdrücke, die dem bloss zur Formel herabgesunkenen Parallelismus dienen müssen." (OLSHAUSEN 211, ähnlich etwa WETTE 340, HUPFELD 659, EHRLICH 109, TORCZYNER 53, EERDMANS 260f, NOETSCHER 110, PLOEG 141f)

Eine Entscheidung zwischen beiden Möglichkeiten ist nicht ganz leicht zu treffen, denn אדם. und איש kommen zwar sehr oft nebeneinander vor, aber meistens stehen dann beide Ausdrücke in einem Parallelismus und es ist nicht klarer als in Ps 49,3, ob sie streng synonym sind oder nicht. Immerhin drängt sich der Bedeutungsunterschied an keiner Stelle wirklich auf und man muss auch von vornherein erwarten, dass zu אדם synonyme Ausdrücke (איש, אנוש, גבר) existierten, die im Parallelismus den nicht eben seltenen Begriff "Mensch" variieren konnten[427]. Wie schwerfällig Verse ohne diesen Wechsel werden konnten, zeigt das einzige Beispiel, das sich dafür im AT finden

---

tant docti homines, quam bene, quam constanter pueri ancillaeque nostrae, quum foris adesse aliquem nuntiant distinguere soleant dicendo 'es ist ein Mensch, ein Mann, ein Herr da'! His apud Hebraeos respondent אדם, איש, גבר ut non possint non בני אדם tenuiroes esse quam בני איש."

427. Dies geschieht an folgenden Stellen:
אדם // איש Is 2,9 = 5,15; 31,8; 44,13; Jer 2,6; Ps 39,6f.12; Ps 31,30; Spr 6,12; 24,30; Hi 32,21; 38,26; 11,12;
// אנוש Is 2,17; 13,12; Ps 73,5; 104,14-23; 144,3f (בן אי'); Hi 36,25;
// גבר Hi 14,10; 33,16f; Spr 20,24; (28,2f;) Klgl 3,36.39;
// אנשים Hi 33,16; 37,7;
בן אדם // איש Num 23,19; Is 52,14; Jer 49,18=33 = 50,40; 51,43; Mi 5,6; Hi 35,8; Ps 31,20f; 80,18;
// אנוש Is 51,12; 56,2; Hi 25,6; Ps 8,5; 90,3;
// אנשים 2 Sam 7,14; Is 2,11;
// גבר Hi 16,21.
(Ich gebe hier jeweils alle mir bekannten einschlägigen Stellen an, weil deren Auffinden - auch mit einer Konkordanz - zeitraubend ist.)

lässt: אשרי אדם מצא חכמה ואדם יפיק תבונה (Spr 3,13)[428]. Die Synonymität von אדם und איש scheint mir also in unserem Vers schon von vornherein wahrscheinlicher.

Sie wird es erst recht dadurch, dass keines der obigen Argumente zugunsten des Bedeutungsunterschiedes wirklich stichhaltig ist: Was den Wortsinn anbelangt, lassen sich gewiss einige Stellen finden, in denen אדם den Menschen im allgemeinen (gewissermassen die menschliche Gattung), איש dagegen das Individuum bezeichnet[429]. Daraus aber den ersehnten Klassenunterschied ableiten zu wollen scheint mir äusserst waghalsig[430]. Das etymologische Argument gehört wohl eher in den Bereich der allegorischen Spiele-

---

428. Ausser Betracht bleiben hier natürlich die Wortspiele Gen 9,6; Qoh 8,9; Spr 27,19, wo zweimal אדם stehen muss. Angesichts von Spr 3,13 wird klar, wie ungerecht das (bezüglich אדם und איש richtige) Urteil von TORCZYNER (53) über Ps 49,3 ist: "Wirklich liegt nur tautologische Ausdrucksweise des wenig stilgewandten Verfassers vor, der keine andere Teilung seines Publikums fand..."

429. Das klarste Beispiel dafür ist Num 12,3: האיש משה ענו מאד מכל האדם אשר על-פני האדמה. Aehnlich Gen 9,5; Lev 24,17; Num 9,6f; 2 Sam 24, 14f; 1 Kön 8,38f; 2 Kön 7,10; Jer 32,19; Sach 8,10; 11,6; Mi 7,2; Spr 19,22; 20,6; Ps 12,2; 22,7; Dan 10,18f; Neh 2,12.
Von hier aus könnte man ein ähnliches Verhältnis zwischen אדם und איש auch für Stellen annehmen, in denen beide Ausdrücke parallel stehen. So könnte man etwa im Lehreröffnungsruf Spr 8,4 vermuten, der Weise wende sich zuerst an die einzelnen Leute, die er vor sich hat, und dann an alle Menschen überhaupt, wenn er sagt: אליכם אישים אקרא וקולי אל-בני-אדם (ähnlich auch Spr 30,2; Hi 34,11; Jer 10,23; Ps 140, 2). An unserer Stelle wird diese (eigentlich recht spitzfindige) Nuance durch die Konstruktion בני-איש erschwert.

430. Im Singular bezeichnet בן-איש stets den Sohn eines bestimmten Mannes, der nach Herkunft (Lev 24,10; 1 Sam 9,1; 17,12; 2 Sam 1,13; 1 Chr 11, 22) und Charakter (2 Sam 23,20 = 1 Chr 11,22) beschrieben wird. Genauso liegen die Dinge auch in 2 Sam 17,25 (ועמשא בן-איש ושמו יתרא... הישראלי). Gewiss könnte man hier versucht sein, בן-איש als "Sohn eines besonderen, reichen, angesehenen Mannes" vom Folgenden abzuheben, dadurch würde aber der Anschluss von ושמו, das sich ja nicht auf Amasa beziehen kann, um nichts leichter.
Die Stellen mit pluralischem בני-איש (Ps 4,3; 62,10; Klgl 3,33) geben nicht den Anschein, von Patriziern zu reden - im Gegenteil: der strenge Parallelismus von Ps 62,10 (אך הבל בני-אדם כזב בני איש) spricht eher für die Synonymität beider Ausdrücke.
An all dem vermag m.E. der Hinweis auf das akkadische "mar awilim" (vgl. etwa KRAUS, Psalmen I 33, zu Ps 4,3) kaum etwas zu ändern (vgl. auch unten Anm.432). Auch CROWs (Meaning) Vorschlag, in Anlehnung an die Formel "Mann (der Stadt...)" der Amarna-Briefe, dem Wort איש bisweilen (z.B. in Ex 2,14; 1 Kön 2,1f; 8,25) "the sens of prince, king, leader or agent for another" (110) zu geben, scheint mir nicht sonderlich überzeugend. In Ps 49,3 ist er jedenfalls unbrauchbar.

reien, zu denen unsere Stelle ganz natürlich einlädt[431]. In diesem Zusammenhang ist es übrigens nicht uninteressant, zu bemerken, dass die einzige Stelle, auf die man sich zur Begründung eines Klassenunterschiedes zwischen אדם und איש berufen könnte, dem etymologischen Argument diametral zuwiderläuft und damit - peinlich genug - auch der einhelligen Meinung aller Vertreter des Klassenunterschiedes, איש bezeichne im Gegensatz zu אדם den Vornehmen. Diese Stelle ist Sach 13,5: לא נביא אנכי איש-עבד אדמה אנכי כי אדם הקנני מנעורי[432]. Auch das - recht starke - syntaktische Argument scheint mir nicht zwingend, und zwar nicht, weil ich wie WETTE (340) glaubte, man dürfe גם hier "nicht urgiren; es (diene) bloss zur Ausfüllung der Parallelglieder", sondern weil ich gewisse Zweifel hege an der hier allgemein gebrauchten Faustregel "particula copulativa גם ubi geminatur, vertenda est

---

431. So nützt etwa AUGUSTINUS (552) die Beziehung von אדם und אדמה allegorich aus: "Quod ait:' terrigenae', ad peccatores retulit; quod ait: 'filii 'filii hominum' ad fideles et iustos. Videtis ergo, quia servatur ista distinctio. Qui sunt ergo 'terrigenae'? Filii terrae. Qui sunt filii terrae? Qui hereditates terrenas requirunt. Qui sunt 'filii hominum'? Qui pertinent ad filium hominis. Aliquando iam ista distinximus sanctitati vestrae, et invenimus quia Adam homo erat, filius hominis non erat; Christus autem filius hominis erat et Deus erat. Quicumque enim pertinent ad Adam, 'terrigenae'; quicumque pertinent ad Christum, 'filii hominum'." Andere Allegoresen finden sich etwa im TARG (אוף בני אדם קדמאה אוף בנוי דיעקב, sowohl die Kinder des ersten Adam als auch die Kinder Jakobs) oder bei RASHI (43): גם בני אדם. בני אברהם שנקרא האדם הגדול בענקים (יהושע ידי טוי) בני ישמעאל ובני קטורה. גם בני איש בני נח שנקרא איש צדיק (בראשית וי טי).

432. Von hier aus könnte man auch in Ps 45,3; 82,7;58,2 sowie 118,8f; 143,3, ferner Qoh 9,15, die בני-אדם als Vornehme ansehen. Viel wahrscheinlicher ist aber, dass z.B. in Ps 143,3 (118,8f) das zu נדיבים parallele אדם eben gerade zeigen soll, dass die Fürsten nur Menschen sind (vgl. Jer 17,5.7).

Schon TORCZYNER (53) hatte übrigens die Brüchigkeit der traditionellen Unterscheidung von אדם und איש durch ihre Umkehrbarkeit aufzuzeigen versucht: "In גם בני אדם גם בני איש sucht man, indem man בן אדם mit syr. בר נש vergleicht, den Unterschied von arm (בי אדם) und reich (בן איש). Wegen der etymologischen Verwandtschaft von איש (בן) und בש (בר) und ass. mar awelim, 'der freie Mann' als Prototyp zu בן אדם (bes. bei Ezechiel) könnte man auch das Gegenteil begründen." Das hatte denn auch tatsächlich HOUBIGANT (63) bereits getan und hatte damit dem etymologischen Argument seine letzte Ueberzeugungskraft geraubt: "Filiis Adam respondet in membro altero dives, filiis hominum, pauper. Itaque filii Adam sunt illi qui divitiis abundant, & quos non male Graeci Intt. 'terrigenas' appellant, ex 'terra', eo quod in terris, seu praediis illis nati sint, quae nominibus suis ornare solent. Vide infra v.12. Filii autem hominis illi, qui ex iis patribus sunt nati qui, cum praediis carerent, nihil habuere praeter corpus suum; sic ut nomen aliud habere eorum filii, nisi hominis, non possent.

'tam...quam'" (ROSENMUELLER 1061). Die Partikel dann durchaus noch in ihrer Grundbedeutung "zusammen, miteinander" gebraucht werden[433]. Das ist an unserer Stelle sogar besonders sinnvoll, da das zweimalige גם , so verstanden, nicht nur dem parallelen יחד , sondern auch dem zweimaligen כל in v.1 entspricht. Dadurch wird jede Teilanrede durch einen "umfassenden" Ausdruck charakterisiert, was die Allgemeinverbindlichkeit der Anrede steigert. Dass schliesslich "der Parallelismus mit seinem chiastischen Effekt" die Unterscheidung von "Herrensöhnen" und "einfachen Leuten" erlaube (KRAUS 365), hat schon EERDMANS (261) bestritten: "The subsequent words 'rich and poor' cannot be quoted in favour of this interpretation, as the precedings terms 'all people' and 'all inhabitants of the earth' were certainly no antithesis." Damit scheint mir die hohe Wahrscheinlichkeit der Synonymität von בני-אדם und בני-איש zur Genüge dargetan.

4. Im folgenden Halbvers fragen sich die Exegeten immer wieder, warum neben den Reichen auch die Armen angesprochen werden. Meistens kommen sie zum Schluss, offenbar habe der Psalmist "beiden Teilen... etwas zu sagen, jenen, dass sie sich nicht überheben, diesen, dass sie nicht neidisch werden." (GUNKEL 209) "Denn nicht nur Diejenigen, welche Macht und Reichthum haben, sondern ebenso sehr und vielleicht noch in höherem Masse überschätzen und vergöttern Die Macht und Reichthum, die sie entbehren. Und gerade Diesen, in dieser Hinsicht die richtige Erkenntnis zu bringen, ist die Absicht dieses Psalmes." (HIRSCH 266)

Das ist grundsätzlich richtig: Die hier genannten Reichen werden ja in v.6-10, die Armen in v.17-20 angesprochen und beide Male wendet sich der Psalmist nicht gegen den faktischen Besitz der Reichen als solchem, sondern gegen die grundlegende Lebenshaltung, die Reiche und Arme dazu führt, den Wert und die Würde ihrer Person ganz von ihrem - wirklichen oder bloss ersehnten - Besitz her zu definieren (vgl. oben 6.2.25f). Die Nennung der Armen lässt also schon ganz am Anfang des Gedichtes vermuten, dass wir es hier nicht mit einem sozialkritischen Psalm zu tun haben.

5. Ueberhaupt stimmt die Art und Weise, wie das "Zielpublikum" vorgestellt wird, auffällig gut überein mit der schon oben (5.3.23 und 6.2.24) gemachten Feststellung, Ps 49 sei primär anthropologisch interessiert und erwähne den Reichtum eher nebenbei: In v.2 und v.3 werden zuerst die Menschen ganz allgemein als Menschen angeredet (כל-העמים) und besonders die insistierende

433. גם heisst "zusammen" in Gen 27,45; Jer 25,14; Ps 118,11; Spr 20,12 (vgl. 22,2) Hld 7,14; besonders eindeutig aber Spr 17,15 = 20,10 und Ps 133,3; שבת אחים גם-יחד.

Verdoppelung בני־איש - בני־אדם). In v.2b wird dann gewissermassen das Formalobjekt des Psalmes angetönt: das Sitzen im Festen der Haben-Existenz und erst ganz am Schluss folgt der sonst nirgends gebrauchte (vgl. PLOEG 142) Merismus עשיר ואביון, der den konkreten Menschen vorstellt in seiner faktischen sozialen Verfasstheit, an welcher denn auch das eigentliche Problem des Psalmes - die Haben-Existenz - konkret exemplifiziert werden wird.

7.2.3. Der Gegenstand der Untersuchung

1. In v.4 beschäftigen sich die Exegeten vornehmlich mit den Endungen von חכמות und תבונות.

Die einen sehen darin einen wirklichen Plural, der bedingt ist durch "die Zahl der Einzelfragen, mit denen sich die Weisheit beschäftigt" (BONKAMP 236). חכמות und תבונות meinen in dieser Sicht die "Dinge, an welchen sich der Begriff חכמה und תבונה zeigt, die ihnen gemäss, von ihnen erzeugt sind... Es ist die Weisheit in einer Vielheit ihrer concreten Anwendungen" (HIRSCH 266), "la sagesse exprimée en paroles" (PLOEG 143), und wird dann übersetzt mit "'des sentences sages', 'des pensées clairvoyantes'" (CALES 274).

Andere Exegeten hingegen sind der Ueberzeugung, hier liege eine "Steigerung der Brgriffe Weisheit und Einsicht durch Pluralform" (MOLL 251) vor und חכמות meine deshalb "nicht: ein Mancherlei weiser Lehren, sondern: gewichtsvolle Weisheit, ebenso (bedeute) תבונות 'gründliche Einsicht' "(DELITSCH 335, vgl. GESENIUS, Grammatik § 124 e).

Wieder andere schliessen in beiden Formen einen "Singular mit der seltenen Endung <u>ôth</u>" (BAETHGEN 138, vgl. GESENIUS, Grammatik § 86 l), die sie aramäischem (vgl. etwa SCHMIDT, Studien 42) oder phönizischem (vgl. etwa DAHOOD 297) Einfluss zuschreiben.

Diese letzte Lösung scheint mir, obwohl nicht oft vertreten, die beste zu sein, denn die erste Lösung ist generell nicht sehr wahrscheinlich[434] und die zweite ist schwer anzunehmen, da sie in Ps 49 nur partiell anwendbar ist: in v.12 und v.13/21 versagt sie völlig, da sich weder "Erde" noch "Vieh" sinnvoll intensivieren lassen (vgl. oben 3.2.51 und 3.3.32). Für un-

434. חכמות kann nur in Spr 24,7 ein Plural sein (muss es aber nicht!), sonst (in Spr 1,20; 9,1; 14,1) wird das Wort mit dem Singular konstruiert. תבונות könnte zwar an allen Stellen, wo es sonst belegt ist (Is 40,14; Spr 11,12; 28,16) ein Plural sein, in Is 40,14 (דרך תבונות, vgl. בדרך בינה Spr 9,6) und Spr 11,12 (איש תבונות, vgl. איש תבונה Spr 10,23; 15,21; 17,27; 20,5) ist dies aber sehr unwahrscheinlich.

sern Psalm drängt sich also die dritte Lösung zur Erklärung der ות -Endungen von v.12.13/21 und v.4 auf[435].

2. Auch am Hapaxlegomenon הָגוּת haben einige Exegeten mit Wonne herumgerätselt, meist in der Absicht, es in einen Infinitiv (constructus oder absolutus) Qal הגוֹת zu verwandeln, denn "a verbal form is needed to keep the sentence moving" (DAHOOD 297)[436].

Doch das והגות ist textkritisch kaum anzufechten[437]. Syntaktisch finde ich es ganz unproblematisch, da ich nicht einsehe, weshalb ich mich in v.4b an einem Nominalsatz (מחשבות לבי תבונות הם, RASHI 47) stossen soll. Auch morphologisch ist die Form völlig regelmässig, da das Afformativ ות- eine verbreitete Femininendung der Stämme ל״י ist und eine Vokalisierung sowohl in der Art von כְּסוּת, עֱנוּת, זְנוּת, פְּדוּת, דְּמוּת (vgl. BARTH, Nominalbildung §§ 76 a α, 260 c), als auch von בָּכוּת, בָּרוּת, חָזוּת, גָּלוּת (vgl. JOUON, Grammaire § 88 i, GESENIUS, Grammatik § 95 t) möglich ist. Es ist in diesem Zusammenhang übrigens nicht unwichtig zu bemerken, dass dieses ות- als Femininendung von ל״י -Verben wohl zu unterscheiden ist vom später daraus abgeleiteten selbständigen Afformativ ות-, das als Abstraktendung an jeden Stamm angehängt werden kann und sich erst in den jüngeren Schichten des AT dank aramäischen Einflusses bemerkbar macht (vgl. BARTH, Nominalbildung §§ 260-261). Da an unserer Stelle in והגות die nicht notwendigerweise junge[438] Feminin-

---

435. Ich halte diese Erklärung generell für die beste, weil sie die einfachste und umfassendste ist. Wie VIGANO, Exemples zeigt, bewährt sie sich sogar ausserhalb der Weisheitsliteratur vorzüglich. Allerdings ist man mit dieser Erklärung fast genötigt, v.4 dem Autor des Grundpsalmes zuzuschreiben. Da v.5 in unserer Auslegung (vgl. oben 7.2.45) nur vom Autor der Erweiterungen stammen kann und der Inhalt von v.3b dies auch für den ganzen v.3 nahelegt, erhält die oben 1.4.34 (letzter Abschnitt) angedeutete Hypothese eine gewisse Wahrscheinlichkeit: v.2 und v.4 hätten die Lehreröffnung des Grundpsalmes dargestellt, die der Autor der Erweiterungen um v.3+5 erweitert hätte (evt. mit Redaktion von v.2: חלד !).

436. Freilich riskiert etwa BRIGGS (412) diesen Vorschlag nur in Form einer schüchternen Frage in einer Anmerkung: "Why not הֲגוֹת Qal inf. cstr. vb.?" und sogar DAHOOD (297) hat Gewissensbisse: "To be sure, the normal infinitive absolute is hāgō (Is 59,13), but the poet may have chosen this unusual form to create a rhyming sequence with hokmot and t^{e}bunot."

437. Bis auf SYM, der wohl frei übersetzt (και μηνυρισει / μινυρισει η καρδια μου συνεσιν), bezeugen hier alle alten Versionen ein Substantiv, und dies obwohl den meisten unter ihnen der Nominalsatz offenbar unangenehm war, weswegen sie תבונות als Akkusativobjekt zu einem impliziten ידבר verstehen (sicher SEPT, THEOD συνεσιν, HEBR prudentias, unbestimmt AQ: φρονησεις, QUINT: συνεσεις, TARG, PESH)

438. Das Urteil hängt im Einzelnen natürlich an literarkritischen Einzelentscheidungen. Immerhin scheint mir z.B. דמות sicher exilisch (Ez,

endung ות- vorliegt, fällt ein beliebtes Argument (vgl. etwa DUHM 199, PODECHARD 8) für die ausgesprochene Spätdatierung von Ps 49 dahin (vgl. unten Anm. 468).

3. Inhaltlich ist der Vers auf ebensoviel Unverständnis gestossen wie die ganze Einleitung: "Grandi invitationi respondet grandis promissio", spöttelt KNABENBAUER (191), und BERTHOLET (173) kann die Bemerkung nicht unterdrücken, "der Aufwand an Ausdrücken, die der Dichter der Weisheitsliteratur entnimmt, (stehe) zur Lösung, die er für das Problem zu geben (habe) in einem gewissen Missverhältnis". Selbst WEISER (261), der in v.5a dem Psalmisten durchaus wohlwollend begegnet war, verliert hier die Geduld und bemerkt leicht gereizt, "auf den ersten Blick könnte es scheinen, als ob ein gewisses stolzes Selbstbewusstsein ob seiner Erkenntnis ihn erfüllte".

Nun scheint mir der Psalmist in v.4a zunächst einmal nichts anderes sagen zu wollen, als dass er etwas sagen wolle! Ein solcher Hinweis gehört als fester Bestandteil in eine Aufforderung zum Hören (vgl. etwa Dtn 32,1 האזינו השמים ואדברה; Ps 78,2 האזינה עמי...אפתחה במשל פי u.a.) und wenn man unsern Halbvers mit andern Lehreröffnungen vergleicht (etwa Dtn 32,1; Spr 1,9; 4,2; 4,11f; 8,6-9; Hi 36,4; Weish 6,11ff; Sir 16,25), muss man zugeben, dass er recht schlicht ausgefallen ist. חכמות will ja, wie wir gesehen haben, nicht auf spezielle "Weisheitsfülle" (HERKENNE 182) oder "profound wisdom" (KISSANE 215) hinweisen, sondern charakterisiert bloss nach Gattung und Intention den folgenden Psalm (vgl. Ps 78,2 במשל): "Met de reeks van bekende woorden voor 'wijsheid', 'inzicht' (vs.4) en 'vergelijking', 'spreuk' (vs.5) is het chokmatisch karakter van de psalm als geheel aangegeven." (UCHELEN 63) Damit bestätigt nun in gewisser Weise auch der Text selbst ausdrücklich, was oben schon mehrmals (6.2.25, 7.2.25) gesagt wurde: der Autor will sich nicht sozialkritischen, sondern "philosophischen" Ueberlegungen hingeben.[439]

4. Im zweiten Halbvers haben die meisten Exegeten den Gegensatz zwischen לב und פי hervorgehoben. Dieser Gegensatz erscheint ihnen als Hinweis bald auf die rhetorischen Vorzüge des "wohldurchdachten Vortrages" (DELITZSCH 335),

---

P Gen 1,26; 5,3) und זנות (Hos 4,11; 6,10), פדות (JE Ex 8,19), כסות (JE Gen 20,16), גלות (Am 1,6.9), בכות (E Gen 35,8) sehr wahrscheinlich vorexilisch.

439. Das ist auch die Meinung von MICHAELIS (Anmerkungen 111): "Was hier, 'Vernunft', und 'Weisheit', heisst, würde man vielleicht im gewöhnlichen Deutschen'Philosophie'nennen: allein dieser ausländische Ausdruck schickte sich nicht in ein erhabenes Gedicht, wenigstens nicht in ein biblisches, darum behielt ich jene die Sache nicht so deutlich ausdrückende deutsche Wörter bey. 'Der Dichter will über Glück und Unglück dieses Lebens philosphieren', würden wir ganz prosaisch sagen."

bald auf die Wahrhaftigkeit des Autors[440], bald auf die Wissenschaftlichkeit des Psalmes[441].

Grundsätzlich scheint mir dieser Gegensatz richtig gesehen. Die Wurzel הגה meint zwar auch ein wirkliches Reden, "not internal of the mind, but the murmur of the voice in giving expression of the reflection of the mind" (BRIGGS 407). Dann ist sie aber jeweils von einer Bezeichnung für ein Sprechorgan begleitet (לשון Is 59,3; Hi 27,4; Ps 35,28; 71,24; גרון Ps 115,7; חך Spr 8,7). Ist dies nicht der Fall, bezeichnet die Wurzel eher ein "Nachdenken" oder "Ueberlegen" (vgl. Ps 63,7; 77,13; 143,5, wo das Verb parallel zu שיח oder זכר steht). Das ist besonders klar, wenn הגה mit לב verbunden wird, wie in Is 33,18; 59,13; Spr 24,2 und 15,28. Diese letzte Stelle ist Ps 49,4 besonders ähnlich: לב צדיק יהגה לענות ופי רשעים יביע רעות. Sie zeigt, wie genau LUZZATTO (209) den Sinn unseres Verses trifft, wenn er ihn folgendermassen paraphrasiert: מה שאדבר בפי אינם דברים אומרים במקרה אבל הם דברים שהגיתי בהם בלבי ומחשבותי שחשבתי בלבי הם דברי תבונה. Der Dichter will Weisheit vortragen, nicht indem er einfach in den ausgefahrenen Bahnen der Tradition daherredet, sondern indem er - in genuin weisheitlicher Haltung (vgl. oben S. 167f) - die überlieferte Lehre mit seiner eigenen reflektierten Lebenserfahrung konfrontiert und so als "Weisheit" nur "das Beste seines Innern" (Merikare 143f, vgl. PRITCHARD, Texts 418) weitergibt (vgl. dazu SCHMID, Weisheit 29): Προφερω εκ στοματος την σοφιαν, προτερον μελετησας εν καρδια συνεσιν. Τοτε γαρ αληπτως δυνησεται τις σοφον προσενεγκασθαι λογον, οταν συγγεγυμνασμενην κατα συνεσιν εχη την διανοιαν." (DIDYMUS 357)

7.2.4. אטה למשל אזני

1. In den Augen vieler Exegeten ist v.5 "eine der wenigen Stellen im A.T., wo das Bewusstsein göttlicher Eingebung auch für die Lehrdichtung, die nicht Weissagung oder Orakel im engen Sinne ist, klar hervortritt" (STIER 132). So können sie es bei der Auslegung eines Verses, der "von dem Mysterium der Inspiration handelt" (KRAUS 365), schwerlich unterlassen, aller-

440. Vgl. etwa QIMHI (343): החכמות והתבונות שיהגה לבי ידבר אותן פי

441. So etwa GEIER (719): "הגות i.e. non meditor ego ludicum aliquod carmen, vel poema vulgare aut de re nauci, sed materiam scientia dignam, scientia etiam vera plenam, imo sine qua intelligentia recta est plane manca."

hand fundamentaltheologische Erwägungen zum Besten zu geben[442]: Angesichts einer "Einsprache des Herrn" (THOLUCK 241) verhält sich der Dichter "als Prophet, dessen Spruch ein Gotteswort ist. Der Gedanke kommt ihm unwillkürlich; mit dem geistigen Ohr hört er ihn aus der Tiefe des Geistes herauf, indem er ihn denkend ins Bewusstsein kriegt (Sir 51,16)" (HITZIG 268). Aus v.5 soll man sogar ablesen können, "in welchem Verhältnisse der Prophet zu den höheren Mittheilungen stand. Sie waren eine innere Erleuchtung, eine Begeisterung der Seele, die sich als göttlich zu erkennen gab, ohne die persönliche Freiheit und Eigenthümlichkeit aufzuheben oder zu beschränken" (SCHEGG 33). Solche Begeisterung der Seele ist auch bitter nötig, "denn wie sollte Menschenwort dem Strome allgemeiner Verwirrung der Grundsätze und Verkehrung der Dinge wirksam entgegentreten können?" (aaO 32). Und so verstehen es einige tatsächlich, der Einleitung von Ps 49 eine Verurteilung des menschlichen Denkens abzuringen: die hier dargebotene Weisheit "ist eben nicht Menschenweisheit" (WEISER 261), "es ist kein eigener Fund, keine ergrübelte Lösung" (VOLZ 244) und zum "Verstehen eines dunklen Tatbestandes... fühlt sich der Dichter nicht etwa durch überlegene Klugheit oder Schulung des Verstandes berufen" (SCHMIDT 94), denn das Verstehen gelingt ihm ohnehin "more by a mystical communication or by inspiration than by the processes of reason" (McCULLOUGH 255)!

Dass hier ein Offenbarungsvorgang beschrieben wird, glaubt man zudem auch aus v.5b ableiten zu können: "Ici seulement, nous voyons un sage accompagner son chant des sons de la lyre, comme un prophète qui solliciterait l'inspiration divine (2 Kön 3,15); il est difficile, dès lors, de ne pas discerner, dans les formules du v.5, la prétention (disons plutôt la certitude) qu'a le psalmiste d'apporter une révélation nouvelle..." (PODECHARD K I 219) Für einige freilich ist das Leierspiel nicht eine Methode, die der Weise wirklich anwandte, "to catch the inspiration" (BRIGGS 407, DAHOOD 297), sondern ein bloss literarisches Mittel, das die Wichtigkeit des Psalmes signalisieren soll (vgl. REUSS 139) - ja ein an 2 Kön 3,15 anknüpfender, unlauterer Werbetrick: "Hier redet ein Epigone, sein ihm schon feststehendes Gedicht durch Nachahmung jener älteren Weise beim Vortrag als göttliche Offenbarung einführend." (KITTEL 197)

---

442. Obwohl ich diese Erwägungen für ziemlich abwegig halte, möchte ich sie hier recht ausführlich referieren, denn in unserem Vers kommt für einmal besonders explizit zum Ausdruck, in welch erschreckendem Masse sich Exegeten bis heute durch völlig textfremde dogmatische Ueberlegungen (ver)leiten lassen (7.2.41) und wie schwer es ihnen auch beim besten Willen fällt, davon loszukommen (7.2.42).

2. Andere Exegeten versuchen, m.E. zu Recht, diesen Inspirationstheorien aus dem Wege zu gehen. Zu diesem Zweck ersetzen einige einfach die "göttliche Eingebung" (WUTZ 124) durch die "Eingebungen der Muse" (WETTE 340). "Poeta ενθεος Musam quasi praecinentem auscultare sibi videtur." (RUPERTI 282, ähnlich SCHULZ 207). Bei dieser Erklärung muss man aber wohl oder übel mit EHRLICH (209) die Behauptung aufstellen, "משל (bezeichne) hier den Geist der Poesie, die Muse", und das ist recht kühn. Deshalb lassen andere die Muse einfach weg: "Unser Dichter stellt sich vor, als höre er gleichsam lauschend einen himmlischen Gesang von Philosophie über Glück und Unglück, den er auf der Cither nachspielen wolle." (MICHAELIS, Anmerkungen 112, vgl. ZSCHIESCHKE 10, ähnlich KNAPP 99f mit Hinweis auf Ps 81,6; Hi 4,12-16) Wieder nach andern lauscht der Dichter "auf eine aus seinem Herzen (4b), d.h. aus seiner Denkwerkstätte, hervortönende Kunde" (KOENIG 592, vgl. MAILLOT 295, PLOEG 145) und dies, "ne quid aut ineruditum aut inconcinnum elabatur" (POLUS 814) oder wenigstens "um auf die passendste form zu lauschen" (EWALD 253). So verstanden hat nun aber der Satz tatsächlich "etwas sehr Gesuchtes" (OLSHAUSEN 211)

Deshalb glauben wieder andere, "der Dichter bei der Citter (horche) auf ein Lied, als ob es ihm aus den Saiten zutöne" (HERDER, Geist I 372). So wird v.5a schnell zu einer spieltechnischen Angabe, in welcher der "gestus canentium vel pulsantium fides" (AMAMA 281) beschrieben wird: לפי שהמזמורים היו נאמרים על ידי כנור ונבל אמר יאטה למשל אזניי כלומר אטה אזני אל הכנור שינגן בו המנגן עם דברים אלה שהם משל (QIMHI 343). Wie die gewundene Formulierung verrät, steht dieser Deutung wiederum das Wort משל im Wege.

3. Dieses Wort versuchen nun viele Exegeten ernster zu nehmen. Sie stossen dabei sehr bald wie DUHM (199) auf eine naheliegende Lösung, die sich aber scheinbar als Sackgasse erweist: "Der Dichter will v.5 einen Spruch durchnehmen, der nicht von ihm selber stammt, da er ihm 'sein Ohr neigen' will und dessen rätselhaften Sinn im Gesange erklären. Aber nun folgt der 'Spruch' gar nicht, und der unkritische Leser - es gibt solche, wie die Kommentare beweisen, die zwar eigentlich ein wenig kritischer sein sollten - verfällt auf den Gedanken, der Verfasser wolle vielleicht auf eine göttliche Eingebung lauschen, und mit deren Hilfe ein Problem lösen. Wer dann weiterliest und seinen eigenen Gedanken nicht schon wieder vergessen hat, merkt leider auch nichts von einer Inspiration und nicht einmal von einem Problem..." DUHM als kritischer Leser findet natürlich eine Lösung: für ihn ist der fragliche משל der Kehrvers (v.13/21), den allerdings der Abschreiber - "wie es diesen Braven oft passiert" (aaO) - zwischen v.5 und v.6 vergessen hat (vgl.

oben Anm. 10). TORCZYNER (50) dagegen erklärt, mit Hinweis auf Ez 12,22; 18,2, kurzerhand den "frechen Spruch der reichen Sünder (v.6)" (vgl. oben Anm. 287) zum משל. RASHI (47) deutet wegen 1 Sam 24,14 das למשל als לדברי תורה שנקראת משל הקדמוני und daraus macht NIKLAUS VON LYRA (782) "verba legis et prophetarum, quae frequenter sunt parabolica".

Bei anderen ist משל irgendein "menschlicher Ausspruch... Es kann gar wohl so übersetzt werden: 'Ich pflege mein Ohr zu Weisheitssprüchen zu neigen.' Das Futurum hat oft die Bedeutung des Pflegens. Hiemit harmoniert das Folgende vollkommen. Ich - dies wird nun des Verses Inhalt - ich habe sonst sorgfältig mir Andrer Weisheitssprüche gemerkt, nun will ich dergleichen selbst vortragen." (HENFLER 91f)[443].

In dieser Sicht bezeichnet das Neigen des Ohres ganz allgemein die Verwurzelung in der weisheitlichen Tradition, כלומר לשמוע משלי החכמים וחדותם להוכיח נפשי בהם ואחרי-כן יאפתח בכנור חידתיי להוכיח בה האחרים (MEIRI 100).

4. Diese letzte Deutung hat durchaus einiges für sich. Denn Weisheitslehre ist ja stets Unterweisung "im Reden der Hörenden und in den Gedanken der Vorgänger, derer, die einst den Vorfahren gedient haben" (Lehre des Pta-hotep 30, zit. nach ERMAN, Literatur 87f, vgl. PRITCHARD, Texts 412), und ein rechter Weiser ist "einer, der gut gehört hat und nun seinerseits zu der Nachwelt redet, dass sie es höre" (aaO 519, zit. nach ERMAN aaO 96, etwas anders ZABA, Maximes 100, vgl. zum Ganzen SCHMID, Weisheit 27). Damit würde unser Halbvers betonen, dass die Weisheit, die hier ausgesprochen werden soll (v.4a) zwar auf die persönliche Erfahrung und Reflexion des Autors abgestützt ist (v.4b), aber trotz allem aus den Quellen der Tradition gespeist ist und dass der Autor, ganz wie jener von Ps 78[444] seinen "Mund im משל öffnen will, um die Rätsel aus der Vorzeit sprudeln zu lassen, die wir hörten und uns dann merkten, die unsere Vorfahren uns überlieferten" (Ps 78,2; vgl. Spr 21,18 Sir Prolog; 3,29; 8,8f; 39,1-3.8; Hi 8,8-10; 15,17-18).

Ich halte diese Auslegung für durchaus zutreffend, möchte aber noch einen Schritt weiter gehen.

5. Der Dichter will ja sein Ohr למשל, einem Spruch neigen, nicht allgemein den Rätseln oder Sprüchen der Weisen oder Väter, wie in den eben angeführ-

443. Aehnlich lautet schon die erste Erklärung bei THOMAS VON AQUIN (335): "Parabola est sententia aliqua, quando habet obscuram similitudinem: quasi dicat: Dabo studium ad intelligendum aliorum dicta."

444. Ausgerechnet die Einleitung dieses Psalmes hat allerdings einige verzweifelte Exegeten auf die ausgefallene Idee gebracht, unsern Halbvers in Anlehnung an Ps 78,1 in הטו למשל אזנכם zu korrigieren (vgl. etwa BUDDE, Text 187, STAERK 266, GUNKEL 210, OESTERLEY 265, CASTELLINO 822).

ten Stellen. Dass משל nur gerade "hier allgemein 'Dichtung', gebundene Rede, wie משלים , Dichter" (GRAETZ 339) bedeute, scheint mir nicht sonderlich wahrscheinlich. Auf der andern Seite ist ein einzelner Spruch, auf den Bezug genommen würde, tatsächlich schwer zu finden: der Kehrvers v.13/21 liegt zu weit weg und v.6 ist kein eigentlicher משל .

Nun ist aber der משל keineswegs nur ein "Sinnspruch, eine praktische Wahrheit, in kurzer Form in körniger Volkstümlichkeit, gleichsam als Sprichwort ausgedrückt" (REUSS 138). "The term משל besides denoting the simple proverb, was also used to describe something of the same literary genre, although more technical and much more elaborate, which could likewise be employed as a recognized medium of instruction by those who claimes to know something of the mystery of living and the secret of a happy life." (JOHNSON, משל 165, ähnlich EISSFELDT, Maschal 36)

Als Beispiele für solche "Maschallieder" (DELITZSCH, Spruchbuch 10, zit. bei EISSFELDT aaO) führt JOHNSON (aaO) nebst den grösseren Kompositionen von Spr 1-9 (vgl. auch 25-29) und Hi 27-31 auch die Pss 78 und 49 an.

Wenn der ganze Psalm 49,6-21 der משל ist, hat man freilich wieder mit den oben (7.2.41-42) beschriebenen Problemen zu kämpfen. Deshalb sehe ich hier nur eine wirklich allseits befriedigende Lösung: der משל , dem der Dichter sein Ohr neigen will, ist nichts anderes als der "Grundpsalm" v.11-15.21! In dieser Sicht können nun endlich למשל und אטה אזני ohne jede Umbiegung übersetzt werden. Auch die relative Distanz der Verse 11-15 fällt nun nicht mehr ins Gewicht, denn unser Halbvers leitet ja nicht einen zitierten Spruch ein, sondern kündigt ganz allgemein das Kompositionsprinzip des Psalmes an, ähnlich wie die vorhergehenden Verse dessen Leserkreis, "Formalobjekt" (v.2-3), "Gattung" (v.4a) und Originalität (v.4b) angedeutet hatten[445]. Damit erhält nun überraschenderweise auch die hier vertretene literarkritische Scheidung im Text selbst ihre explizite Bestätigung. Wir werden in der Bestimmung der Gattung des Psalmes darauf zurückkommen müssen (vgl. unten 7.2.6).

445. Ein solcher Hinweis ist gewiss nicht überflüssig in einem Text wie Ps 49, wo der behandelte Maschal durch nichts als solcher gekennzeichnet ist und gleichzeitig so subtil und einfühlsam gerahmt und weiterentwickelt wird, dass ein nicht vorbereiteter Leser, der ihn nicht bewusst sucht, ihn als eingeständige Grösse übersehen muss (und auch tatsächlich jahrhundertelang übersehen hat!) vgl. oben Anm. 18.

7.2.5. אפתח בכנור חידתי

1. Das אפתח חידתי hat die Exegeten vor nicht geringe Rätsel gestellt.

Zunächst einmal wird eine חידה von dem der sie löst sonst "mitgeteilt" (נגד Hi, Ri 14,12.13.14.15.16.17; 1 Kön 10,3 = 2 Chr 9,2), "getroffen" (מצא , Ri 14,12.18) oder zur Not "verstanden" (בין , Spr 1,6), nie aber "geöffnet". Deshalb glaubten nicht wenige betonen zu müssen, "die Oeffnung des Räthsels (bestehe) nicht in Lösung, sondern in Darlegung desselben" (DELITZSCH 336)[446].

Tatsächlich scheint das Lösen eines Rätsels in der Regel mit נגד Hi ausgedrückt worden zu sein. Da aber diese Regel lediglich auf zwei Stellen beruht (Ri 14,12ff; 1 Kön 10,3) und ausserdem bereits zwei "Ausnahmen" bekannt sind (מצא, בין), sehe ich wirklich nicht ein, warum man sich an unserer Stelle durch das פתח, das offenbar nichts als die dritte Ausnahme ist, so verwirren lässt.

2. Noch deplazierter als das Verb פתח erscheint freilich manchen Exegeten das Wort חידה selbst, das offensichtlich ein Rätsel ankündigt, das man dann im folgenden Text im allgemeinen (vgl. aber oben 5.1.15) vergeblich sucht.

Wer nicht bereit ist, diesen Text solange zu rühren und zu kneten, bis er ein wirkliches Rätsel hergibt[447], und auch nicht zugeben will, חידה weise

446. Aehnlich MOLL 251, PLOEG 145 u.a. Nach OESTERLEY 265 meint אפתח "either that he will 'begin' his dark saying, or that he will explain it". DAHOOD (297) bemüht (wie in Jer 1,14; Ps 119,130; Spr 8,6; 17,19) ein t-Infix, um אפתח von פוח "wehen, verbreiten" ableiten zu können. Noch weiter geht MUELLER (Rätsel 481f): Das פתח ist (zusammen mit der Leier und dem Parallelvers 5a) für ihn Grund genug, das "Rätsel" selbst zu liquidieren. Nach ihm ist חידתי an unserer Stelle "durch eine Art dissimilatorischen Silbenschwundes" aus יחידתי (vgl. Ps 22,21; 35,17) entstanden und heisst wie dieses "mein Selbst, mein Innerstes": "Ich will 'mein Innerstes' beim Harfenklang öffnen."

447. Das ist die Methode, die PERDUE ("The Riddles of Psalm 49" und in Wisdom 313-319) anwendet, um schliesslich, gelinde gesagt, "zu einer abwegigen Ver-rätselung von Ps 49" (KUECHLER, Weisheitstraditionen 142) zu gelangen. Nach ihm gliedert sich Ps 49, der wie Ps 19A (!) zur Gattung der "Riddle Poems" gehört (vgl. Wisdom 313) folgendermassen: v.1-5 Einleitung; v.6-7 Strophe I; v.8-9 Rätsel B, 1. Teil; v.10-12 Strophe II; v.13 Lösung zu Rätsel A; v.14-15 Strophe III; v.16 Rätsel B, 2.Teil; v.17-20 Strophe IV; v.21 Rätsel A. Die Frage, warum denn v.21 (auch mit den Korrekturen נִדְמוּ, כַּבְּהֵמוֹת, בָּקָר) und v.8+16 überhaupt Rätsel sein sollen und warum gerade sie (die v.12.14.15 etwa schienen dazu geeigneter), ist m.E. das einzige echte Rätsel, das PERDUEs Arbeiten enthalten, und gerade dieses Rätsel bleibt bei aller methodologischen Umständlichkeit ohne jede befriedigende Antwort. Uebrigens führt die "application of our methodology for genre analysis of riddles" (Wisdom

auf den elitären Charakter des Psalmes hin, "dont l'interprétation - et l'application aux circonstances concrètes de la vie humaine - ne réussira qu'au sage" (PLOEG 146), kann hier höchstens versuchen, die Bedeutung von חידה zu verwässern: Der Gebrauch des Wortes in Ps 78,2; Spr 1,6 zeigt z.B. "dass es hier nicht etwa auf die Tiefe des Inhalts oder die Dunkelheit des Ausdrucks der Lehre geht" (HUPFELD 660). "חידה, Rätsel...nennt der Sänger seine Dichtung, weil sie, obwohl zunächst bloss vom einzelnen handelnd, das Geschick auch der grossen Gemeinschaften ahnen lassen will." (SCHULTZ 112), oder weil "חידה gleich חדה (חדד) auch scharfe Rede, spitzige Stachelrede" bedeutet (GRAETZ 339) und hier ein "enseignement proposé sous forme de piquer l'attention" (LESETRE 233) vorliegt.

Wiederum finde ich das Problem nicht so alarmierend, wie es bei vielen Kommentatoren erscheint. Stellen wie Hab 2,6; Ps 78,2; Spr 1,6; Sir 8,8; 47,17, "an denen חידה als Gattungsbegriff der höfisch-schulischen Weisheit verwendet wird, setzen bereits einen Einebnungsprozess voraus, der die ursprünglich sicher vorhandene grössere Differenzierung der weisheitlichen Gattungsbezeichnungen verwischt hat" (MUELLER, Rätsel 482)[448]. An unserer Stelle wird חידה gattungsmässig wohl tatsächlich nicht wesentlich Anderes bedeuten, als משל und es ist sicher verfehlt, im Folgenden nach Rätseln im strengsten Sinne des Wortes (vgl. Ri 14,14.18) zu fahnden.

Trotzdem würde ich nicht ausschliessen, dass חידה noch etwas vom "sermo involutus et nodosus" (GEIER 720) evoziert und so an משל die "rätselhaften" Aspekte unterstreicht (vgl. EISSFELDT, Maschal 10f): das sachlich Schwierige (vgl. 1 Kön 10,1), das inhaltlich Paradoxe (vgl. Ri 14,14), das formal Verspielte (vgl. Ri 14,18).

3. So sehe ich für den Ausdruck אפתח חדתי drei mögliche Deutungen:

Entweder heisst חידתי "das 'Rätsel', das ich mir vorgenommen habe" und meint genau dasselbe wie משל, nämlich den Grundpsalm v.11-15.21. פתח be-

---

320) in Ps 19A zu m.E. ebenso seltsamen Ergebnissen: Strophe I: Lösung A = v.2-3; Rätsel A = v.4-5ab; Strophe II: Lösung B = v.5c+7c; Rätsel B = v.6-7ab.

448. Ganz ähnlich sah schon GEIER (720) die Dinge: "חידה est proprie sermo involutus ac nodosus quali plerumque sapientes suam solent obvelare sententiam, ne eadem nimium patescens, protrita fiat ac vilescat." Hier folgt ein Hinweis auf Ri 14,12ff; 1 Kön 10,1; Ez 17,2; Hab 2,6. "Non vero tam stricte semper accipitur sensuque rhetorico, sed quandoque aliis etiam accomodatur sententiis historicisque sacris prudenter ac concinne prolatis, ubi non tam respectus habetur ad obscuritatem quam ad gravitatem." Diesen Gebrauch findet GEIER in Spr 1,6 und Ps 78,2, sowie an unserer Stelle.

zeichnet dann das blosse Auslegen und Interpretieren dieses Textes (vgl. Ps 119, 130) oder auch ein Auflösen des "Rätsels", das er enthält, dies insofern man im Wort חידה auch einen Hinweis auf die besondere sachliche Problematik sehen will, die in diesem konkreten משל angeschnitten wird: das "Rätsel" des Leidens und des Todes. In beiden Fällen wären die Erweiterungen (v.6-10.16-20) das Produkt dieses "Oeffnens".

Oder aber der Psalmist meint mit חידתי die Aporie, die er selbst, unter Beiziehung des Grundpsalmes, in v.6-15 aufbaut (vgl. oben 6.0). So stünde der hiesige Gebrauch von חידה dem ursprünglichen Gebrauch deses Wortes besonders nahe, insofern ein Rätsel im ursprünglichen Sinn des Wortes "eine Paradoxie (beschreibt), die paradigmatisch für die Paradoxie der Wirklichkeit überhaupt ist" (MUELLER, Rätsel 488). Damit könnte פתח hier nur das Auflösen dieser Aporie meinen, wie sie in v.16-21 vollzogen wird[449]. Diese Deutung scheint mir die Befriedigendste zu sein, weil sie dem Halbvers am meisten Eigenständigkeit und Gewicht zugesteht.

חידתי könnte schliesslich auch den ganzen Psalm v.6-21 meinen, der dann höchstens in seiner formalen Verschnörkelung noch "rätselhaft" wäre: אמר דרך משל וחידה אדבר בזה כי זה המזמור דברים סתומים הוא (QIMHI 343). פתח müsste dann im ganz allgemeinen Sinn von "eröffnen, vorlegen" (wie גלה Am 3,7; Spr 20,19[450]) verstanden werden. Diese Erklärung von פתח ist aber doch nicht ganz einfach. Deshalb halte ich diese dritte Möglichkeit für die am wenigsten wahrscheinliche.

4. Es bleibt zum Schluss ein Wort zu erklären, das in unserem Zusammenhang zunächst etwas unerwartet ist: בכנור. Zu Recht bemerkt OESTERLEY (266) hierzu: "Nowhere in the wisdom literature, or indeed elsewhere in the Old Testament, is there mention of wise sayings being thus accompanied", und er fährt begütigend fort: "but it may well have been the practice on special occasions". Die Frage ist dann nur, wie man diese "special occasions" versteht.

Einige deuten sie, wie schon (7.2.41) bemerkt, als Inspirationsvorgang und schliessen von der Leierbegleitung auf einen "inspirierten Gesang" (KRAUS 365). Nach anderen war die Musik für die Weisen bloss gelegentliches Aufputschmittel, das mithalf, "die rechte poetische Stimmung, wie 2 Kön 3,15

449. In dieser Sicht sagt RUPERTI (283) durchaus zu Recht: "Ceterum bene hoc loco aenigma dicitur illa quaestio, quae omni tempore philosophorum torsit ingenia, nec facile solvi potest, nisi ab iis, qui certam futurae vitae spem alunt."

450. Zur Ersetzbarkeit von גלה durch פתח vgl. etwa Ez 25,9 und Is 50,5.

die prophetische, zu gewinnen, die Seele in die erforderliche Schwingung zu versetzen" (HITZIG 268)[451]. Wieder nach andern diente Musik nur "zur Erhöhung der Feierlichkeit beim Vortrage des prophetisch-poetischen Wortes" (KESSLER 106).

Nun wissen wir m.E. viel zu wenig über die konkrete Verwendung der althebräischen Poesie im allgemeinen und der weisheitlichen Gedichte im besonderen, um aus der Leierbegleitung[452] an unserer Stelle besondere Folgerungen über den spektakulären Charakter von Ps 49 zu ziehen. Im Gegenteil - bei näherer Ueberlegung kommt man eher zum Schluss, dass die Verwendung der Leier zur Begleitung grösserer Weisheitsgedichte eigentlich recht naheliegend ist.

Einerseits ist ja kaum anzunehmen, dass grössere Weisheitsgedichte nur gerade als Vorlage für den Kalligraphieunterricht in Schreiberschulen oder als stille "Lektüre für eine in der Weisheitsschule ausgebildete Schicht" (HERMISSION, Spruchweisheit 136) dienten. Irgendwann mussten sie doch erst einmal vorgetragen - und das heisst doch wohl wie bei der Kultdichtung (vgl. Ps 43,4; 57,8f; 71,22; 92,4; 108,2f; 144,9 u.a.) zur Instrumentalbegleitung gesungen werden[453].

---

451. Bei Ps-ORIGENES (1243) findet sich sogar eine genaue Erläuterung des 'psychologischen Mechanismus':"Ο ευθυμων ψαλλει δια δε του ψαλτηριου ανοιγει το προβλημα. Δια της ευθυμιας διαγινωσκει το προβλημα Ευθυμια δε εστιν απαθεια ψυχης λογικης."

452. Dass in בכנור ein "ב der Begleitung"(SCHULTZ 112, KESSLER 106) vorliegt, und der Leier somit nicht bloss ein "Präludium" zufällt (vgl. etwa CHOURAQUI 106) scheint mir klar.

453. Vgl. etwa BUTTENWIESER (647): "In ancient and medieval times every poet was also a composer and musician: he set his poem to music himself and singing it publicly, was his own accompanist." LANG (Weisheit 36) weist in diesem Zusammenhang auf Spr 1,20 und 8,3, wo er - wie die SEPT (υμνειται) - das רנן mit "singen" übersetzt. Das ist m.E. zu kühn; an beiden Stellen weist רנן nur auf die Lautstärke der Anrede (vgl. das נתן קול in 1,20b und das קרא in 8,1a). Hingegen darf man vielleicht für die späte Weisheit einen kleinen Hinweis auf den musikalischen Vortrag der "philosophischen" Poesie Sir 51,29 entnehmen, wo der Weise in einem Werbetext für seine Schule (v.23, vgl. MUNCH, Weisheitspsalmen 135) sagt: "Ich habe meine Freude an meiner ישיבה (= Studium, oder gar: Akademie?) und ihr werdet euch meines Liedes nicht schämen müssen!" Sir 39,15 weist in die gleiche Richtung: der eingeflochtene Hymnus (v.16-35) ist ja wohl ein konkretes Beispiel nicht nur für die rechte Art und Weise, Gott בשירות נבל וכלי מינים zu preisen, sondern gleichzeitig auch für die vorher (38,34-39,11) beschriebene (schrift)gelehrte Arbeit. Auch in Sir 44,5 könnte man sich fragen, ob der Vers nicht die Tätigkeit der "in ihren Publikationen unermüdlichen Gelehrten und berufsmässigen Maschal-Autoren" von v.4 umschreibt: "sie suchen Melodien, die allen Regeln der Kunst entsprechen

Andererseits werden die Berufsmusiker am Hof[454] und allgemein die Sänger und Musiker bei Festen (vgl. Hi 21,12; Is 5,12; 22,13; 24,8f; Ez 26,13; Am 6,4f) schwerlich nur JHWH-Lieder vorgetragen haben (Is 5,12!). Allzu trivial war aber ihr Repertoire im allgemeinen wohl auch wieder nicht, ansonsten der vornehme Jesus Sirach den מזמור על משתה היין (Sir 49,1; vgl. 32,5f) kaum solchermassen hochjubeln würde[455]. Was ist da naheliegender als anzunehmen, dass diese Musiker, wie ihre ägyptischen Kollegen, unter anderem Werke in der Art des "Harfnerliedes" (vgl. PRITCHARD, Texts 467) vortrugen, also Weisheitsgedichte. Dass hier wie in Aegypten gerade auch pessimistische Lieder wie das "Harfnerlied" oder eben Ps 49 in seinem Grundbestand dazugehörten, darf man vielleicht angesichts der Polemik in Is 22,13 ahnen.

Es scheint mir also recht wahrscheinlich, dass beim Vortrag auch nicht-kultischer Poesie[456] die Instrumentalbegleitung selbstverständlich war - das ist vielleicht auch der Grund, weshalb sie nur gerade hier explizit erwähnt wird[457].

---

und halten den Text schriftlich fest." Das würde bedingen, dass in v.3-6 nicht zwölf verschiedene Berufsstände aufgezählt würden (vgl. PETERS, Sirach 375), sondern nur deren zwei: die Politiker (v.3-4a = 6 Stichen) und die Denker (v.4b-5 = 4 Stichen), die dann gemeinsam beschrieben würden als "tüchtige Männer von unerschütterlicher Tatkraft, die feststanden auf dem Sockel ihres Ruhmes" (v.6 = 2 Stichen). Schliesslich sind auch in Sir 32,3f Musik und Weisheit keine Gegensätze. Hier ist es nämlich kein professioneller Weiser, der dem Gesang in die Quere kommt, sondern ein redseliger Greis, der sich bloss weise glaubt (vgl. v.4b חכם Hit) und sich deshalb vielleicht gerade in den musikalischen Vortrag von Weisheitsgedichten störend einmischt.

454. Vgl. 2 Sam 19,36; 1 Kön 10,12; Am 8,33; Qoh 2,8 sowie die Notiz im Sanherib-Prisma (vgl. PRITCHARD, Texts 288), vgl. Is 14,11.

455. Im Gegensatz zu den Propheten, die die Musik als Symptom der Oberflächlichkeit oft sehr ironisch erwähnen (vgl. die eben gerade angeführten Stellen), ist solches in der Weisheit kaum je zu spüren. In Hi 21,12 erscheint die Musik ganz und gar nicht ironisiert als Krönung eines erfüllten Lebens, und auch wenn Sirach (9,4) vor einer Leierspielerin warnt, denkt er dabei primär kaum an ihre musikalischen Talente (vgl. Is 23,16). Auch wenn Qohelet (7,5) das Schelten des Weisen dem Singen des Toren vorzuziehen behauptet, ist das erst dann aussagekräftig, wenn für ihn die Musik als solche etwas sehr Wertvolles ist (vgl. Qoh 2,8; 12,4). Auch in Aegypten warnt man den Schüler vor dem Musizieren ("Man lehrt dich zur Flöte zu singen und zur Pfeife zu..., zur Kinnor zu sprechen und zu dem Nezech zu singen", PAPYRUS ANASTASI IV 11,8, zit. nach ERMAN, Literatur 244), weil er dabei Bier trinkt und von Dirnen umgeben ist...

456. Dass Ps 49 wohl dazu gehörte, wird unten 7.2.64 dargelegt.

457. Die Instrumentalbegleitung ist ja ohnehin, wie in Aegypten (vgl. HICKMANN, Musik 146), ganz dem Gesang untergeordnet: "Flöte und Harfe ver-

Die Erwähnung der Leier an unserer Stelle ist deshalb wohl keineswegs so auffällig, wie es zunächst den Anschein hat. Für die Auslegung ist sie höchstens insofern von Bedeutung, als sie ausdrücklich auf etwas hinweist, was schon aus der äusserst komplexen Form des Textes klar wird: der Autor will sein ernstes Thema "nicht in nackter Prosa" (THALHOFER 298, ähnlich GRAETZ 339, MAILLOT 295 u.a.) abhandeln, und bei allem spekulativen Tiefgang bleibt sein Werk ein Lied (vgl. dazu RAD, Weisheit 72f): Auch das schärfste Denken bleibt musikalisch. Darin drückt sich vielleicht das aus, was für den atl. Denker den "Anfang der Wissenschaft" bildete (vgl. Ps 110,10; Spr 1,7; 9,10; 15,23; 28,28) und was er bei aller Skepsis nie verlor: das grundlegende Vertrauen in jene durchgängige Ordnung, die die Wirklichkeit auch dann noch durchwaltet, wenn sie in den Phänomenen längst nicht mehr unmittelbar gegeben ist - ωσπερ εν ψαλτηριω φθογγοι του ρυθμου το ονομα διαλλασσουσι παντοτε μενοντα ηχω (Weish 19,18).

7.2.6. Zu Gattung und Alter von Ps 49

1. Diese "Musikalität" des atl. Denkens mag an sich vorbildlich sein. Sie führt aber den modernen Exegeten, der die Produktion dieser "poetischen Wissenschaft" nach Gattung und Verwendung ("Sitz im Leben") sichten will, in schier unüberwindliche Schwierigkeiten. Diese Schwierigkeiten sind durch die Einführung der unklaren (vgl. von RAD, Weisheit 70) Gattung der "Weisheitspsalmen" wohl mehr verdrängt als gelöst worden. Das wird m.E. in Ps 49 besonders deutlich.

Kaum ein Exeget, der sich mit der Frage beschäftigt, zögert, Ps 49 als "Weisheits-" oder "Lehrpsalm" zu bezeichnen[458]. Aber auch kaum einer wagt es, auszuführen, was das für den "Sitz im Leben" des Psalmes genau bedeute[459].

---

süssen den Gesang, aber wichtiger als beide ist eine klare Aussprache." (Sir 40,21)

458. Eine Ausnahme ist MOWINCKEL (Psalmstudien I 127), der Ps 37; 49 und 73 "nicht als didaktische oder Problempsalmen an sich (betrachtet), sondern sie als Dankpsalmen auffassen muss". Auch BIRKELAND (Feinde 279) meint, "bloss Lehrgedichte" seien diese Psalmen nicht. Er fährt vorsichtig fort: "Ihre Gattung ist überhaupt schwer zu bestimmen. Am nächsten stehen sie wohl den Klagepsalmen." In beiden Fällen ist allerdings die Bestimmung der Gattung eng verknüpft mit der Identifizierung der vermeintlichen Feinde, die in Ps 49 auftreten sollen und die MOWINCKEL (aaO 132) für Zauberer, BIRKELAND (aaO, vgl. oben Anm. 277) für ausländische Machthaber hält.

459. Nur etwa PERDUE (Wisdom 318) macht in diese Richtung tastende Vorstellungsversuche: "While the poet refers to his lyre and addresses

Dafür stürzt man sich in eine beharrliche Suche nach gattungsfremden Elementen[460] oder verliert sich in subtilen Erwägungen über mögliche weisheitliche Untergattungen, zu denen unser Psalm gehören könnte[461]. In beiden Fällen verfällt man aber einem gattungskritischen Formalismus, der ganz nutzlos ist, weil er weder das Problem des Sitzes im Leben löst noch das Gesamtverständnis des Gedichtes fördert.

2. Will man sich nicht damit begnügen, zu sagen, Ps 49 gehöre zur Gattung der "Weisheitsgedichte", was ja die Einleitung ausdrücklich unterstreicht (v.4a, vgl. oben 7.2.33), so tut man gut daran, sein Augenmerk auf das Kompositionsprinzip des Gedichtes zu richten. Der Autor hält dieses immerhin für so wichtig, dass er in v.5a speziell darauf hinweist (vgl. oben 7.2.45). Der Umstand, dass in Ps 49 ein bestehendes sehr kritisches und pessimistisches Gedicht in extenso zitiert und völlig unpolemisch weitergedacht wird, ist ja auch auffällig genug, um bei der Gattungsbestimmung mitberücksichtig zu

---

an audience, there is no indication that the situation is specifically a cultic one. Rather, we consider the poem to be a didactic poem written either within the context of a school or even within the milieu of the court, especially since the wealthy and 'men of the world' (diplomats?) are among the audience."

460. So kann angeblich "nicht übersehen werden, dass in 6-7 der Sänger in der Form eines Klageliedes anhebt, dass in 16 Klänge eines Dankliedes wahrnehmbar sind und dass schliesslich in 17ff die Belehrung in der charakteristischen Form eines 'Heilsorakels' gegeben wird..." (KRAUS 364). Die Bemerkung trifft höchstens für v.16 zu (vgl. oben 6.1.22), bleibt aber in dieser Form völlig folgenlos, es sei denn, man wolle wie GUNKEL (Einleitung 389) diesen Vers aus stilistischen Gründen eliminieren...

461. Meist geht man dabei vom Inhalt aus und zieht Ps 49 etwa mit Ps 37,73 und 139 zur Gruppe der "Theodiceen" (WETTE 339, HUPFELD 658, HEKRENNE 181 u.a.), "Lehrgedichte über das Schicksal der Frommen und Gottlosen" (WETTE 3, vgl. HITZIG 268, HUPFELD 658, DELITZSCH 335, BONKAMP 238, WEISER 260 u.a.), "Problem- und Reflexionsdichtungen" (von RAD, Weisheit 71, KRAUS ^{5}518). Diese Gruppenbildung entbehrt nicht der Willkür, denn was verbindet schon gattungsmässig den straffen Ps 49, der kein Wort über die Frevler sagt und von Gott nur in der dritten Person redet, mit der ausschliesslich am Ergehen der Frevler interessierten, alphabetischen Spruchsammlung von Ps 37 einerseits und mit den an Gott gerichteten Gebeten Ps 73; 139 andererseits? Höchstens zur Herleitung ästhetischer Fehlurteile ist die Gruppierung der Ps 37; 49; und 73 zu gebrauchen. Wenn man nämlich den Ps 49 nicht dem Ps 37, "qui reste beaucoup plus à la surface de la position du problème et de sa solution" (CALES 280), gegenüberstellt, sondern wie das öfters geschieht, dem "viel tieferen Ps 73" (STAERK 248), "qui est au contraire sensiblement plus net et dans l'énoncé et surtout dans la solution, consolante aux justes" (aaO), kann man genüsslich folgern, Ps 49 sei "der schwächere der beiden Unsterblichkeitspsalmen von lehrhaftem Charakter (DUHM 198, ähnlich BUTTENWIESER 647 u.a.).

werden - zumal er sowohl für die Gesamtbeurteilung als auch für die Bestimmung der Verwendung des Gedichtes ins Gewicht fällt.

3. Die literarische Schichtung des Psalmes ist für dessen Gesamtbeurteilung in der Tat alles andere als nebensächlich. Wäre nämlich der ganze Text, entgegen unserer Hypothese, das Werk eines einzigen Autors, könnte der Mittelteil (v.11-15) sehr gut aus der berechnenden Absicht heraus entstanden sein, den Leser zunächst einmal tüchtig mit makabren Bildern zu traktieren, um ihm dann umso leichter das befreiende Bekenntnis von v.16 eintrichtern zu können. So verbreitet diese Methode auch sein mag, sie bei einem atl. Autoren anzutreffen, wäre wohl doch etwas enttäuschend.

Ganz anders liegen die Dinge, wenn in Ps 49 zwei Autoren zu Worte kommen. Beide sind in diesem Fall gleich bewundernswert und gleich vorbildlich: der erste, weil er im "Grundpsalm" einer neuen Todeserfahrung und damit einem neuen "Lebensgefühl" so unverblümt und so furchtlos Ausdruck verleiht, der zweite, weil er in den Erweiterungen gerade diese äusserst kritische Position zum Ausgangspunkt seiner Ueberlegung macht und sie so sachlich und so kühn weiterdenkt.

4. Doch gerade diese Vorzüge werfen eindringlich die Frage nach dem ursprünglichen Sitz im Leben von Ps 49 auf: wo, im Rahmen welcher Institution soll man sich eine solch gründliche und unpolemische Diskussion auf so hohem "wissenschaftlichem" und literarischem Niveau denken? Ps 49 will in seiner erweiterten Endform nirgends mehr recht hinpassen: Er scheint zu scholastisch (v.5a) für das Trinkgelage, zu kritisch (v.15) für den Tempelkult, zu konzertant (v.5b) für die Schule und zu subtil für das Tor. Das heisst nicht, dass er an diesen Orten nicht schliesslich doch Eingang gefunden hätte (die Aufnahme in den Psalter beweist zumindest für den Kult das Gegenteil), nur kann ich mir schwer vorstellen, dass er ursprünglich für Bankett, Liturgie, Elementarschule oder Marktplatz gedichtet worden wäre[462].

462. Wäre Ps 49 für den Kult gedichtet worden, hätte er bestimmt - wie z.B. der ganz ähnliche Ps 73 - die Form eines Gebetes angenommen (Anrede Gottes, keine Lehreröffnung). Wäre er für die Schule geschrieben worden - sofern für die Schule wirklich Neues geschrieben (vgl. MUNCH, Weisheitspsalmen 122ff) und nicht vielmehr nur Bestehendes kompiliert wurde (vgl. LANG, Schule 195ff) - enthielte er wohl bedeutend mehr moralische Appelle (vgl. LANG, Lehrrede 39f). Auch verglichen mit dem, was sonst über die altisraelitische Gassenmusik bekannt ist (vgl. etwa Ez 33,32; Is 23,16) scheint mir Ps 49 entschieden zu wenig "trivial". Schliesslich bezweifle ich auch, dass man für ein durchschnittliches Trinkgelage den Grundpsalm (der übrigens nicht einmal eine Aufforderung zum Geniessen enthält!) dermassen subtil weitergedacht hätte - das ägyptische Gegenlied zum Harfnerlied (vgl. oben Anm. 266) wurde doch einfach anschliessend an das Harfnerlied "gleichsam als Entschuldigung" (ERMAN, Literatur 316) gesungen.

Ich würde eher vermuten, ein formal so kompliziertes, denkerisch so subtiles und ideologisch so gewagtes Werk wie Ps 49 sei zunächst einmal für den internen Gebrauch in einem kleinen und geschlossenen Kreis fortschrittlicher Gelehrter des Tempels geschrieben worden.

Damit setze ich also voraus, dass die atl. Denker und Dichter keine einsamen Individualisten waren, sondern - auch am Tempel - in Gruppen arbeiteten, wie die Jünger Elishas (2 Kön 4-6) oder die Männer Hiskias (Spr 25,1)[463]. Ich setze weiter voraus, dass diese Gelehrtenkreise modern ausgedrückt "in Lehre und Forschung" tätig waren, dass sie also nicht nur kleinere Schülergruppen und später grössere Kreise des Volkes unterwiesen, sondern zunächst einmal "Gelehrte waren" (Qoh 12,9[464]), die Denken und Wissenschaft vorantrieben, ohne unbedingt alle ihre Erkenntnisse und literarischen Erzeugnisse sogleich im Kult oder in der Schule zu verbreiten. Eher wird man, so stelle ich mir vor, das Neueste aus der literarischen und theologischen Produktion zunächst einmal intern in wissenschaftlichen Sitzungen den Kollegen vorgetragen haben.

Ob man dabei wie JANSEN (Psalmendichtung 100) von "erbaulich-belehrenden Zusammenkünften der Weisen" reden soll, oder ob man für damals nicht mit wirklichen "Symposien" - im ursprünglichen Sinne des Wortes - rechnen kann, ist freilich eine andere Frage. Mir scheint letzteres wahrscheinlicher[465]. Unser Psalm würde jedenfalls dank seiner scholastischen Kompositionsweise, seines kritischen Inhalts, seiner subtilen Form und der konzertaten Aufführung, die er voraussetzt, vorzüglich in den Rahmen solcher akademischer Symposien, d.h. wissenschaftlicher Trinkgelage von Gelehrten hineinpassen.

Wäre Ps 49 solchermassen ein "sympotisches Disputationslied" würde man auch besser verstehen, wieso er im Psalter steht, und dabei doch so kritische

---

463. Wenn sich schon um die Schriftpropheten, die am ehesten als grosse Individualisten erscheinen, "Schulen" bildeten, die ihre Werke sammelten und ihr Denken weiterführten (vgl. etwa Deutero- und Tritojesaia), so dürfte dies in der Weisheit erst recht der Fall sein.

464. Nach LOHFINK (Kohelet 85f) muss "Vermittlung von Bildung an einfache Leute oder (Alternativübersetzung!) öffentliches Lehrangebot an alle Interessenten" wie sie in Qoh 12,9 erwähnt wird, noch zur Zeit Qohelets "etwas Neues oder Aussergewöhnliches gewesen sein - sonst würde es hier nicht so herausgestellt".

465. In diese Richtung weist jedenfalls die oben 7.2. 54 erwähnte Begeisterung des Siraziden für literarische Trinkgelage (Sir 32,3ff; 40,20; 49,1) oder auch Texte wie der Wettstreit der Leibpagen des Darius in 3 Esr 3,1-5, die Tischgespräche im Aristeasbrief 186ff (zit. bei KUECHLER, Weisheitstraditionen 150ff) oder das fromme Gastmahl im Testament Hiobs 14 (zit. bei SENDREY, Musik 158).

Töne anschlägt: In den Psalter wäre Ps 49 zu stehen gekommen, weil er zu den besten Werken eines wichtigen und einflussreichen Kreises von Tempeltheologen gehörte, und so kritisch konnte er sein, weil sich offenbar auch am Tempel die Intellektuellen einiges an Kritik erlauben konnten, wenn es für den internen Gebrauch bestimmt war[466].

Allerdings frage ich mich, ob nicht gerade der Gelehrtenkreis, dem Ps 49 entstammt, vielleicht doch etwas zu kritisch und zu "progressiv" war und deshalb bei andern Gruppen am Tempel auf Opposition stiess. Denn immerhin könnten die בני קרח, die "Söhne, d.h. Schüler[467] Qorahs", denen Ps 49 in der Ueberschrift zugewiesen wird, genau die Gruppe sein, an der in den verschiedenen Schichten von Num 16 (vgl. dazu LEHMING, Num 16) so heftige Kritik geübt wird.

5. Noch problematischer als die Bestimmung der Gattung ist die Bestimmung des Alters unseres Psalmes. Wie die meisten Psalmen wird auch Ps 49 von den Kommentaren je nachdem in ziemlich alle Epochen der atl Geschichte datiert, von der davidischen (vgl. etwa DELITZSCH 335) bis zur makkabäischen (vgl. etwa MINOCCHI 150), und dies mit dem immer wiederkehrenden Hinweis auf dessen Sprache und dessen Inhalt. So besteht etwa für HITZIG (267) kein Zweifel: "seine ungesuchte, natürliche Schönheit, der Charakter der Sprache und die Beschaffenheit des Lehrgehaltes im Verein weisen auf hohes Altertum hin", und ebenso bestimmt urteilt DEISSLER (33): "Vokabular und Inhalt... weisen auf eine spätere Abfassung (vielleicht um 200 v.Chr.) hin."

Sprachgeschichtliche Argumente sind also mit grösster Vorsicht zu gebrauchen, zumal ja unklar ist, ob in unserem Text nicht eine dialektale Form des Hebräisch vorliegt (vgl. MULDER 134)[468]. Auch inhaltliche Aspekte,

---

466. Auch das Buch Qoh mag zunächst eine interne "Vorlesungsnachschrift" des Leiters eines "philosophischen Zirkels" (LOHFINK, Kohelet 11) gewesen sein, bevor es zum mehr oder weniger ofiziellen Schulbuch avancierte.
Aehnliche Umstände kann man wohl auch für die Gelehrten am Hof annehmen, die intern offenbar recht viele königskritische Traditionen (vgl. etwa Ri 9,7ff; 1 Sam 8,11ff; 2 Sam 11ff) bewahrten und sammelten (vgl. dagegen die Folgen einer "Veröffentlichung" in Jer 36,10).

467. Vgl. dazu die Bezeichnung des Schülers als Sohn in Spr (1,8.10.15; 2,1; 3,1 u.ö., vgl. LANG, Schule 192ff), sowie die Bezeichnung בני-הנביאים für den Kreis um Elia und Elisha (1 Kön 20,35; 2 Kön 2,3ff u.ö.).

468. In "eine sprachgeschichtlich späte Epoche" (250) weisen etwa nach SCHMITT (Entrückung) die Abstraktplurale חכמות und תבונות und das Verbalabstraktum הגות (v.4), die lexikalischen Aramäismen חידה (v.5) und יקר (v.13.21), das absolut (d.h. nicht in Verbindung mit einem Nomen) gebrauchte אחר (vgl. Neh 5,5; Qoh 7,22; Sir 14,4.15.18; Dan 11,4)

etwa das Problem des Reichtums, helfen für die Datierung kaum weiter[469]. Ebenso sind aus der Form von Ps 49 Rückschlüsse auf sein Alter nur schwer zu ziehen, denn durchkomponierte Weisheitsgedichte - zumal so subtile wie Ps 49 - sind zwar bestimmt jünger als kurze Einzelsprüche oder lose Spruchsammlungen, aber dieser formgeschichtliche Grundsatz ermöglicht keine absolute Datierung, was der Streit um die Ansetzung von Spr 1-9 zeigt (vgl. dazu etwa LANG, Lehrrede 46-60, bes. 60).

Der einzige ziemlich sichere Anhaltspunkt für die zeitliche Ansetzung von Ps 49 scheint mir dessen Problemstellung zu sein. Der Grundpsalm statuiert ja den Zusammenbruch des Tun-Ergehen-Zusammenhanges und setzt somit jene tiefgreifende Krise der Weisheit voraus, die in der biblischen Tradition erst nach dem Exil in den Büchern Hiob und Qohelet greifbar wird (vgl. SCHMID, Weisheit 173ff). Auf die gedankliche und "stimmungsmässige" Nähe zu Qoh sind wir denn auch im Grundpsalm wiederholt gestossen, und obwohl sie abgesehen von PAULUS (248), CALES (280), BEAUCAMP (213) und be-

---

und das zweimalige עד v.20. Doch scheint mir das alles nicht so klar. Z.B. könnten gerade die ות-Endungen dialektal sein und es ist durchaus nicht sicher, dass sie auf aramäischen Einfluss zurückzuführen sind (vgl. oben 7.2.31), das ות- von הגות ist nicht die junge Abstraktenendung (vgl. oben 7.2.32) und warum das Wort חידה ein so überaus junger Aramäismus sein soll, leuchtet angesichts seiner Verwendung in Ri 14 nicht ein (vgl. BARUCQ 303).

PODECHARD (19) findet darüber hinaus auch in der Syntax junge Elemente. So weisen nach ihm Konstruktionen wie נמשל כ (v.13.21), יחד ו (v.3) auf späte Sprache. Da er aber gleichzeitig viele klassische Wendungen findet (Partizipialkonstruktion v.7; asyndetischer Relativsatz v.13b=21b.20b.6b.14a+b; affirmatives כי v.16.19) sowie "une accumulation de tournures idiomatiques" (Belege dafür gibt SCHMITT, aaO 201-207) schliesst er auf bewusst antiquierenden Stil: "On sent une recherche voulue, qui trahit le caractère en partie artificiel du style et par conséquent la date récente de l'oeuvre." Doch wie unterscheidet man mit Sicherheit einen antiquierenden von einem echt antiken Stil?

469. So weist etwa für KIRKPATRICK (268) das Thema "Reichtum" ins 8. Jhd., "when the existence of great wealth and great poverty side by side in the reigns of Uzziah and Jotham could not fail to suggest the problem here discussed. There seems to be an allusion in (v.12) to the vaste estates which are condemned by Isaiah and Micah." Mit einer ähnlichen Argumentation datiert GRAETZ (337) Ps 49 in die Exilszeit, denn "im Exile hatten die exilierten Judäer Bewegungsfreiheit und Gelegenheit, in den Handelsstaate Babylonien sich zu bereichern. Die Reichgewordenen behandelten die Armen mit Hochmuth." BRIGGS (406) wiederum meint: "The antithesis between the wicked rich and the pious poor implies a commercial situation, either the Greek period, if the writer lived in Palestine, or possibly a late Persian period, if he lived in the Diaspora." Angesichts dieser Widersprüche hat SCHMIDT (96) nicht Unrecht, wenn er unterstreicht, es sei "für die zeitliche Ansetzung dieses Gedichtes aus seinem Inhalt nur mit grosser Vorsicht ein Schluss zu ziehen. Die Arme-Leute-Hoffnung dieses Liedes ist im Grunde zeitlos."

sonders von BARUCQ kaum jemand beachtet hat, scheint sie mir für die Datierung von Ps 49 sehr wichtig.

In Ps 49,11-15.21 und in Qoh sind in der Tat die neue und ernüchternde Erfahrung der Sterblichkeit gleich zentral, die deshalb notwendige Kritik an der klassischen Weisheit gleich radikal und die daraus resultierende Verzweiflung gleich bedrückend. Beide Texte scheinen einer gleichen "Denkrichtung" anzugehören (vgl. BARUCQ 308). Allerdings wirkt Qoh etwas jünger: bei ihm ist die Empörung gegen Gott (vgl. Ps 49,15!) schon weniger heftig und die zunehmende Resignation macht sich in seinem Rückzug aufs Gastronomische bemerkbar. Gleichzeitig zeigt sich bei Qoh in Sprache und Komposition griechischer Einfluss (vgl. LOHFINK, Kohelet 9), der in Ps 49,11ff noch völlig fehlt (vgl. BARUCQ 308). So könnte man Ps 49 in seinem Grundbestand als Vorläufer von Qoh (3. Jhd., vgl. LOHFINK, aaO 7ff) ins 5. Jhd. oder in die erste Hälfte des 4. Jhd. datieren[470]. Auch die Erweiterungen werden wohl im gleichen Zeitraum entstanden sein, denn einerseits lassen auch sie nichts von griechischem Einfluss erkennen und andererseits kann man vermuten, dass der Autor der Erweiterungen einem damals modernen Text sein Ohr neigte, als er sich anschickte, das Rätsel zu lösen, das der Tod den Lebenden stellt.

470. Wenn die Endredaktion des Psalters vor die Endredaktion der Chronik fällt, was die Doxologie in 1 Chr 16,36 = Ps 106,48 wohl tatsächlich nahelegt (vgl. BECKER, Psalmenexegese 116), muss ein Gedicht, das einer älteren Teilsammlung angehört, auch entsprechend alt sein. GESE (Kultsänger 158) nimmt an, die korahitische Psalmensammlung habe vor 350 vC vorgelegen, was vorzüglich zur vorgeschlagenen Datierung passt.

8. GIBT ES EIN LEBEN VOR DEM TODE ? (ZUSAMMENFASSUNG)

Ps 49 gehört nicht zu jenen Gedichten, die man beim ersten Durchlesen versteht. Deshalb sind die Exegeten immer wieder der Versuchung erlegen, den angeblich verdorbenen Text dieses Psalms solange zu korrigieren, bis er sich in jener klaren und simplen Sprache ausdrückt, die sie von einem durchschnittlichen Psalm glauben erwarten zu dürfen. Man kann nun aber auch dieser Versuchung widerstehen, die Dunkelheit von Ps 49 als dessen spezifisches Stilmerkmal akzeptieren und den überlieferten Text möglichst unverändert zu verstehen trachten.

Tut man dies, so stellt man bald einmal zwischen v.6-1o und v.16-2o ganz auffällige formale Entsprechungen fest, die diese paar Verse so stark vom Rest des Psalmes abheben, dass man schnell zur Ueberzeugung kommt, das Gedicht bestehe aus zwei literarisch zu unterscheidenden Schichten. Die ältere Schicht liegt in v.11-15.21 vor, und dieser "Grundpsalm" wurde später um die zwei Strophen v.6-1o.16-2o ("Erweiterungen") sowie um die (Hälfte der?) Einleitung (v.2-5) erweitert (Kapitel 1).

Der "Grundpsalm" ist ein pessimistisches Gedicht, das im Ton des Buches Qohelet nach der Vereinbarkeit von menschlicher Sterblichkeit und göttlichem "Da-sein" fragt. Die erste Strophe (v.11-12) bringt eine im Vergleich zur klassichen Weisheit ganz neue Erfahrung des Todes zur Sprache, indem sie gleich zu Beginn betont, auch Weise müssten sterben. Damit wird der Tod nicht mehr als die spezielle Strafe der Frevler gesehen, sondern er trifft ganz allgemein jeden Menschen unabhängig von seinem Tun (v.11), um seine -nun als einmalig und individuell erfahrene- Existenz auf immer zu vernichten (v.12).

So zerstört er vollständig jeglichen Zusammenhang zwischen Tun und Ergehen (Kapitel 3).

Die zweite Strophe (v.14-15) zieht aus dieser neuen Weise, den Tod zu erfahren, die Folgerungen für das Leben: Sie versucht, den eben konstatierten Tod im Ganzen des Lebens zu situieren, sie fragt nach der Möglichkeit einer Existenz, die in die Vernichtung mündet, sie sucht den Sinn eines Lebens vor dem Tode (v.14). Dabei kommt sie zum Schluss, dass sich vor dem Tode gar nicht wirklich leben lässt, denn der Tod stösst schliesslich das ganze Leben ins Nichts zurück. So ist das Leben des Menschen letztlich nichts als ein einziges Sterben (v.15a-c), das jeden Sinnes entbehrt; denn der einzige, der Sinn stiften könnte, Gott, ist nicht da, um sich der sterblichen Menschen anzunehmen, was man daran sieht, dass er Weise wie Toren gleichermassen sterben lässt, obwohl er die Macht hätte, den Tod überhaupt zu vernichten (v.15d): Der Tod des Menschen ist der Tod Gottes. Das Ergebnis dieser Ueberlegungen ist der im Kehrvers (v.13.21) zweimal angemeldete Zweifel an der gottähnlichen Würde des Menschen (Kapitel 4).

So führt also im Grundpsalm eine neue und radikale Weise, den Tod zu erfahren, zu einer ausdrücklichen Leugnung der menschlichen Würde und des göttlichen Da-seins. Der Autor der Erweiterungen konnte offenbar weder diesen Schluss billigen, noch wollte er die Todeserfahrung, die ihm zugrunde lag, leugnen. Deshalb ging er daran, beides zu "hinterfragen".

In einer ersten Strophe (v.6-1o) zeigt er, dass in der todlosen Welt, die v.15d als die beste aller möglichen hinstellte, der Zusammenhang zwischen Tun und Ergehen ebensowenig gewahrt wäre wie in der Welt des Todes, wo der Schuldlose stirbt, denn hier würde nun der Schuldige überleben (v.6-7). In der todlosen Welt wäre der Mensch ein brutaler Kraftprotz und Gott ein erbärmlicher Schwächling (v.7). Erst der Tod erniedrigt den rücksichtslosen Uebermenschen zum Menschen und erhöht den manipulierbaren Götzen zum Gott (v.9-1o). Doch wie der Grundpsalm zeigt, den der Autor der Erweiterungen nun anschliessend zitiert, zerstört scheinbar der Tod auch gleich, was er ermöglicht hat: er erniedrigt den Menschen zum Tier und erhöht Gott zum blasierten Zyniker (Kapitel 5).

Damit ist das in v.5 angekündigte Rätsel gestellt: sei es mit (v.11-15), sei es ohne Tod (v.6-1o) scheint das menschliche Leben von vornherein sinnlos und unverständlich zu sein. In einem einzigen Satz löst der Autor diese Aporie, indem er, mit einem Rückgriff auf die alte Vorstellung der "Entrückung", also der "Aufhebung" des menschlichen Lebens durch Gott, auf jene letzte radikale Erfahrung hinweist, die die menschliche Auflehnung gegen den

Tod erst ermöglicht und die besagt, dass in der Endlichkeit Sinn sein kann, denn das in Freiheit gesetzte menschliche Leben bleibt, weil Gott es "nimmt", d.h. seiner Endlichkeit Endgütligkeit verleiht (v.16). Es gibt deshalb allem Anschein zum Trotz durchaus ein Leben vor dem Tode, und zwar für jenen, der die Hülle des Habens (v.17-18) und des Scheinens (v.19-2o) durchbricht (Kapitel 6) und dadurch, dass er ganz Mensch ist sich selbst in jener Gottebenbildlichkeit verwirklicht, die allein seinem in jeder (auch zeitlichen) Hinsicht endlichen Leben Bestand und Sinn zu geben vermag (v.21).
Das ist die stille Zuversicht, für die der zweite Autor von Ps 49 warb, als er im Kreis der Weisen in die Saiten griff (v.5), um die Erfahrung mit der Tradition, die Skepsis mit der Hoffnung und das Leben mit dem Tode zu versöhnen (Kapitel 7).

ANHANG

TEXT UND UEBERSETZUNGEN

A) DEUTSCHE UEBERSETZUNG

1 Vom Chorleiter. Von den Söhnen Korachs. Kunstlied.

2a Hört dies, ihr Völker alle,
2b Nehmt es zu Ohren, ihr alle, die ihr im Festen wohnt,

3a Ihr Menschen alle zusammen, ihr Leute alle zusammen,
3b Der Reiche und der Arme miteinander:

4a Mein Mund soll Weisheit reden
4b Und das Murmeln meines Herzens, das soll Einsicht sein,

5a Ich will mein Ohr dem Spruche neigen
5b Und mein Rätsel zur Leier aufschlüsseln.

6a "Wozu soll ich mich fürchten am Tage des Unheils,
6b Wenn die Schuld meiner Vergangenheit auf mich zurückfällt?"

7a (Sagen) die, die auf ihr Vermögen vertrauen,
7b Und an der Menge ihres Reichtums sich freuen.

8a Weh! Nicht ein einziger kann 'sich' loskaufen
8b Keiner kann Gott sein Lösegeld geben,

9a Auch wenn das Lösemittel für 'sein' Leben wertvoll ist.
9b Und so hört er auf für immer.

10a Er sollte in ewiger Fortdauer weiterleben,
Sollte die Grube nicht sehen?
10b Gewiss sieht er sie!

11a Die Weisen - sie sterben auf einen Schlag,
11b Der Narr und der Tor - sie kommen um,
11c Und sie lassen andern ihr Vermögen.

12a 'Gräber', das sind ihre Häuser für immer,
12b Ihre Wohnsitze für Geschlecht und Geschlecht -
12c Und dabei hatte man sich zu ihnen bekannt auf Erden...

13a JA; DER MENSCH IN SEINER GROESSE: ER BESTEHT NICHT,
ER IST GLEICH WIE DAS TIER, DAS VERSCHWINDET.

14a Das ist ihr Weg - derer, die Zuversicht hatten
14b Und über deren Worte man sich nach ihrem Tod noch freut: (SLH)
15a Wie Vieh sind sie in der Scheol eingepfercht.

15b Der Tod weidet sie und man unterdrückt sie,
15c Gefügig (sind sie) am Morgen - und ihr Fels?
15d (Er soll bereit sein) die Scheol zu zermürben, von
der Wohnung aus, die er hat?!

(21a DER MENSCH IN SEINER GROESSE: JA, ER VERSTEHT NICHT
21b ER IST GLEICH WIE DAS TIER, DAS VERSCHWINDET.)

16a Doch sicherlich erlöst Gott mein Leben
Aus der Hand der Scheol:
16b Gewiss nimmt er mich! (SLH)

17a Fürchte dich nicht, weil einer reich wird,
17b Weil die Herrlichkeit seines Hauses wächst,

18a Denn in seinen Tod kann er das Ganze nicht nehmen,
18b Seine Herrlichkeit geht nicht hinter ihm hinunter.

19a Ja, sein Leben lang segnet er seine Seele:
19b "Man preist Dich, denn Du bist gütig für Dich selbst!"

20a Und doch geht sie zum Geschlecht seiner Väter,
20b Die für immer das Licht nicht sehen.

21a DER MENSCH IN SEINER GROESSE: JA, ER VERSTEHT NICHT,
ER IST GLEICH WIE DAS TIER, DAS VERSCHWINDET.

B) MASORETISCHER TEXT

(1) לַמְנַצֵּחַ לִבְנֵי־קֹרַח מִזְמוֹר: (2) שִׁמְעוּ־זֹאת כָּל־הָעַמִּים הַאֲזִינוּ כָּל־יֹשְׁבֵי חָלֶד:

(3) גַּם־בְּנֵי אָדָם גַּם־בְּנֵי אִישׁ יַחַד עָשִׁיר וְאֶבְיוֹן: (4) פִּי יְדַבֵּר חָכְמוֹת וְהָגוּת לִבִּי

תְבוּנוֹת: (5) אַטֶּה לְמָשָׁל אָזְנִי אֶפְתַּח בְּכִנּוֹר חִידָתִי: (6) לָמָּה אִירָא בִּימֵי רָע עֲוֹן עֲקֵבַי

יְסוּבֵּנִי: (7) הַבֹּטְחִים עַל־חֵילָם וּבְרֹב עָשְׁרָם יִתְהַלָּלוּ: (8) אָח לֹא־פָדֹה יִפְדֶּה אִישׁ לֹא־יִתֵּן

לֵאלֹהִים כָּפְרוֹ: (9) וְיֵקַר פִּדְיוֹן נַפְשָׁם וְחָדַל לְעוֹלָם: (10) וִיחִי־עוֹד לָנֶצַח לֹא יִרְאֶה

הַשָּׁחַת: (11) כִּי יִרְאֶה חֲכָמִים יָמוּתוּ יַחַד כְּסִיל וָבַעַר יֹאבֵדוּ וְעָזְבוּ לַאֲחֵרִים חֵילָם:

(12) קִרְבָּם בָּתֵּימוֹ לְעוֹלָם מִשְׁכְּנֹתָם לְדֹר וָדֹר קָרְאוּ בִשְׁמוֹתָם עֲלֵי אֲדָמוֹת: (13) וְאָדָם

בִּיקָר בַּל־יָלִין נִמְשַׁל כַּבְּהֵמוֹת נִדְמוּ: (14) זֶה דַרְכָּם כֵּסֶל לָמוֹ וְאַחֲרֵיהֶם בְּפִיהֶם יִרְצוּ

סֶלָה: (15) כַּצֹּאן לִשְׁאוֹל שַׁתּוּ מָוֶת יִרְעֵם וַיִּרְדּוּ בָם יְשָׁרִים לַבֹּקֶר וְצִירָם לְבַלּוֹת שְׁאוֹל

מִזְּבֻל לוֹ: (16) אַךְ־אֱלֹהִים יִפְדֶּה נַפְשִׁי מִיַּד־שְׁאוֹל כִּי יִקָּחֵנִי סֶלָה: (17) אַל־תִּירָא כִּי־

יַעֲשִׁר אִישׁ כִּי־יִרְבֶּה כְּבוֹד בֵּיתוֹ: (18) כִּי לֹא בְמוֹתוֹ יִקַּח הַכֹּל לֹא־יֵרֵד אַחֲרָיו כְּבוֹדוֹ:

(19) כִּי־נַפְשׁוֹ בְּחַיָּיו יְבָרֵךְ וְיוֹדֻךָ כִּי־תֵיטִיב לָךְ: (20) תָּבוֹא עַד־דּוֹר אֲבוֹתָיו עַד־

נֵצַח לֹא יִרְאוּ־אוֹר: (21) אָדָם בִּיקָר וְלֹא יָבִין נִמְשַׁל כַּבְּהֵמוֹת נִדְמוּ:

C) TARGUM

(1) לְשַׁבָּחָא עַל יְדֵיהוֹן דִּבְנֵי קֹרַח תּוּשְׁבַּחְתָּא: (2) שְׁמָעוּ אֲחֵוֵיתָא דָא כָּל עַמְמַיָּא אֲצִיתוּ כָּל

דָּיְרֵי אַרְעָא: (3) אוּף בְּנֵי אָדָם קַדְמָאָה אוּף בְּנוֹי דְּיַעֲקֹב כַּחֲדָא זַכָּאָה וְחַיָּבָא: (4) פּוּמִּי יְמַלֵּל חוּכְמְתָא וְרִנְנַת לִבָּא בִינָא: (5) אֲצַלֵּי לְמַתְלָא אוּדְנִי אֲשָׁרֵי לְמִפְתַּח

בְּכִנָּרָא אוּחֲדָתִי: (6) מְטוּל אֲדַחַל בְּיוֹם אַסְעָרַת בִּישָׁא אֱלָהֵן דְּחוֹבַת סוּרְחָנִי בְּסוֹפִי

יַחְזְרַנֵּנִי: (7) וַי לְחַיָּבַיָּא דִּי מִתְרַחֲצִין עַל נִכְסֵיהוֹן וּבְסַגְיָאַת עָתְרֵיהוֹן מִשְׁתַּבְּחִין:

(8) אֲחוּהִי דְּאִשְׁתֵּזַב לָא מִפְרַק יִפְרוֹק גְּבַר מִנַּכְסוֹי וְלָא יַהֵב לֵאלָהָא פּוּרְקָנֵיהּ: (9) וִיהֵי

יַקִּיר פּוּרְקָנֵיהּ וְיִפְסוֹק בִּישׁוּתֵיהּ וּפוּרְעֲנוּתָא לְעָלָם: (10) וְיֵחֵי תוּב לְחַיֵּי עָלְמָא לָא

יֶחֱמֵי דֵּין גֵּהִנָּם: (11) אֲרוּם יֶחֱמוּן חַכִּימַיָּא רַשִּׁיעַיָּא בְּגֵהִנָּם יִתְּדָנוּן כַּחֲדָא כְּסִילַיָּא

וְשַׁטְיָא יֵיבְדוּן וְיִשְׁבְּקוּן לְצַדִּיקַיָּא מָמוֹנְהוֹן: (12) בְּבֵית קְבוּרַתְהוֹן יִשְׁרוּן לַעֲלַם וְלָא

יְקוּמוּן מִמַּשְׁכְּנֵיהוֹן לְדָרֵי דָרַיָּא מְטוּל דַּאֲתָרַבְרַב וּקְנוֹ שׁוּם בִּישׁ עֲלָוֵי אַרְעָא:

(13) וּגְבַר חַיָּבָא בִּיקָרָא לָא יָבִית עִם צַדִּיקַיָּא אַמְתִיל הֵיךְ בְּעִירָא אִשְׁתַּוֵּא לְמָא: (14)

(14) דֵּין אֹרְחַתְהוֹן גְּרַם שְׁטוּתָא לְהוֹן וּבְסוֹפֵיהוֹן בְּפוּמְּהוֹן יִתְּנוּן סוּרְחָנוּתְהוֹן לְעָלְמָא

דְּאָתֵי: (15) הֵיךְ עָנָא צַדִּיקַיָּא שַׁוּוּ לְמוֹתָא וְקָטְלוּן וְחָבְרוּ צַדִּיקַיָּא וּפַלְחֵי אוֹרַיְתָא

וּתְרֵיצַיָּא אַלְקוּ מְטוּל הֵכִי גּוּפֵיהוֹן יְהוֹן בָּלַיִן בְּגֵהִנָּם מִן בַּגְלַל דְּאוֹשִׁיטוּ יְדֵיהוֹן וְחַבִּילוּ

בֵּית מְדוֹר שְׁכִנְתֵּהּ דִּילֵיהּ: (16) אֲמַר דָּוִד בְּרוּחַ נְבוּאָה בְּרַם אֱלָהָא יִפְרוֹק נַפְשִׁי מִן דֵּין

גֵּהִנָּם אֲרוּם יְלַפְּנַנִי אוֹרַיְתֵיהּ לְעָלְמִין: (17) [עַל קֹרַח וְסִיעָתֵיהּ אִתְנַבֵּי] וַאֲמַר לָא תִדְחַל

[מֹשֶׁה] אֲרוּם אִתְעַתַּר [קֹרַח] גַּבְרָא [דְּמַצּוּתָא] אֲרוּם יִסְגֵּי אִיקָר בֵּיתֵיהּ: (18) אֲרוּם לָא

בְּמוֹתֵיהּ יְסַב כֹּלָּא לָא יֵחוֹת בַּתְרוֹי אִיקְרֵיהּ: (19) אֲרוּם נַפְשֵׁיהּ [דְּמֹשֶׁה] בְּחַיּוֹהִי יְבָרֵךְ

לָךְ וִיוֹדוּנָךְ צַדִּיקַיָּא אֲרוּם תֵּיטִיב לְפָלְחִין קֳדָמָךְ: (20) תֵּעוּל דּוּכְרָנְהוֹן דְּצַדִּיקַיָּא עַד

דָּר אֲבָהָתְהוֹן וְרָשִׁיעַיָּא לְעָלְמִי עָלְמַיָּא לָא יֶחֱמוֹן נְהוֹרָא: (21) גֻּבְרָא חַיָּבָא בִּזְמַן דְּאִיתוֹהִי
בִּיקָרָא לָא יִתְבִּין וּבְאִסְתַּפְלָקוּת יַקְרִיהּ מִנֵּיהּ אַמְתִּיל לִבְעִירָא וְאִשְׁתַּוִי לְלָמָא:

D) SEPTUAGINTA

(1) Εις το τελος· τοις υιοις Κορε ψαλμος. (2) Ακουσατε ταυτα,
παντα τα εθνη, ενωτισασθε, παντες οι κατοικουντες την οικουμενην, (3) οι τε γηγενεις και οι υιοι των ανθρωπων, επι το αυτο
πλουσιος και πενης. (4) Το στομα μου λαλησει σοφιαν και η μελετη της καρδιας μου συνεσιν· (5) κλινω εις παραβολην το ους
μου, ανοιξω εν ψαλτηριω το προβλημα μου. (6) Ινα τι φοβουμαι
εν ημερα πονερα; η ανομια της πτερνης μου κυκλωσει με. (7) Οι
πεποιθοτες επι τη δυναμει αυτων και επι τω πληθει του πλουτου
αυτων καυχωμενοι, (8) αδελφος ου λυτρωσεται· λυτρωσεται ανθρωπος; ου δωσει τω θεω εξιλασμα αυτου (9) και την τιμην της λυτρωσεως της ψυχης αυτου. (10) Και εκοπασεν εις τον αιωνα και
ζησεται εις τελος, οτι ουκ οψεται καταφθοραν, οταν ιδη σοφους
αποθνησκοντας. (11) Επι το αυτο αφρων και ανους απολουνται και
καταλειψουσιν αλλοτριοις τον πλουτον αυτων, (12) και οι ταφοι
αυτων οικιαι αυτων εις τον αιωνα, σκηνωματα αυτων εις γενεαν
και γενεαν. Επεκαλεσαντο τα ονοματα αυτων επι των γαιων αυτων.
(13) Και ανθρωπος εν τιμη ων ου συνηκεν, παρασυνεβληθη τοις
κτηνεσιν τοις ανοητοις και ωμοιωθη αυτοις. (14) Αυτη η οδος
αυτων σκανδαλον αυτοις, και μετα ταυτα εν τω στοματι αυτων ευδοκησουσιν. Διαψαλμα. (15) Ως προβατα εν αδη εθεντο, θανατος
ποιμαινει αυτους· και κατακυριευσουσιν αυτων οι ευθεις το πρωι,
και βοηθεια αυτων παλαιωθησεται εν τω αδη εκ της δοξης αυτων.
(16) Πλην ο θεος λυτρωσεται την ψυχην μου εκ χειρος αδου, οταν
λαμβανη με. Διαψαλμα. (17) Μη φοβου, οταν πλουτηση ανθρωπος,
και οταν πληθυνθη η δοξα του οικου αυτου· (18) οτι ουκ εν τω
αποθνησκειν αυτον λημψεται τα παντα, ουδε συγκαταβησεται αυτω
η δοξα αυτου. (19) Οτι η ψυχη αυτου εν τη ζωη αυτου ευλογηθη-
σεται· εξομολογησεται σοι, οταν αγαθυνης αυτω. (20) Εισελευσεται εως γενεας πατερων αυτου, εως αιωνος ουκ οψεται φως.
(21) Ανθρωπος εν τιμη ων ου συνηκεν, παρασυνεβληθη τοις κτηνεσιν τοις ανοητοις και ωμοιωθη αυτοις.

E) HEXAPLARISCHE FRAGMENTE

2. Kolumne (εβρ)

(1) Λαμανασση λαβνη· κὸρ μαζμωρ (2) σιμου· ζωθ χολ· ααμιν σεζινου· χολ εωσεβ* ολδ (3) γαμ βνη ἀδαμ γαμ·βνη·ἐίς ιααΔσιρ ουεβιῶν (4) φι·ιδαββερ ἀχαμωθ· ουαγ*** λεββὶ θβουνωθ. (5) αττε λαμεσαλ οζνι·ἐφθά βχεννωρ ιδαθι (6) λαμα·ιρα· βιμη·ρα αὼν ακοββαϊ ισωββουνι (7) αββωτέειμ αλ·ηλαμ ουεβροβ οσραμ ϊθαλλάλου (8) αλὼ Φ̄ φαδω ϊεφαε·εισ λὼ ϊεθὲν·ἐλωεὶμ χοφρω (9) ουϊκαρ φεδιωμ νεφσαμ ιεδαλ λωλαμ (10) ουαϊ** ωδλανες λω·ὶερε ασσαἀθ (11) χι ερα·αχαμιμ ιαμουθω ιααδε·χειλ ουβααρ ιοβαδου οὐαζβου λαηριμ ηλαμ (12) καρβαμ βηθαμου λωλαμ μισχνωθαμ αδωρ ουαδωρ κερου βσεβωθαμ αλη ἀδαμωθ (13) ο·υ ἀδαμ βακαρ * * λ νεμσἀλ χαβημωθ νεδμου (14) ζεδαρχαμ χεσλ·λαμου οὐδαῤηεμ βαφιεμ ιαροσου σελ (15) χασων·λασωλ σαθου * * υθ ιερημ ουὶ αρδου βαμ + λαβεκρ ουσουραμ λαβαλὼθ σωλ... (MERCATI)

3. Kolumne (AQ)

(1) τωι νικοποιω των υιων κορε μελωδημα. (2) ακουσατε ταυτην παντες οι λαοι, ενωτισασθε παντες καθημενοι καταδυσιν, (3) καιγε υιοι ανθρωπων καιγε υιοι ανδρος, αμα πλουσιος και πτωχος. (4) στομα μου λαλησει σοφιαν και μελετη καρδιας μου φρονησεις. (5) κλινω εις παραβολην ους μου, ανοιξω εν κιθαραι αινιγμα μου, (6) εις τι φοβηθησομ(αι) εν ημεραις πονηρου; ανομια πτερνων μου κυκλωσει με. (7) οι πεποιθοτες επι ευπορια αυτ(ων) και εν πληθει πλουτου αυτων υμνουμενοι (8) αδελφος ου λυτρουμενο(ς) λυτρωσεται ανηρ ου δωσει τωι θω̅ι εξιλασμα αυτου (9) και τιμην λυτρωσεως ψυχης αυτ* και επαυσατο εις αιωνα (10) και ζησεται ετι εις νικος· ουκ οψεται την διαφθοραν, (11) οτι οψεται σοφους αποθνησκοντας. αμα ανοητος και ασυνετος απολουνται και καταλειψουσιν εις ετερους ευποριαν αυτων. (12) εν μεσωι αυτων οικιαι αυτων εις αιωνα, σκηνωματα αυτ(ων) εις γενεαν και γενεαν. εκαλεσαν εν οωομασιν αυτ(ων) επι χθονας. (και) αν(θρωπ)ος (13) και αν(θρωπ)ος εν τιμηι * * * * * παρεβληθη ως κτηνη εξωμοιωθησαν (14) τουτο οδος αυτ(ων) ανοησια αυτ(οις) και μετ'αυτους εν στοματι αυτ(ων) δραμουνται αει (15) ως ποιμνι(ον) εις αδην εθεντο

θανατος νεμησει αυτους και επικρατησουσ(ιν) εν αυτοις + εις πρωιαν και χαρακτηρ αυτ(ων) εις κατατριψαι αιδην... (MERCATI)
...εκ κατοικητηριου αυτων... (18) ουδε συγκαταβησεται οπισω αυτου δοξα αυτου...(19) [AQ QUINT] οτι την ψυχην αυτου εν τη ζωη αυτου ευλογησει... (20) [AQ SYM THEOD] ελευση...(20) [AQ THEOD SEXT SEPT] ουκ οψονται... (FIELD)

4. Kolumne ("SYM")

(1) επινικιον των υιων κορε ασμα (2) ακουσατε τουτο παντα τα εθνη, ενωτισασθε παντες οι κατοικουντες την εγκατα (3) η τε ανθρωποτης προσετι δε και υιοι εκαστου ανδρος, ομου πλουσιος και πενης. (4) το στομα μου λαλησει σοφιαν κα̣ι μηνυ̣ρ̣ι̣σει η κ̣α̣ρδια μ̣ο̣υ συνεσιν. (5) κ̣λινω παραβοληι το ο̣υς μου̣, ανοιξω δια ψαλτηριου το προβλημα μου. (6) δια τι φοβουμαι εν ημεραις κακου; η ανομια <τω>ν ιχν<εων μου> κυκλωσει με. (7) οι πεποιθοτες τη δυναμει εαυτ(ων) και επι τω πληθει του πλουτου αυτων αλαζονευομενοι (8) αδελφος ου λυτρουται ινα λυτρωσηται αωηρ ου δωσει τωι θω̅ι̅ εξιλασμα υπερ εαυτου (9) ου (δε) τιμην λυτρωσεως ψυχης εαυτου. αλλα παυσαμενο(ς) τω αιωνι τουτωι (10) ζων εις αιωνα διατελεσει ουκ οψεται την διαφθοραν (11) οτ'αν βλεπη σοφους αποθνησκοντας. ομου ανοητος και αμαθης απολουνται (και) καταλειψουσιν ετεροις την ισχυν αυτων, (12) τα εντος των οικων αυτων εις αιωνα, τας κατασκηνωσ(εις) αυτ(ων) εις γενεαν και γενεαν. ονομσαντες επ'ονομασιν αυτ(ων) ταις γαιαις. (13) αν(θρωπ)ος δε εν τιμηι ουκ αλ* παρεικασθη κτηνεσι(ν) ως κτηνη σιωπηθησονται (14) αυτη η οδος αυτ(ων) ανοιας αυτοις οι δε μετ' αυτους κατα λογον αυτων ευδοκησουσιν διαψαλμα. (15) ως βοσκηματα αδου εταξαν εαυτους θανατος νεμησετ<α>ι αυτους και υποταξουσι(ν) αυτους + εν τωι ορθρω το δε κρατερον αυτ(ων) παλαιωσει αιδης... (MERCATI)
...απο της οικησεως της εντιμου αυτων...(18) ουδε συγκαταβησεται ακολουθουσα αυτω η δοξα αυτου (19) αλλα την ψυχην αυτου εν τω ζην αυτον ευλογησει, λεγων εν εαυτω, επαινεσουσι σε εαν καλως ποιησης σεαυτω (20) ελευση εως γενεας πατερων... (20) ου βλεποντες... (FIELD)

5. <u>Kolumne</u> ("THEOD")

(1) εις το τελος τοις υιοις κορε ψαλμος (2) ακουσατε ταυτα παντα τα εθνη, ενωτισασθε παντες οι κατοικουντες την οικουμενην, (3) οι τε γηγενεις και υιοι των αν(θρωπ)ων, επι το αυτο * πλουσιος και πενης. (4) το στομα μου λαλησει σοφιαν και η μελετη της καρδιας μου συνεσεις. (5) κλινω εισ παραβολην το ους μου, ανοιξω εν ψαλτηριωι το προβλημα μου. (6) ινα τι φοβουμαι εν ημερα πονηρα; η ανομια <της πτερνης μου> κυκλωσει με. (7) οι πεποιθοτες επι τη δυναμει αυτων και επι τωι πληθει του πλουτου αυτων καυχωμενοι (8) αδελφος ου λυτρουται λυτρωσεται ανος ου δωσει τωι θωι εξιλασμα αυτου (9) και την τιμην <τ>ης λυτρωσεως της ψυχης αυτου. και εκοπιασεν εις τον αιωνα (10) (και) ζησεται και ζησεται εις [τελος] τελος οτι ουκ οψεται καταφθοραν (11) οτ' αν ιδη σοφους αποθνησκοντας. επι το αυτο αφρων και ανους απολουνται και καταλειψουσιν αλλοτριοις ετερ(οις) τον πλουτον αυτων, (12) και οι ταφων αυτων οικιαι αυτων εις τον αιωνα, σκηνωματα αυτ(ων) εις γενεαν και γενεαν. επεκαλεσαντο τα ονοματα αυτ(ων) επι των γαιων αυτων. (13) και αν(θρωπ)ος εν τιμη ων <ου συνηκεν> παρασυνεβληθη τ(οις) κτηνεσι τ(οις) αωοητ(οις) και ωμοιωθ(η) αυτοις (14) αυτη η οδος αυτων σκανδαλον αυτοις και μετα ταυτα εν τω στοματι αυτ(ων) ευδοκησουσιν διαψαλμα (15) ως προβατα εν αδηι εθεντο θανατος ποιμανει αυτους κατακυριευσουσι(ν) αυτων + οι ευθεις εις το πρωι (και) η βοηθεια αυτ(ων) παλαιωθησεται εν τωι αιδη... (MERCATI)

...(18) [AQ THEOD QUINT SEXT] ακολουθουσα... (20) [AQ SYM THEOD] ελευση... (20) [AQ THEOD SEXT SEPT] ουκ οψονται... (FIELD)

6. <u>Kolumne</u> ("QUINT")

(1) τωι νικοποιω τ** υι** κορε ψαλμος. (2) ακουσατε ταυτα παντες οι λαοι, ενωτισασθε παντες·οι κατοικουντες την καταδυσιν, (3) καιγε υιοι των αν(θρωπ)ων καιγε υιοι ανδρ(ος), επι το αυτο πλουσιο(ς) και πενης. (4) το στομα μου λαλησει σοφιαν και η μελετη της καρδιας μου συνεσεις. (5) κλινω εις παραβολην το ους μου, ανοιξω εν ψαλτηριωι το προβλημα μου. (6) ινα τι φοβηθησομαι εν ημεραι πονηραι; η ανομια τ*ν πτ<ε>ρν*ν μου κυκλωσει με: (7) οι πεποιθοτες επι τη δυναμει αυτων και επι τωι πληθει του πλουτου αυτων

καυχωμενοι (8) αδελφος ου: λυτρουται λυτρωσεται ανηρ ου δωσει τω θω̄ εξιλασμα αυτου (9) (και) την τιμην της λυτρωσεως της ψυχης εαυτου, (και) εκοπιασεν εις τον αιωνα (10) και ζησεται ετι εις νικος ετι ουκ οψεται διαφθοραν, (11) οτι οψεται σοφους, αποθνησκοντας. επι το αυτο αφρων και ανους απολουνται (και) καταλειψουσιν ετεροις την δυναμιν αυτων. (12) (και) εν μεσω αυτων οικιαι αυτων εις τον αιωνα, σκηνωματα αυτ(ων) εις γενεαν και γενεαν. επεκαλεσαντο τα ονοματα αυτ(ων) επι των γαιων. (13) και αν(θρωπ)ος εν τιμηι ων ουκ αυλισθησεται συνεβληθη και τοις κτηνεσιν. ωμοιωθη. (14) αυτη η οδος αυτ(ων) σκανδαλον αυτ(οις) (και) μετ'αυτους εν (τω) στοματι αυτ(ων) ευδοκησουσιν αει (15) ως προβατα εις αδην καταχθησονται θανατος ποιμανει αυτους (και) κατακυριευσωσιν + οι ευθεις εις το πρωι (και) η ισχυς αυτ(ων) κατατριβησεται εν (τω)ι αιδη... (MERCATI)
...(18) [AQ THEOD QUINT SYM] ακολουθουσα... (19) [AQ QUINT] οτι την ψυχην αυτου εν τη ζωη αυτου ευλογησει... (20)...ουκ οψεται... (FIELD)

F) <u>PSALTERIUM GALLICANUM</u> (+ROMANUM)

(1) In finem filiis Core psalmus (2) Audite haec omnes gentes auribus percipite 'omnes' (-) qui habitatis orbem (3) quique terrigenae et filii hominum '' (simul) in unum dives et pauper (4) os meum loquetur sapientiam et meditatio cordis mei prudentiam (5) inclinabo 'in parabolam' (ad similitudinem) aurem meam aperiam in psalterio propositionem meam (6) 'cur' (ut quid) timebo in die 'malo' (mala) iniquitas calcanei mei 'circumdabit' (circumdedit) me (7) qui confidunt in virtute sua 'et in multitudine' (quique in abundantia) divitiarum suarum 'gloriantur' (gloriabuntur) (8) frater non 'redimit redimet' (redemit redemit) homo non dabit Deo placationem suam (9) 'et' (nec) pretium redemptionis animae suae et laboravit in aeternum (10) et vivet '⋇adhuc:' (-) in finem '' (quoniam) non videbit interitum (11) cum viderit sapientes morientes simul insipiens et stultus peribunt et reliquent alienis divitias suas (12) '÷et:' (et) sepulchra eorum domus 'illorum' (eorum) in aeternum tabernacula eorum 'in progeniem et progeniem vocaverunt nomina sua in terris suis' (in generatione et progenie invocabunt nomina eorum in terris ipsorum) (13) et homo cum in honore esset non intellexit conparatus est iumentis insipientibus et similis factus est illis

(14) haec via 'illorum' (eorum) scandalum ipsis et postea in ore suo 'conplacebunt (benedicent) 'diapsalma' (-) (15) sicut oves in inferno positi sunt '' (et) mors depascet eos et 'dominabuntur eorum' (obtinebunt eos) iusti in matutino et auxilium eorum veterescet in inferno a gloria 'eorum' (sua expulsi sunt) (16) verumtamen Deus 'redimet' (liberavit) animam meam de manu inferi 'cum' (dum) acceperit me (17) ne timueris cum dives factus fuerit homo et cum multiplicata fuerit gloria domus eius (18) 'quoniam cum interierit non sumet omnia neque descendet cum eo ※pone: gloria eius' (quoniam non cum morietur accipiet haec omnia neque simul descendit cum eo gloria domus eius) (19) 'quia' (quoniam) anima eius in vita ipsius benedicetur '' (et) confitebitur tibi 'cum' (dum) benefeceris ei (20) '' (et) introibit usque in 'progenies (progeniem) patrum suorum '' (et) usque in aeternum non videbit lumen (21) 'homo in honore cum esset' (et homo cum in honore esset) non intellexit conparatus est iumentis '÷insipientibus:' (insipientibus) et similis factus est illis.

G) <u>PSALTERIUM IUXTA HEBRAEOS</u>

(1) Victori filiorum Core canticum (2) Audite hoc omnes populi auribus percipite universi habitatores occidentis (3) tam filii Adam quam filii singulorum simul dives et pauper (4) os meum loquitur sapientias et meditatio cordis mei prudentias (5) inclinabo ad parabulam aurem meam aperiam in cithara enigma meum (6) quare timebo in diebus mali iniquitas calcanei mei circumdabit me (7) qui fiduciam habent in fortitudine sua et in multitudine divitiarum suarum superbiunt (8) fratrem redimens non redimet vir nec dabit Deo propitiationem pro eo (9) neque pretium redemptionis animae eorum sed quiescet in saeculo (10) et vivet ultra in sempiternum et non videbit interitum (11) cum viderit sapientes morientes simul insipiens et indoctus peribunt et derelinquent alienis divitias suas (12) interiora sua domus suas in saeculo tabernacula sua in generatione et generatione vocaverunt nominibus suis in terras suas (13) et homo in honore non commorabitur adsimilatus est iumentis et exaequeatus est (14) haec est via insipientiae eorum et post eos iuxta os eorum current SEMPER (15) quasi grex in inferno positi sunt mors pascet eos et subicient eos recti in matutino et figura eorum conteretur in inferno post habitaculum suum (16) verumtamen Deus redimet animam meam de manu inferi cum adsumpserit me SEMPER (17) noli timere cum ditatus fuerit vir cum multiplicata fuerit gloria domus eius (18) neque enim moriens tollet

omnia nec descendet post eum gloria eius (19) quia animae suae in vita sua
benedicet laudabunt inquient te cum benefeceris tibi (20) intrabit usque ad
generationes patrum suorum usque ad finem non videbut lucem (21) homo cum
in honore esset non intellexit conparavit se iumentis et silebitur.

H) PESHITTO

(1) לבנ̈י קורח. נביותא על חילתנותא דעמ̈מא. ומלפנותא דדינא אלהיא. פ̈תג̄ מ̄ו.
(2) שמעו הדא כלכון עמ̈מא. וצותו כל יתּבי ארעא. (3) בנ̈י ארעא ובנינ̈שא. איך
חדא עתיר̈א ומסּ̈כנא. (4) פומי נמלל חכמתא. ורניה דלבי סוכלא. (5) אצלא א̈דני
למ̈תלא. ואמלל בכנר̈א אוח̈דתי. (6) לא דחל אנא ביומ̈תא ביש̈א עולא דב̈עלדבבי כרכני.
(7) כל דתכילין על חילהון. ומשתבהרין בסוגאא דעותרהון. (8) אחא לא פרק. וגברא
לא יהב לאלהא פורקנה. (9) יקיר הו פורקנא דנפשהון. לאי לעלם (10) דתחא לעלם
עלמין. ולא תחזא חבלא. (11) כד תחזא חכ̈ימא דמיתין. אכחדא סכ̈לא וחסיר̈י רעינא
דאבדין. ושבקין קנינהון לאחר̈נא. (12) קבר̈יהון ב̈תיהון לעלם. ומעמרהון לדרדרין.
וקרין שמ̈הא בארעא. (13) ברנשא באיקרה לא אתבין. אלא אשתלם לבעירא ואתדמי לה.
(14) הנו שבילהון תוקלתא לנפשהון. ואחרית בפומהון נרעון (15) איך ענא. לשיול
נשתלמון ומותא נרעא אנון. ונשתלטון בהון תר̈יצא בצפרא. וצורתהון תכלא שיול. ומן
תשּ̈בחתהון נתדחקון. (16) אלהא נפרקיה לנפשי. ומן אידא דשיול נסקני. (17) לא
תדחל מא דעתר גברא וסגא איקרא דביתה. (18) מטול דלא נסב מדם במותה. אף לא נחת
בתרה שובחה. (19) מטל דנפשה הו מברך בחי̈והי. נודא לך כד תטאב לה. (20)
ותמטיוהי עדמא לדרא דא̈בהוהי. עדמא לעלם לא נחזא נוהרא. (21) ברנשא דבאיקרה
לא אתבין. אלא אשתלם לחיותא ואתדמי לה.

LITERATUR

Die hier unter c) angeführten Werke werden im Text mit Namen und Kurztitel zitiert, die unter a) und b) aufgezählten nur mit Namen, wobei für Autoren, die eine Monographie und einen Kommentar verfasst haben, der Kommentar mit K bezeichnet wird.
Für Abkürzungen halte ich mich an SCHWERTNER, Abkürzungsverzeichnis.

a) Monographien zu Ps 49

RUPERTI, G.A., Animadversiones ad quaedam Psalmorum loca: D.I.POTT/G.A. RUPERTI, Sylloge commentationum theologicarum, vol.II, Helmstadii 18o1, 274-3oo.
ZSCHIESCHKE, F., Enarratio Psalmi XLIX (FS C.F.A. FRITZSCHE) Leipzig 1826.
TORCZYNER, H., Ein Psalm "über den Tod": WZKM 29(1915) 48-59.
PRAETORIUS, F., Bemerkungen zum 49.Psalm: WZKM 32(1918) 331-337.
PODECHARD, E., Notes sur les Psaumes. Psaume XLIX: RB 31(1922) 5-19.
CALES, J. Les Psaumes des fils de Coré. Psaume XLIX(XLVIII): RSR 14(1924) 273-28o.
VOLZ, P., Psalm 49: ZAW 55(1937) 235-264.
SAMAIN, P., Notes sur le Psaume 48(49): RDT 2(1947) 27-3o.
JELLICOE. S., A Note on ᶜl mwt (Psalm XLVIII.15): JTS 49(1948) 52-53.
LINDBLOM, J., Die "Eschatologie" des 49.Psalms: Mélanges d'histoire des religions et de recherches bibliques (FS J.PEDERSEN) o.O. o.J. (Lund 1949?).
STENZEL, M., Psalm 49,14-16a: ThZ lo(1954) 152-154.
ROSE, A., Le sort du riche et du pauvre: BVC No 37(1961) 53-61.
PLOEG, J. van der, Notes sur le Psaume XLIX: Studies on Psalms, ed. by B.GEMSER a.o. (OTS 13) Leiden 1963, 137-172.
PAUTREL, R., La mort est leur pasteur (sur le texte de Ps 49/48 ,14.15): RSR 54(1966) 53o-536.
TROMP, N., Psalm 49 - Armoede en rijkdom, leven en dood: Ons geestelijk leven 44(1967/68) 239-251.
BARUCQ, A., O Salmo 49 e o Livro de Qohéleth: Atualidades Biblicas, ed. S. VOIGT/F.VIER (FS J.J. PEDREIRA DE CASTRO) Rio de Janeiro 1971,296-3o8.
GROSS, H., Selbst- oder Fremderlösung. Ueberlegungen zu Ps 49,8-1o: Wort, Lied und Gottesspruch, hrsg. von J.SCHREINER (FS J.ZIEGLER) 2 Bde., Würzburg 1972, Bd. II, 65-7o.
PERDUE, L.G., The Riddles of Psalm 49: JBL 93(1974) 533-542.
MULDER, M.J., Psalm 49,15 en 16. Twee problematische verzen: Loven en geloven (FS N.H. RIDDERBOS) Amsterdam 1975, 117-134.
SLOTKI, J.J., Psalm XLIX 13,21 (AV 12,2o): VT 28(1978) 361-362.

b) Eingesehene Psalmenkommentare

AMAMA, S., zit. nach CRITICI SACRI, III 28o-286.
ANDERSON, A.A., The Book of Psalms I (NCB) London 1972, bes. 373-381.
APOLLINARIS von Laodicea, (Zu Psalm 1 bis 15o): MUEHLENBERG, Psalmenkommentare 1-118, bes. 31-33.
AUGUSTINUS, Aurelius, Enarrationes in Psalmos (CChr.SL 38-4o) 3 vol., Turnholti 1956, bes. Bd. I, 55o-574.
BAETHGEN, F., Die Psalmen (HK II/2) Göttingen ²1897, bes. 137-142.
BEAUCAMP, A., Le Psautier 1-72 (Sources Bibliques) Paris 1976, bes. 211-215.
BERTHOLET, A., Das Buch der Psalmen: HSAT Kautzsch, Bd.II 113-276, Tübingen ⁴1923, bes.172-74.
BEZA, T./BUCHANAN, G., Psalmorum sacrorum Davidis libri quinque duplici poetica metaphrasi... Morgiis 1581.
BOEHL, F.M.T./GEMSER, B., De Psalmen (TeU) 3 Bde., Groningen 1946-1949, bes. Bd.II 12-14, 83-86, 165.
BONKAMP, B., Die Psalmen nach dem hebräischen Grundtext übersetzt, Freiburg 1949, bes. 236-39.
BRANDENBURG, H., Der Psalter. Das Gebetsbuch des Volkes Gottes (Das lebendige Wort...12) 2 Bde, Basel 1967, bes. Bd. I,18o-184.
BRIGGS, E.G., A Critical and Exegetical Commentary on the Book of Psalms (ICC) 2 vol., Edinburgh 19o6-19o7, bes. Bd.I, 4o5-414.
BRUNO, A., Der Rhytmus der alttestamentlichen Dichtung. Eine Untersuchung über die Psalmen 1-72, Leipzig 193o, bes. 236-242.
BUDDE, K., Die schönsten Psalmen, Leipzig 1915, bes. 59-6o, 111-112.
BUGENHAGEN, J.P., In Librum Psalmorum Interpretatio, Basel 1524, bes. 118-121.
BUTTENWIESER, M., The Psalms - Chronologically Treated with a New Translation, Chicago 1938, bes. 644-649.
BUXTORF, J.(jun.), Anticritica seu Vindiciae Veritatis Hebraicae, adversus Ludovici Cappelli Criticam quam vocat sacram eiusque defensionem... Basel 1653.
CAHEN, S., Tehillim. Psaumes (La Bible...avec des Notes philologiques, géographiques et littéraires...13) Paris 1846, bes. 1o7-11o.
CALOV, A., Biblia Testamenti Veteris illustrata...Dresdae 1719, bes. 1o22-1o23,133o.
CAPPELLUS, L., Critica Sacra, sive de variis quae in Sacris Veteris Testamenti Libris occuruntLectionibus libri sex...Lutetiae Parisiorum 165o, passim.
CASSIODOR, Magnus Aurelius, Expositio Psalmorum (CChr.SL 97) 2 vol., Turnholti 1958, bes. Bd.I 431-44o.
CASTELLINO, D.G., Libro dei Salmi, Torino 1955, bes. 822-826.
CERONETTI, G., I Salmi, Torino 1967.
CHEYNE, T.K., The Book of Psalms, 2 vol., London ²19o4, bes. Bd. I, 215-223.
CHOURAQUI, A., Psaumes traduits et présentés, Paris 1956.
CLARIUS, I., zit. nach CRITICI SACRI, Bd. III, 278-279.
CLERICUS, J., Veteris Testamenti Libri Hagiographi (Translatio et Paraphrasis perpetua in Vetus Testamentum 3) Amsterdam 1731, bes. 3o7-3o9.
DAHOOD, M., Psalms (AB 16-17A) 3 vol., New York 1965-197o, bes. Bd. I, 295-3o3.
DATHIUS, J.A., Psalmi ex Recensione Textus Hebraici et Versionum Antiquarum latine versi Notisque philologicis et criticis illustrati, Halle 1787, bes.16o-63.
DEISSLER, A., Die Psalmen, 3 Bde., Düsseldorf ⁴1971+²1967+²1969, bes. Bd.II, 31-35.
DELITZSCH, F., Biblischer Commentar über die Psalmen (BC IV/1) Leipzig ²1867, bes. 334-342.
DIDYMUS der Blinde, (Zu Psalm 1 bis 150): MUEHLENBERG, Psalmenkommentare 119-375, bes.356-61.
DIODOR VON TARSUS, Commentarii in Psalmos. I:Commentarii in Psalmos I-L, ed. J.M.OLIVIER (CChr.SG 6) Turnholti 1980, bes. 290-300.
DE DIEU, L., Critica Sacra sive Animadversiones in loca quaedam difficiliora Veteris et Novi Testamenti. Editio nova..., Amsterdam 1693, bes. 140-141.
DOEDERLEIN, J.C., Scholia in Libros Veteris Testamenti poeticos. Iobum, Psalmos et tres Salomonis, Halle 1779, bes. 1o1-1o2.
DOERING, Matthias, zit. nach GLOSSA ORDINARIA.
DUHM, B., Die Psalmen (KHC 14) Tübingen ²1922, bes. 198-2o4.
EERDMANS, B.D., The hebrew Book of Psalms (OTS 4) Leiden 1947, bes. 258-268.
EHRLICH, A.B., Die Psalmen, Berlin 19o5, bes. 1o9-111.
EMMANUEL, Commentaire juif des Psaumes, Paris 1963, bes. Nr. 147, S. 94-95.
EWALD, G.H.A., Die Psalmen und die Klagelieder (Die Dichter des Alten Bundes 1) Göttingen ³1866, bes. 25o-255.
GEIER, M., Commentarius in Psalmos Davidis...Editio novissima...Amsterdam 1695, bes. 718-38.
GERHOH von Reichersberg, Commentarius aureus in Psalmos et Cantica ferialia: PL 193,619-PL 194,1o66, bes. PL 193, 1587-1594.
GLOSSA ORDINARIA, Biblia Sacra cum..., 6 vol. Antwerpen 1617, bes. Bd. III, 781-79o.
GRAETZ, H., Kritischer Commentar zu den Psalmen, 2 Bde., Breslau 1882-1883, bes. 336-343.

GROTIUS, H., Annotationes in Vetus Testamentum, emendatius edidit et brevibus complurium locorum dilucidationibus auxit G.VOGEL, 3 vol., Halle 1775-1777, bes. Bd. I, 39o.
GUICHOU, P., Les Psaumes commentés par la Bible (L'Esprit liturgique 14-15) 2 vol., Paris 1963, bes. Bd. I, 279-283.
GUNKEL, H., Die Psalmen, Göttingen [5]1968, bes. 2o8-213.
HALEVY, J., Notes pour l'interprétation des Psaumes: id., Recherches Bibliques vol.III, Paris 19o5, 1-365, bes.142-147.
HENFLER, C.G., Bemerkungen über Stellen in den Psalmen und in der Genesis, Hamburg 1791, bes. 88-95.
HENGSTENBERG, E.W., Commentar über die Psalmen, 4 Bde., Berlin 1842-1845, bes. Bd. II,458-67.
HERKENNE, H., Das Buch der Psalmen (HSAT Feldmann V/2) Bonn 1936, bes. 181-184.
Ps-HIERONYMUS, Breviarium in Psalmos: PL 26,821-127o, bes. 965-968.
HIRSCH, R.S., Die Psalmen übersetzt und erläutert, Frankfurt 1924, bes. 265-27o.
HITZIG, F., Die Psalmen, 2 Bde, Heidelberg 1863-1865, bes. Bd. I, 267-274.
HOUBIGANT, C.F., Biblia Hebraica cum Notis criticis et Versione latina ad Notas criticas factas...4 vol., Lutetiae Parisiorum 1753, bes. Bd. IV, 62-64.
HUPFELD, H., Die Psalmen, bearbeitet von W. NOWACK, 2 Bde., Gotha [3]1888, bes. Bd.I, 657-7o.
IBN ESRA, Abraham ben Meir, zit. nach MIQRAOT GEDOLOT.
JACQUET, L., Les Psaumes et le coeur de l'homme. Etude textuelle, littéraire et doctrinale, 3 vol., o.O. (Gembloux) 1975-1979, bes. Bd. II, 103-124.
KALT, E., Die Psalmen (HBK 6) Freiburg [2]1937, bes. 176-18o.
KIRKPATRICK, A.F., The Book of Psalms, Cambridge [4]19o6, bes. 267-275.
KISSANE, E.J., The Book of Psalms Translated from a Critically Revised Hebrew Text with a Commentary, Dublin [2]1964, bes. 212-218.
KITTEL, R., Die Psalmen (KAT Sellin 13) Leipzig 1914, bes. 195-198.
KNABENBAUER, J., Commentarius in Psalmos (CSS II/2) Paris 1912, bes. 19o-194.
KNAPP, G.C., Die Psalmen, Halle [2]1782, bes. 99-1o3.
KESSLER, H., Die Psalmen (KK Zöckler A/6) München [2]1899, bes. 1o6-11o.
KOENIG, E., Die Psalmen, Güterloh 1927, bes. 591-6o2.
KRAUS, H.J., Psalmen (BK 15) 2 Bde., Neukirchen-Vluyn [2]1961, bes. Bd.I, 362-369 ([5]1978).
LAMPARTER, H., Das Buch der Psalmen (BAT 14-15) 2 Bde., Stuttgart [2]1961+1959, bes. Bd.I, 247-257.
LESETRE, H., Le Livre des Psaumes. Etude sur la poésie hébraïque...(SB Pirot 11) Paris 1883, bes. 231-237.
LOMBARDUS, Petrus, Commentarius in Psalmos Davidicos: PL 191, 31-1236, bes. 465-474.
LUTHER, M., Dictata super Psalterium 1513-1516 (WA 3) Weimar 1885, bes. 27o-277.
LUZZATTO, S.D., Erläuterungen über einen Theil der Propheten und Hagiographen, Lemberg 1876, bes. 2o9-212.
McCULLOUGH, W.S. a.o., The Book of Psalms: IntB Bd.IV, 1-763, New York 1955, bes. 254-6o.
MAILLOT,A./LELIEVRE, A., Les Psaumes. Traduction, Notes et Commentaires, 3 vol., Genève 1961-1969, bes. Bd.I, 292-3oo.
MANNATI, M., Les Psaumes (Cahiers de la Pierre-qui-vire 26-27) 2 vol., Brouges 1966-1967, bes. Bd. II, 134-142.
Menahem haMEIRI, Pyrwš lspr thlym...hrsg. von J. HAKOHEN, Jerusalem [2]1971, bes. 1oo-1o2.
MEZUDAT DAVID/MEZUDAT ZION, zit. nach MIQRAOT GEDOLOT.
MICHAELIS, J.H., Adnotationes in Psalmos (Uberiorum Adnotationum Philologico-exegeticarum in Hagiographos Veteris Testamenti Libros volumen primum) Halle 172o, 1-11o4, bes. 32o-33o.
MIDRASH TEHILLIM. Mdrš thlym hmkwnh šwḥr ṭwb...hrsg. von S.BUBER, Wilna 1891 (ND Jerusalem 1977) bes. 277-278.
MINOCCHI, S., I Salmi, Rom [2]19o5, bes. 149-153.
MOLL, C.B., Der Psalter. Theologisch-homiletisch bearbeitet (THBW Lange) Bielefeld 1869, bes. 25o-255.
MUELLER, G., Studien zum Text der Psalmen (BFChTh 14/2) Gütersloh 191o, bes. 28-31.
MUENTINGHE, H., Die Psalmen (ins Holländische und aus dem Holländischen ins Deutsche übersetzt von J.E.H.SCHOLL) 3 Bde., Halle 1792-1793, bes. Bd.I, 7o-71, Bd.II, 57-58, Bd.III 78-86.
NACHTIGAL, I.C.C., Gesänge Davids und seiner Zeitgenossen -nach der Zeitfolge geordnet und neu bearbeitet, Bd.I Zion, ältestes Drama aus der vorhomerischen Urwelt, Leipzig 1796.
NIKLAUS VON LYRA, Postilla super Psalterium, zit. nach GLOSSA ORDINARIA, Bd. III 423-1594.
NOETSCHER, F., Das Buch der Psalmen: Echter-Bibel. Altes Testament Bd. IV, 9-312, Würzburg 1959, bes. 1o9-112.
OESTERLEY, W.O.E., The Psalms. Translated with Text-critical and Exegetical Notes, 2 vol., London 1939, bes. Bd. I, 264-267.
OLSHAUSEN, J., Die Psalmen (KeH 14) Leipzig 1853, bes. 21o-22o.
Ps-ORIGENES, Selecta in Psalmos: PG 12,1o49-1686, bes. 1441-1448.

PANNIER, E., Les Psaumes...nouvelle édition par H.RENARD (SB Pirot 5) Paris 195o,bes.284-91.
PAULUS, H.E.G., Philologische Clavis über die Psalmen, Heidelberg 21815, bes.248-253.
PAULUS VON BURGOS, zit. nach GLOSSA ORDINARIA.
PELLICANUS, C., Commentaria in Psalmos (Commentaria Bibliorum vol.IV, fol.44B-198B) Zürich 1534, bes. 97B-98B.
PLOEG, J.van der, Psalmen uit de grondtekst vertaald en uitgelegd (De bocken van het oude testament 7) Roermond 1971ff, bes. 3oo-3o6.
PODECHARD, E., Le Psautier. Traduction littérale, explication historique et notes critiques, 2 vol., Lyon 1949-1954, bes. Bd.I/1,217-222, Bd.I/2, 195-2o2.
POLUS, M., Synopsis criticorum aliorumque sacrae scripturae interpretum et commentatorum, 5 vol., Frankfurt/Main 1694, bes. Bd. II, 813-817.
PRINZ MAX, Herzog von Sachsen, Erklärung der Psalmen und Cantica in ihrer liturgischen Verwendung, Regensburg 1914, bes. 2o4-2o5.
QIMHI, David, Hpyrwš hšlm ᶜl thlym...hrsg. von A.DAROM, Jerusalem 1974, bes. 343-348.
RASHI, Psalms (Parshandata.The Commentary of Rashi on the Prophets and Hagiographs, ed. ...by I.MAARSEN, vol.III) Jerusalem 1936, bes. 46-48.
REUSS, E., Die hebräische Poesie.Der Psalter, die Klagelieder und das Hohelied (Das Alte Testament übersetzt, eingeleitet und erläutert von E. REUSS...Bd.V) Braunschweig 1893, bes. 137-14o.
ROSENMUELLER, E.F.C., Psalmi (Scholia in Vetus Testamentum pars IV) 3 vol., Leipzig 18o2, bes. Bd. II, 1o6o-1o76.
SAADYA Gaon, (Psalmenkommentar) zit. nach EWALD, Sprachgelehrte, oder nach Thlym ᶜm trgwm wpyrwš hg'wn rbynw Śᶜdyh bn ywśp pywmy zs"l.... ed. J.D.QAFAH, Jerusalem 1965/66, oder nach MS OXFORD, Bodleian Library Poc. 281, in Ps., Mikrofilm (Uebersetzung: D.BARTHELEMY, mündlich).
SABOURIN, L., The Psalms. Their Origin and Meaning, New York 21974.
SACHS, M., Die Psalmen, Berlin 1835, bes. 68-71.
ṢALMON BEN YERUḤAM, (Psalmenkommentar), zit. nach L.MARWICK, The Arabic Commentary of Ṣalmon ben Jeruḥam the Karaite on the Book of Psalms, Chapters 42-72, Philadelphia 1956, oder nach MS LENINGRAD, Firkowitsch 555, in Ps 1-89, Mikrofilm (Uebersetzung: D.BARTHELEMY, mündlich).
SCHEGG, P., Die Psalmen übersetzt und erklärt für Verständnis und Betrachtung, 3 Bde., München 21857, bes. Bd.II, 29-43.
SCHLOEGL, N., Die Psalmen hebräisch und deutsch, mit einem kurzen wissenschaftlichen Kommentar, Graz 1911, bes. 71-73.
SCHMIDT, H., Die Psalmen (HAT I/15) Tübingen 1934, bes. 93-96.
SCHULTZ, F.W./STRACK,H., Die Psalmen und die Sprüche Salomos (KK Zöckler A/6) Nördlingen 1888, bes. 112-114.
SCHULZ, J.C.F., Scholia in Vetus Testamentum, continuata a G.L.BAUER, Vol.IV Psalmos complectens, Nürnberg 179o, bes. 2o6-212.
SEILER, G.F., Die Psalmen (Das grössere biblische Erbauungsbuch 4-5) 2 Bde., Erlangen 1788, bes. Bd.I, 269-276.
SFORNO, O., Thlym...ᶜm pyrwš...Jerusalem 1973, bes. fol.37B-39A.
SIMONS, O.J., The Book of Psalms.The Hebrew Text and the English Authorized Version with a New Hebrew Commentary, New York 1953, bes. 3o-31.
STAERK, W., Psalmen, Hoheslied und Verwandtes (SAT Gunkel III/1) Göttingen 1911, bes.248f.
STIER, R., Siebzig ausgewählte Psalmen, 2 Bde., Halle 1834-1836, bes. Bd.II, 13o-145.
STUHLMANN, M.H., Die Psalmen aus dem Hebräischen neu übersetzt und erläutert, Hamburg 1812, bes. 135-138.
SWEDENBORG, I., Gedrängte Erklärung des innern Sinnes der Prophetischen Bücher des Alten Testaments und der Psalmen Davids, Tübingen 1852, bes. 112.
THALHOFER, V., Erklärung der Psalmen mit besonderer Rücksicht auf deren liturgischen Gebrauch...,Regensburg 4188o, bes. 295-3o1.
THEODOR VON MOPSUESTIA: R.DEVREESSE, Le commentaire de Théodore de Mopsueste sur les Psaumes I-LXXX (Studi e Testi 93) Rom 1939, bes. 315-324.
THEODORET VON KYROS, (Interpretatio in Psalmos): PG 8o,857-2oo2, bes. 1217-1228.
THOLUCK, A., Uebersetzung und Auslegung der Psalmen für Geistliche und Laien der christlichen Kirche, Halle 1843, bes. 239-243.
THOMAS VON AQUIN, In Psalmos Davidis Expositio: Expositio in aliquot libros Veteris Testamenti et in Psalmos L (Opera omnia 14) Parma 1863, 148-353, bes.334-39.
UCHELEN, N.A. van, Psalmen. Deel II (41-8o), Nijkerk 1977, bes. 62-71.
WEBER, J.J., Le Psautier, Paris 21968, bes. 2oo-2o3.
WEISER, A., Die Psalmen (ATD 14-15) 2 Bde., Göttingen 61963+51959, bes. Bd.I 259-264.
WELLHAUSEN, J., Bemerkungen zu den Psalmen: id. Skizzen und Vorarbeiten Bd.VI, Berlin 1899, 163-187.
WETTE, W.M.L., Commentar über die Psalmen, Heidelberg 41836, bes. 339-344.
WUTZ, F., Die Psalmen textkritisch untersucht, München 1925, bes. 121-125.

YEFET BEN ELI, (Psalmenkommentar) zit. nach Libri Psalmorum David regis et prophetae. Versio a R. Yapheth ben Heli...ed. J.J.L.BARGES, Lutetiae Parisiorum 1861, oder nach MS PARIS, B.N. hebr. 287, in Ps 42-72, Mikrofilm (Uebersetzung: D.BARTHELEMY, mündlich).

c) Uebrige zitierte Literatur

ABBOTT, T.K.A., On the Alphabetical Arrangement of Ps IX and X with some other Emendations: ZAW 16(1896) 292-294.

ABULWALID Merwan Ibn Ganah (R.Jona), Sepher Haschoraschim. Wurzelbuch der hebräischen Sprache. Aus dem Arabischen ins Hebräische übersetzt von Jehuda Ibn TIBBON, hrsg. von W. BACHER, Berlin 1896 (ND Jerusalem 1966).

ACKROYD, P.R., The Meaning of Hebrew dwr considered: JSS 13(1968) 3-1o.

ALBRECHT, K., Das Geschlecht der hebräischen Hauptwörter: ZAW 15(1895) 313-325; 16(1896) 41-121.

The ALEPPO Codex, Provided with Massoretic Notes and Pointed by AARON BEN ASHER, ed. by M.H. GOSHEN-GOTTSTEIN, vol.I Plates, Jerusalem 1976.

ALFRINK, B., L'expression škb ᶜm 'bwtyw: OTS II, Leiden 1943, 1o6-118.

ARISTOPHANES, Comoediae, hrsg. von F.W. HALL/ W.M. GELDART, 2 Bde., Oxford ²19o6-o7.

AYUSO MARAZUELA, T., Psalterium Sancti Hieronymi de Hebraica Veritate interpretatum (Biblia Polyglotta Matritensia VIII/21) Madrid 196o.

BARNES, W.E., Hebrew Metre and the Text of the Psalms: JTS 33(1922) 374-382.

BARNS, J.W.B./KILPATRICK, G.D., A New Psalm Document (Ps 49,2off; 5o,1-3.17-21): PBA 43(1957) 229-232.

BARTH, C., Die Errettung vom Tode in den individuellen Klage- und Dankliedern des Alten Testamentes, Zollikon 1947.

BARTH, J., Die Nominalbildung in den semitischen Sprachen, Leipzig 1894 (ND Hildesheim 1967).

BARTHELEMY, J.D., Etudes d'histoire de texte de l'Ancien Testament (Orbis Biblicus et Orientalis 21) Fribourg 1978.

BARUCQ, A., Ecclésiaste-Qohélet. Traduction et Commentaire (VSal.AT 3) Paris 1968.

BAUER,H./LEANDER, P., Historische Grammatik der hebräischen Sprache des Alten Testamentes, Bd.I, Halle 1922.

BECKER, J., Gottesfurcht im Alten Testament (Analecta Biblica 25) Rom 1965.

BECKER, J., Wege der Psalmenexegese (SBS 78) Stuttgart 1975.

BEGRICH, J., Das priesterliche Heilsorakel: ZAW 52(1934) 81-92.

BEYERLIN, W.(Hrsg.), Religionsgeschichtliches Textbuch zum Alten Testament (Grundrisse zum AT, ATD Erg.Reihe 1) Göttingen 1975.

BEYERLIN, W., Ps 8. Chancen der Ueberlieferungskritik: ZThK 73(1976) 1-22.

BEYERLIN, W., Innerbiblische Aktualisierungsversuche. Schichten im 44.Psalm: ZThK 73(1976) 446-46o.

BEYERLIN, W., "Wir sind wie Träumende". Studien zum 126.Psalm (SBS 89) Stuttgart 1978.

BIBERSTEIN KAZIMIRSKI, A. de, Dictionnaire arabe-français, 2 vol., Paris 186o (ND Beyruth o.J.).

BIBLIA HEBRAICA, ed. R. KITTEL e.a., editio tertia...Stuttgart 1937.

BIBLIA HEBRAICA STUTTGARTENSIA,...ed. K.ELLIGER/ W.RUDOLPH, Stuttgart 1967/1977.

BIRKELAND, H., Die Feinde des Individuums in der israelitischen Psalmenliteratur. Ein Beitrag zur Kenntnis der semitischen Literatur- und Religionsgeschichte, Oslo 1933.

BISER, E., Theologische Sprachtheorie und Hermeneutik, München 197o.

BLAN, K., Zur Textkritik der Psalmen: OLZ 32(1929) 726-731.

BOEMER, F. (Hrsg.), P.OVIDIUS NASO, Die Fasten. Herausgegeben, übersetzt und kommentiert, 2 Bd., Heidelberg 1957-1958.

BOETTCHER, F., De Inferis rebusque post mortem futuris ex hebraeorum et graecorum opinionibus libri duo..., Dresden 1846.

BOETTCHER, F., Neue exegetisch-kritische Aehrenlese zum Alten Testamente, Bd. II, Leipzig 1864.

BONNET, H., Reallexikon der ägyptischen Religionsgeschichte, Berlin 1952.

BORGER, R., Babylonisch-assyrische Lesestücke, 3 Bde., Rom 1963.

BOTTERWECK, G.J./RINGGREN, H. u.a. (Hrsg.), Theologisches Wörterbuch zum Alten Testament, Stuttgart 197off.

BROCKELMANN, C., Grundriss der vergleichenden Grammatik der semitischen Sprachen, 2 Bde., Berlin 19o8-1913 (ND Hildesheim 1961).

BRUNNER, H., Altägyptische Erziehung, Wiesbaden 1957.

BUDDE, K., Zum Text der Psalmen: ZAW 35(1915) 175-195.

BUECKERS, H., Die Unsterblichkeitslehre des Weisheitsbuches. Ihr Ursprung und ihre Bedeutung (ATA XIII/4) Münster 1938.

BUEHLMANN, W./ SCHERER, K., Stilfiguren der Bibel. Ein kleines Nachschlagewerk (BiBe 10) Fribourg 1973.

CARDENAL, E., Das Buch von der Liebe. Lateinamerikanische Psalmen (GTB 168) Gütersloh 1980.
CHORON, J., La mort et la pensée occidentale, Paris 1969.
CLAVIS PATRUM GRAECORUM qua optimae scriptorum patrum graecorum recensiones a primaevis saeculis usque ad octavum commode recluduntur, ed. M. GEERARD, vol. II-IV, Turnholti 1974-198o.
CLAVIS PATRUM LATINORUM qua in novum Corpus Christianorum edendum optimas quasque scriptorum recensiones a Tertulliano ad Bedam commode recludit E.DEKKERS, Steenbrugis ²1961.
COUARD, L., Die Behandlung des Problems der Theodizee in den Psalmen 37, 49 und 73: ThStKr 74(19o1) 11o-124.
CRITICI SACRI, sive annotata doctissimorum virorum in Vetus ac Novum Testamentum, quibus accedunt tractatus varii theologico-philologici. Editio nova in novem tomos distribuita...Amsterdam 1698.
CROSS, F.M./FREEDMAN, N., Early Hebrew Orthography. A Study of the Epigraphic Evidence (AOS 36) New Haven 1952.
CROWN, A.D., An Alternative Meaning for 'yš in the Old Testament: VT 24(1974) 11o-112.
DEISSLER, A., Dennoch ist der Herr voll Huld! Die Lösungsentwürfe des Leidensproblems in den Psalmen 37; 49 und 73: BiKi 2o(1965) 13-15.
DELEKAT, L., Zum hebräischen Wörterbuch: VT 14(1964) 7-66.
DELEKAT, L., Probleme der Psalmenüberschriften: ZAW 76(1964) 28o-297.
DELITZSCH, F., Commentar über das Buch Jesaia (BC III/1) Leipzig ⁴1889.
DEROUSSEAUX, L., La crainte de Dieu dans l'Ancien Testament...(LeDiv 63) Paris 197o.
DEVREESSE, R., Les anciens commentateurs grecs des Psaumes (StT 264) Rom 197o.
DHORME, E., Les religions de Babylonie et d'Assyrie...(Mana I/2) Paris 1949.
DOS SANTOS, E.C., An expanded Hebrew Index for the HATCH-REDPATH Concordance to the Septuagint, Jerusalem o.J.
DUHM, B., Das Buch Hiob (KHC 16) Freiburg 1897.
DUHM, B., Das Buch Jesaia (HK III/1) Göttingen ²19o2.
EHRLICH, A.B., Randglossen zur hebräischen Bibel. Textkritisches, sprachliches und sachliches, Bd. VI, Leipzig 1913.
EISSFELDT, O., Der Maschal im Alten Testament. Eine wortgeschichtliche Untersuchung nebst einer literargeschichtlichen Untersuchung...(BZAW 24) Giessen 1913.
Pirqe deRabbi ELIEZER. Spr prqy drby 'lyᶜzr...ᶜm by'wr mspyq zh smw byt hgdwl...Lemberg 187o (ND Tel-Aviv 1963).
Pirqe deRabbi ELIEZER. The Chapters of Rabbi Eliezer the Great...ed. by G. FRIEDLANDER, London 1916.
ERMAN, A., Die Literatur der Aegypter. Gedichte, Erzählungen und Lehrbücher aus dem 3. und 2. Jahrtausend v.Chr., Leipzig 1923.
EURIPIDES. (Oeuvres) Texte établi et traduit par L.MERIDIER e.a.(Collection des Universités de France) 6 vol., Paris 1925-1961.
EWALD, H., Ueber die arabisch geschriebenen Werke jüdischer Sprachgelehrten...(Beiträge zur Geschichte der ältesten Auslegung und Spracherklärung des AT I) Stuttgart 1844.
FAULKNER, R.O., The Ancient Egyptian Pyramid Texts. Translated into English, Oxford 1969.
FELDMANN, F., Das Buch der Weisheit (HSAT Feldmann VI/4) Bonn 1926.
FIELD, F., Origenis Hexaplorum quae supersunt, sive veterum Interpretum graecorum in totum Vetus Testamentum Fragmenta...2 vol., Oxford 1875 (ND Hildesheim 1964).
FOHRER, G., Das Buch Hiob (KAT 16) Gütersloh 1963.
FOHRER, G. u.a., Exegese des Alten Testaments. Einführung in die Methodik (UTB 267) Heidelberg 1973.
FROMM, E., Haben oder Sein. Die seelischen Grundlagen einer neuen Gesellschaft, Stuttgart 1976.
GALLING, K., Die Ausrufung des Namens als Rechtsakt in Israel: ThLZ 81(1956) 65-7o.
GARDINER, A.H., The Eloquent Peasant: JEA 9(1923) 5-25.
GASTER, T.H., Myth, Legend and Custom in the Old Testament. A Comparative Study ... London 1969.
GERSON-KIWI, E., Musique (dans la Bible): DBS V, Paris 1957, 1411-1468.
GESE, H., Zur Geschichte der Kultsänger am zweiten Tempel: id., Vom Sinai zum Zion. Alttestamentliche Beiträge zur biblischen Theologie (BEvTh 64) München 1974.
GESENIUS, W., Thesaurus philologicus criticus linguae hebraeae et chaldaeae Veteris Testamenti, 3 vol., Leipzig ²1835-²1858.
GESENIUS, W., Hebräisches Grammatik, völlig umgearbeitet von E. KAUTZSCH, Leipzig ²⁶1896.
GESENIUS, W., Hebräisches und Aramäisches Handwörterbuch über das Alte Testament...bearbeitet von F.BUHL, Göttingen ¹⁷1915 (ND 1962).
Das GILGAMESCH-Epos, neu übersetzt und mit Anmerkungen versehen von A.SCHOTT, ergänzt und teilweise neu gestaltet von W.von SODEN, Stuttgart 1972.

GINSBURG, C.D., Introduction to the Massoretico-critical Edition of the Hebrew Bible, London 1897.
GINZBERG, L., The Legends of the Jews, 7 vol., Philadelphia 1913-1938.
GOLDINGAU, J., Repetition and Variation in the Psalms: JQR 68(1978) 146-152.
GORDIS, R., Studies in Hebrew Roots of Contrasted Meanings: JQR 27(1936/7) 33-58.
GORDON, C.H., Ugaritic Textbook (AnOr 38) 3 vol., Rom 1965 (ND 1967).
GRESSMANN, H., Die literarische Analyse Deuterojesaias: ZAW 34(1914) 254-297.
GRESSMANN, H. (Hrsg.), Altorientalische Texte zum Alten Testament, Berlin [2]1926.
GUILDING, A., Some Obscured Rubrics and Lectionary Allusions in the Psalter: JTS 3(1952) 41-55.
GUNKEL, H., Einleitung in die Psalmen. Die Gattungen der religiösen Lyrik Israels (HAT Erg.Bd.) Göttingen 1933.
GYLLENBERG, R., Die Bedeutung des Wortes selah: ZAW 58(194o/41) 153-156.
HARTINER, M., Sur l'interprétation du mot obscur "sélah" (hébr.): World Congress of Jewish Studies, Jerusalem 1947.
HEINISCH, P., Das Buch der Weisheit (EHAT 24) Münster 1912.
HEMMERDINGER, B., Selah: JTS 22(1971) 152-153.
HEMPEL, J., Gott, Mensch und Tier im Alten Testament, mit besonderer Berücksichtigung von Gen 1-3: id., Apoxysmata. Vorarbeiten zu einer Religionsgeschichte und Theologie des Alten Testaments...(BZAW 81) Berlin 1961,198-229.
HENRY, M.L., Das Tier im religiösen Bewusstsein des alttestamentlichen Menschen (GV 22o/221) Tübingen 1958.
HERDER, Vom Geist der Ebräischen Poesie. Eine Anleitung für die Liebhaber derselben...: Sämmtliche Werke, hrsg. von B.SUPHAN, Bd.XI,213-XII,3o8,Berlin 1879-188o.
HERMISSON, H.S., Studien zur israelitischen Spruchweisheit (WMANT 28) Neukirchen-Vluyn 1968.
HICKMANN, H., Altägyptische Musik: id./STAUDER, W., Orientalische Musik (HO I,Erg.Bd.IV) Leiden 197o, 135-17o.
HIERONYMUS, Epistula ad Sunniam et Fretelam, zit. nach LIBER PSALMORUM, 8-42.
HOMER. L'Odyssée. "Poésie homérique", texte établi et traduit par V.BERARD (Collection des Universités de France) 3 vol., Paris 1924.
HOMER. Iliade, texte établi et traduit par R.MAZON e.a. (Collection des Universités de France) 4 vol.,Paris 1937-1938.
HORAZ. Opera , ed. E.C.WICKHAM, oxford [2]1912.
HORST, F., Hiob. 1.Teilband (BK XVI/1) Neukirchen-Vluyn 1968.
ISOKRATES.Discours, texte établi et traduit par G.MATHIEU et E.BREMOND (Collection des Universités de France) 4 vol., Paris 1928-1962.
JANSEN, L., Die spätjüdische Psalmendichtung, ihr Entstehungskreis und ihr Sitz im Leben. Eine literaturgeschichtlich-soziologische Untersuchung, Oslo 1937.
JELLINEK, A., Bet ha-Midrasch. Sammlung kleiner Midraschim und vermischter Abhandlungen aus der älteren jüdischen Literatur, Jerusalem [2]1938.
JENKINS, A.K., Three Wisdom Psalms? A Consideration of the Classification "Wisdom Psalms" with Particular Reference to Ps 37; 73; 49, London 1968/69.
JENNI, E., Das Wort "ᶜolam" im Alten Testament: ZAW 64(1952) 197-248; 65(1953) 1-35.
JENNI, E., Das hebräische Piᶜel. Syntaktisch-semantische Untersuchung einer Verbalform im Alten Testament, Zürich 1968.
JENNI,E. /WESTERMANN,C. (Hrsg), Theologisches Handwörterbuch zum Alten Testament, 2 Bde., München 1971-1976.
JERVELL, J., Imago Dei. Gen 1,26f im Spätjudentum, in der Gnosis und in den paulinischen Briefen (FRLANT 76) Göttingen 196o.
JOHNSON, A.J., msl: Wisdom in Israel and in the Ancient Near East (FS H.H.ROWLEY) ed. by M.NOTH and D.W.THOMAS (VTS 3) Leiden 1955, 162-169.
JOUON, P., Grammaire de l'hébreu biblique, Rom 1923 (ND 1965).
JOUON, P., Notes de lexicographie hébraique: Bib 6(1925) 311-321.
KAWERAU, P., Geschichte der Alten Kirche, Marburg 1967.
KEEL, O., Feinde und Gottesleugner. Studien zum Image der Widersacher in den Individualpsalmen (SBM 7) Stuttgart 1969.
KEEL, O., Die Welt der altorientalischen Bildsymbolik und das Alte Testament. Am Beispiel der Psalmen, Zürich 1972.
KEEL, O., Jahwes Entgegnung an Ijob. Eine Deutung von Ijob 38-41 vor dem Hintergrund der zeitgenössischen Bildkunst (FRLANT 121) Göttingen 1978.
KENNICOTT, B., Vetus Testamentum Hebraicum cum Variis Lectionibus, 2 vol., Oxford 1776.
KENNICOTT, B., Dissertatio Generalis in Vetus Testamentum Hebraicum...Oxford 178o.
KERKHOFF, E.L., Kleine deutsche Stilistik (Dalp-TB 364) Bern 1962.
KIERKEGAARD, S., Entweder/Oder, 2 Bde. (Gesammelte Werke I/1-3) Düsseldorf 1964+1957
KITTEL, G. u.a.(Hrsg.) Theologisches Wörterbuch zum Neuen Testament, 1o Bde., Stuttgart 1933-1979.
KNUDTZON, J.A., Zur Deutung einiger Bibelstellen: ZAW 33(1913) 192-2oo.

KOEHLER, L., Die Offenbarungsformel "Fürchte dich nicht!" im Alten Testament:SThZ 36(1919) 33-39.
KOEHLER, L., Die Grundstelle der Imago-Lehre, Genesis 1,26: ThZ 4(1948) 16-22.
KOEHLER, L./BAUMGARTNER, W., Lexicon in Veteris Testamenti Libros...Leiden 1953.
KOEHLER, L./BAUMGARTNER, W. u.a., Hebräisches und aramäisches Lexikon zum Alten Testament, Leiden [3]1967ff.
KOENIG, F.E., Historisch-kritisches Lehrgebäude der hebräischen Sprache..., 3 Bde., Leipzig 1881-1897 (ND Hildeshiem 1979).
KOENIG, F.E., Stilistik, Rhetorik, Poetik im Bezug auf die Biblische Litteratur komparativisch dargestellt, Leipzig 19oo.
KOENIG, F.E., Das Buch Jesaia, Gütersloh 1926.
KUEBLER-ROSS, E., Interviews mit Sterbenden (GTB 71) Gütersloh [4]1975.
KUECHER, M., Frühjüdische Weisheitstraditionen. Zum Fortgang weisheitlichen Denkens im Bereich des frühjüdischen Jahweglaubens (Orbis Biblicus et Orientalis 26) Fribourg 1979.
LAMBERT, W.G., Babylonian Wisdom Literature, Oxford 196o.
LANDSBERG, P.L., Essai sur l'expérience de la mort, Paris 1951.
LANE, E.W., An Arabic-English Lexicon...8 vol., London 1863-1893 (ND Beiruth 1968).
LANG, B., Die weisheitliche Lehrrede. Eine Untersuchung von Sprüche 1-7 (SBS 54) Stuttgart 1972.
LANG, B., Frau Weisheit. Deutung einer biblischen Gestalt (ppb) Düsseldorf 1975.
LANG, B., Schule und Unterricht im alten Israel: GILBERT, M.(Hrsg.) La sagesse de l'Ancien Testament (BEThL 51) Louvain 1979, 186-2o1.
LATTE, K., Römische Religionsgeschichte (Handbuch der Altertumswissenschaft V/4) München 196o.
LEHMING, S., Versuch zu Num 16: ZAW 74(1962) 291-321.
Codex LENINGRAD B 19A. Pentateuch, Prophets and Hagiographa. The Earliest Complete Bible Manuscript, with an Introduction by D.LOEWINGER..., 3.vol., Jerusalem 197o.
LEVEENS, J., Textual Problems in the Psalms: VT 21(1971) 48-58.
LEWANDOWSKI, T., Linguistisches Wörterbuch, (UTB 200/201/300) 3 Bde., Heidelberg [2]1976.
LIBER PSALMORUM ex recensione Sancti HIERONYMI cum praefationibus et Epistula ad Sunniam et Fretelam (Biblia Sacra iuxta Latinam Vulgatam Versionem...cura et studio Monachorum Abbatiae Pontificiae Sancti Hieronymi in urbe... edita vol.X) Rom 1953.
LINDBLOM, J., Bemerkungen zu den Psalmen I: ZAW 18(1942/43) 1-13.
LOHFINK, G., Die Himmelfahrt Jesu. Untersuchungen zu den Himmelfahrts- und Erhöhungstexten bei Lukas (StANT 26) München 1971.
LOHFINK, N., Kohelet (Die Neue Echter Bibel) Stuttgart 198o.
LORETZ, O., Die Analyse der ugaritischen und hebräischen Poesie mittels Stichometrie und Konsonantenzählung: UF 7(1975) 265-269.
LUKIAN. Opera, ex recognitione C. IACOBITZ, 3 vol., Leipzig 1896-1897.
LUTHER, M., Text des Revisionsprotokolls zum Psalter 1531 (WA.DB 3) Weimar 1911,1-166.
MANNATI, M., Sur le quadruple "avec toi" de Ps LXXIII, 21-26: VT 21(1971) 59-67.
MANDELKERN, S., Veteris Testamenti Concordantiae hebraicae atque chaldaicae...2 vol., Berlin [2]1937 (ND Graz 1955).
MARTIN-ACHARD, R., De la mort à la résurrection d'après l'Ancien Testament, Neuchatel 1956.
MARXSEN, W., Die Auferstehung Jesu als historisches und theologisches Problem, Gütersloh 1964 (zit. als "Problem").
MARXSEN, W., Die Auferstehung Jesu von Nazareth, Gütersloh 1968 (zit. als "Auferstehung").
MARXSEN, W., Die Sache Jesu geht weiter (GTB 112) Gütersloh o.J.
MASSEKET GEHINNOM, zit. nach JELLINEK, Sammlung Bd.I, 147-149, vgl. WUENSCHE, Lehrhallen Bd. III, 69-77.
McCARTHY, C., The Tiqqune Sopherim and Other Theological Corrections in the Masoretic Text of the Old Testament (Orbis Biblicus et Orientalis 36) Fribourg/Göttingen 1981.
MECHILTA. Mechilta de-Rabbi Ishmael. A Critical Edition...by J.Z.LAUTERBACH, 3 vol., Philadelphia 1933-1935 (ND 1961).
MEISSNER, B., Babylonien und Assyrien (Kulturgeschichtliche Bibliothek I/4) 2 Bde., Heidelberg 1920-1925.
MERCATI, I., Psalterii Hexapli Reliquiae, 2 Bde. (Codices ex Ecclesiasticis Italiae Bybliothecis delecti phototypice expressi...7) Rom 1958-1965.
MEYER, C.F., Sämtliche Werke. Historisch-kritische Ausgabe besorgt von H.ZELLER und A. ZAECH, Bd.III, Bern 1967.
MICHAELIS, J.D., Deutsche Uebersetzung des Alten Testaments mit Anmerkungen für Ungelehrte, Bd. VI Die Psalmen, Göttingen [2]1782.
MICHAELIS, J.D., Fortsetzung der Anzeige der Varianten in den Psalmen...: Orientalische und Exegetische Bibliothek Bd. XII, Frankfurt/Main 1777, 128-194.

MIDRASH Rabba. Mdrš rbh, mpwrš bydy A.A. HALEVY...8 Bde., Tel-Aviv 1956-1963.
MIDRASH Rabba, translated into English with Notes, Glossary and Indices under the Editorship of H.FREEDMAN and M.SIMON, 1o vol., London 1939.
MIQRAOT GEDOLOT. Twrh whmš mgylwt nby'ym wktwbym, Wien 1859 (ND Jerusalem 1976).
MORODER, R.J., Ugaritic and Modern Translation of the Psalter. A Critical Examination of "Die Psalmen -ökumenische Uebersetzung": UF 6(1974) 249-264.
MOWINCKEL, S., Psalmenstudien, 6 Bde., Oslo 1921-1924 (ND Amsterdam 1961).
MUEHLENBERG, E., Psalmenkommentare aus der Katenenüberlieferung, Bd. I (PTS 15) Berlin 1975.
MUELLER, D., Der gute Hirte: ZÄS 86(1961) 126-144.
MUELLER, H.P., Der Begriff "Rätsel" im Alten Testament: VT 2o(197o) 465-489.
MUNCH, P.A., Das Problem des Reichtums in den Psalmen 37; 49; 73: ZAW 55(1937) 36-45.
MUNCH, P.A., Die jüdischen "Weisheitspsalmen" und ihr Platz im Leben: AcOr 15(1937) 112-14o.
NEUBERG, F.J., An Unrecognized Meaning of Hebrew dwr: JNES 9(195o) 215-217.
NOETSCHER, F., Altorientalischer und alttestamentlicher Auferstehungsglaube, Würzburg 1926 (ND durchgesehen und mit einem Nachtrag hrsg. von J.SCHARBERT, Darmstadt 197o).
NOETSCHER, F., Gotteswege und Menschenwege in der Bibel und in Qumran (BBB 15) Bonn 1958.
NOWACK, W., Lehrbuch der hebräischen Archäologie, 2 Bde., Freiburg 1894.
OVID, (Werke) hrsg. von R.EHWALD, 3 Bde., Leipzig 1884-189o.
PAPYRUS BODMER XXIV. Psaumes XVII-CXVIII, publié par R.KASSER et M.TESTUZ, Genève 1967.
PERDUE, L.G., Wisdom and Cult. A Critical Analysis of the Views of Cult in the Wisdom Literatures of Israel and the Ancient Near East (SBL Dissertation Series 3o) Missoula, Montana 1975.
PESIQTA RABBATI. Midrasch für den Fest-Cyclus und die ausgezeichneten Sabbathe, hrsg. von M.FRIEDMANN..., Wien 188o.
PETERS, N., Das Buch Jesus Sirach oder Ecclesiasticus (EHAT 25) Münster 1913.
PLATO. Oeuvres complètes, texte établi et traduit par M.CROISET e.a. (Collection des Universités de France) 14 vol., Paris 1921-1964.
PRIJS, L., Jüdische Tradition in der Septuaginta, Leiden 1948.
PRITCHARD, J.B., Ancient Near Eastern Texts Relating to the Old Testament, Princeton ³1969.
PLOEG, J. van der, L'immortalité de l'homme d'après les textes de la mer morte: VT 2(1952) 171-175.
PLOEG, J. van der, Rezension von S. MOWINCKEL, The Psalms in Israels Worship: VT 14(1964) 229-235.
PLUTARCH. Moralia, recognovit G.N.BERNARDAKIS, 7 vol., Leipzig 1888-1896.
PROPERZ. Elégies, texte établi et traduit par D.PAGANELLI (Collection des Universités de France) Paris 1929.
QIMHI, D., Spr hšršym. Radicum Liber sive Hebraeum Bibliorum Lexicon cum animadversionibus Eliae LEVITAE...ed. J.H.R.BIESENTHAL/F.LEBRECHT, Berlin 1847.
QUELL, R., Die Auffassung des Todes in Israel, Leipzig 1925.
RAD, G.von, Das erste Buch Mose. Genesis,(ATD 2-4) 3 Bde., Göttingen ⁶1961+⁴1961+³1964.
RAD, G.von, Theologie des Alten Testaments, 2 Bde., München ⁶1969+⁵1968.
RAD, G.von, Weisheit in Israel, Neukirchen-Vluyn 197o.
RAHLFS, A. (Hrsg.) Septuaginta, id est Vetus Testamentum Graece iuxta LXX Interpretes, Stuttgart ⁸1965.
RAHLFS, A.(Hrsg.), Psalmi cum Odis (Septuaginta..auctoritate Academiae Litterarum Gottingensis ed. 1o) Göttingen ²1967.
RAHNER, K./VORGRIMMLER, H., Kleines theologisches Wörterbuch (Herder TB 1o8/1o9) Freiburg 1961.
RAHNER, K., Zu einer Theologie des Todes: id., Schriften zur Theologie Bd.X, Zürich 1972, 18o-199.
RAHNER, K., Jesu Auferstehung: id., Schriften zur Theologie Bd.XII, Zürich 1975, 344-352.
RAHNER, K., Grundkurs des Glaubens. Einführung in den Begriff des Christentums, Freiburg 1976.
REALLEXIKON FUER ANTIKE UND CHRISTENTUM. Sachwörterbuch zur Auseinandersetzung des Christentums mit der antiken Welt, hrsg. von T.KLAUSER u.a. Stuttgart 1950ff.
REESE, J.M., Hellenistic Influence on the Book of Wisdom and its Consequences (AnBib 41) Rom 1970.
Die RELIGION IN GESCHICHTE UND GEGENWART. Handwörterbuch für Theologie und Religionswissenschaft, hrsg. von K.GALLING, 6 Bde., Tübingen ³1957-1962.
RIDDERBOS, N.H., Die Psalmen. Stilistische Verfahren und Aufbau mit besonderer Berücksichtigung von Ps 1-41 (BZAW 117) Berlin 1972.
ROBERT, A., Littéraires (Genres): DBS vol. V, Paris 1957, 4o5-421.
RONDEAU, M.J., Le commentaire sur les Psaumes d'Evagre le Pontique: OCP 26(196o) 3o7-348.
ROSSI, J.B. de, Variae lectiones Veteris Testamenti...4 vol., Parma 1784-1788.
ROSSI, J.B..de. Scholia critica in Veteris Testamenti libros seu Supplementa ad varias sacri textus lectiones, Parma 1798.
SAINTE-MARIE, H. de, Sancti Hieronymi Psalterium iuxta Hebraeos (CBLa 11) Rom 1954.

SARTRE, J.P., L'être et le néant. Essai d'ontologie phénoménologique, Paris 1943.
SCHILLEBEECKX, E., Jesus. Die Geschichte von einem Lebenden, Freiburg 1975.
SCHMID, H.H., Wesen und Geschichte der Weisheit. Eine Untersuchung zur altorientalischen und israelitischen Weisheitsliteratur (BZAW lol) Berlin 1966.
SCHMIDT, J., Studien zur Stilistik der alttestamentlichen Spruchliteratur (ATA XIII/1) Münster 1936.
SCHMIDT, W.H., Die Schöpfungsgeschichte der Priesterschrift. Zur Ueberlieferungsgeschichte von Genesis 1,1-2,4a und 2,4b-3,24 (WMANT 17) Neukirchen-Vluyn [2]1967
SCHMITT, A., Entrückung - Aufnahme - Himmelfahrt. Untersuchungen zu einem Vorstellungsbereich im Alten Testament (Forschungen zur Bibel lo) Stuttgart 1973.
SCHMITT, E., Leben in den Weisheitsbüchern Job, Sprüche und Jesus Sirach, Freiburg 1954.
SCHULZ, A., Psalmen-Fragen...(ATA XIV/1) Münster 194o.
SCHWERTNER, S., Internationales Abkürzungsverzeichnis für Theologie und Grenzgebiete... Berlin 1974.
SEDER OLAM RABBA. Midrash Seder Olam. A Photostatic Reproduction of Ber RATNER's Edition of the Text...published ...by S.K.MIRSKY, New York 1966.
SEIBERT, I., Hirt - Herde - König. Zur Herausbildung des Königtums in Mesopotamien (SSA 53) Berlin 1969.
SENDREY, A., Musik in Alt-Israel, Leipzig 197o.
SIPHRE ad Deuteronomium...ed. L. FINKELSTEIN (Corpus Tannaiticum III/3) Berlin 1939 (ND New York 1963).
SNAITH, N.H., Selah: VT 2(1952) 43-56.
SODEN, W. von, Akkadisches Handwörterbuch, 3 Bde., Wiesbaden 1965-1981.
SPEIER, S., Sieben Stellen des Psalmentargums in Handschriften und Druckausgaben...: Bib 48(1967) 491-5o8.
SPEISER, E.A., The Pronunciation of Hebrew according to the Translations in the Hexapla: JQR 16(1925/26) 343-82; 23(1933) 233-265; 24(1934) 9-46.
STAMM, J.J., Die akkadische Namengebung (MVÄG 44) Leipzig 1939 (ND Darmstadt 1968).
STAMM, J.J., Erlösen und Vergeben im Alten Testament. Eine begriffsgeschichtliche Untersuchung, Bern 194o.
STAMM, J.J., Ein Vierteljahrhundert Psalmenforschung: ThR 23(1955) 1-68.
STAMM, J.J., Die Gottebenbildlichkeit des Menschen im Alten Testament (Theologische Studien 54) Zollikon 1959.
STAMM. J.J., Zur Frage der Imago Dei im Alten Testament: Humanität und Glaube. Gedenkschrift K.GUGGISBERG, hrsg. von U.NEUENSCHWANDER/ H.DELLSPERGER, Bern 1973, 243-253.
STAMM, J.J., Namen rechtlichen Inhalts: Beiträge zur Alttestamentlichen Theologie (FS W.ZIMMERLI) Göttingen 1977, 46o-478.
STEPHANUS, H., Thesaurus Linguae Graecae, 8 vol., Paris 1931-1865 (ND Graz 1954).
STIEB, R., Die Versdubletten des Psalters: ZAW 57(1939) lo2-llo.
SUYS, E., La sagesse d'Ani. Text, traduction et commentaire, Rom 1935.
Der Babylonische TALMUD mit Einschluss der vollständigen Mišnah, hrsg....von L.GOLDSCHMIDT, 9 Bde., Haag 1933-1935.
(Der Babylonische TALMUD.) Tlmwd bbly ᶜm kl hmpršym...2o vol., Jerusalem 196o.
Le TALMUD de Jérusalem, traduit pour la première fois en français par M.SCHWAB, 11 vol., Paris 1878-189o (ND Paris 1969).
(Der Jerusalemer TALMUD.) Tlmwd yrwšlmy...ᶜm pyrwšym wby'wrym m't g'wny yśr'l hm'wrwt hgdwlym zṣ"l...8 vol., Jerusalem 196o.
(TANḤUMA.) Mdrś tnḥwm' ᶜl ḥmšh ḥwmšy twrh ᶜm šny b'wrym 'hwbym wbrwrym hnqr'ym bšm ᶜṣ ywsp...ᶜnq ywsp...Warschau o.J.
(TANḤUMA-BUBER.) Midrasch Tanchuma. Ein agadischer Commentar zum Pentateuch von Rabbi TANCHUMA BEN Rabbi ABBA...hrsg. von S. BUBER, Wilna 1885.
THESAURUS LINGUAE LATINAE editus auctoritate et consilio Academiarum quinque Germanicarum Berolensis, Gottingensis, Lipsiensis, Monacensis, Vindobonensis, Leipzig 19ooff.
THOMAS, D.W., Some Observations on the Hebrew Root ḥdl: Volume du Congrès. Strasbourg 1956 (VTS 4) Leiden 1957, 8-16.
TOSEPHTA, based on the Erfurt and Vienna Codices, with Parallels and Variants by M.S.ZUCKERMANDEL, with Supplement...Jerusalem 1937.
Die TOSEFTA, Uebersetzung und Erklärung (Rabbinische Texte, hrsg. von K.H.RENGSTORF) Stuttgart 1952ff.
TOURNAY, R., Sur quelques rubriques des Psaumes:Mélanges Bibliques rédigés en l'honneur de André ROBERT (TICP 4) Paris o.J. (1958).
TROMP, N.J., Primitive Conceptions of Death and the Nether World in the Old Testament (BibOr 21) Rom 1969.
TROMP, N.J., The Hebrew Particle bal: Remembering all the Way...(OTS 21) Leiden 1981,277-87.
UGARITICA. Etudes relatives aux découvertes de Ras Shamra, éd. par F.A.SCHAEFFER, J. NOUGAYROL e.a., Paris 1939ff.

VENETZ, H.J., Die Quinta des Psalteriums. Ein Beitrag zur Septuaginta- und Hexaplaforschung (Collection Massorah I/2) Hildesheim 1974.
VERMEYLEN, J., Du Prophète Isaïe à l'Apocalyptique. Isaïe I-XXXV, miroir d'un demi-millénaire d'expérience religieuse en Israel (EtB) Paris 1977.
VIGANO, L., Quelques exemples du singulier féminin en -ôt en Ezéchiel:SBFLA 27(1977) 239-245.
VIROLLEAUD, C., Fragment nouveau du poême de Môt et Aleyn-Baal: Syr 15(1934) 226-243.
WAECHTER, L., Der Tod im Alten Testament (AzTh II/8) Stuttgart 1967.
WALTER, D.M. (Hrsg.), Psalms (Vetus Testamentum Syriace iuxta simplicem Syrorum Versionem... ed. Institutum Peshittonianum Leidense II/3) Leiden 198o.
WALTON, E.B., Biblia Sacra Polyglotta, cum textuum et versionum orientalium translationibus latinis..6 vol., London 1657.
WEBER, F., Jüdische Theologie auf Grund des Talmud und verwandter Schriften gemeinfasslich dargestellt..., nach des Verfassers Tod hrsg. von F. DELITZSCH und G.SCHNEDERMANN, Leipzig ²1897.
WEBER, R., Le Psautier romain et les autres anciens psautiers latins. Edition critique (CBLa 1o) Rom 1953.
WEBER, R. e.a. (Hrsg.), Biblia Sacra iuxta Vulgatam Versionem, 2 vol., Stuttgart ²1975.
WEHMEIER, G., Der Segen im Alten Testament. Eine semasiologische Untersuchung der Wurzel brk, Basel 197o.
WELLHAUSEN, J., Der Text der Bücher Samuelis, Göttingen 1871.
WELLHAUSEN, J., The Book of Psalms. Critical Edition of the Hebrew Text Printed in Colore with Notes (SBOT 14) Leipzig 1895.
WELLHAUSEN, J., The Book of Psalms. A New Translation with Explanatory Notes and an Appendix...(SBOT 14) Leipzig 19o4.
WESTERMANN, C., Genesis (BK 1) Neukirchen-Vluyn 1966ff.
WIEGAND, A., Der Gottesname ṣwr und seine Deutung in der alten jüdischen Litteratur: ZAW 1o(189o) 85-96.
WILDBERGER, H., Das Abbild Gottes, Gen 1,26-3o: ThZ 21(1965) 245-259, 481-5o1.
WILDBERGER, H., Jesaia (BK 1o) Neukirchen-Vluyn 1965ff.
WILHELMI, G., Der Hirt mit dem eisernen Szepter. Ueberlegungen zu Ps 2,9: VT 27(1977) 196-2o4.
WINTER, U., Die Taube der fernen Götter in Ps 56,1 und die Göttin mit der Taube in der vorderasiatischen Ikonographie: KEEL, O., Vögel als Boten... (Orbis Biblicus et Orientalis 14) Freiburg 1977.
WOLFF, H.W., Das Zitat im Prophetenspruch. Eine Studie zur prophetischen Verkündigungsweise: id., Gesammelte Studien zum Alten Testament (TB 22) München 1964, 36-129.
WOLFF, H.W., Dodekapropheton 1. Hosea (BK XIV/1) Neukirchen-Vluyn 1961.
WOLFF, H.W., Anthropologie des Alten Testaments, München ²1974.
WUENSCHE, A., Aus Israels Lehrhallen. Kleine Midraschim zur späteren legendarischen Literatur des Alten Testaments, 5 Bde., Leipzig 19o7-191o.
XENOPHON, Erinnerungen an Sokrates. Griechisch - Deutsch, hrsg. von P.JAERISCH, München 1962.
YALQUT MACHIRI. Sammlung halachischer und hagadischer Stellen aus Talmud und Midraschim zu den 15o Psalmen von R.MACHIR BEN ABBA MARI...hrsg. von S.BUBER, Berdyczew 1899.
YALQUT SHIMᶜONI.'wsp mdršy hz"l lᶜśrym wᶜrbᶜh spry twrh nby'ym ktwbym...2 vol., Warschau 1876 (ND Jerusalem 196o).
ZABA, Z., Les maximes de Ptahhotep, Prague 1956.
ZELLER, E., Die Philosophie der Griechen in ihrer geschichtlichen Entwicklung, 4 Bde., Leipzig ⁴⁻⁶Leipzig 1879-192o.
ZIEGLER, J., Die Hilfe Gottes "am Morgen": Alttestamentliche Studien (FS F.NOETSCHER) hrsg. von H.JUNKER und J.BOTTERWECK (BBB 1) Bonn 195o.
ZIMMERLI, W., Ezechiel (BK XII/1-2) 2 Bde., Neukirchen-Vluyn 1969.
ZOHAR. Sepher ha-ZOHAR. Le livre de la splendeur. Doctrine ésotérique des Israélites, traduit pour la première fois sur le texte chaldaïque et accompagné de notes par J.de PAULY, 6 vol., Paris 19o6-1911.
ZORELL, F., Lexicon Hebraicum et Aramaicum Veteris Testamenti, Rom 194off (ND Rom 1968).

ABKUERZUNGEN FUER DIE TEXTZEUGEN

MT	Masoretischer Text	zit. nach BIBLIA HEBRAICA (STUTTGARTENSIA)
MS(S)	Hebräische Handschrift(en)	zit. nach KENNICOTT, Vetus Testamentum; de ROSSI, Variae Lectiones.
SEPT	Septuaginta	zit. nach RAHLFS, Psalmi; RAHLFS, Septuaginta.
εβρ	Hebraikon (griechische Umschrift)	zit. nach FIELD, Hexapla; MERCATI, Reliquiae.
AQ	Aquila	
SYM	Symmachos	
THEOD	Theodotion	
QUINT	Quinta	
SEXT	Sexta	
ROM	Psalterium Romanum	zit. nach WEBER, Psautier
GAL	Psalterium Gallicanum	zit.nach LIBER PSALMORUM; WEBER, Biblia Sacra.
HEBR	Psalterium iuxta Hebraeos	zit. nach SAINTE-MARIE, Psalterium; AYUSO MARAZUELA, Psalterium; WEBER, Biblia Sacra.
TARG	Targum	zit. nach WALTON, Biblia Sacra; MIQRAOT GEDOLOT.
PESH	Peshitto	zit. nach WALTON, Biblia Sacra; WALTER, Psalms.
SAH	Sahidische Uebersetzung	zit. nach RAHLFS, Psalmi; RAHLFS, Septuaginta.
AETH	Aethiopische Uebersetzung	zit. nach WALTON, Biblia Sacra
ARAB	Arabische Uebersetzungen	

BIBELSTELLEN IN AUSWAHL

ORBIS BIBLICUS ET ORIENTALIS

Bd. 1 OTTO RICKENBACHER: *Weisheitsperikopen bei Ben Sira.* X-214-15* Seiten. 1973.

Bd. 2 FRANZ SCHNIDER: *Jesus der Prophet.* 298 Seiten. 1973. Vergriffen.

Bd. 3 PAUL ZINGG: *Das Wachsen der Kirche.* Beiträge zur Frage der lukanischen Redaktion und Theologie. 345 Seiten. 1974. Vergriffen.

Bd. 4 KARL JAROŠ: *Die Stellung des Elohisten zur kanaanäischen Religion.* 496 Seiten. 1974. Vergriffen. Neuauflage in Vorbereitung.

Bd. 5 OTHMAR KEEL: *Wirkmächtige Siegeszeichen im Alten Testament.* Ikonographische Studien zu Jos 8, 18-26; Ex 17, 8-13; 2 Kön 13, 14-19 und 1 Kön 22, 11. 232 Seiten, 78 Abbildungen. 1974.

Bd. 6 VITUS HUONDER: *Israel Sohn Gottes.* Zur Deutung eines alttestamentlichen Themas in der jüdischen Exegese des Mittelalters. 231 Seiten. 1975.

Bd. 7 RAINER SCHMITT: *Exodus und Passa. Ihr Zusammenhang im Alten Testament.* 124 Seiten. 1982. 2. neubearbeitete Auflage.

Bd. 8 ADRIAN SCHENKER: *Hexaplarische Psalmenbruchstücke.* Die hexaplarischen Psalmenfragmente der Handschriften Vaticanus graecus 752 und Canonicianus graecus 62. Einleitung, Ausgabe, Erläuterung. XXVIII - 446 Seiten. 1975.

Bd. 9 BEAT ZUBER: *Vier Studien zu den Ursprüngen Israels.* Die Sinaifrage und Probleme der Volks- und Traditionsbildung. 152 Seiten. 1976. Vergriffen.

Bd. 10 EDUARDO ARENS: *The ΗΛΘΟΝ-Sayings in the Synoptic Tradition.* A Historico-critical Investigation. 370 Seiten. 1976.

Bd. 11 KARL JAROŠ: *Sichem.* Eine archäologische und religionsgeschichtliche Studie, mit besonderer Berücksichtigung von Jos 24. 280 Seiten, 193 Abbildungen. 1976.

Bd. 11a KARL JAROŠ / BRIGITTE DECKERT: *Studien zur Sichem-Area.* 81 Seiten, 23 Abbildungen. 1977.

Bd. 12 WALTER BÜHLMANN: *Vom rechten Reden und Schweigen.* Studien zu Proverbien 10-31. 371 Seiten. 1976.

Bd. 13 IVO MEYER: *Jeremia und die falschen Propheten.* 155 Seiten. 1977.

Bd. 14 OTHMAR KEEL: *Vögel als Boten.* Studien zu Ps 68, 12-14, Gen 8, 6-12, Koh 10, 20 und dem Aussenden von Botenvögeln in Ägypten. – Mit einem Beitrag von Urs Winter zu Ps 56, 1 und zur Ikonographie der Göttin mit der Taube. 164 Seiten, 44 Abbildungen. 1977.

Bd. 15 MARIE-LOUISE GUBLER: *Die frühesten Deutungen des Todes Jesu.* Eine motivgeschichtliche Darstellung aufgrund der neueren exegetischen Forschung. XVI - 424 Seiten. 1977.

Bd. 16 JEAN ZUMSTEIN. *La condition du croyant dans l'Evangile selon Matthieu.* 467 pages. 1977.

Bd. 17 FRANZ SCHNIDER: *Die verlorenen Söhne.* Strukturanalytische und historisch-kritische Untersuchungen zu Lk 15. 105 Seiten. 1977.

Bd. 18 HEINRICH VALENTIN: *Aaron.* Eine Studie zur vor-priesterschriftlichen Aaron-Überlieferung. VIII - 441 Seiten. 1978.

Bd. 19 MASSÉO CALOZ: *Etude sur la LXX origénienne du Psautier.* Les relations entre les leçons des Psaumes du Manuscrit Coislin 44, les Fragments des Hexaples et le texte du Psautier Gallican. 480 pages. 1978.

Bd. 20 RAPHAEL GIVEON: *The Impact of Egypt on Canaan.* Iconographical and Related Studies. 156 Seiten, 73 Abbildungen. 1978.

Bd. 21 DOMINIQUE BARTHÉLEMY: *Etudes d'histoire du texte de l'Ancien Testament.* XXV - 419 pages. 1978.

Bd. 22/1 CESLAS SPICQ: *Notes de Lexicographie néo-testamentaire.* Tome I: p. 1-524. 1978.

Bd. 22/2 CESLAS SPICQ: *Notes de Lexicographie néo-testamentaire.* Tome II: p. 525-980. 1978.

Bd. 23 BRIAN M. NOLAN: *The royal Son of God.* The Christology of Matthew 1-2 in the Setting of the Gospel. 282 Seiten. 1979.

Bd. 24 KLAUS KIESOW: *Exodustexte im Jesajabuch.* Literarkritische und motivgeschichtliche Analysen. 221 Seiten. 1979.

Bd. 25/1 MICHAEL LATTKE: *Die Oden Salomos in ihrer Bedeutung für Neues Testament und Gnosis.* Band I. Ausführliche Handschriftenbeschreibung. Edition mit deutscher Parallel-Übersetzung. Hermeneutischer Anhang zur gnostischen Interpretation der Oden Salomos in der Pistis Sophia. XI - 237 Seiten. 1979.

Bd. 25/1a MICHAEL LATTKE: *Die Oden Salomos in ihrer Bedeutung für Neues Testament und Gnosis.* Band Ia. Der syrische Text der Edition in Estrangela Faksimile des griechischen Papyrus Bodmer XI. 68 Seiten. 1980.

Bd. 25/2 MICHAEL LATTKE: *Die Oden Salomos in ihrer Bedeutung für Neues Testament und Gnosis.* Band II. Vollständige Wortkonkordanz zur handschriftlichen, griechischen, koptischen, lateinischen und syrischen Überlieferung der Oden Salomos. Mit einem Faksimile des Kodex N. XVI - 201 Seiten. 1979.

Bd. 26 MAX KÜCHLER: *Frühjüdische Weisheitstraditionen.* Zum Fortgang weisheitlichen Denkens im Bereich des frühjüdischen Jahweglaubens. 703 Seiten. 1979.

Bd. 27 JOSEF M. OESCH: *Petucha und Setuma.* Untersuchungen zu einer überlieferten Gliederung im hebräischen Text des Alten Testaments. XX - 394 - 37* Seiten. 1979.

Bd. 28 ERIK HORNUNG / OTHMAR KEEL (Herausgeber): *Studien zu altägyptischen Lebenslehren.* 394 Seiten. 1979.

Bd. 29 HERMANN ALEXANDER SCHLÖGL: *Der Gott Tatenen.* Nach Texten und Bildern des Neuen Reiches. 216 Seiten, 14 Abbildungen. 1980.

Bd. 30 JOHANN JAKOB STAMM: *Beiträge zur Hebräischen und Altorientalischen Namenkunde.* XVI - 264 Seiten. 1980.

Bd. 31 HELMUT UTZSCHNEIDER: *Hosea – Prophet vor dem Ende.* Zum Verhältnis von Geschichte und Institution in der alttestamentlichen Prophetie. 260 Seiten. 1980.

Bd. 32 PETER WEIMAR: *Die Berufung des Mose.* Literaturwissenschaftliche Analyse von Exodus 2,23-5,5. 402 Seiten. 1980.

Bd. 33 OTHMAR KEEL: *Das Böcklein in der Milch seiner Mutter und Verwandtes.* Im Lichte eines altorientalischen Bildmotivs. 163 Seiten, 141 Abbildungen. 1980.

Bd. 34 PIERRE AUFFRET: *Hymnes d'Egypte et d'Israël.* Etudes de structures littéraires. 316 pages, 1 illustration. 1981.

Bd. 35 ARIE VAN DER KOOIJ: *Die alten Textzeugen des Jesajabuches.* Ein Beitrag zur Textgeschichte des Alten Testaments. 388 Seiten. 1981.

Bd. 36 CARMEL McCARTHY: *The Tiqqune Sopherim and Other Theological Corrections in the Masoretic Text of the Old Testament.* 280 Seiten. 1981.

Bd. 37 BARBARA L. BEGELSBACHER-FISCHER: *Untersuchungen zur Götterwelt des Alten Reiches im Spiegel der Privatgräber der IV. und V. Dynastie.* 336 Seiten. 1981.

Bd. 38 MÉLANGES DOMINIQUE BARTHÉLEMY. Etudes bibliques offertes à l'occasion de son 60e anniversaire. Edités par Pierre Casetti, Othmar Keel et Adrian Schenker. 724 pages. 31 illustrations. 1981.

Bd. 39 ANDRÉ LEMAIRE: *Les écoles et la formation de la Bible dans l'ancien Israël.* 142 pages, 14 illustrations. 1981.

Bd. 40 JOSEPH HENNINGER: *Arabica Sacra.* Aufsätze zur Religionsgeschichte Arabiens und seiner Randgebiete. Contributions à l'histoire religieuse de l'Arabie et de ses régions limitrophes. 347 Seiten. 1981.

Bd. 41 DANIEL VON ALLMEN: *La famille de Dieu.* La symbolique familiale dans le paulinisme. LXVII - 330 pages, 27 planches. 1981.

Bd. 42 ADRIAN SCHENKER: *Der Mächtige im Schmelzofen des Mitleids.* Eine Interpretation von 2 Sam 24. 92 Seiten. 1982.

Bd. 43 PAUL DESELAERS: *Das Buch Tobit.* Studien zu seiner Entstehung, Komposition und Theologie. 532 Seiten + Übersetzung 16 Seiten. 1982.

Bd. 44 PIERRE CASETTI: *Gibt es ein Leben vor dem Tod?* Eine Auslegung von Psalm 49. 315 Seiten. 1982.